"David Bebbington es uno de nuestros mejores historiadores, y nos ha brindado aquí una excelente visión general del movimiento bautista, desde sus raíces reformadas hasta su alcance global".
—Timothy George, decano fundador, Beeson Divinity School, y editor general del Reformation Commentary on Scripture

"La reputación bien ganada de David Bebbington como un historiador brillante ciertamente se confirma con esta excelente descripción general de la historia y las prácticas bautistas. El trabajo de Bebbington brindará a los estudiantes una guía oportuna, equilibrada y perspicaz para las generaciones venideras".
—David S. Dockery, presidente, Trinity International University

"Bebbington es un guía sabio. . . . Este relato juicioso y perspicaz de la historia bautista es digno de elogio".
—John Briggs, *Baptist Quarterly*

"El alcance de la cobertura [de Bebbington] en solo 300 páginas es impresionante. Si solo lee un libro sobre los bautistas, este es el indicado para usted".
—Richard V. Pierard, *International Bulletin of Missionary Research*

"Una adición bienvenida al campo de los estudios bautistas".
—Pamela R. Durso, *Baptist History & Heritage*

"David Bebbington nos ha puesto a todos en deuda al producir este volumen".
—Keith G. Jones, *Journal of European Baptist Studies*

"En *Los bautistas a través de los siglos*, el distinguido profesor de la Universidad de Stirling (Reino Unido) solidifica aún más su ya establecida reputación de erudición cuidadosa, interpretación astuta y argumentos convincentes . . . . Bebbington ofrece los recursos necesarios para comprender las raíces históricas complejas de la tradición, así como los caminos serpenteantes que han caracterizado la vida de la denominación durante 400 años".
—*Renewing Minds*

"Con demasiada frecuencia, las conversaciones sobre la identidad bautista generan más calor que luz. Este libro es una feliz excepción, pues cuenta la historia bautista con gran perspicacia y claridad".
—*Choice*

"El trabajo cuidadoso de Bebbington y su intento de categorizar y definir a la familia diversa llamada bautista es loable y digno de elogio".
—Jason G. Duesing, *Journal of Ecclesiastical History*

Los bautistas a través de los siglos
La historia de un pueblo global

SEGUNDA EDICIÓN

David W. Bebbington

BAYLOR UNIVERSITY PRESS

© 2018 por Baylor University Press (2ª edición en inglés)
Waco, Texas 76798

Reservados todos los derechos. Ninguna parte de esta publicación puede reproducirse, almacenarse en un sistema de recuperación o transmitirse, de ninguna forma o por ningún medio, electrónico, mecánico, fotocopiado, grabación o de otro modo, sin el permiso previo por escrito de Baylor University Press.

Diseño de la portada por Daniel Benneworth-Gray
Fotografía de portada por Tobias van Schneider en Unsplash
Traducción y edición por Roberto Gama y Javier Elizondo

El ISBN de la segunda edición en pasta blanda 978-1-4813-0866-3.
El ISBN de la segunda edición en pasta dura 987-1-4813-0948-6.
El ISBN de la segunda edición en español (pasta blanda) 978-1-4813-2088-7.

La primera edición (2010) fue catalogada por la Biblioteca del Congreso de la siguiente manera:

Datos de catalogación en publicación de la Biblioteca del Congreso

Bebbington, D. W. (David William), 1949-
Baptists through the Centuries : a history of a global people / David W. Bebbington.
  pags. cm.
  Incluye referencias bibliográficas (p.) e índice.
  ISBN 978-1-60258-204-0 (pbk.: papel alcalino)
  1. Bautistas—Historia. I. Título.
BX6231.B39 2010
286.09--dc22
                            2010004524

Contenido

Lista de ilustraciones	vii
Dedicación y reconocimientos de la segunda edición	ix
Reconocimientos de la primera edición	xi

1	Introducción	1
2	Las raíces en la Reforma	7
3	Los anabautistas y los bautistas	25
4	Los Bautistas Particulares y Generales en el siglo diecisiete	43
5	Los bautistas y el avivamiento en el siglo dieciocho	65
6	Las divisiones entre los bautistas en el siglo diecinueve	83
7	La polarización teológica entre los bautistas	103
8	Los bautistas y el evangelio social	121
9	El evangelio y la raza entre lo bautistas	139
10	Las mujeres en la vida bautista	157
11	La iglesia, el ministerio, y los sacramentos entre los bautistas	177
12	Los bautistas y la libertad religiosa	197

13 Los bautistas y las misiones foráneas	215
14 La expansión global de los bautistas	233
15 Los bautistas en América Latina	251
16 Los bautistas en Nigeria	271
17 Los bautistas en las colinas de Naga	289
18 La identidad bautista	307
19 Conclusión	327
Notas	339
Índice	359

Lista de ilustraciones

Página Imagen
- 3 Un bautismo ruso (c.1960). Cortesía de la Biblioteca y Archivos Históricos Bautistas del Sur, Nashville, Tennessee.
- 12 Juan Calvino (1509–1564), reformador protestante (Williston Walker, John *Calvin: The Organizer of Reformed Protestantism, 1509–64* [New York: Putnam, 1906]).
- 28 Menno Simons (1496–1561), líder anabautista. Cortesía de la Biblioteca Histórica Menno Simons, Universidad Menonita del Este.
- 50 John Bunyan (1628–1688), pastor bautista y autor (John Brown, *John Bunyan: His Life, Times, and Works. With Illustrations by Whymper* [Londres: Isbister, 1887], frontispicio).
- 77 Isaac Backus (1724–1806), pastor bautista y estadista. Cortesía de la Biblioteca y Archivos Históricos Bautistas del Sur, Nashville, Tennessee.
- 89 Andrew Fuller (1754–1815), teólogo y organizador de misiones bautista (Andrew Fuller, *The Complete Works of the Rev. Andrew Fuller: With a Memoir of His Life by Andrew Gunton Fuller* [Philadelphia: American Baptist Publication Society, 1845], frontispicio).
- 115 William Bell Riley (1861–1947), líder fundamentalista bautista. Cortesía de la Biblioteca y Archivos Históricos Bautistas del Sur, Nashville, Tennessee.

122 Walter Rauschenbusch (1861–1918), defensor bautista del evangelio social (Walter Rauschenbusch, *"Unto Me"* [Boston Pilgrim Press, 1912], frontispicio).
152 Martin Luther King Jr. (1929–1968), líder bautista de los derechos civiles, con líderes del Seminario Teológico Bautista del Sur. Imagen utilizada por cortesía de los Archivos y Colecciones Especiales, Seminario Teológico Bautista del Sur.
170 Helen Barrett Montgomery (1861–1934). Líder y reformadora social bautista (Helen Barrett Montgomery, *The Bible and Missions* [West Medford, Mass.: The Central Committee on the United Study of Foreign Missions, 1920], frontispicio).
180 Charles Haddon Spurgeon (1834–1892), predicador bautista. (Charles H. Spurgeon, *The Autobiography of Charles H. Spurgeon: Compiled from His Diary, Letters and Records by his Wife and Private Secretary*, 4 vols. [Cincinnati, Ohio: Curts & Jennings, 1990]).
205 John Leland (1754–1841), pastor bautista y defensor de la libertad religiosa (Thomas Armitage, *A History of the Baptists Traced by Their Vital Principles and Practices, From the Time of Our Lord and Savior Jesus Christ to the Year 1886* [Nueva York: Bryan, Taylor, 1887]).
217 William Carey (1761–1834), misionero bautista. Cortesía de la Biblioteca y Archivos Históricos Bautistas del Sur, Nashville, Tennessee.
240 Johann Gerhard Oncken (1800–1884), pastor y plantador de iglesias bautista (Armitage, *History of the Baptists*).
265 Samuel Escobar (n. 1934) y René Padilla (n. 1932), teólogos latinoamericanos bautistas. Fotografía del Congreso de ciudad del Cabo 2010 del Movimiento de Lausana. Usado con permiso. www.lausanne.org.
279 George Green bautiza en Nigeria (1872–1962). Cortesía de la Junta de Misiones Internacionales, Convención Bautista del Sur.
302 Wati Aier (n. 1948), presidente del Seminario Bautista Naga y pacificador. Cortesía del Seminario Teológico Oriental, Dimapur, Nagaland. Usado con permiso.
310 Edgar Young Mullins (1860–1928), teólogo y estadista bautista. Cortesía de la Biblioteca y Archivos Históricos Bautistas del Sur, Nashville, Tennessee.
334 Billy Graham (1918–2018), evangelista bautista. Cortesía de la Biblioteca y Archivos Históricos Bautistas del Sur, Nashville, Tennessee.

Dedicación y reconocimientos de la segunda edición

Este libro está nuevamente dedicado al presidente, el personal y los estudiantes de la Universidad de Baylor, Waco, Texas. La segunda edición del libro amplía la cobertura al agregar capítulos sobre tres partes del mundo donde los bautistas se han vuelto particularmente numerosos: América Latina (donde los bautistas brasileños superan los 2 millones), Nigeria (donde los bautistas son más fuertes fuera de América del Norte, con quizás 5 millones), y las colinas de Naga en India (donde los bautistas forman más del 80 por ciento de la población). La introducción de estos capítulos significa que la mayoría de los continentes fuera de Europa y América del Norte están mejor representados: América Central y del Sur, África y Asia. Cada uno de estos capítulos también destaca temas particulares destacados en la región: la misión holística en América Latina, la experiencia de renovación carismática y el desafío del islam en Nigeria, y las demandas de pacificación en las colinas de Naga. Aparte de la adición de estos capítulos, los cambios son relativamente menores, con algunas correcciones y actualizaciones en el texto y en recomendaciones para lecturas adicionales. Espero que la versión revisada continúe siendo una introducción útil a la historia de la denominación y una guía más útil para su dimensión mundial.

He contraído más deudas en esta revisión. Las personas que han ayudado incluyen a Eileen Bebbington, Cullen Clark, Robin Law, Arko Longkumer, John Maiden, Brian Stanley, John Thomas y Chris Van Gorder. Mi asistente de posgrado en Baylor, Liz Marvel, obtuvo las ilustraciones adicionales y preparó el índice revisado para este volumen.

La dedicatoria sigue siendo una expresión apropiada de mi gratitud por las cálidas bienvenidas recibidas para enseñar en la Universidad de Baylor desde la publicación de la primera edición.

David W. Bebbington
14 de diciembre de 2017
Universidad de Stirling y Universidad de Baylor

Reconocimientos de la primera edición

Este libro es el equivalente impreso de un curso que he enseñado en el Seminario Truett, Universidad de Baylor, en Texas, en cuatro ocasiones desde 2003. Los estudiantes que tomaron el curso me enseñaron mucho sobre la historia de los bautistas estadounidenses tanto con sus preguntas como con sus respuestas. Algunos de ellos generosamente me permitieron basarme en la evidencia contenida en su trabajo escrito. Mis asistentes de posgrado, Tim Sisson y Lauren Tapley, comenzaron a coleccionar las ilustraciones, y otro, Ben Wetzel, ha sido particularmente asiduo en prepararlas para su publicación.

Muchos historiadores de los bautistas han contribuido al proyecto. Bill Brackney, Bill Leonard y Bill Pitts brindaron orientación sobre la historia de los bautistas estadounidenses. Los revisores anónimos de la publicadora ayudaron a remodelar el argumento de varios capítulos. Otros brindaron orientación sobre una variedad de puntos: Boone Aldridge, Cullen Clark, Michael Collis, Anthony Cross, Sébastien Fath, Gord Heath, Ken Manley, Ian Randall, Brian Stanley, Brian Talbot, Valdis Teraudkalns y Linda Wilson. Los amigos de la Sociedad Histórica Bautista y el Proyecto de Historia Bautista Escocés sentaron muchos cimientos y los contribuyentes a las Conferencias

Internacionales sobre Historia Bautista a lo largo de los años hicieron mucho para erigir la superestructura sobre los desarrollos globales.

Varios lectores se esforzaron por revisar el texto tal como se completó durante 2009. Ian Randall y Brian Stanley comentaron cada uno sobre un capítulo con muy poca anticipación. Eileen Bebbington, Barry Hankins y Tommy Kidd se dieron a la tarea de examinar todo el texto. Ninguno de ellos es responsable de las opiniones expresadas aquí, pero aprecio cuánto han mejorado el libro sus reacciones.

Estoy extremadamente agradecido con todas estas personas, nombradas y anónimas, pero la dedicatoria expresa mi agradecimiento particular por la generosa hospitalidad institucional que me brindaron mientras preparaba este libro.

David W. Bebbington
23 de enero de 2010
Universidad de Stirling y Universidad de Baylor

Capítulo 1

Introducción

En 1864 una congregación en las tierras centrales del oriente inglés que estaba planeando un bautismo decidió, de acuerdo a las actas de la reunión de la iglesia, "que la iglesia tenía que comprar un par de botas a prueba de agua para la ocasión y para futuros bautismos".[1] Claramente la congregación no anticipaba que las ceremonias bautismales se condujeran, como en la mayoría de las iglesias cristianas, por rociamiento en la frente de un infante. Se usaría tanta agua de tal manera que el ministro encargado necesitaría botas para que se mantuviera seco. El volumen de agua muestra que los candidatos se sumergirían, y que evidentemente eran personas mayores. El modo del bautismo era la inmersión; los candidatos eran los que eran capaces de una fe consciente. Esta era una Iglesia bautista, que pertenecía a la Nueva Conexión de Bautistas Generales en Castle Donington, Leicestershire. El tipo de bautismo revela algo central sobre la identidad de la congregación. Pero el acta nos dice más. Previamente el ministro estaba satisfecho de entrar en el agua sin protección cuando celebraba bautismos, pero ahora la iglesia deseaba que él no tuviera la experiencia de tener sus pantalones mojados. Las botas estaban diseñadas para proteger su dignidad —una indicación de la creciente respetabilidad de los bautistas de Castle Donington. Ya no deseaban ver a su ministro encarando la congregación después del bautismo mientras chorreaba de mojado. En lugar de eso, deseaban mostrar una nueva medida de decoro y así reflejar su creciente condición en el mundo. La Nueva Conexión, una vez un movimiento de ferviente avivamiento, se estaba estableciendo más en sus maneras y estar mojado en público no armonizaba con la auto-imagen de sus miembros. Los bautistas de Castle Donington se acomodaban a sus tiempos y circunstancias. El ajuste simbolizado por las botas en mucho era parte de su identidad como lo era el acto mismo de bautismo.

Este libro intenta considerar el asunto de quiénes han sido los bautistas en sus más de cuatro siglos de existencia. Trata de tener en cuenta las formas en que se adaptaron a las sociedades en las cuales vivieron tanto como a sus prácticas centrales. Las botas para bautizar del ministro en Castle Donington son tanto parte de la historia de los bautistas como lo son las ceremonias bautismales mismas. Aún los atributos centrales de los bautistas, sin embargo, no son asuntos simples para reportar. Son protestantes, y con todo muchos en sus filas hubieran negado esta sugerencia, afirmando una descendencia más antigua que la Reforma protestante. Desde el siglo dieciocho en adelante la mayoría de ellos eran evangélicos pero algunos ardientemente repudiaban esa etiqueta. Practicaban el bautismo de creyentes, pero había un número de Iglesias bautistas que permitía que las personas llegaran a ser miembros completos sin ninguna clase de bautismo. Por eso no se debe asumir que los bautistas poseían una sola identidad consistente. Después de todo, había muchos tipos de bautistas. Los Bautistas Generales de Castle Donington, por ejemplo, completamente repudiaron el calvinismo que la mayoría de bautistas profesaban entonces. Se debe tomar en cuenta la variedad de cuerpos cristianos llamados "bautistas". Y también se debe considerar que ha habido una gran cantidad de cambio al correr del tiempo. Las circunstancias de la primera parte del siglo diecisiete, cuando aparecieron los primeros bautistas, fueron muy diferentes de los de la primera parte del siglo veintiuno. Era una señal de la denominación estar fuertemente adheridos a la Biblia, pero las maneras de entender el lugar de la Escritura para ordenar la vida de la iglesia cambió a través de los siglos. De nuevo, hay mucha variación en este aspecto. Los bautistas pronto se extendieron de sus orígenes en Inglaterra al Nuevo Mundo y eventualmente plantaron iglesias en la mayoría de los países sobre la tierra. Había gran amplitud para la adaptación en distintas maneras para diferentes situaciones culturales. La investigación de la identidad bautista implica una exploración de la diversidad.

La cobertura de este libro se extiende no únicamente a Inglaterra en el período desde 1609 hasta el presente sino también a todo el mundo. Es verdad que los bautistas primero florecieron entre los ingleses y, durante los dos siglos siguientes, Inglaterra permaneció como el centro de la vida bautista, pero Estados Unidos posteriormente asumió ese papel. En 2015, Estados Unidos podría reclamar más de 34 millones de miembros de la Iglesia bautista, con más de 15 millones en una sola denominación, la Convención Bautista del Sur. Una clara mayoría de los bautistas, ahora aproximadamente el 57 por ciento, vive en los Estados Unidos. Se ha señalado que los bautistas forman la única denominación principal con una mayoría en el Norte Global en lugar del Sur Global. Por esa razón, gran parte del libro se centra en Inglaterra y Estados Unidos. Sin embargo, la proporción de bautistas que viven fuera de Europa y América del Norte está creciendo. Hay comunidades bautistas importantes en muchas otras partes del mundo. Nigeria reclama 5 millones de miembros, Congo más de 3 millones, Brasil, India, Tanzania y Uganda más de 2 millones, y

Un bautismo ruso (c. 1960)

Myanmar (Birmania) más de 1 millón. Por lo tanto, hay necesidad de una historia bautista con una dimensión internacional. Dado que la investigación en muchos países (incluyendo algunas de las naciones ya mencionadas) se encuentra en un estado preliminar, existen demasiadas lagunas en la cobertura del volumen presente. La meta aquí no es tratar con cada país donde los bautistas han existido, sino discutir las amplias tendencias con ocasiones representativas. Ha sido posible hacer uso de un creciente número de artículos con temas internacionales que se han publicado en años recientes. La Alianza Mundial Bautista ha animado el trabajo histórico, y desde 1997 ha habido Conferencias Internacionales sobre Estudios Bautistas, que se tienen cada tres años, las cuales han generado ensayos en muchas partes del mundo. Este libro tiene una gran deuda con esos estudios. Un valioso compendio de información sobre los bautistas en cada nación también ha aparecido, *Baptists around the World* (1995), editado por Albert W. Wardin. También ha habido algunas excelentes monografías sobre historia bautista. *History of the Baptist Missionary Society* de Brian Stanley, 1792-1992 (1992) es un modelo de la plantación de iglesias en cada continente por la principal agencia misionera Bautista Británica. *From Woolloomooloo to "Eternity"* por Ken R. Manley (2006) es un análisis comprensivo de la vida bautista en Australia. Y *Evangelical Christian Baptists of Georgia* (2015) de Malkhaz Songulashvili es un estudio extraordinariamente minucioso de su tema por una figura central de la historia. Estos libros muestran algo que se puede lograr por la investigación detallada.

Este volumen reclama mucho menos, porque de hecho descansa en la investigación de otros. Esta es primordialmente una obra de síntesis que intenta juntar los pedazos del rompecabezas en un marco inteligible. Su método es, en primar lugar, tópico. De acuerdo con la máxima que es mejor estudiar problemas en vez de períodos, cada capítulo considera un asunto de la historia bautista. Algunos tópicos se limitan en tiempo, pero otros se extienden sobre toda la longitud de la existencia de la denominación. En cada caso, un tema singular ocupa todo el capítulo. Un segundo rasgo del libro es el esfuerzo de situar los problemas a considerarse en un más amplio contexto que la historia bautista. Los bautistas no existieron solos, y por eso el análisis da espacio a las más amplias influencias —intelectuales, sociales y políticas— que afectaron los desarrollos religiosos. Adicionalmente, otros cristianos no se olvidan, porque sus historias a menudo se entretejen con la de los bautistas. El tercer aspecto digno de mencionarse es el principio de organización. Los países no se separan, porque no representaría bien la realidad del pasado. Por todos los contrastes entre diferentes naciones, los bautistas viajaron entre ellos, leyeron sus escritos mutuamente y mantuvieron correspondencia que cruzó los océanos. Lo sucedido en una parte del mundo a menudo era duplicado en la otra parte. Los estudios de un tema particular, por lo tanto, sacaban evidencia conjunta de diferentes países. En los primeros capítulos que tratan con los períodos cuando los bautistas vivían casi exclusivamente en Bretaña y los Estados Unidos, la discusión cubre solamente esas tierras. En capítulos posteriores, que cubren los años en que los bautistas alcanzaron otras partes del mundo, los desarrollos en dichos lugares se toman en cuenta en alguna medida. Esto es especialmente así en los dos capítulos sobre misiones y sobre la expansión global, pero allí también, el examen se concentra sobre factores que afectan a más de un territorio a la vez. Solo los tres capítulos cerca del final sobre América Latina, Nigeria y las colinas del Naga se limitan a una parte particular del mundo fuera de Bretaña y América del Norte. Al tratar con estos asuntos en sus contextos y al tejer las narrativas de diferentes países, este estudio ofrece un cuadro de los bautistas que puede parecer, en algunos aspectos, como algo nuevo.

Los capítulos se han arreglado así para empezar con un punto de vista tentativamente cronológico de los principales desarrollos en la vida bautista hasta el siglo veinte. El capítulo 2 considera lo que precedió el surgimiento de los bautistas, la Reforma protestante. El capítulo siguiente considera la cuestión polémica de la relación entre los anabautistas continentales y el origen de los bautistas ingleses. Luego en los capítulos 4 y 5, se encuentra la discusión de los Bautistas Particulares y los Generales en el siglo diecisiete, y de los avivamientos evangélicos en el siglo dieciocho. Las fricciones internas del siglo diecinueve se tratan en el capítulo 6, antes que dos capítulos paralelos tomen la historia dentro del siglo veinte y cubran los debates sobre las tendencias liberales en la teología y los problemas que presionan en la sociedad. Los cuatro capítulos siguientes se dedican a examinar los asuntos que se extienden a lo largo de todo el período de la existencia bautista. El capítulo 9 considera la evolución de las actitudes bautistas sobre la raza, en el capítulo 10 el lugar de la mujer en la vida bautista. El capítulo 11 examina las doctrinas bautistas de la iglesia, el ministerio y los sacramentos, y el capítulo 12 el registro bautista sobre la libertad religiosa. Cinco capítulos más amplían la cobertura al mundo en general durante los siglos diecinueve y veinte. En el capítulo 13 el tema es las misiones bautistas hacia los pueblos no cristianos; y luego el capítulo 14 discute los medios por los cuales los bautistas avanzaron en tierras nominalmente cristianas. Los capítulos 15, 16 y 17 examinan el crecimiento de la vida bautista en América Latina, Nigeria y las colinas de Naga, todos lugares donde florecieron. El capítulo 18 retoma la cuestión de la identidad bautista misma, tema de aguda controversia al final del siglo diecinueve, y lleva el análisis hasta el siglo veintiuno. Finalmente, la conclusión reúne los temas del libro como un todo. La meta es dar un repaso a lo que eran los bautistas a través de las generaciones y en todo el globo. Este libro tiene que ver con los esfuerzos de propagar la fe y por lo mismo tener bautismos para celebrar. Es también acerca de las botas que el ministro de Castle Donington necesitaba para el bautismo a fin de lucir respetable.

Capítulo 2

Las raíces en la Reforma

Los orígenes de los bautistas yacen en el torbellino de la Reforma del siglo dieciséis. La Iglesia católica medieval en el Occidente había preservado, en gran parte, la substancia de la unidad. Había estado lejos de ser monolítica, con una superabundancia de clero secular y regular, monjes y frailes, confraternidades y gremios. Los dominicanos y los franciscanos, aunque ambas eran órdenes de frailes, sostenían una intensa rivalidad que a veces degeneraba en cachetadas y puñetazos. La noción de una era de fe —singular en la práctica y uniforme en la observación— estuvo lejos de la realidad del cristianismo occidental durante la última parte de la edad media. Aún el papado, en teoría el enfoque de la unidad, había sido desgarrado por el cisma al final del siglo catorce y principio del quince. Por cerca de un siglo hubo dos papas —y por una temporada tres— compitiendo el uno contra el otro por el apoyo internacional y lanzando anatemas el uno contra el otro en términos desmedidos. Aún así el sentido que la iglesia era una sola entidad había triunfado, en particular por medio del movimiento conciliar que veía a los concilios de toda la iglesia como el remedio para las faltas eclesiásticas de esos tiempos. La adoración formó el vínculo común. Aunque había en uso muchas liturgias de la eucaristía en diferentes lugares, existía el sentimiento que eran partes variantes del patrón de la misa. El acto sacramental central de la fe unía a los cristianos, aún cuando eran más a menudo observadores que participantes. La catolicidad, el principio que todos los creyentes estaban en comunión los unos con los otros, era una visible realidad. Pero la Reforma vino a alterar todo esto.

En los dos siglos empezando alrededor de 1500 todo semblante de unidad fue quebrantado. Había habido anticipación local de antemano. Durante el siglo quince los seguidores de Jan Hus en Bohemia se desligaron de las estructuras de la iglesia para crear sus propias congregaciones. Pero sólo después del comienzo del siglo dieciséis sucedieron las divisiones dentro de Europa como un todo, divisiones tan agudas como la de la ruptura que había subsistido por largo tiempo entre la Iglesia ortodoxa griega y los católicos occidentales. Los cristianos cesaron de estar en comunión uno con otro. La Iglesia católica continuó bajo la autoridad de los papas y ganó la alianza del sur de Europa, proporción que aumentó en vez de reducirse durante las décadas. Los protestantes, sin embargo, tomaron grandes porciones del norte. Los luteranos dominaron mucho del norte de Alemania y Escandinavia. Los reformados, cuya figura líder era Juan Calvino, inicialmente hicieron firmes avances en Francia pero regresaron a sus bastiones en Ginebra, Holanda, Escocia y partes de Alemania y Hungría. La Iglesia de Inglaterra, firmemente protestante, pero sin embargo, distinta, vino a ser la forma establecida de la fe en su tierra. En regiones de Europa oriental tales como Transilvania, el unitarismo sentó raíces profundas. Esparcidos en muchas áreas estaban los anabautistas de varias clases, los menonitas y otros, quienes testificaron del ideal de la iglesia congregada y así diferían de las predominantes expresiones del cristianismo. Inglaterra fue el lugar donde, en los años de la mitad del siglo diecisiete, se encontró la mayor diversidad. Junto con los anglicanos estaban los presbiterianos, independientes, cuáqueros, y cierto número de otras agrupaciones. Entre éstos se encontraban los Bautistas Particulares, los Bautistas Generales, los Adventistas del Séptimo Día y todos los que con Bunyan, el autor de *El progreso del peregrino* (1678), creían que los bautistas y los independientes debían adorar juntos. Los bautistas, ellos mismos también divididos en grupos que no tenían comunión el uno con el otro, eran parte de un nuevo patrón de alianza religiosa en el Occidente. La era de las denominaciones había nacido.

Al iniciar el siglo dieciséis una subsecuente fragmentación parecería poco probable. La Iglesia católica no era —como los últimos apologistas protestantes a menudo la presentaban— desesperadamente corrupta, alejada de las simpatías de la gente y por lo tanto al punto para una reforma. Los monasterios de Europa, aunque algunas veces manchados por abusos, a menudo ya habían sido reformados. Los obispos, en promedio, eran más —en vez de menos— responsables que en el pasado. El anticlericalismo entre los laicos era débil, como se evidencia por las relativamente pocas quejas sobre el inadecuado cuidado pastoral. En Inglaterra los reyes estaban en buenos términos con el papado, las personas acaudaladas daban generosamente a la iglesia, y la gente común participaba con gusto en los negocios religiosos. En Morebath en Devon, una parroquia que se ha examinado particularmente de cerca, las organizaciones de diferentes edades y géneros aseguraba participación general en las actividades de la iglesia por la población general de la aldea. Había esfuerzos regulares para colección de dineros, elecciones anuales de los oficiales laicos y un sentimiento generalizado de responsabilidad para asegurar que la parroquia estuviera apropiadamente equipada para la adoración.[1] La fe estaba íntimamente integrada en la cultura popular. Se veneraban a los santos, a menudo por su reputación como sanadores de los enfermos que les clamaban su ayuda. El temor a la muerte estaba mitigado por la creencia que las oraciones por los fallecidos podía reducir el período en el purgatorio antes que los muertos gozaran el reposo en el cielo. Ceremonias que los reformadores denunciaron posteriormente por la ausencia de corroboración bíblica, tales como peregrinajes y procesiones por las calles, proveían genuino gozo. Hacia el final del período medieval la iglesia contaba con un fuerte afecto de la gente.

Además, había corrientes poderosas de cambio espiritual que eran independientes de la Reforma. Aunque a menudo fluían de las demandas de cambio doctrinal hechas por los reformadores, estos desarrollos eran originalmente distintos y tenían el efecto de revitalizar la permanencia de la Iglesia católica. Había lugares donde la predicación estuvo investida de importancia fresca y de elementos informales que se insertaron en la liturgia en el lenguaje del pueblo. Una ola de *devotio moderna* ("devoción moderna") corrió por partes de Europa, especialmente en los Países Bajos, capacitando a los laicos, mujeres tanto como hombres, a seguir un estilo de espiritualidad que una vez había estado confinado a los monasterios. Su producto más influyente, *Imitación de Cristo* de Tomás de Kempis (c. 1418), era un manual que animó a muchos a adoptar una vida de piedad disciplinada centrada en Cristo. La reunión de las fuerzas intelectuales del renacimiento también se hicieron presentes en el pensamiento cristiano. Su dimensión principal, el re-descubrimiento de las obras clásicas que contienen tesoros del conocimiento humano, dio lugar a la etiqueta "humanismo" para las altas demandas de erudición que muchos adoptaron. Lejos de implicar cualquier desacuerdo con la revelación divina, el humanismo aprendió a auspiciar el estudio del texto de la Biblia. El más grande de los escritores humanistas, Erasmo de Róterdam, publicó en 1516 una edición del Nuevo Testamento que establecía su contenido auténtico con autoridad sin precedente. Los teólogos del pasado con un mensaje para el presente estaban también de moda. En particular, Agustín, el crítico más incisivo entre los primeros padres de la noción que la salvación se pueda alcanzar por mérito, se leía con interés renovado. Muchas de estas agitaciones fueron tomadas por aquellos que desde los años de la mitad del siglo dieciséis, llegaron a montar la Contrarreforma dentro del catolicismo, pero también prepararon el camino para la revolución que fue la Reforma misma.

La Reforma continental

El líder de la revolución fue Martín Lutero. Como monje de claustro (significativamente, en la Orden de San Agustín) y erudito bíblico, Lutero concluyó que la salvación era el regalo de Dios para los que ponían su fe en Cristo. Por tanto, se disgustó por la declaración de Johann Tetzel, fraile predicador, que el reino de los cielos se abría a todos los que compraban indulgencias librándolos de sus pecados y acortando así su tiempo en el purgatorio. Lutero denunció el sistema de indulgencias en 1517, supuestamente al depositar una lista de 95 tesis académicas en la puerta de la iglesia del castillo en Wittenberg. Su mensaje electrificó a Europa, especialmente la mitad del norte, donde el purgatorio era una mayor preocupación. Al desarrollar sus enseñanzas en los años subsiguientes, Lutero vino a chocarse con el papado por rehusar su autoridad y acudió a los príncipes de Alemania para su apoyo. Insistió que la justificación, la manera en que una persona encuentra paz con Dios, es solamente por medio de la fe. La autoridad para esta buena noticia es la Biblia, que Lutero tradujo al alemán, más claramente en algunas partes de la Escritura que en otras. La carta de Santiago, con su aparente enseñanza que la salvación es por obras tanto como por la fe, le pareció altamente dudosa. El principio de Lutero era "la Escritura solamente" (*sola scriptura*) en vez de "la Escritura por sí misma" (*nuda scriptura*), porque todavía respetaba la tradición de la iglesia, que abrazaba los credos. Aprobó el bautismo infantil y encontró falta con aspectos de la adoración y la organización de la iglesia solamente si estaban claramente condenados por la Biblia. Los luteranos a menudo continúan la observación católica del Día de los Santos y llamar el Servicio de Comunión "misa". La Reforma en el idioma de Lutero era más drástica en su doctrina que en su práctica.

Otros reformadores llevaron más lejos el proceso de cambio. En la ciudad de Zurich durante la década de 1520, Ulrico Zwinglio realizó una de muchas reformas cívicas. Rompiendo con la típica moderación de Lutero que el pan y el vino en la eucaristía, aunque permanecen pan y vino, coexisten con el real cuerpo y sangre de Cristo, Zwinglio contendió que no hay cambio en los elementos en lo más mínimo. En vez, la Cena del Señor es una manera en que la comunidad cristiana reafirma su identidad al recordar el sacrificio de Cristo que la inspiró a su existencia. En 1529 hubo un intento por reconciliar los dos lados, auspiciado por Felipe de Hesse, el príncipe que fue el mayor protector enérgico del desarrollo de la causa protestante, pero falló por la intransigencia de Lutero. Para él, los que adoptaran la posición de Zwinglio eran fanáticos.

En Ginebra, otra ciudad suiza, Juan Calvino ejerció su poderoso ministerio desde 1541, particularmente entre sus paisanos franceses, quienes se unieron a lo que vino a ser el modelo de la comunidad reformada. Ya para 1536 Calvino, que era humanista y abogado de profesión, había escrito sus *Institutos*, en los cuales bosquejaba su teología sistemáticamente. El Todopoderoso, sostenía él, había elegido a los que salvaría. Este es el centro de la doctrina de la predestinación por la cual Calvino es conocido, pero no era el centro de su sistema. En vez, enfatizó que la salvación venía por gracia como el regalo inmerecido de Dios. Sobre el Servicio de Comunión, adoptó una posición media entre las de Lutero y Zwinglio: los elementos no conllevan el cuerpo y la sangre de Cristo, sino que traen gracia especial singular al sacramento.

Juan Calvino (1509–1564)
Reformador protestante

Había un elemento conservador en el pensamiento de Calvino que lo guiaba, por ejemplo, retuvo la creencia en la perpetua virginidad de María la madre de Jesús. Retuvo el bautismo de los niños en la supuesta analogía de la circuncisión en el Antiguo Testamento. Pero los que pensaban como Calvino, que se conocieron como los reformados, adoptaron un tratamiento radical a la disciplina y a la adoración. La disciplina de los miembros de la iglesia por ofensas morales o doctrinales debía de tratarse como una cualidad que definía la verdadera iglesia. En la adoración, en vez de meramente rechazar como Lutero, lo que sea que la Escritura condene, los reformados ejercieron un principio regulador firme: los únicos rasgos legítimos eran los que se podía demostrar que tenían apoyo bíblico —que "la Escritura garantiza". Así que, los instrumentos musicales no tenían sanción en el Nuevo Testamento y por lo tanto debían desaparecer de la adoración. Aquí estaba la aplicación de la raíz y la rama del "biblicismo".

La Reforma en Inglaterra

Los bautistas fueron influenciados por los principales reformadores en el continente, Lutero, Zwinglio y Calvino, pero sus propias tradiciones emergieron de los desarrollos en Inglaterra. La Reforma inglesa del siglo dieciséis tuvo un precedente parcial en el movimiento de los lolardos. Los lolardos se inspiraron por las enseñanzas de John Wyclif, erudito del siglo catorce de Oxford quien denunció sin moderación el materialismo de la iglesia. Su punto de vista era que la gente debía tener la Biblia en su propio idioma para que así pudieran comparar la práctica eclesiástica contemporánea con la que debía de ser. Copias de una traducción hecha por sus discípulos circuló durante los años subsiguientes entre la gente común, particularmente en ciertas áreas tales como el Chiltern Hills de Buckinghamshire. Periódicamente los juicios de lolardos por herejía ante las cortes de la iglesia revelaron las opiniones que sostenían comúnmente. Apelaban a la Biblia como la constitución de sus creencias; rechazaban las imágenes, los peregrinajes, y las oraciones a los santos; y mostraban menosprecio por el clero, lo cual los conducía a ignorar el sacramento medieval de la confesión a un sacerdote. Sin embargo, no demostraron ningún rastro de la doctrina de la justificación solo por la fe que daría energía a la Reforma. Los lolardos tampoco empezaron iglesias separadas con su propio patrón de ministerio. Pero, cuando las ideas de Lutero se empezaron a infiltrar dentro de Inglaterra, algunos de ellos parece que se unían bastante rápido a la creciente ola del sentimiento protestante. Es probablemente significativo que los Chilterns llegaran a ser el área de fortaleza para los Bautistas Generales en el siglo diecisiete. Los lolardos proveyeron un programa de disentimiento religioso difuso que anticipaba aspectos de la Reforma.

Los procesos de cambio religioso en Inglaterra, sin embargo, estuvieron fuertemente asociados con los negocios del estado. En la década de 1520 Enrique VIII necesitaba un niño heredero que garantizara la continuidad de un buen gobierno, y se convenció que su esposa, Catalina de Aragón, sólo le había dado una hija porque había infringido la enseñanza de la iglesia al casarse con alguien que previamente había sido la esposa de su hermano mayor. El papa no estuvo de acuerdo y por eso rehusó nulificar el matrimonio. El muy hábil Enrique rompió con el papado por este asunto y terminó su matrimonio con Catalina, tomó a Ana Boleyn, patrona de la causa protestante, como su nueva esposa. El corolario fue que, en 1534, la iglesia en los dominios de Enrique declaró su independencia bajo su dirección. Su primer ministro, Thomas Cromwell, y su arzobispo de Canterbury, Thomas Cranmer, presionaron hacia la reforma de la iglesia. Los monasterios se disolvieron y la Biblia estuvo disponible en inglés en las iglesia parroquiales. Aunque el cambio oficial se detuvo durante los años finales de Enrique, y en unos pocos respectos el reloj dio marcha atrás, el ritmo de la transformación en una dirección protestante revivió bajo el corto reinado de su hijo Eduardo VI. Por seis años desde 1547, el gobierno fue dirigido por un rey niño y por sus señores protectores quienes recibieron con alegría a los teólogos protestantes sobresalientes del continente, empujaron hacia la disolución de las capillas donde se tenían las misas por las almas en el purgatorio, y lanzaron dos sucesivos Libros de Oración Común diseñados por Cranmer. El segundo, publicado en 1552, era firmemente protestante en su enseñanza. Parecía que Inglaterra actuaría como la campeona principal de la Reforma en Europa.

La temprana muerte de Eduardo VI en 1553, sin embargo, puso el proceso en reverso. Su sucesora, la reina María I, era la hija de Catalina de Aragón, y, como ella, era católica devota. María se embarcó en la política de la restauración católica. Las figuras sobresalientes bajo Eduardo fueron depuestas de sus oficios. Dos obispos, Latimer y Ridley, fueron quemados por herejía en Oxford. Cranmer, quien le otorgó una victoria a la propaganda del régimen católico al retractarse de sus puntos de vista como arzobispo, luego ganó un mayor triunfo al ir a la pira y regresar a su fe protestante, famosamente poniendo en las llamas primero la mano con la que escribió su retractación. Estas escenas, y muchos de los mártires judiciales de figuras de menor importancia, le ganaron a María la poco envidiable reputación por su crueldad. Aunque, a su ascenso, el compromiso protestante era relativamente débil en la población en general excepto en el sureste cerca de Londres, ella logró alienar a muchos más de sus súbditos. Entre tanto, los que huían al continente para escapar la persecución hicieron causa común con las personalidades de avanzada del mundo de la Reforma. En Frankfurt y en otras partes forjaron planes para avanzar el cambio en una dirección protestante, en caso de que María pasara del escenario. En Ginebra desde 1557 tradujeron la Biblia al inglés, una versión que llegaría a ser la norma de las Escrituras por medio siglo y más. Las notas marginales animaban a los lectores a ver el texto a través de los ojos protestantes. El reinado de María, si hubiera durado, hubiera conseguido marginar el protestantismo. Sin embargo, terminó con la muerte de la reina en 1558, cuando los refugiados se reunieron nuevamente para proveer liderazgo a la Iglesia de Inglaterra. Al crear mártires y exiliados, María hizo tanto como su medio hermano Eduardo había hecho para avanzar la causa protestante.

La ascensión de Isabel I, la media hermana menor de María, la hija de Ana Boleyn, y una decidida protestante, dirigió la consolidación de la fe reformada en Inglaterra. El establecimiento de la religión en los primeros años de su reinado no era un acuerdo entre el catolicismo y el protestantismo, sino un triunfo protestante realizado contra la oposición católica. "Hemos indagado en la Santa Biblia, que estamos seguros que no nos puede engañar," declaró John Jewel, obispo de Salisbury, en su *Apology of the Church of England* (1562), "una forma segura de la religión, y hemos regresado nuevamente a la iglesia primitiva de los antiguos padres y apóstoles".[2] Los Treinta y Nueve Artículos de 1563, que constituyen el estándar de la ortodoxia bajo el nuevo régimen, en sus contenidos eran enfáticamente reformados. Isabel como la suprema gobernadora de la iglesia y su principal ministro, William Cecil, Lord Burghley, se aseguraron que los asuntos eclesiásticos estuvieran firmemente bajo el control de ellos. Un símbolo del nuevo estado de cosas fue el reemplazo de una representación de la crucifixión sobre reja en muchas iglesia parroquiales por el sello del código real de armas. Los católicos fueron excluidos de los puestos oficiales y, después que la reina fue excomulgada y declarada depuesta por el papa en 1570, se les sometió a la persecución. La razón, insistía el gobierno, no era porque fueran católicos sino porque eran traidores a la corona. Pero Isabel retuvo las características de la religión medieval en su reinado. Los obispos aún administraban la iglesia y las catedrales retenían su lugar distintivo. Era de esperarse completamente, después del arreglo interino hecho en 1559, que hubiera reformas adicionales. Cuatro años después, los obispos, en su mayoría ex exiliados de María, apoyaron el cambio extensivo, pero la reina no deseaba desestabilizar el bote. Aunque el país era firmemente protestante, había base para la intranquilidad entre los más fervientes reformadores.

El surgimiento del puritanismo

Este era el contexto en el cual apareció el puritanismo. El término, primero se oyó en 1565, aplicado a los que consideraron incompleto el proceso de la Reforma en Inglaterra. Su meta era purificar la iglesia de los rezagos que quedaban de la superstición católica. En el pasado había habido una tendencia entre los historiadores de ver el período que empieza con el establecimiento de Isabel y que culmina con las Guerras Civiles de la década de 1640 como la lucha entre los anglicanos y los puritanos, los defensores de la Iglesia de Inglaterra contra los que deseaban reemplazarla con una institución más reformada. A la luz de la obra de Patrick Collinson, esa percepción ya no es defendible.[3] En este tiempo la Iglesia de Inglaterra no había forjado una identidad distintivamente teológica, una *via media* ("camino medio") entre el protestantismo y el catolicismo. En vez, a pesar de su retención de los obispos, catedrales, y otras cosas era enfáticamente protestante, parte de la comunidad internacional reformada. Sus obispos y cada vez más el clero y la gente, estaban adheridos a las doctrinas que Calvino y sus reformadores aliados habían cristalizado en el continente. Los puritanos compartían estas creencias con el grueso de sus contemporáneos cristianos en Inglaterra. La diferencia que marcaba a los puritanos, o "precisionistas" como se les llamaba algunas veces, era qué tan lejos deseaban ir, y qué tan lejos estaban preparados para ir, al cambiar los arreglos que Isabel había introducido. Mientras muchos otros estaban preparados para tolerar lo que el gobierno había establecido y mantenido, los puritanos sostenían que la lealtad a la Escritura requería pasos adicionales de cambio eclesiástico. La línea entre puritanos y otros por lo tanto era mucho más fluida que lo que se suponía antes, con auto-restricciones que variaban de tiempo en tiempo y de lugar en lugar entre los más ardientes de los protestantes. Hubo muchos, sin embargo, que creían que la Reforma todavía no se terminaba.

El impulso puritano no se puede entender completamente a menos que se aprecie su principal corriente ideológica. Detrás de ésta yace un poderoso detesto de la idolatría. En los diez mandamientos como se usaban en la iglesia Occidental en la edad media, la prohibición de ídolos se incorporó en el primer mandamiento en contra de tener otros dioses delante del Señor. Primero en Zurich, y luego en Inglaterra desde 1535, hubo una nueva numeración en la que la denuncia de ídolos se convirtió en el segundo mandamiento y se sostuvo por derecho propio. Por lo tanto la comunidad reformada en general, aunque no así los católicos ni los luteranos, vieron la erección de substitutos idólatras para el Todopoderoso como un pecado cardinal. Verdaderamente, "bajo idolatría y vana confianza en los hombres es que todos los otros pecados están contenidos"[4] dijo el puritano, Abdías Ashton, a fines del reinado de Isabel. Cualquier cosa que oscurezca el honor decidido que se le debe solo a Dios vino a ser censurado por los puritanos. Tenían objeción al servicio de matrimonio en el Libro de Oración Común introducido por el régimen de Isabel por que le hacía decir al novio que él ofrecía "adoración" a la novia; eliminaron los cuadros medievales de los santos en las paredes de la iglesia, quebraron sus imágenes, y consideraron si era una obligación derribar por completo iglesias nombradas en honor a los santos. La adoración en particular, ellos pensaban tiene que purificarse no sea que se esté burlando del Todopoderoso. Como creían los puritanos cada vez más, la validez de su fe tenía que probarse por medio de su conducta, se preguntaron si sus servicios habían eliminado cualquier mancha de idolatría. Si había cualquier rasgo de irrespeto hacia la voluntad divina, su adoración sería un insulto a Dios. En ese caso su fe sería en vano y su salvación estaría en peligro. Había las más fuertes razones para asegurarse que los servicios públicos de la iglesia se conformaran a los principios de la Escritura. A toda costa la idolatría tenía que desaparecer.

El primer choque ente puritanos y las autoridades de Isabel tuvo lugar sobre el vestuario, la ropa vestida por el clero en la iglesia. El Libro de Oración, como se interpretó oficialmente, requería del clero que vistiera sobrepellices blancos para conducir los servicios. Esta forma distintiva de vestir, de acuerdo con los puritanos, no tenía apoyo en las Escrituras. Además, marcaba a los que los usaban, el clero, como diferentes de los laicos, y así formaba un visible rechazo del sacerdocio de todos lo creyentes que los protestantes atesoraban desde Lutero. Algunos ministros puritanos simplemente descartaron la ropa clerical, pero en 1566, bajo las órdenes del gobierno, el arzobispo Parker demandó que todos obedecieran las reglas de la iglesia.

Treinta y siete clérigos en la diócesis de Londres fueron suspendidos y los que permanecían firmes fueron expulsados del ministerio. El resultado fue la primera ola de separación de la Iglesia de Inglaterra. Un grupo liderado por ministros privados de sus obligaciones se reunieron regularmente para adorar en el Plumbers' Hall hasta cuanto se esparcieron en 1567. Los miembros de otra "iglesia secreta", dirigida por Richard Fitz, explicitó las bases de su secesión. "Estas ropas papistas, etc.", leía la declaración que suscribieron, "ahora han venido a ser ídolos en verdad, porque son exaltadas por encima de las palabras del Todopoderoso".[5] Insistieron que no había que jugar con la idolatría que destruía el alma. Esta gente, que parecía haber estado confinada a Londres, no rechazaba la autoridad del estado al requerir conformidad religiosa. En vez, ellos estaban tan escandalizados por la forma de adoración pública demandada que se sintieron obligados a retirarse de la iglesia. Eran los más extremos de los puritanos de su día.

Un caso puritano más intelectual surgió en Cambridge poco después. Thomas Cartwright, profesor de divinidades Lady Margaret, arguyó en 1570 a favor de la igualdad de todos los ministros y por la abolición de los obispos. Esta contención extendió la crítica puritana desde la conducta de la adoración hasta la organización de la iglesia. Las iglesias continentales reformadas, la Iglesia de Foráneos para los protestantes extranjeros en Londres, y la creciente iglesia escocesa actuaron a manera de modelos de cómo se podía conducir la Reforma más allá que en la Iglesia de Inglaterra. El modelo urgido por Cartwright se aproximó al posterior presbiterianismo aunque había todavía más fluidez sobre los ideales de la iglesia que en los siglos posteriores. Otros aceptaron el llamamiento de Cartwright. En 1572 en un discurso al Parlamento llamó no sólo a la purificación del Libro de Oración Común de los abusos "tomados de la suciedad papista, el libro de la misa," sino que también censuraron a los obispos como "anticristianos y diabólicos".[6] Para 1586 los puritanos solicitaban al Parlamento que introdujera un nuevo sistema de disciplina basado sobre el ejemplo escoces. En Dedham en Suffolk un sínodo presbiteriano embrionario reunió representantes de varias congregaciones puritanas para considerar asuntos de interés común. Hasta cerca de 1590 existió un ímpetu creciente para seguir adelante con la reforma estructural en la Iglesia de Inglaterra. Desde entonces en adelante, sin embargo, el gobierno claramente mostró que intentaba ser inflexible. Los defensores del orden establecido respondieron vigorosamente al caso puritano. Ahora proclamaban, no solamente que los obispos eran permitidos, sino que en efecto, eran elementos requeridos de la iglesia. La Iglesia de Inglaterra como Isabel la había creado estaba llegando a ser un rasgo inmutable del panorama.

La emergencia del separatismo

La persistente rigidez de las autoridades indujeron a una creciente frustración entre los más dedicados puritanos. La iglesia existente era, desde su punto de vista, palpablemente no-reformada, y sin embargo, estaban desesperanzados de poder persuadir al gobierno de eliminar su remanente de características católicas. Algunos empezaron a considerar el establecimiento de iglesias que estuvieran ordenadas apropiadamente fuera de la Iglesia de Inglaterra. En 1582 Robert Browne, un graduado de Cambridge que había sido influido por Cartwright, publicó A *Treatise of Reformation without Tarrying for Any*. Si el estado no completaba la reforma, argüía él, la tarea tiene que ser tomada por individuos que reconozcan la obligación de obedecer a Dios completamente, creando así iglesias con los que estuvieran dispuestos a unírseles. Aunque Browne posteriormente se sometió a las autoridades y aceptó ganarse la vida en la Iglesia de Inglaterra, sus puntos de vista persistieron. John Greenwood, Henry Barrow y John Penry fueron arrestados por propagar opiniones similares y ejecutados en 1593 por traición contra la supremacía real. En un sentido, el gobierno estuvo correcto al percatar la separación como un desafío a la autoridad de la corona. Francis Johnson, un clérigo quien vino a ser pastor de una iglesia separatista en Londres en 1592, insistió que, como Cristo no era solamente profeta y sacerdote sino también "rey de la iglesia",[7] los piadosos deben obedecer todos los mandamientos de Cristo para gobernar la iglesia. En efecto, Johnson estaba erigiendo una forma de monarquía en la esfera religiosa en competencia con la supremacía real. Johnson, como los otros líderes separatistas, fue arrestado, pero se le permitió su libertad en 1597 con la condición que abandonara el país. Él se unió a su propia congregación en exilio en Amsterdam, donde se permitía mayor tolerancia religiosa que permitía que sus miembros adoraran sin ser molestados. Esta iglesia, aunque convulsionada por disputas sobre casos de disciplina, mantuvo un separatismo ejemplar en el exilio.

El nuevo siglo parecía ofrecer nueva esperanza para la causa puritana cuando en 1603, murió Isabel. Su sucesor, Jacobo VI de Escocia (quien vino a ser Jacobo I de Inglaterra), había aceptado la forma de gobierno presbiteriano de la iglesia al norte de la frontera y por eso era de esperarse que introdujera frescas medidas de reforma en su nuevo territorio. Algunos mil del clero puritano solicitaron cambios y el rey accedió a reunirse con sus representantes en Hampton Court Palace en enero de 1604. Había altas esperanzas que, por lo menos la señal de la cruz y el bautismo infantil fueran abolidos. Sin embargo, el rey no haría concesiones que pudieran quitarle importancia al episcopado. Jacobo había concluido que la sumisión a la iglesia era un pre-requisito para la sumisión al estado. Su principio famosamente enunciado era "Sin obispo no hay rey". Uno de los resultados significativos de la conferencia fue el acuerdo de empezar una nueva traducción oficial de la Biblia, que llevó, en 1610 a la publicación de la versión autorizada o del rey Jacobo. Pero los puritanos estuvieron amargamente desilusionados. Sin ninguna mira de progreso oficial hacia completar la reforma, muchos de sus espíritus más fervorosos concluyeron, si no venía el cambio, tendrían que lograrlo ellos mismos. Con la apertura de la conferencia de Hampton Court, por lo tanto, hubo un resurgimiento fresco de sentimiento radical y separatista. Los que previamente habían esperado por algo como el gobierno presbiteriano en la iglesia del estado empezaron a creer que nunca sería establecido y que solamente por medio de congregaciones independientes se podría esperar la introducción de una rigurosa adoración pura. Henry Jacob, quien iba a reunir una iglesia que eventualmente llegó a conclusiones bautistas, en este tiempo decidió que la forma de gobierno de las iglesias no es opcional sino un asunto de obediencia a la palabra de Dios. Este también fue el punto en el que John Smyth, que después fue el primero en abrazar el bautismo de creyentes, se cambió al separatismo. Los que creían, al principio del siglo dieciséis, que la reforma nacional había fallado, formaron el corazón de los círculos donde primero aparecieron las convicciones bautistas.

Los puritanos dentro de la Iglesia de Inglaterra continuaron su predicación y enseñanza, paulatinamente reclutando una mayor proporción de la población para la causa durante el siguiente cuarto de siglo. En 1612 un puritano moderado, George Abbot, fue nombrado como el arzobispo de Canterbury. Sin embargo, a la vez hubo un contra-movimiento dentro de la iglesia establecida. Aún en el reinado de Isabel había existido un pequeño cuerpo de clérigos especialmente en la Abadía Westminster, que deseaba una ceremonia más elaborada en la adoración. Bajo Jacobo I, Lancelot Andrewes, obispo de Ely desde 1609 y de Winchester desde 1618, dio liderazgo espiritual e intelectual a este partido. Extrayendo directamente del pensamiento de los primeros años de la iglesia, ideó un estilo de doctrina y devoción que eran definitivamente anti-calvinista. Este grupo ganó la ascendencia en la Iglesia de Inglaterra cuando en 1629, el hijo de Jacobo I y sucesor, Carlos I, nombró a William Laud como obispo de Londres. Cuatro años después Laud siguió a Abbot como arzobispo de Canterbury. Él siguió una política simple de promover el estatus de la iglesia y de introducir belleza dentro de la adoración. Para el horror de los puritanos, pidió que las mesas de comunión se quitaran del cuerpo del templo, donde habían estado normalmente desde la ascensión de Isabel, y que se pusieran contra la pared oriental del pasillo donde se pudieran alinear según el patrón de los altares católicos. En 1640 nuevas regulaciones requerían que las mesas de comunión se pusieran detrás del barandal de la gente; también se animaba a que se inclinaran hacia el altar como práctica devota. Tales normas hicieron que muchos sintieran que el gobierno deseaba echar atrás la Reforma totalmente. Notaron con alarma que la reina de Carlos, Enriqueta María, no se preocupaba por ocultar su lealtad católica. Juntamente con la regla arbitraria de Carlos y el rehusar llamar a sesión al Parlamento, estas medidas alimentaban el descontento que llevó a las Guerras Civiles de la década de 1640.

    La dirección en los negocios de la Iglesia de Inglaterra también animó a la renovación de la tendencia separatista. Fue en esta coyuntura que varias de las primeras iglesias que iban a adoptar la identidad bautista llegaron a ser. En Bristol, por ejemplo, un grupo que adoraba en una parroquia de la iglesia se había reunido regularmente para orar y en el estilo puritano común, para repetir sermones el uno con el otro. Las otras normas de Laud profundamente los perturbaban, pero en 1639 uno de su número llamado Matthew Hazzard fue nombrado para que sirviera en la Iglesia St. Ewin, una iglesia en el centro de la ciudad. Los miembros del grupo inicialmente podían asistir a la iglesia sin violar sus consciencias pero luego empezaron a tener ciertos escrúpulos en cuanto a siquiera asistir a los servicios del

Libro de Oración. Pactaron juntos adorar a Dios "más puramente" aunque se permitían ir a la iglesia para el sermón de Hazzard. Luego, sin embargo, un bautista de Londres llamado John Cann les habló de "su obligación de separación en la adoración del anticristo, manteniéndose fieles a la doctrina de nuestro Señor Jesús y su instituida adoración".[8] En común acuerdo dejaron de ir a oír sermones en la iglesia parroquial y llegaron a estar totalmente separados. Al principio eran sencillamente independientes, o congregacionalistas, manteniendo una iglesia únicamente para creyentes pero reteniendo el bautismo infantil. Continuaron adoptando el bautismo de creyentes como una opción, y, aunque continuaron permitiendo que se unieran miembros sin bautismo, la congregación vino a llamarse Iglesia Bautista Broadmead.

El cronista de Broadmead en el siglo diecisiete registró los doce pasos que habían pasado hasta alcanzar el estado de reunirse como una iglesia completamente separada. La nación se había despojado de la "falsa doctrina de la iglesia de Roma" sobre los sacramentos de la Cena del Señor y la salvación por méritos, las autoridades habían quitado monjes, frailes, abades y sacerdotes, "el nido de idólatras"; luego, como "un paso más en la Reforma", días festivos y días de santos se habían abolido. Los fieles habían rechazado a los sacerdotes carnales, allegándose a "predicadores poderosos y entusiastas", y a abandonar el oír desde el púlpito sermones escritos. Suspendieron la inclinación hacia el altar en el nombre de Jesús, "un quebrantamiento visible y directo del segundo mandamiento"; cesaron de hacer la señal de la cruz en el bautismo infantil (que, el cronista subrayó, era bueno, pero no tan bueno como abandonar totalmente el bautismo infantil); y ya no usaban de cuadros o imágenes. Rehusaron doblar la rodilla para recibir el pan y el vino porque aún "una decencia que Dios no había mandado, no debía observarse"; rompieron con el Libro de Oración "esa *nodriza de la formalidad*"; y finalmente declinaron escuchar sermones por cualquiera de los ministros que dirigieran la adoración con el Libro de Oración. Era un catálogo de firme iluminación, según "el Señor los guió por grados, y los sacó de la oscuridad del papado a su luz maravillosa del evangelio".[9] La lista muestra cómo los primeros bautistas se preocuparon por asegurarse que debían de huir de todas las muestras de residuos de la influencia católica, que incluían los cambios recientemente re-introducidos por el arzobispo Laud, en la Iglesia de Inglaterra. La adoración era su preocupación central. Purificar sus servicios de todos los indicios de idolatría era la meta principal.

Los primeros bautistas fueron el producto de sus tiempos. Estuvieron conscientes de los amplios bosquejos de la Reforma que había precedido su emergencia. Había habido protestas por Lutero, Zwinglio y Calvino contra las doctrinas y prácticas que oscurecían la centralidad de la fe personal en la vida cristiana. En Inglaterra los lolardos por mucho tiempo habían criticado la iglesia existente. Había habido movimientos iniciales tentativos hacia el cambio bajo Enrique VIII, desarrollos rápidos en la misma dirección bajo Eduardo VI, y un reverso repentino y cruel bajo María. La Iglesia de Inglaterra bajo Isabel había establecido el protestantismo, pero el panorama para la Reforma se vislumbraba más amplio. Los puritanos desearon presionar con la tarea, objetando en particular a la idolatría que parecía estar adherida a las formas existentes de adoración. El fracaso de las demandas de mayor cambio, especialmente en la conferencia de Hampton Court, llevaron a la creación de congregaciones separatistas cuyos miembros no esperaron a que las autoridades actuaran. Cuando en la década de 1630, la Iglesia de Inglaterra regresó a las ceremonias católico romanas, la soterrada corriente de hostilidad hacia la falsa adoración se hizo presente más poderosamente. Iglesias como Broadmead se levantaron en los años de la mitad del siglo diecisiete a fin de traer el proceso de la reforma religiosa a su consumación. Como los independientes, los bautistas fueron los herederos de la Reforma, el puritanismo y el separatismo. Adoptaron los mismos principios de estricta lealtad a la palabra de Dios, de apasionado deseo de adorar al Todopoderoso correctamente, y la disposición de reestructurar la iglesia de acuerdo con los preceptos de Dios. Sus prioridades bíblicas, litúrgicas y eclesiásticas los llevaron a través de lealtades separatistas y eventualmente, a un paso mayor de repudio del bautismo infantil. Los bautistas fueron los que llevaron los principios de la Reforma hasta sus conclusiones finales.

Lectura adicional

Collinson, Patrick. *The Elizabethan Puritan Movement*. London: Cape, 1967.

Duffy, Eamon. *The Voices of Morebath: Reformation and Rebelion in an English Village*. New Haven, Conn.: Yale University Press, 2001.

George, Timothy. *Theology of the Reformers*. Nashville: Broadman, 1990.
MacCulloch, Diarmaid. *The Reformation: Euope's House Divided*. London: Penguin, 2004.
Marshall, Peter. *Reformation England*, 1480-1642. London: Arnold 2003.
McGrath, Alister E. *Reformation Thought: An Introduction*. 3a. ed. Oxford: Blackwell, 2000.

Capítulo 3

LOS ANABAUTISTAS Y LOS BAUTISTAS

La controversia historiográfica más desarrollada concerniente a los bautistas se desarrolló alrededor de su relación con los anabautistas. ¿Son los orígenes de los bautistas hallados solamente en su evolución del separatismo puritano en la manera bosquejada en el capítulo anterior? O ¿también son deudores al movimiento anabautista en el continente? Los anabautistas, quienes habían existido por la mayor parte del siglo dieciséis, habían practicado el bautismo de creyentes, su nombre, dado por sus oponentes, significaba que practicaban "rebautizar" adultos que habían sido llevados a la fuente como infantes. La idea que había un vínculo entre bautistas y anabautistas era popular en el siglo diecinueve con los que deseaban argüir que el bautismo de creyentes no había muerto desde el tiempo de los apóstoles. Los anabautistas, según este entendimiento, fueron los que a principios del siglo dieciséis se lo pasaron a los bautistas como un testimonio perene. Cuando se aclaró que a través de los siglos, no había tal sucesión de la práctica verdadera del bautismo, los bautistas en el siglo veinte quienes deseaban forjar los vínculos con los rasgos del testimonio anabautista tales como el pacifismo estaban todavía predispuestos a ver la conexión entre los dos movimientos en el pasado. Pero los defensores del caso de un legado a los bautistas de los anabautistas de ninguna manera estaban confinados a los rangos de los que tienen razones contemporáneas en vez de históricas para sus puntos de vista. En Inglaterra el historiador bautista en la mitad del siglo veinte Ernest Payne, aunque admitiendo ser llevado por sus simpatías ecuménicas por los menonitas, argüía su deuda; y en los Estados Unidos el influyente William R. Estep elaboró el caso persuasivo para el mismo punto de vista.[1] Contra ellos, no obstante, se encuentran en Inglaterra, los expertos más autorizados sobre los bautistas del siglo diecisiete, Barrie White, y en los Estados Unidos, el distinguido erudito Winthrop S. Hudson.[2] Otros historiadores han tenido una parte importante en el mismo debate. Este es un punto que es particularmente digno de explorar.

Los anabautistas

Los anabautistas se levantaron de los primeros movimientos de la Reforma. Fueron parte de su expresión más radical que creció al lado de la así llamada reforma magisterial de Lutero, Zwinglio y Calvino que se consideró en el último capítulo. Los radicales fueron un grupo diverso de gente, a menudo —pero de ninguna manera siempre— humildes y sin educación, fueron ellos quienes empujaron el proceso de cambio mucho más allá que otros reformadores. En muchos casos creían que la verdadera iglesia se había perdido sobre la tierra desde el tiempo cuando las organizaciones cristianas habían sucumbido a la fuerzas mundanas, a menudo identificadas como el reinado de Constantino. La iglesia había caído lejos, y por eso necesitaba ser restaurada en vez de reformada. Los radicales estaban preparados para empezar de nuevo desde el principio —dicha manera era deplorada por los mejor conocidos reformadores. Los radicales podían irse en la dirección que enfatizaba el papel interior del Espíritu Santo y por eso se les puede etiquetar como "espiritualistas', o han sido llamados "evangélicos racionalistas". Los anabautistas, sin embargo, fueron una amalgama suelta de los que tornaron a mirar con ojos frescos el Nuevo Testamento, examinando sus páginas en busca de nuevas ideas de la voluntad divina. En contraste con los reformadores magisteriales que sostuvieron la continuidad esencial de los Testamentos, los anabautistas creyeron que había una diferencia significativa: el Antiguo Testamento, aunque completamente inspirado, solamente era el trasfondo para el Nuevo Testamento que daba singular guía a los creyentes de la era de la iglesia. Por tanto, la enseñanza de Jesús en cuanto a guardar la espada tomó precedente sobre la legitimación de la guerra en el Antiguo Testamento, llevando a muchos anabautistas a una posición pacifista. Los anabautistas estuvieron dispuestos a llegar a conclusiones impopulares y se aferraban a ellas.

Las creencias anabautistas primero aparecieron en Zurich entre los más extremos discípulos de Zwinglio. Los primeros bautismos de creyentes fueron conducidos por Conrad Grebel en 1525. Dos años más tarde, el movimiento había madurado suficientemente para elaborar la Confesión Schleitheim. En esta declaración los miembros del nuevo grupo repudiaron no solamente la guerra sino también las demandas legales y los juramentos, así dando la espalda a las costumbres ordinarias de aquel día. Los anabautistas estuvieron retirándose de la sociedad como se conocía en ese tiempo para crear una contra cultura suya propia. En los primeros años de la década de 1530 el movimiento se extendió a los Países Bajos bajo el liderazgo de Melchior Hoffmann, quien combinó el bautismo de creyentes con un ardiente mensaje milenario que el mundo estaba por acabarse. Los anabautistas de los Países Bajos, aunque no los de Suiza, siguieron a Hoffmann en sus puntos de vista distintivos sobre la doctrina de la encarnación. Contendía que Cristo vino a la tierra por medio de su madre María, pero que no tomó carne de ella. El Salvador infante pasó por medio de ella de la manera que el agua fluye por el tubo, de suerte que su hombría, como su divinidad, vinieron desde el cielo. Este punto de vista difiere del recibido como ortodoxia cristiana, que insiste que para que Jesús fuera completamente humano tanto como completamente divino, su carne tenía que derivarse de su madre. Por eso la posición de Melchior distanció más a algunos de los anabautistas de otros cristianos. En 1534-1535 tuvo lugar un notable episodio que marcó a los anabautistas aun más siniestramente. En la ciudad alemana de Münster un estallido fresco de fervor milenario guió a la toma de la ciudad por militantes anabautistas quienes estaban esperando el fin de la era. Bajo sitio por tropas luteranas y católicas, el líder de la controlada facción anabautista, Jan de Leiden, abolió la propiedad privada, promovió la poligamia y se auto-proclamó como el rey mesiánico. La ciudad fue capturada, Jan fue ejecutado, y los eventos llegaron a ser el símbolo de las horrorosas consecuencias de romper los vínculos tradicionales de la sociedad al adoptar opiniones anabautistas. A los anabautistas se les cargó con la poco envidiable reputación de destruir todo lo que era sagrado.

La meta de la rehabilitación del movimiento era uno de los fines más importantes del escritor anabautista más influyente, Menno Simons. Originalmente sacerdote católico en el norte de los Países Bajos, vino a ser un predicador itinerante para los anabautistas en 1536. Él insistía que las congregaciones que él ministraba tenían que rehusar enteramente el uso de la fuerza y librarse así de la parte ignominiosa de Münster. La no resistencia, aun frente a la persecución, era la regla entre los seguidores de Menno. Inevitablemente llegaron a ser víctimas de intermitentes episodios de la represión oficial a través de los años, y desarrollaron el punto de vista que la verdadera iglesia de Cristo siempre tiene que sufrir. Menno rogaba por la tolerancia de los gobernantes del estado a dondequiera que eran esparcidos, arguyendo que no les tocaba a los

Menno Simons (1496–1561)
Líder anabautista

magistrados interferir de ninguna manera en los negocios de la iglesia. Aunque Menno se declaró contra la vana educación como un desvío del camino de seguir a Cristo, en 1540 compiló una obra titulada *Fundamento de fe*. Su punto de partida era la convicción que la salvación tiene que ser personalmente experimentada en el nuevo nacimiento. Rechazó la doctrina de la predestinación que los reformadores magisteriales había abrazado, ya que sostenía que la creencia en los decretos divinos podía ser una excusa para rehusar asumir la responsabilidad por la conducta propia. Menno al contrario declaró que la voluntad humana es libre para escoger seguir a Cristo, con el corolario que los verdaderos cristianos pueden abandonar la fe y caer en la perdición. La cruz de Cristo había abolido la culpa del pecado a favor de todos, que era el porqué no había necesidad de bautizar a los infantes, así que los que eran eternamente condenados sufrían por sus actos voluntarios pecaminosos. Los que se arrepentían y eran bautizados, sin embargo, constituían iglesias con un fuerte sentido de hermandad. Cualquier rompimiento serio de la ley moral era la base para el ejercicio de la disciplina de la iglesia, a los ofensores se les ponía bajo la pena de inhabilitarlos con la excomunión. La conducta correcta era la esencia de seguir a Cristo. Para Menno, la iglesia era el lugar donde los discípulos radicales se apoyaban mutuamente.

La posible influencia anabautista sobre los bautistas

Las ideas distintivas anabautistas pronto se infiltraron en Inglaterra. En 1550 Una mujer llamada Joan Bocher fue quemada en la pira en Kent por negar que Cristo tomó carne de María. En 1575 dos anabautistas sufrieron de la misma manera al rehusar reconocer la autoridad espiritual de la reina y del Concilio Privy. Los cuarenta y dos artículos establecidos por el arzobispo Cranmer durante el reinado del rey Eduardo, enfáticamente reafirmaban los treinta y nueve artículos para definir las creencias de la iglesia de Isabel de Inglaterra, que contenía severas denuncias de los puntos de vista anabautistas. Se ha argüido que los primeros separatistas mostraron señales de la influencia anabautista. La congregación de Richard Fitz se vio a sí misma, al estilo anabautista, como la iglesia sufriente; se sabía que los menonitas existían en Norwich, donde Robert Browne reunía su congregación separatista; y algunos miembros de la iglesia de Francis Johnson se habían unido a los anabautistas tan pronto se habían ido al exilio en los Países Bajos. La idea de una comunidad que se auto-gobernaba libre del tutelaje del estado, se sugiere, fue un importe continental. De los separatistas, se ha propuesto, que se transmitió a los que establecían el testimonio bautista en el siglo diecisiete y así fue una forma de influencia indirecta pero poderosa que fluía de los anabautistas a los bautistas.[3] Esta hipótesis, no obstante, no aguantará el escrutinio. Los separatistas no eran cripto-menonitas. El bautismo de creyentes era desconocido entre ellos; en su teología eran uniformemente reformados y por lo mismo diferían de los anabautistas en aceptar la libertad de la voluntad; y los separatistas continuaron presumiendo el papel de las autoridades civiles en los asuntos regularmente religiosos. La visión de los separatistas, como hemos visto, era una extensión de la campaña de los puritanos para reformar la iglesia, no un esquema para restaurar la iglesia después de su total disolución. Así el caso de los que afirman que los ideales anabautistas fueron transmitidos a los bautistas por medio del canal del separatismo fallan en producir convicción.

Una teoría diferente que conecta los anabautistas con los bautistas ha sido avanzada por Glen Stassen. El argumento aquí es mucho más específico, concierne al uso del legado intelectual de los menonitas por los Bautistas Particulares, la denominación más grande que practicaba el bautismo de creyentes en el siglo diecisiete. Los Particulares sostuvieron la creencia calvinista en la redención particular, esto es, la doctrina que Cristo no murió por todos sino por los elegidos solamente. Stassen examinó su primera declaración de fe comunal, la Confesión de Londres de 1644, a fin de identificar sus fuentes. Mucho de esto estaba basado en la Confesión Verdadera escrita en 1596 por los exiliados de la iglesia de Francis Johnson, y reflejaba la de las iglesias suscriptoras entre los separatistas. Tuvo que haber alteraciones, sin embargo, para reflejar la llegada de iglesias que aceptaban el documento como convicciones bautistas. La cláusula que expandía el significado del bautismo lo describía como representando "la muerte, sepultura y resurrección" de Cristo, y otros cambios, contendía Stassen, fluían de eso. Las diferencias no pueden resultar de ninguna influencia de los Bautistas Generales o de otra parte, pero el motivo de muerte, sepultura y resurrección se presenta en *Fundamento de fe* de Menno Simons. Por tanto, Stassen concluyó, que había una deuda con los teólogos principales de los anabautistas. Sobre este particular, los menonitas estuvieron a la cabecera de la corriente principal bautista.[4]

Al evaluar esta teoría, se tiene que reconocer la posibilidad de que los formadores de la Confesión de 1644 estaban conscientes del motivo de la muerte, sepultura y resurrección en la obra de Simons. Una deuda mucho mayor, sin embargo, sin duda era con William Ames, quien fue reconocido por Stassen como ejerciendo una mayor influencia en la Confesión. Ames había estado asociado en los Países Bajos con una de las iglesias que se suscribieron a la Confesión de 1644 antes que ésta alcanzara una posición bautista, y su tratado *The Marrow of Theology* (latín 1623, inglés 1638) era una obra teológica sobresaliente de esa era. Todas las novedades que se habían incluido en la Confesión estaban disponibles en Ames o en la Biblia, que discutía el bautismo en términos de muerte, sepultura y resurrección en Romanos 6.[5] Aún si el tema central de hecho fue tomado de Simons, existen problemas sobre la teoría si se toma para implicar más que eso. Los Particulares, buscando una apologética para su nueva postura, posiblemente usaron lenguaje menonita, pero eso no quiere decir que fueran inspirados por los anabautistas para alcanzar sus puntos de vista bautistas. Las palabras sobre el tema central, además se usaron en la Confesión de 1644 para explicar el significado de "sumergir o meter todo el cuerpo bajo el agua".[6] A diferencia de los menonitas que normalmente observaban el bautismo al derramar agua sobre la cabeza, no por inmersión. Así que a la frase se le da un significado fresco en el documento bautista. Y en la diferencia teológica entre los bautistas calvinistas y los menonitas de la voluntad libre existe un golfo del cual estaban profundamente conscientes. Por eso, aunque quizá pueda haber alguna conexión verbal, no hay señal de algún vínculo substancial entre los anabautistas y los Bautistas Particulares.

John Smyth y los orígenes bautistas

Hay un ámbito mayor para establecer un vínculo entre los anabautistas y los Bautistas Generales. Este era el cuerpo denominacional que mantenía la creencia que la redención era general, así que cualquiera que creyera podía ser salvo. Los Bautistas Generales empezaron antes que los Bautistas Particulares en la iglesia exiliada inicialmente dirigida por John Smyth en los Países Bajos. En 1609 Smyth se bautizó él mismo y creó la primera iglesia bautista. Porque a Smyth se le reconoce como el primer bautista, gran parte del debate se centra en su trayectoria y por eso tiene que ser el enfoque de mucha de la discusión. Smyth (cuyo apellido se debe pronunciar como si estuviera escrito en su forma alternativa "Smith") se convenció en Christ's College, Cambridge, en los años finales de la década de 1580, gracias a Francis Johnson, quien posteriormente vino a ser el líder separatista. La mente de Smyth se marcó para toda la vida por un método rígido de razonamiento silogístico que aprendió en Cambridge. Entrando al ministerio de la Iglesia de Inglaterra como puritano maduro, Smyth objetó a las ropas clericales pero fue seleccionado profesor en la ciudad de Lincoln en 1600, solo para ser depuesto dos años más tarde por "la enormemente indebida doctrina y enseñanza en asuntos de religión".[7] En el principio de la abortada conferencia de Hampton Court y el acoso por las autoridades de la iglesia, sintió creciente simpatía por el completo separatismo, y al principio de 1607, mientras que trabajaba como médico en Gainsborough, no lejos de Lincoln, tomó el paso decisivo de abandonar la Iglesia de Inglaterra y de reunir una iglesia como su pastor. Para evitar molestias, la congregación pronto partió para Amsterdam. Smyth no tuvo la libertad para elaborar sus implicaciones de separación de la iglesia nacional. Con su potente mente y vehemencia para seguir las ramificaciones de las posiciones intelectuales que adoptó, continuó su búsqueda por el verdadero gobierno eclesiástico.

En Amsterdam, Smyth contactó la iglesia exiliada de Johnson, ahora dirigida por su sucesor, Henry Ainsworth. Sin embargo la congregación de Smyth, permaneció separada, y en *The Differences of The Churches of the Seperation* (1608) expresó su desacuerdo con la otra iglesia en tres puntos. En la adoración, de acuerdo con Smyth, no debe haber ningún uso de cualesquier libro. La palabra escrita, contendía él, constituía una especie de imagen y así, de modo puritano radical, las imágenes deben desaparecer de la adoración pública como idolatría, todos los libros deben desaparecer. Esta posición rigurosa, derivada de una exégesis escrupulosa de la Escritura, tuvo el efecto paradójico de eliminar la Biblia misma de los servicios cristianos. Era legítimo leer las Escrituras antes de empezar el servicio formal, pero "la Sagrada Escritura no se retiene como ayuda ante los ojos al tiempo de la adoración espiritual".[8] En finanzas Smyth sostenía que el dinero se debía aceptar por la iglesia solamente de los miembros y que las donaciones se deben dedicar con oración y acción de gracias.

La meta de estas provisiones, que fueron similares a las adoptadas por muchos de los fundamentalistas del siglo veinte, eran para asegurar que, en asuntos financieros como en otros respectos, los asuntos de la iglesia tienen que estar libres de toda clase de marcas mundanas. En gobierno, Smyth rechazó el patrón de ministerio heredado de Calvino, quitando el triple liderazgo de pastores, maestros y gobernadores como "no ordenanzas de Dios sino estratagemas humanas". En vez, creía que debe haber solamente un tipo de anciano y que el liderazgo debe estar subordinado a la colectividad de la iglesia. "Los santos, como los reyes," declaró, "gobiernan la iglesia visible".[9] Este principio, la realeza de todos los creyentes, quizá es el legado más duradero de Smyth. Él aceptó la convicción general de la Reforma del sacerdocio de todos los creyentes, la condición que da acceso al Padre, pero añadió un punto enteramente diferente. Los cristianos, sostenía él, comparten el papel real de Cristo tanto como en su papel sacerdotal. Juntos poseen la autoridad de su Señor ascendido para gobernar cada congregación local. Esto, para Smyth, era el verdadero fundamento del gobierno de la iglesia.

La capacidad de Smyth de llegar a conclusiones drásticas y novedosas pronto fue demostrado por un hecho que causó admiración entre sus contemporáneos. Al abandonar la Iglesia de Inglaterra, Smyth había decidido que esa no era la iglesia verdadera. Por lo tanto, como otros separatistas, antes de él, Smyth había rechazado los bautismos realizados por la iglesia. Otros simplemente habían rehusado bautizar sus infantes en la Iglesia de Inglaterra pero no dudaban el axioma general que los infantes deberían bautizarse. Smyth, sin embargo, con su típico empeño fijo, no dejó el asunto en ese punto. Si el bautismo de la Iglesia de Inglaterra era inválido, entonces los propios miembros de su iglesia, incluyéndose él mismo, no estaban bautizados. Porque el bautismo es una manera escrituraria de entrar a la iglesia, Smyth concluyó que su propia congregación, a pesar de estar separada de la Iglesia de Inglaterra, se había constituido inapropiadamente. El bautismo, no el pacto que los separatistas habían adoptado, era lo que creaba una iglesia. Los miembros tienen que empezar su vida congregacional de nuevo. Smyth y sus amigos, de acuerdo con otro separatista en los Países Bajos, "habiendo completamente disuelto y rechazado su antiguo estado y ministerio como iglesia, nos reunimos para empezar una nueva iglesia por el bautismo".[10] El asunto encarado por Smyth fue cómo hacerlo. Su solución, a la que llegó a principios de 1609,[11] fue bautizarse a sí mismo y luego bautizar a los demás, estableciendo así una iglesia fresca de acuerdo al patrón que había discernido en el Nuevo Testamento. El repudio de su anterior bautismo infantil por todos los miembros de la congregación fue suficientemente audaz, pero el acto de bautizarse a sí mismo parecía particularmente escandaloso. No había Escritura que lo apoyara, y tenía el sabor de los despreciados y odiados anabautistas. Sus contemporáneos se preguntaban si los anabautistas eran realmente los responsables de la aberración de Smyth. Este también es un asunto para los historiadores.

Existía una iglesia anabautista que pertenecía a la sección llamada waterlanders en Amsterdam al tiempo de la acción de Smyth. Formaba parte de una comunidad menonita de mente abierta que se había congregado sobre la base de una confesión compuesta en 1577 por Hans de Ries. La confesión trató de mediar entre diferentes puntos de vista sobre el nacimiento de Cristo y el papel del magistrado, y animaba así a la tolerancia sobre puntos de detalle. Smyth tuvo que haber sabido que un grupo de secesionistas de la iglesia de Francis Johnson se había unido a los waterlanders en la década de 1590, poco después de haber llegado a los Países Bajos, y tuvieron que ver sus puntos de vista como un posible lugar de descanso para los separatista ingleses de opiniones avanzadas. El modo del bautismo también pudo haberse considerado como evidencia que apuntaba hacia la influencia anabautista en la decisión de Smyth. Él realizó el acto de auto-bautizarse usando una vasija para derramarse el agua, y así estaba adoptando el mismo método de los menonitas empleado durante el curso de su vida. Todo el proceso de disolver la antigua iglesia y constituir una congregación fresca también pudo reflejar el modelo favorecido por los anabautistas. Ellos creían que existían cuerpos cristianos que estaban corrompidos y por eso tenían que reemplazarse. En el mismo espíritu, Smyth fue más allá de reformar a la iglesia contemporánea, sino a procurar restaurar la iglesia primitiva de acuerdo al plan del Nuevo Testamento. Esto era un paso tan radical como el urgido por los anabautistas.

La subsecuente carrera de Smyth provee más evidencia de la influencia menonita sobre él. En 1610, con la mayor parte de la congregación, de hecho, solicitó unirse a la iglesia waterlander. Smyth había decidido que, ya que había una iglesia que practicaba el bautismo de creyentes en el vecindario, él no debiera haberse bautizado a sí mismo, sino que debía de buscar el rito por los ancianos. Él invirtió los meses restantes de su vida expandiendo la posición teológica que había venido a compartir con los waterlanders. Hans de Ries, el autor de la primera confesión waterlander, compuso una versión más corta con un miembro de la congregación de Amsterdam para que el grupo inglés pudiera entender sus puntos de vista. Smyth y sus amigos debidamente firmaron el documento. Smyth luego escribió *Corde Credimus*, una declaración en Latín de las doctrinas sostenidas por su congregación para la reconfirmación de los waterlanders. Entonces produjo la obra llamada *Confesión en defensa de Ries* en latín para vindicar el terreno común que él y Ries ocupaban. Otros waterlanders sospechaban de Smyth y de sus compatriotas, pero la iglesia de Amsterdam escribió a su congregación hermana que, habiendo investigado las opiniones de los hermanos ingleses, "no hemos encontrado que exista alguna diferencia en absoluto".[12] Smyth no vivió para ver la eventual admisión de su congregación al compañerismo waterlander en 1615, porque murió en 1612. Sin embargo es claro que en sus años finales su mente estaba al unísono con la de los anabautistas.

En el último periodo de su vida, esta identificación con los waterlanders se extendió hasta abrazar sus puntos de vista sobre la salvación. Aunque, Smyth, como todos los separatistas antes de él, previamente habían sostenido las enseñanzas de Calvino en cuanto a la redención limitada, se convirtió a la creencia que el sacrificio de Cristo estaba designado para toda la humanidad. La redención no era particular sino general. Smyth y sus amigos profesaron que "Dios ha creado y redimido la raza humana a su propia imagen, y ha ordenado a todos los hombres (ninguno siendo reprobado) para la vida".[13] Cualquier pecado del cual son culpables los individuos es el resultado de su libre elección personal y pueden arrepentirse o resistir al Espíritu de acuerdo a su propia voluntad. Estas declaraciones demuestran un firme carácter anti-calvinista. Se ha sugerido que Smyth pudo haberlos derivado del contexto holandés, porque el teólogo de Leiden, Jacobo Arminio había estado promoviendo tales puntos de vista en los años desde la llegada de los ingleses a Amsterdam. La Reforma tradicional, de acuerdo con Arminio, tenía que ser corregida por la admisión que los seres humanos no estaban irresistiblemente predestinados para la vida o la muerte eterna, sino al contrario, poseían la libertad de escoger su propio destino. En 1610, en el momento cuando Smyth defendía posiciones similares, los seguidores de Arminio lanzaron una protesta al General de Estado de los Países Bajos afirmado el derecho de mantener sus doctrinas dentro de la iglesia del estado holandés. La idea que el arminianismo de Smyth se derivó directamente de Arminio es aparentemente plausible. Si es así, su fuente no fue de los waterlanders.

Pero el punto de vista de deuda a Arminio no se puede sostener. No hay vínculos conocidos entre Smyth y Arminio o con sus seguidores. El fraseo de Smyth de la exposición de sus enseñanzas sobre la redención general no corresponde a la manera en que la Protesta de 1610 expresó sus puntos de vista arminianos. Crucialmente existe un punto de diferencia entre Smyth y los arminianos holandeses de su día. Aunque ellos continuaron creyendo en la prevalencia del pecado original, él no. La posición doctrinal de Smyth por lo tanto coincidía con la de los menonitas y no con la de los seguidores de Arminio. No sorprende que la estructura de *Corde Credimus*, la declaración de Smyth de las convicciones de su congregación, fueran similares a las de la confesión corta de Ries. Por lo tanto, se debe concluir que Smyth y sus compañeros creyentes derivaron de Ries su rechazo de la posición calvinista. El debate en aquel día sobre el mismo asunto dentro de la iglesia holandesa reformada pudo haberles animado en su trayectoria intelectual, pero fueron los teólogos waterlanders los que inyectaron en la vida de los bautistas, al mero principio de su existencia, su punto de vista de la característica resistible de la gracia. En el año (más o menos) que transcurrió entre al auto-bautismo de Smyth y su solicitud para unirse con los waterlanders, la iglesia que guiaba, se reconstituyó sobre la base bautista, yendo de una teología calvinista de la salvación a una anti-calvinista. Esta iglesia, el primer cuerpo de Bautistas Generales, derivó su doctrina de la redención general de los anabautistas.

Comúnmente se sostiene que Smyth fue más lejos en compañía de muchos anabautistas en aceptar la teología melchiorita de la encarnación. Smyth, en un momento dado, afirmó que María no generó a Cristo, que luce muy parecida a la enseñanza de Melchior Hoffmann y Menno Simons. Recientemente se ha argüido, no obstante, que la expresión meramente puede significar que el origen último del Salvador encarnado fue del Padre y no de María. En otra parte Smyth afirma creer que la primera carne de Cristo fue tomada de María, la enseñanza ortodoxa, pero que no rehusaría el compañerismo con los que negaran este punto en detalle. Su punto de vista luce como si se conformara con la fórmula de Reis de la tolerancia mutua entre los que aceptan y los que rechazan la toma de la carne de su madre por el Hijo de Dios.[14] De nuevo la proximidad de la posición final de Smyth con la de Reis es evidente. La misma influencia parece haber sido decisiva en producir la última actitud de Smyth hacia el poder secular. De Ries contendía que, aunque los gobernadores ocupan su cargo por la voluntad de Dios, los cristianos no deben ejercer poder mundano. De igual manera, en sus años finales, Smyth rechazó la idea de un magistrado cristiano. Previamente había compartido el común punto de vista separatista que las autoridades seculares no deben intervenir en los negocios internos de la iglesia, pero la exclusión de creyentes del cargo público es lo novedoso. Los waterlanders, de Amsterdam, lograron transmitir sus distintivos puntos de vista a Smyth, el inglés.

Eso no quiere decir, sin embargo, que la adopción del bautismo de creyentes se puede atribuir a la misma fuente. La evidencia a favor de la conexión con los menonitas antes del auto-bautismo de Smyth ha parecido fuerte porque la congregación inglesa se sabe haber recibido alojamiento y empleo en Amsterdam en la panadería perteneciente a Jan Munter, un mercader menonita. Sin embargo, ahora parece mucho más posible que el grupo inglés no se mudara allá, a lo más temprano, en febrero de 1609, justamente después del bautismo y la reconstitución de la iglesia. De esta manera el vínculo menonita probablemente sería una consecuencia en vez de una causa de adoptar el bautismo de creyentes. En la primera llegada de los exiliados a la ciudad, la barrera del idioma hubiera inhibido los vínculos cercanos. De cualquier manera, sus convicciones separatistas hubieran conducido a los miembros de la iglesia de Smyth hacia la luz fresca. El pacto de su iglesia elaborado en Gainsborough, los había comprometido "a caminar en todos sus caminos, revelados a ellos ya o por ser revelados... sin importar lo que les cueste".[15] Al echar a andar el fértil cerebro de Smyth por medio de las implicaciones de su repudio de la Iglesia de Inglaterra, el cambio al bautismo de creyentes parecía la conclusión lógica, aunque costosa, de su búsqueda de la verdadera eclesiología. Existe importante evidencia sobre la actitud de Smyth hacia los waterlanders en su propia apología por haberse bautizado a sí mismo. Lo hizó, explica él, porque "no había iglesia a la cual se podía unir en buena consciencia para obtener su bautismo de ellos".[16] Si ya hubiera estado convencido por los waterlanders, seguramente hubiera considerado esa iglesia como una a la que se acercaría concienzudamente. No hay señales de la influencia menonita en los escritos de Smyth hasta en marzo de 1609, después del bautismo, pero hay indicaciones de familiaridad con Menno inmediatamente después. Es mucho más posible que Smyth entrara en sus exploraciones del pensamiento menonita un poco después del acto crucial. Los anabautistas, podemos concluir, fueron la fuente de la mayoría de las convicciones maduras de John Smyth, pero no de su creación de la primera iglesia bautista.

Los anabautistas y los bautistas después de John Smyth

Aún antes de la muerte de Smyth, los senderos bautista y menonita habían empezado a divergir. La solicitud para unirse con los waterlanders, aunque bien recibidos por treinta y uno de los miembros compañeros de Smyth, fueron resistidos por otros diez, guiados por Thomas Helwys, hombre de alta estatura social en la Iglesia bautista inicial. Helwys (el nombre probablemente pronunciado "Ellis", una variante común), el hombre que Smyth había bautizado después de él mismo, era el propietario de Broxtowe Hall en Nottinghamshire. Su posición como miembro laico de la nobleza le permitía ser el principal organizador de la emigración de separatistas a los cuales se había unido Smyth. Helwys estuvo de acuerdo con el cambio de Smyth lejos del calvinismo después de la reconstitución de la iglesia, afirmando la nueva profesión de la redención general en un *Short and Plaine Proof* (1611). Helwys, sin embargo, no estuvo de acuerdo con la decisión de Smyth de repudiar los nuevos bautismos de la iglesia para unirse a la comunidad waterlander. Cuando, en 1612-1613, el pequeño grupo de Helwys regresó a Inglaterra, fue rápidamente arrestado por escribir *A Short Declaration of the Mistery of Iniquity*, en el que rechazaba la autoridad del rey en asuntos religiosos. Helwys murió antes de 1616, pero había plantado la primera iglesia Bautista General en Inglaterra. Había también presentado razones por qué la iglesia que seguía activa permanecía alejada de los waterlanders en una declaración de fe, publicada en 1611. No aceptó el rechazo de los waterlanders del pecado original ni su tolerancia del punto de vista melchiorita de la encarnación; pensaba que eran muy laxos en la observación del Día de Reposo y muy severos en el rechazo de magistrados cristianos. Los bautistas, de acuerdo con Helwys, no eran anabautistas.

Sin embargo, posteriores Bautistas Generales mantuvieron conexiones continuas con los menonitas continentales. En 1624 un grupo que había sido excluido de la iglesia y guiado de nuevo a Inglaterra por Helwys solicitó compañerismo con la iglesia waterlander en Amsterdam. Sus miembros parece que habían estado cercanos a los menonitas porque, aunque estaban dispuestos a hacer juramentos, mantuvieron un punto de vista no ortodoxo de la encarnación, rehusaron ser magistrados o portar armas. Dos años más tarde, las cinco iglesias Bautistas Generales conocidas en Inglaterra de nuevo estuvieron en contacto con los menonitas, pero, aunque enviaron dos representantes a los Países Bajos, no pudieron alcanzar suficiente base común para justificar la reunión. En 1630 la viuda del sucesor de Helwys como líder de los Bautistas Generales, John Murton, fue recibida como miembro por los waterlanders. Es claro que los Bautistas Generales posteriores eran similares a los anabautistas en su gobierno de la iglesia, especialmente en su disposición para ejercer la disciplina de la iglesia. Ambos grupos rehusaron reconocer el matrimonio con los de afuera. Aun el lavado de pies, a menudo una ordenanza anabautista, se practicó en las iglesias Bautistas Generales. En la iglesia mejor conocida en Londres en la década de 1640, En Whitechapel, los miembros trabajaban los domingos, como era común entre los anabautistas. Parecían haber tenido una duradera afinidad con sus primos continentales.

Pero esta afinidad no constituía identidad. Los Bautistas Generales posteriores, como lo demuestra Stephen Wright, pueden no haber sido los descendientes directos de los seguidores de Helwys, que pueden haber dejado de existir. Los individuos que aceptaron el punto de vista no-calvinista de la salvación en la década de 1640 pudieron haber estado palpando el terreno rumbo al arminianismo en vez de mantener las doctrinas que habían recibido de una generación anterior.[17] La probable discontinuidad entre los primeros Bautistas Generales y la tradición posterior significa que, aun si el cuerpo que surgió en la década de 1640 mostraba similitudes con los anabautistas, no había un vínculo directo con el movimiento continental. En todo caso, los Bautistas Generales estuvieron resueltos a negar que debieran llamarse anabautistas, sin duda parcialmente por el estigma duradero de Münster, y también porque eran auto-conscientes de que eran diferentes. Aparte del grupo expulsado por herejía en 1624 y Matthew Caffyn, un ministro al final del siglo diecisiete que se inclinaba en una dirección antitrinitaria, los Bautistas Generales no abrazaron la cristología melchiorita. Ni siguieron a los anabautistas en oponerse a los magistrados cristianos. Aunque los primeros Bautistas Generales tienen una deuda de gratitud con los waterlanders, ambos —los Bautistas Generales y la tradición posterior— constituyeron un cuerpo diferente de creyentes.

El debate alrededor de la relación entre los anabautistas y los bautistas ha tenido varias dimensiones. El caso a favor de la influencia indirecta anabautista por medio de los separatistas tiene muy poco peso, y la sugerencia de una deuda a Menno Simons entre los Bautistas Particulares, al final, no convence. El argumento a favor de los anabautistas como la fuente para el avivamiento del bautismo de creyentes en John Smyth tiene mucho para recomendarlo. El acto de Smyth ciertamente fue un paso radical en la formación de discípulos en el espíritu anabautista, había una iglesia waterlander en Amsterdam cuando tuvo lugar el evento, y Smyth pronto se convenció de todos los otros artículos en el credo waterlander. Pero la evidencia disponible apunta a contactos con los waterlanders que tuvieron lugar después de los bautismos en vez de antes. Smyth no había caído bajo la influencia de la congregación holandesa cuando realizó el rito decisivo. A lo sumo, la existencia de los menonitas en la vecindad pudo haber desplegado un ejemplo del bautismo de creyentes que proveyó una solución a los problemas intelectuales presentados al negar la legitimidad de la Iglesia de Inglaterra. Los primeros Bautistas Generales bajo Thomas Helwys y sus sucesores no se alineaban con ellos. Lo que sí tomaron los primeros Bautistas Generales de los anabautistas, sin embargo, fue su distintiva teología de la salvación. El estímulo para romper con la enseñanza de la Reforma sobre la predestinación vino de los waterlanders. El arminianismo de Smyth, Helwys y sus discípulos vino no de Arminio mismo sino de los anabautistas. Aunque los bautistas no derivaron su práctica del bautismo de creyentes de los anabautistas, los primeros Bautistas Generales parecen haber aceptado la doctrina de la redención general de esa fuente.

LECTURA ADICIONAL

Coggins, James R. *John Smyth's Congregation: English Separatism, Mennonite Influence and the Elect Nation.* Scottsdale, Pa.: Herald, 1991.
Estep, William R. *The Anabaptist Story.* Nashville: Broadman, 1996.
Lee, Jason K. *The Theology of John Smyth: Puritan, Separatist, Baptist, Mennonite.* Macon, Ga.: Mercer University Press, 2003.
White, Barrington R. *The English Separatist Tradition: From the Marian Martyrs to the Pilgrim Fathers.* London: Oxford University Press, 1971.
Williams, George H. *The Radical Reformation.* Philadelphia: Westminster, 1962.
Wright, Stephen. *The Early English Baptists,* 1603-1649. Woodbridge, Suffolk: Boydell, 2006.

Capítulo 4

Los Bautistas Particulares y Generales
en el siglo diecisiete

El siglo diecisiete fue testigo del surgimiento de los disidentes religiosos en Inglaterra. Ya hemos notado en el capítulo 2 la alarma creada por las normas eclesiásticas de Carlos I durante la década de 1630. Esa época engendró una mayor disposición entre los puritanos para abandonar la Iglesia de Inglaterra, así que, para 1640, Londres tenía por lo menos diez congregaciones separatistas, y Nueva Inglaterra se poblaba por refugiados religiosos. Era común que las guerras civiles que brotaron en Escocia, en Irlanda y luego en Inglaterra crearan una atmósfera volátil en la que la especulación apocalíptica abundaba y la innovación religiosa era común. Desde 1643 la Asamblea Westminster deliberó sobre una confesión de fe reformada que uniría a los creyentes de habla inglesa. Los más ordenados puritanos empezaron a organizar un sistema presbiteriano de gobierno eclesiástico, con cortes superiores de la iglesia con modelos de Escocia y Holanda que supervisaran las congregaciones locales. Los independientes, rechazando la idea que una iglesia en particular pudiera ser regulada desde fuera de sus rangos, desarrollaron una red de distintas congregaciones. Los bautistas de varias clases pusieron brotaron al lado de los independientes. Para 1646 en la capital había algunas tres docenas de congregaciones separatistas, fueran independientes o bautistas, o mezcladas. Después de la ejecución del rey en 1649, hubo una mayor libertad para experimentar. Bajo el estado libre asociado del que Oliver Cromwell era el Señor Protector, hubo tolerancia oficial para todas las denominaciones del protestantismo. Los nuevos grupos, entre los cuales los cuáqueros en mucho fueron los más exitosos, entraron en el mercado religioso. Los bautistas, aunque solamente en pequeños grupos, competían vigorosamente en este ambiente abierto. El pluralismo religioso vino a estar desenfrenado.

La restauración de la monarquía con el regreso de Carlos II a Inglaterra en 1660 puso fin a la libertad de consciencia. La Iglesia de Inglaterra una vez más vino a ser el establecimiento nacional y el nuevo régimen trató de acabar con los que rehusaban sujetarse. En 1662 unos dos mil clérigos abandonaron sus púlpitos porque no podían aceptar el Libro de Oración impuesto por la autoridad real. Solamente unos cuantos —tal vez ocho en Inglaterra y Gales— eran bautistas, pero el efecto no intencionado fue crear un movimiento fuera de la Iglesia de Inglaterra que era demasiado grande para reprimir. La persecución intermitente seguía a todos los disidentes, fueran presbiterianos, independientes, cuáqueros o bautistas, pero esto no duró más allá del reinado de Carlos II, quien murió en 1685. El siguiente gobernante, el hermano de Carlos II, Jacobo II, era abiertamente católico y como deseaba afirmar la libertad de adoración para sus correligionarios, permitió a los disidentes la misma libertad. Sin embargo, el país, no aceptaría un rey católico y por eso Jacobo fue quitado del trono en la "Revolución Gloriosa" de 1688. Los nuevos monarcas unidos Guillermo y María, retuvieron la ya establecida Iglesia de Inglaterra como el bastión del protestantismo, pero en 1689 el Parlamento pasó una Ley de Tolerancia bajo la cual los disidentes fueron librados de las penas de la mayoría de la legislación anterior contra ellos. Aunque no se les permitía asumir cargos públicos y varias pequeñas formas de discriminación sobrevivieron, a todos se les permitía adorar libremente. Nunca más se sometió al protestantismo disidente a abierta persecución por el estado.

El surgimiento de los Bautistas Generales y Particulares

Los bautistas que participaron en este proceso no constituían un solo cuerpo. Hubo, en primer lugar, los Bautistas Generales, que sostenían estrechamente los mismos puntos de vista que John Smyth y Thomas Helwys. La mayoría de ellos, exactamente como Smyth y Helwys, fueron exponentes arminianos de la redención general. Insistían que Cristo murió por los pecados de todos, para que el Todopoderoso de ninguna manera fuera responsable por la condenación de los pecadores. Todo el que oyó el evangelio tuvo la oportunidad de ser salvo. Los primeros dos bautistas prominentes de la década de 1640, Thomas Lambe y Edward Barber, sin embargo, no eran simples arminianos. En 1642 Lambe sostuvo la elección particular tanto como la redención general; y al año siguiente Barber rechazó la redención universal, la voluntad libre y la posibilidad de caer de la fe. Ninguno de los dos mantuvo las mismas opiniones que Helwys había expresado treinta años antes. En el pasado normalmente se había asumido que la principal iglesia Bautista General en Londres en los primeros años de la década de 1640, en Bell Alley, Whitechapel, era la misma congregación que Helwys había traído de regreso a Inglaterra. A la luz de las diferentes creencias, sin embargo, es probable que no hubiera continuidad entre la iglesia de Helwys y la Iglesia Bell Alley, liderada por Lambe. No obstante, Bell Alley gradualmente evolucionó a una congregación que profesaba un arminianismo definitivo, auspiciando iglesias del mismo criterio fuera de la capital. Todas las iglesias Bautistas Generales de ahí en adelante mantuvieron el principio de membresía cerrada. Este requisito que cada miembro tiene que bautizarse como creyente normalmente aseguró un fuerte sentido de compromiso a cada congregación. Aunque había variaciones regionales en fe y práctica, la denominación desarrolló un fuerte sentido de identidad corporal. Los Bautistas Generales eran menos en número que los Bautistas Particulares, pero al final del siglo diecisiete no estaban muy atrás en fortaleza.

La evolución de los Bautistas Particulares invita a un escrutinio cercano. Muchas de sus congregaciones, como la iglesia Broadmead en Bristol discutida en el capítulo 2, gradualmente emergió de una temprana fase separatista. La congregación principal, la Iglesia Jacob-Lathrop-Jessey, nombrada por los historiadores mencionando a sus sucesivos pastores, permaneció más como separatista que como bautista pero se prestó a toda una serie de desarrollos bautistas. Su primer ministro, Henry Jacob, como clérigo puritano, había sido de los primeros que promovieran la petición para más reformas en la Iglesia de Inglaterra presentada a Jacobo I al principio de su reinado. Como John Smyth, Jacob se desilusionó con la inadecuada respuesta real y para 1610, también como Smyth, había encontrado refugio en los Países Bajos. Justo como lo hizo Smyth, Jacob enfatizó el oficio real de Cristo en cada congregación local. Sin embargo, rehusó romper completamente con la iglesia establecida de su propia tierra, declarando en 1612 que "de mi parte nunca fui ni estoy separado de toda la comunicación pública con las congregaciones de Inglaterra".[1] Jacob fue un semi-separatista, adorando aparte de la iglesia nacional pero rehusando repudiarla como falsa. Fue en este principio que, en 1616, constituyó una iglesia en Southwark, al sur del río Támesis en Londres, con él mismo como pastor. En 1622 o 1623 se mudó a la colonia de Virginia, donde pronto murió, pero lo siguió como ministro John Lathrop, antiguo cura asistente de Kent. Los miembros de la iglesia mantuvieron su convicción fundadora que podían gozar compañerismo puro como creyentes pero que podían, si lo deseaban, asistir a la iglesia parroquial cuando quisieran.

Este punto de vista fue cuestionado en 1630 por una actitud más rigurosa. Cuando un miembro de la Iglesia Lathrop llevaba un infante a la iglesia parroquial para bautizarlo, John Duppa cuestionó la legitimidad de reconocer la validez de la Iglesia de Inglaterra. El punto de vista de Duppa, sin embargo, no fue aceptado por su iglesia, y por eso él y cerca de otra docena salieron para establecer una congregación completamente separatista. Hubo otra división más en 1633 bajo Samuel Eaton, quien estableció otra congregación que totalmente rechazaba la Iglesia de Inglaterra. Algunas veces se ha pensado que una o ambas de estas congregaciones adoptaron el bautismo de creyentes, pero ninguna parece haber dado ese paso adicional. En 1638, sin embargo, seis miembros salieron de la iglesia original, ahora pastoreados por Henry Jessey, otro ex clérigo anglicano, para unirse a la iglesia dirigida por John Spilsbury sobre la base que el bautismo se debe restringir a los que ya han profesado la fe. Aunque la evidencia sobre esto es poca, la iglesia de Spilsbury bien pudo haber sido un retoño de la de Duppa. Como John Smyth, parece haber practicado el bautismo por derramamiento de agua de una vasija en vez de la inmersión. Pero sin embargo como defendía el bautismo de creyentes, parece haber sido la primera iglesia que apropiadamente se puede llamar Bautista Particular.

La iglesia de Henry Jessey continuó dando lugar a otras. Un miembro llamado Richard Blunt llegó a la conclusión que el bautismo se debe observar al meter al candidato completamente bajo el agua. Por primera vez, la inmersión se empezó a considerar como el modo correcto del bautismo. Habiendo persuadido a más de otros cincuenta miembros, Blunt los indujo a retirarse de la iglesia de Jessey, pero no formaron otra porque no estaban seguros del procedimiento de mayor acuerdo con la Escritura. Un asunto serio fue si era correcto que alguien bautizara como creyente sin una comisión divina especial tal como la recibida por Juan el Bautista. Viajando a Holanda, Blunt hizo contacto con Timothy Batte, un antiguo capellán militar, quien pudo haber sido atraído por la inmersión en la rama de los anabautistas llamados los collegiants.[2] De regreso a Londres en 1642, Blunt sumergió a un maestro de su círculo llamado Samuel Blakelocke, y luego los dos bautizaron a otros miembros del grupo y se constituyeron en iglesia. Pronto resultó otra, y los miembros de la iglesia de Spilsbury adoptaron la inmersión, tanto que para el fin de año había tres iglesias de este tipo en existencia. Otros se unieron al despertamiento de Blunt. En 1642 William Kiffin, quien pronto emergió como pastor, se convenció de lo correcto del bautismo de creyentes. Dos años después, Hanserd Knollys, un ex-clérigo que había regresado de Massachusetts y era miembro de la iglesia de Jessey, tuvo dudas en cuanto a lo correcto de bautizar su propio infante y pronto se unió a la nueva iglesia que practicaba la inmersión de creyentes. Jessey mismo fue bautizado por Knollys al año siguiente, aunque permanecía pastor de una congregación parcialmente pedo-bautista hasta su muerte en 1663. Para 1664, no obstante, había ocho iglesias en Londres que observaban la inmersión solamente de los que profesaban su fe. Una red de iglesias Bautistas Particulares había llegado a formarse.

Como una confesión de fe elaborada por las siete iglesias en 1644 lo deja en evidencia, eran resueltamente calvinistas. Como los puritanos y separatistas de los que ellos descendían, creían en una redención particular. Contendían que Cristo no había muerto por todos sino sólo por los que habían sido predestinados por Dios para salvación. Por lo tanto, la confesión declaró que "Cristo Jesús por su muerte trajo salvación y reconciliación únicamente para los elegidos, que fueron los que Dios el Padre le había dado".[3] Junto con su calvinismo mantuvieron un norma estricta en la observación de la comunión. Solamente a los creyentes bautizados se les permitía recibir el pan y el vino en la Cena del Señor. Uno de los que firmaron en 1646 la revisión de la confesión de 1644, Benjamin Coxe, explicaba que ellos "no admitían a nadie a la Cena, ni tendrían comunión con alguien en esta celebración sino sólo con discípulos bautizados, no sea que tengamos comunión con los que lo practican contrario al orden".[4] Así las nuevas iglesias fueron tanto particulares en su doctrina de la salvación y cerrados en su práctica de la comunión.

La alarma pública por la ruptura con los ritos de paso ordinarios representados por los bautistas no debe ser ignorado. Daniel Featley, un apologista de rango para la Iglesia de Inglaterra, publicó, en 1645, una opinión de los bautistas parcialmente basada en notas de una disputa que había tenido con William Kiffin tres años antes, llamada *The Dippers Dipt*, el libro identificaba el nuevo cuerpo con los anabautistas continentales y con un solo brochazo los manchaba achacándoles los crímenes de Münster. El volumen fue extremadamente popular, alcanzando la sexta edición para 1651. De igual manera Thomas Edwards, un representante presbiteriano fue severamente crítico de los bautistas en su obra *Gangraena* (1646), una anatomía de la sectas contemporáneas. Kiffin, según un corresponsal a quien Edwards citó, los bautistas "han seducido por sus atractivas palabras y reunido basura cismática de niños engañados, sirvientes y otra gente —sin padres ni patrones que den su consentimiento".[5] Los bautistas, como sus equivalentes continentales, parecen haber roto las relaciones naturales de las comunidades humanas, agitando contra sus superiores a los que debieran someterse a la autoridad. Se percibió a los bautistas como subversivos sociales.

Sin embargo, se esparcieron. Las convicciones bautistas llegaron a enraizarse en el ejército parlamentario que peleó contra el rey. Después de la formación del Ejército del Nuevo Modelo, el regimiento de Sir Thomas Fairfax contenía un número de Bautistas Particulares. Las unidades militares, a menudo se movían alrededor del país, llevaban las opiniones bautistas a donde quiera que iban. Tuvieron éxito en plantar iglesias bautistas en Irlanda, donde para 1653 había por lo menos diez iglesias bautistas, y en Escocia donde había alguna guarnición, se tenían reuniones en el pueblo. En Gales el crecimiento de una presencia bautista fue el resultado de una deliberada estrategia evangelizadora. En 1649 John Miles y Thomas Pound fueron despachados desde Londres para establecer iglesias en Glamorgan, donde tres iglesias existían al año siguiente. Las provincias inglesas también establecieron causas de Bautistas Particulares. Durante la década de 1650 los Bautistas Particulares eran suficientemente fuertes para crear asociaciones en Berkshire, Somerset y Devon, las tierras del medio oeste y del medio sur, tanto como en Londres, Irlanda, y al sur de Gales. Aunque la cobertura no era nacional estaba ampliamente esparcida para 1660.

Además, los puntos de vista bautista, aunque no necesariamente puntos de vista firmes de Bautistas Particulares, habían permeado más allá de las islas británicas. Durante la década de 1640 muchos de los separatistas exiliados en los Países Bajos adoptaron el bautismo de creyentes. Los que huyeron al Nuevo Mundo también fueron afectados. El más celebrado de los primeros bautistas americanos, Roger Williams, procedió de puntos de vista separatistas para crear una iglesia bautista en Providence al sur de la colonia de Massachusetts en lo que llegaría a ser Rhode Island. Williams fue bautizado en 1639 por un hombre llamado Holyman y luego a él lo bautizaron y entonces otros diez más. Sin embargo, después de sólo cuatro meses decidió que había actuado precipitadamente y dejó la iglesia que había fundado. Concluyó que era un error establecer una iglesia por el bautismo sin una misión especial de Dios y se volvió un inquiridor, permaneció fuera de las congregaciones del día hasta el día que iglesias verdaderas fuesen restauradas por alguna providencia especial. Durante la década de 1640, sin embargo, una iglesia separatista en Newport, Rhode Island, bajo John Clarke, se inclinó a la posición bautista, que obtuvo en 1648. Al principio contenía tanto calvinistas como arminianos. En 1644 la legislatura de Massachusetts, temiendo que el crecimiento de los puntos de vista de los bautistas pudiera subvertir el estado libre asociado, hizo de la negación del bautismo infantil un crimen. El temor fue parcialmente vindicado cuando, en 1654, Henry Dunster, el presidente de la Universidad de Harvard, el seminario puritano establecido en la colonia, decidió no bautizar a su infante. Rápidamente se le quitó de su puesto. Aunque los bautistas por largo tiempo permanecieron como una fuerza débil en los Estados Unidos, habían establecido su pie firmemente.

Entre los calvinistas bautistas en Inglaterra hubo un partido que se distinguió del cuerpo principal. Los que formaban este grupo, como Henry Jessey y la Iglesia Broadmead en Bristol, continuaron permitiendo a los que habían sido rociados como infantes en vez de bautizados como creyentes que llegaran a ser miembros completos y así compartir la comunión. La iglesia mejor conocida que sostenía esta "mezcla" u opción "abierta" sobre la comunión era la de Bedford, que eventualmente llevo el nombre de su más famoso ministro, Bunyan Meeting. El pacto de la iglesia, adoptado en 1650, especificaba las condiciones de membresía "fe en Cristo y santidad de vida, sin miramiento a ésta o aquella circunstancia u opinión en cosas de afuera o circunstanciales".[6] El bautismo fue relegado a un asunto que no debe dividir verdaderos cristianos. John Bunyan, el autor del *Progreso del peregrino*, vigorosamente defendió este punto de vista contra William Kiffin cuando el líder Bautista Particular criticó la posición de comunión abierta. En *Diferencias en juicio concerniente al bautismo de agua no impiden la comunión* (1673), Bunyan arguyó

John Bunyan (1628-1688)
Pastor y autor bautista

que algunos puedan sobre valorar las ordenanzas del evangelio. "Es posible, escribió él, "cometer idolatría, aún con los propios mandatos de Dios".[7] A menudo había buenas relaciones entre los partidos de comunión cerrada o abierta, y en 1657 la Asociación de Berkshire decidió que el bautismo oficiado por el ministro de una iglesia que practicara comunión mixta era válido. Sin embargo, condenó "el error de juicio y práctica sobre la comunión mixta".[8] No había ninguna duda que los que recibían a los no bautizados a la Mesa del Señor eran distintos de la corriente principal de los Bautistas Particulares.

Otro grupo que siguió un camino separado, aunque mantenían el bautismo de creyentes, consistió de los Bautistas del Séptimo Día. La idea que no había garantía en el evangelio para revocar los requisitos para observar el día sábado de la semana como el día de reposo era promovido algunas veces entre los puritanos, con su alto respeto por los diez mandamientos. La primer defensa a favor de este punto de vista por un bautista apareció en *The Doctrine of the Fourth Commandment, Deformed by Popery, Reformed & Restored to its Primitive Purity* (1650) por James Ockford. "Feliz," él escribió, "será la iglesia que adora a Dios de acuerdo a su Ley, y le da lo que Él merece, al otorgarle al séptimo día, el honor que Dios requiere para ser observado".[9] La evidencia más temprana de la reunión de la iglesia para adorar en sábado en vez del domingo es de una congregación en Londres, posteriormente conocida como la Iglesia Mill Yard, y es de cerca de 1653. Su líder, Peter Chamberlen, quien tuvo un nombramiento tanto de Carlos I como de Carlos II como médico del monarca, era un hombre inventivo que patentó esquemas diferentes tales como uno para estufas de baño y otro para escritura fonética. Una disposición para adoptar el mismo Día de Reposo como los judíos era una pieza similar de mente independiente. Henry Jessey adoptó este punto de vista cerca de ese mismo tiempo pero observó el día de reposo el sábado en privado, mientras que dirigía la adoración el domingo en su iglesia. Convicciones calvinistas y arminianas se encontraron entre los Bautistas del Séptimo Día, algunas veces en la misma iglesia. Nunca hubo más de dieciséis congregaciones de esta persuasión en Inglaterra, pero, después de la creación de la primera iglesia en el Nuevo Mundo en 1671, allí llegaron a ser más numerosos.

Este hilo de la vida bautista permanece en un grupo separado hasta el siglo veintiuno.

Diferencias entre los Bautistas Particulares y Generales

En el siglo diecisiete, sin embargo, los principales cuerpos, los Bautistas Particulares y los Generales, se pueden comparar prácticamente. ¿En qué se parecían? Ambos eran grupos bautistas, pero aprovecha inquirir qué tanto comparten más allá del rito de la inmersión. En primer lugar, es claro que difieren profundamente sobre la teología de la salvación. Los Bautistas Particulares fueron robustamente reformados, mientras que los Bautistas Generales aceptaron la posición arminiana. El estándar internacional de la ortodoxia calvinista había sido expresada por el concilio de Dort en los Países Bajos en 1619, cuando se acordó que las propuestas de Armenio eran inaceptables por la modificación de la opinión de la teología recibida. La Confesión de Londres de 1644 de los Bautistas Particulares reflejaba las conclusiones elaboradas en Dort. Como hemos visto, especificaba que Cristo murió sólo por los elegidos, no por toda la humanidad. La confesión fue poco menos explícita sobre los principios de Dort de la depravación total y de la elección incondicional para la salvación, pero ambos estaban implícitamente en el texto. Otros dos artículos expresaban diferencias cruciales que marcaban lo reformado en Dort de sus oponentes. La gracia era claramente irresistible, porque decía que la fe surge "sin relación a algún poder o capacidad en la criatura" y su recepción era "totalmente pasiva". La confesión también enseñaba la perseverancia de los santos, porque declaraba que los verdaderos creyentes "nunca pueden caer, ni finalmente ni totalmente".[10] La primera declaración de fe de los Bautistas Particulares mantuvo firmemente la posición calvinista.

Esto no sorprende, porque su propósito en establecer una confesión era acabar con la acusación de sus contemporáneos puritanos que, como los Bautistas Generales, habían caído en el arminianismo. Estaban rechazando el cargo, que explican en el prefacio, de "sostener la voluntad libre, caer de la gracia, negar el pecado original".[11] Cuando la confesión fue publicada nuevamente en forma revisada dos años más tarde, se reeditó para hacer sus artículos doctrinales aún más obviamente distintos de los puntos de vista de los Bautistas

Generales. En 1677, cuando se elaboró otra confesión para tratar de representar la posición completa de los Bautistas Particulares, en parte se modeló en la Declaración de Savoy (1658) elaborada por los independientes, que a su vez era una versión modificada de la Confesión de Westminster (1648), la exposición estándar de las creencias presbiterianas. El documento bautista por lo tanto reflejaba estas dos declaraciones de fe reformada. Lo mismo es verdad de la confesión de 1689, elaborada en Londres por una asamblea representante de los Bautistas Particulares de todo el país. Es verdad que los bautistas omitieron dos artículos de los documentos anteriores que sostenían la así llamada doctrina de la doble predestinación, la enseñanza que el Todopoderoso es responsable por la suerte de los que sufren el castigo eterno. Eso era profesar un baja variedad de calvinismo que en otros cuerpos, pero la intención total sin embargo era reafirmar la relación de los autores de la confesión a la enseñanza reformada. Los Particulares permanecieron resueltamente calvinistas.

En contraste, los Bautistas Generales profesaron la fe en una forma que puede llamarse arminiana, aunque todavía no era enteramente acertado en el aun fluido ideológico de los primeros años de la década de 1640, cuando Lambe, Barber y otros estaban orillándose hacia el arminianismo. Tan tarde como 1645, Lambe aún rechazaba la voluntad libre a la vez que abrazaba la redención universal. Su posición se puede denominar más claramente "amyraldiana", una versión del calvinismo que no vio apoyo en la Biblia para limitar el número de beneficiarios potenciales de la obra de Cristo en la cruz. No obstante, pronto los Bautistas Generales llegaron a repudiar todas las conclusiones distintivas de Dort. Rechazaron la depravación total, la elección incondicional, la redención limitada, la gracia irresistible, y la perseverancia de los santos —los así llamados cinco puntos del calvinismo. Dado que las enseñanzas de los Bautistas Generales eran formuladas por hombres que normalmente tenían poco o ningún entrenamiento teológico, sus puntos de vista a menudo fueron un poco más caseros que los de sus oponentes calvinistas. En 1660, sin embargo, representantes de las iglesias Bautistas Generales de Londres y de los condados adyacentes elaboraron una Confesión Breve, que aunque poco atractiva en estilo, fue un poco más sistemática. Contendía que "ningún hombre sufrirá eternamente en el infierno (esto es, la muerte segunda) por cuanto Cristo murió por ellos". Por lo tanto, continuaba, "sigue contra toda contradicción, que todos los hombres, en un momento u otro, son puestos en tal capacidad, que (por medio de la gracia de Dios) puedan ser eternamente salvos".[12] Este documento, con su insistencia en la universalidad de la oferta de redención, gradualmente vino a ser una confesión de fe estándar. Los Bautistas Generales eran por diseño propio anti-calvinistas.

Por lo tanto los Bautistas Particulares y los Generales eran distintas comunidades. Lejos de unirse con el propósito de diseminar la práctica bautismal que compartían, los dos grupos eran normalmente hostiles el uno con el otro. Para los Particulares, la declaración de los Bautistas Generales de la idea que todos pudieran ser salvos era tanto blasfema como perniciosa. El arminianismo parecía ser una completa herejía, un abandono de la ortodoxia que debía sostenerse en común con los independientes, presbiterianos y otros. Para los Bautistas Generales (de acuerdo con un oponente) aún la etiqueta de ser Particulares era "las puertas del infierno, su enemigo común".[13] Por lo tanto, no había esperanza de reconocimiento mutuo o intercomunión. Cuando un adherente del cuerpo calvinista se transfería a los Bautistas Generales, la persona tenía que bautizarse como creyente por segunda vez, *Porque* (decían ellos) *usted se bautizó con la fe equivocada, y así en otro evangelio*.[14] Mientras que los Particulares insistían en los cinco puntos del calvinismo, los Bautistas Generales enfatizaban la duradera obligación de los seis principios descritos como rudimentos de la religión en Hebreos 6:1-2. Aparte del arrepentimiento, fe, resurrección y juicio, el pasaje incluye referencia al bautismo (que los unían con otros bautistas) pero también la imposición de manos (que no los unía). La imposición de manos sobre la cabeza del nuevo bautizado también se practicó en las iglesias Bautistas Particulares durante la década de 1640, pero sólo entre los Bautistas Generales llegó a ser universal. Para muchos, esta divergencia de práctica vino a ser un obstáculo insalvable para convergir: "Donde no hay unidad en los rudimentos de la religión," escribió un apologista de los Bautistas Generales en 1655, "no puede haber comunión segura".[15] En ambos lados, la aceptación común de la inmersión de creyentes pareció de mucho menos peso que las diferencias que separaban los dos cuerpos.

Además hubo una manera contrastada en cuanto a las normas de la iglesia. Los Bautistas Particulares trataron las iglesias locales como comunidades auto-gobernadas, libres bajo la autoridad de Cristo. Sus congregaciones eran independientes como las de los independientes. Es verdad que, a diferencia de los independientes del siglo diecisiete formaron asociaciones de consejo mutuo, apoyo financiero y trabajo conjunto. No vieron contradicción entre la independencia y este grado de interdependencia. Pero las iglesias Bautistas Particulares, como lo dice la Confesión de 1644, eran "diferentes y de varios cuerpos, cada iglesia como una ciudad compacta y tejida en sí misma".[16] Los Bautistas Generales, por otra parte, no sostenían la independencia estrictamente. Eran conscientes de formar juntos una entidad unida, una sola iglesia de Cristo. Así la confesión elaborada en 1678 por uno de sus líderes afirmó que "Concilios o asambleas generales . . . hacen sólo una iglesia".[17] Las decisiones centrales obligaban a las iglesias locales de una manera que los Particulares hallaban aborrecibles. De acuerdo con este sentido mayor de corporación, los Bautistas Generales nombraban oficiales de la iglesia, los "mensajeros", cuya autoridad se extendía más allá de la congregación singular. En las iglesias locales de ambos cuerpos había ancianos, el equivalente de posteriores ministros o pastores, que se encargaban de la predicación y la labor pastoral, y diáconos, quienes eran normalmente responsables de los negocios temporales de la iglesia. Pero las iglesias Bautistas Generales poseían un patrón de ministerio triple, comisionando los mensajeros como plantadores de iglesias y superintendentes de las congregaciones dentro de una área dada. Aunque los Particulares seleccionaban mensajeros, no poseían una autoridad superior sobre las iglesias. Para los Generales, sin embargo, los mensajeros eran, en gran medida, los equivalentes de los apóstoles de los tiempos del Nuevo Testamento. El oficio de "apóstol mensajero", de acuerdo con un apologista temprano, "no ha cesado".[18] Por lo tanto los dos grupos de bautistas no mantuvieron un modelo común de la iglesia.

Una distinción asociada era que los Bautistas Particulares y Generales mostraron afinidades con diferentes grupos cristianos contemporáneos. Los Particulares compartían virtualmente cada punto de su fe y orden —excepto en el bautismo— con los independientes. Los miembros de los dos grupos actuaban juntos, las iglesias de comunión mixta, formaban un puente entre ellas, y había gente de convicciones bautistas en las congregaciones independientes. En 1646 Thomas Goodwin, el independiente, reportó que cuando tales miembros deseaban el bautismo de creyentes, recibían el rito como individuos de los Bautistas Particulares. Los independientes, a su turno, estaban cerca a los presbiterianos y muchos de ellos por mucho tiempo querían un semi separatismo que les permitiera asistir a las congregaciones de la Iglesia de Inglaterra para oír a ministros piadosos. Por lo tanto, respeto por la decencia y orden se filtraban por medio de canales eclesiásticamente más tradicionales a la práctica de los Particulares. Los Bautistas Generales, en contraste, fueron mucho más parecidos a la sociedad religiosa de amigos, los cuáqueros. Fundados por George Fox, los cuáqueros repudiaban las formas externas, incluyendo las ordenanzas del evangelio, a fin de adorar como un acto movido por el Espíritu. Creían que eran guiados por una "luz interna" que daba acceso a la voluntad divina, y a menudo tomaron posturas radicales, rehusando, por ejemplo, quitarse sus sombreros ante sus superiores socialmente. Los Bautistas Generales y los cuáqueros demostraron un primitivismo común que los llevó a investigar el Nuevo Testamento para dirección autoritaria. Como estaban tan cerca en actitud, los cuáqueros reclutaban extensamente de las filas de los Bautistas Generales. Consecuentemente, los Bautistas Generales frecuentemente advirtieron a sus fieles de los errores cuáqueros, indicando en 1659, por ejemplo, que "no tendrá certeza aquel que, ignorando la Escritura, pone su confianza —por encima de la Escritura— sobre algunas inspiraciones interiores propias, que a menudo son falsas, pero siempre dudosas".[19] Tal polémica tan robusta anti-cuáquera no debe encubrir la base común substancial ocupada por los dos cuerpos y de hecho a menudo hay testimonio de su extensión. Hubo una tendencia entre los Bautistas Generales, sugerida por las advertencias de 1659, a confiar en el impulso y así exaltar el Espíritu sobre la palabra escrita. Tal sensibilidad como la de los cuáqueros hubiera sido rara entre los Bautistas Particulares.

El *ethos* de los dos grupos bautistas difiere al considerarlos. Entre los Bautistas Particulares, como entre los independientes, generalmente hubo adherencia a las normas de la adoración puritana. El estilo de los servicios públicos conformados rigurosamente para percibir precedente bíblico, para así, por ejemplo, al cantar se hacía en una forma individual y en turno, no por la comunidad reunida, porque deseaban tener evidencia en el Nuevo Testamento del canto congregacional. Los Bautistas Generales, sin embargo, buscaron más innovaciones. En la Iglesia Whitechapel había varios predicadores durante un servicio, y quién tomaría el siguiente turno en el púlpito podía ser puesto a votación. Comentarios corridos sobre pasajes bíblicos, que serían populares fuera de sus filas, parecían haber empezado entre los Bautistas Generales. Un literalismo bíblico hizo común el lavado de pies entre ellos y el sostener una comida antes de la Cena del Señor, aunque al fin del siglo la Asamblea de los Bautistas Generales determinó que el lavado de pies no era obligatorio ya que no figuraba entre los seis puntos de Hebreos 6. La misma adherencia al texto de la Biblia en vez de las maneras tradicionales de pensar indujeron a Richard Overton, miembro de la congregación Whitechapel, a argüir por la mortalidad del alma. Ante la alarma de la Cámara de los Comunes, su *Mans Mortalitie* (1644) rechazó la enseñanza estándar que el alma es eterna, un rompimiento significativo con el modo de pensar más sancionado por la filosofía antigua que por la Escritura. Los Bautistas Generales no tenían temor de ser diferentes.

Esta disposición de arar un surco diferente se levantó parcialmente porque los líderes de los Bautistas Generales eran, comúnmente más atraídos de las filas de fuera que sus contemporáneos los Bautistas Particulares. Algunos de los Bautistas Particulares eran gente de alguna eminencia. William Kiffin era un hombre rico, quien en una ocasión le dio diez mil libras a Carlos II. Era miembro del Parlamento de Middlesex bajo Cromwell, patrón de la Compañía de los que vendían cueros de la ciudad de Londres en 1671-1672, y un Concejal de la ciudad desde 1687. En una esfera diferente, Hanserd Knollys, un ex-clérigo de la Iglesia de Inglaterra, era respetado por su conocimiento del latín, griego y hebreo. No había nadie de tales logros entre los Bautistas Generales, quienes generalmente eran de bajo origen social y de pobre trasfondo académico. Thomas Lambe, su principal protagonista en los primeros años, era preparador de jabón; Andrew Debman, uno de sus predicadores principales, era un barrilero iletrado. Las congregaciones de los Bautistas Generales usualmente eran dirigidas por hombres laicos sin entrenamiento ministerial, y aun las mujeres eran incluidas. Se dice que una mujer predicó y bautizó en Lincolnshire. En la congregación de Lambe una señora Attaway era predicadora, pero luego, (se reportó) que se había ido a Jerusalén con el esposo de otra mujer. La declaración de fe de los Bautistas Generales en 1660 concluyó profesando diferir de "los educados, los sabios y prudentes de este mundo".[20] A los Bautistas Generales les faltaba el *estatus* que le trajeron a los Particulares sus figuras sobresalientes.

También hubo un contraste político entre los dos grupos. Los Particulares tendieron a evadir tomar la iniciativa en asuntos públicos, temiendo la identificación con los anabautistas y algunas veces se desasociaron de causas radicales. Cuando, en 1647 los niveladores, un grupo de presión igualitaria apoyada por el ejército, estaban por presentar su caso al Parlamento, los Particulares, actuando junto con los independientes, sometieron una declaración que decía que "no puede ser sino muy perjudicial para la sociedad humana . . . admitir paridad, o todos ser iguales en el poder".[21] Kiffin tuvo cuidado de mantenerse en la buena voluntad de Cromwell durante la década de 1650. Algunos de los Particulares, es verdad, eran de la quinta monarquía, sosteniendo que el reino final del rey Jesús iba a ser establecido para reemplazar la autoridad secular. Aunque la gente de estas opiniones estaban involucradas en esfuerzos revolucionarios inmediatamente después de la restauración de 1660, los bautistas tomaron poca parte, prefiriendo la especulación apocalíptica abstracta al derrocamiento violento del gobierno. Varios de los Bautistas Generales, sin embargo, fueron activos niveladores del soldado Henry Denne, un predicador de los Bautistas Generales, que fue condenado a ser ejecutado, pero que se retractó y fue perdonado. Posteriormente los Bautistas Generales se retiraron de otros radicalismos políticos, con una parte de ellos que apoyaba el régimen de Cromwell en 1654. Sin embargo, algunos se rehusaban a hacer juramentos o portar armas. La mayor disposición de los Bautistas Generales por buscar drástico cambio político, a lo menos por un tiempo, era parte y marca de su mentalidad más innovadora.

Similitudes de los Bautistas Particulares y Generales

La evidencia por lo tanto apunta a que los Bautistas Particulares y Generales sean dos cuerpos distintos y contrastados. Estaban divididos en un amplio campo de asuntos. Pero, en el tiempo inicial de los dos movimientos en los primeros años de la década de 1640, la principal congregación que llegaría a ser General bajo Thomas Lambe lentamente se acercaba hacia una posición anti-calvinista. También hubo otros esfuerzos para reducir la distancia entre los dos grupos. Uno de los líderes que abogaba por una mayor comprensión, fue Thomas Collier quien por largo tiempo coordinaba las actividades bautistas en el oeste de Inglaterra, desde Gloucestershire hasta Cornwall. Collier enunció impecables puntos de vista calvinistas en un libro de 1645, aunque para entonces se le sospechaba por los polemistas de ojo de águila reformados de estar a favor del arminianismo. La asociación del campo del oeste que él auspiciaba desde 1653 laboró la Confesión de Somerset que tres años después era de nuevo definitivamente calvinista en su declaración de la limitación de la redención para la Iglesia y la perseverancia de los santos, pero omitía algo del lenguaje más fuerte de la fraseología reformada de las confesiones de Londres de 1644 y 1646. La asociación estuvo dispuesta en 1655 a determinar el asunto de si Cristo murió "por todo y cada hombre o solamente por los elegidos" al responder "por todos". Aunque la respuesta fue modificada al añadir que "él murió intencional e igualmente por todos", el objetivo de la fórmula amplia parece haber sido atraer a los que estaban más inclinados hacia una posición arminiana.[22] Ciertamente durante la década de 1670 Collier fue censurado por los bautistas de Londres por inclinarse a una dirección arminiana, y él a su vez criticó la confesión de 1677 por ser demasiado restrictiva. Desde el lado de los Bautistas Generales, hubo un esfuerzo similar para minimizar las diferencias teológicas en el credo ortodoxo de 1678. Thomas Monck, el mensajero de Buckinghamshire, probablemente estaba tratando de poner en pie firme a los Bautistas Generales contra la herejía cristológica en el sur de Inglaterra, y por eso enfatizó la extensión de base común con otros cristianos, incluyendo a los reformados, yendo hasta el punto de declarar una versión de la perseverancia de los santos. Así el golfo teológico entre los calvinistas y los arminianos no era infranqueable.

La experiencia común de persecución después de la Restauración acentuó la tendencia de levantar un puente sobre ese abismo. La campaña contra el disentimiento, orquestada localmente por jueces de paz leales a la corona inclinados a vengar los levantamientos de las Guerras Civiles y del Estado Libre Asociado, tenía una dimensión popular. Las multitudes invadían los servicios de adoración, haciendo la vida peligrosa para los que disentían. Alrededor de 1660, temiendo la restricción del régimen que empezaba, los Bautistas Particulares y Generales se combinaron para someter una defensa publicada que profesaba lealtad a la corona. Durante la persecución, cuando doce Bautistas Generales fueron arrestados por asistir a una reunión en Aylesbury, se libraron de una posible ejecución por la intervención de William Kiffin, líder Particular, ante el Señor Canciller. El sentido de solidaridad entre los que disentían en un tiempo de aguda adversidad proveyó un terreno más fértil para las acomodaciones teológicas propuestas por Collier y Monck. Para el final del siglo, varias iglesias tenían miembros de ambas convicciones que rehusaban alinearse exclusivamente con uno u otro lado. La división entre los de membresía cerrada o abierta de grupos de Bautistas Particulares fue formalmente sanada, con delegados de ambos partidos que asistían a la asamblea nacional la cual emitió la Confesión de Fe de 1689. Los representantes de la Iglesia Broadmead en Bristol (abierta) y los de la iglesia de Fryers (cerrada) en la misma ciudad, se sentaron uno al lado del otro. Al final de la década del cierre del siglo los presbiterianos e independientes se juntaron en una "Unión Feliz", porque el temperamento de los tiempos animaba a mayor solidaridad. Aunque los Bautistas Particulares y Generales permanecieron como cuerpos enteramente separados, por más de un siglo después, hubo un sentido de buscar fines comunes en 1700 que no había en 1650.

Los rasgos que unieron los dos lados durante el siglo diecisiete, de hecho, fueron substanciales. Como sus compañeros que disentían, ellos diferían de la Iglesia de Inglaterra en el repudio de los obispos, detestando porciones del Libro de Oración, y manteniendo que la adoración no debe ser regulada por el estado. Yendo más lejos que los presbiterianos, insistían que cada congregación tenía la obligación de manejar sus propios asuntos. Como los independientes, cuidadosamente examinaban los candidatos para la membresía de la iglesia. Las iglesias, sostenían ellos, consistirían solamente de creyentes conscientes. Así los Particulares de la Asociación de West Country requería que los candidatos fueran admitidos no sobre una "mera confesión" sino únicamente después de "una declaración de la obra experimentada del Espíritu en sus corazones... sustentada por la evidencia fehaciente de la conversión".[23] Los Bautistas Generales fueron igualmente insistentes en que los candidatos tuvieran que mostrar, y continuaran mostrando después de ser recibidos, indicaciones de fe personal. Thomas Grantham, su apologista principal en la última parte del siglo diecisiete, recuerda el mandamiento divino para que "los fieles eviten a los que tienen apariencia de piedad, pero niegan el poder que ella tiene".[24] El negocio más importante de la reunión de la iglesia en cada cuerpo era ejercer disciplina sobre sus miembros errantes. Los bautistas eran conscientes de su obligación de portarse como santos visibles ante el mundo que observa. "El bautismo de Cristo es sumergir," explicó el Bautista Particular Christopher Blackwood en 1644. Continuó diciendo, "El bautismo de infantes no es sumergir, por lo tanto no es el bautismo de Cristo".[25] Los Bautistas Generales de corazón hubieran estado de acuerdo. Tales declaraciones estrictas sobre la naturaleza del bautismo separaba a los bautistas de todos los demás. A la vez, sin embargo, creaban un testimonio compartido por los Bautistas Particulares y Generales.

Subrayando las convicciones de las dos secciones de la opinión bautista sobre la membresía convertida y el bautismo de creyentes fue un axioma teológico en común. Los dos grupos eran obedientes al mandamiento de Cristo de bautizar discípulos porque creían igualmente en el reinado de Cristo en su iglesia. John Smyth, como hemos visto, derivó de ese principio la enseñanza que los miembros de la iglesia reunida deben ejercer autoridad en nombre de Cristo. Smyth defendió la doctrina del reinado de todos los creyentes, convicción que sus sucesores Bautistas Generales pusieron en práctica al confiar un gobierno de la iglesia compartido por todos los miembros. Los calvinistas separatistas a menudo ansiaban hacer un caso similar. Kiffin escribió en 1641, poco antes de su bautismo, de "esta gran verdad, Cristo el Rey de su iglesia".[26] Los Bautistas Particulares mantuvieron el mismo principio, y elaboraron sus implicaciones más completamente que los separatistas al adoptar el bautismo de creyentes. Era un idea formativa, que establecía el fundamento para el gobierno de la iglesia. La identificación con Cristo en el bautismo significaba participación en los oficios de Cristo como profeta, sacerdote y rey. Cada miembro de la iglesia compartía en el oficio de Cristo como profeta, y por eso estaba obligado a dar testimonio público; cada miembro participaba en su sacerdocio, y por eso gozaba acceso al Padre, e igualmente cada miembro compartía en el reino de Cristo, y por eso tenía el poder para exhibir autoridad en su iglesia. La responsabilidad por el bienestar espiritual mutuo no estaba restringido a los líderes sino que era ejercida por cada individuo. Thomas Collier escribió en 1646 que "todo el cuerpo debe velar el uno por el otro, y juzgar las acciones de cada uno, por lo tanto el anciano está para cuidar del cuerpo... y por consiguiente, toda la iglesia puede, no, debe (si la ocasión lo amerita) de amonestar y exhortar, etc. al anciano. Así es el oficio real de Cristo, llevado dulcemente en la iglesia de Cristo".[27] Los poderes de Cristo eran para ser ejercidos por la iglesia como una colectividad, "el cuerpo". Juntos, en el punto de vista de Collier, los cristianos ejercen la autoridad real de su Señor. Los primeros bautistas, Particulares tanto como Generales eran uno en su doctrina del reinado de todos los creyentes.

Los bautistas, aunque formaban una sección del sustancial cuerpo religioso que disentía y que emergieron durante las vicisitudes del siglo diecisiete, estuvieron agudamente divididos entre ellos. Existía una pequeña comunidad del Séptimo Día que se mantuvo mayormente separada. Los Particulares tuvieron desacuerdo entre ellos mismos sobre si permitir que los que no se habían bautizado como creyentes entraran a sus filas. Y había diferencias fundamentales entre los Bautistas Particulares y Generales. La teología de la salvación, primero que todo, situó a los calvinistas y a los arminianos en distintos campos hostiles. Adicionalmente, los Bautistas Particulares eran independientes en el gobierno de la iglesia y por lo tanto más cercanos a los independiente mismos, mientras que los Bautistas Generales daban poderes de supervisión a mensajeros fuera de las iglesias locales y tenían afinidad con los cuáqueros. Los Bautistas Generales, cuyos líderes rara vez gozaban del estatus social o de educación liberal, eran generalmente más radicales en su adoración y, a veces, en su política. Sin embargo, los dos grupos tuvieron suficiente en común para que algunos individuos minimizaran sus diferencias teológicas, y el período compartido de persecución los unió más de cerca. Juntos sostuvieron el principio de la iglesia reunida y ambos proveyeron una defensa en términos del reinado de todos los creyentes. Los Particulares, y la mayoría de todos los que pacíficamente mantenían comunión abierta, a menudo eran muy diferentes de los más angulares Bautistas Generales. Con todo, su adopción conjunta del bautismo de creyentes les daba un distintivo común que los distinguía de todos los cristianos contemporáneos en Inglaterra. Ambos grupos estaban tan comprometidos con sus convicciones religiosas que estaban preparados para ser singulares.

LECTURA ADICIONAL

Nelson, Stanley A. "Reflecting on Baptist Origins: The London Confession of Faith of 1644." *Baptist History and Heritage* 29 (1994): 33–46.

Tolmie, Murray. *The Triumph of the Saints: The Separate Churches of London, 1616–1649.* Cambridge: Cambridge University Press, 1977.

Watts, Michael R. *The Dissenters: From the Reformation to the French Revolution.* Oxford: Clarendon, 1978.

White, Barrington R. *The English Baptists of the 17th Century.* Didcot, Oxfordshire: Baptist Historical Society, 1996.

———. "The Frontiers of Fellowship between British Baptists, 1609–1660." *Foundations* 11 (1968): 244–56.

Wright, Stephen. *The Early English Baptists, 1603–1649.* Woodbridge, Suffolk: Boydell, 2006.

Capítulo 5

LOS BAUTISTAS Y EL AVIVAMIENTO EN EL SIGLO DIECIOCHO

Los bautistas del siglo dieciocho vivieron en un mundo condicionado por la tolerancia y el iluminismo. La Iglesia de Inglaterra siguió siendo la organización religiosa establecida en Inglaterra y en Gales, por eso sólo sus adherentes eran considerados como los miembros totalmente leales del cuerpo político. Desde la Ley de Tolerancia de 1689, sin embargo, los bautistas fueron rara vez perseguidos activamente. Es verdad que algunas veces fueron tratados como forasteros en las aldeas y se les veía con sospecha porque rehusaban asistir a la iglesia parroquial. También es verdad que hubo brotes ocasionales de hostilidad hacia los disidentes tales como los disturbios de Sacheverell en 1710, cuando una turba destruyó un número de sus centros de reuniones en Londres. En general, sin embargo, los disidentes de todas las descripciones —presbiterianos, independientes tanto como bautistas— vivían seguros dentro de los dominios británicos, En Lincolnshire, por ejemplo, los miembros de una comunidad de buen tamaño de los Bautistas Generales participaban completamente en la vida de la aldea, y algunas veces tuvieron posiciones de responsabilidad dentro de sus parroquias. En los centros urbanos los bautistas podían prosperar en el comercio. Algunos aun se enriquecieron, tal como el vendedor de libros Thomas Guy, quien donaría generosamente, un poco antes de su muerte en 1724, al hospital que llevó su nombre.

En teoría, las Leyes de Prueba y de Corporación del siglo anterior estaban todavía en operación, demandando que los que tenían cargos oficiales demostraran que eran fieles hijos de la Iglesia de Inglaterra. Sin embargo, cada año el Parlamento pasaba una Ley de Indemnización librando a los disidentes de las multas de la ley, y de esta manera, en la práctica, se podían unir a las corporaciones que gobernaban las ciudades y en ciertos lugares, tales como Nottingham, las podían dominar. No había nada que previniera a los de fuera de la Iglesia de Inglaterra ser elegidos a la Cámara de los Comunes. Al comienzo del siglo, por ejemplo, Thomas Guy sirvió como miembro del Parlamento por Tamworth. El voto de los disidentes contó en muchas elecciones durante el siglo. Por eso los bautistas, —aunque eran una pequeña sección de la comunidad disidente, que a principio del siglo dieciocho contaba solamente con el 6 por ciento en conjunto de la población de Inglaterra y Gales— estuvieron relativamente libres de molestias por su fe y pudieron alcanzar prosperidad y respeto.

Teología racional

El iluminismo fue el gran movimiento intelectual de la era. Empezando en los últimos años del siglo diecisiete, este desarrollo estuvo marcado por la elevación de la capacidad de la razón humana. Exponentes del iluminismo característicamente urgían afirmando que el conocimiento moderno era capaz de darle a la humanidad mayor poder sobre su destino. Por medio de la investigación científica a la manera de Sir Isaac Newton, los secretos del universo se podían descubrir. Si los filósofos adoptaran similares métodos empíricos, como lo hacía John Locke, podrían explicar las operaciones de la mente humana y la naturaleza del verdadero conocimiento. Esta amplia corriente de pensamiento a menudo se presenta como hostil a la religión. En Francia los filósofos que admiraban a Voltaire, con sus burlas sobre las afirmaciones del cristianismo, de hecho tendían a mostrar aversión a la religión revelada. Sin embargo, cada vez más se reconoce que muchas otras tierras, incluyendo el mundo de habla inglesa, produjeron un diferente tipo de iluminismo que simpatizaba mucho más con la fe cristiana. Muchos líderes religiosos mismos eran exponentes de los puntos de vista iluministas. John Tillotson, arzobispo de Canterbury hasta 1694, expuso una forma razonable de la fe en la que la religión natural y revelada eran complementarias.

Sus puntos de vista, que permanecieron normativos en la Iglesia de Inglaterra por largo tiempo en el siglo dieciocho, sentaron el tono para que teólogos posteriores adoptaran un estilo similar en la expresión doctrinal. La religión fue integrada en el punto de vista del mundo científico propuesto por Newton y los métodos filosóficos inaugurados por Locke. Tales puntos de vista probablemente llevaron hacia una apertura mental de entendimiento de la doctrina, pero no se debe suponer que todos los que fueron influidos por el iluminismo llegaron a ser liberales en su teología y que descartaron su firme lealtad a las enseñanzas de la Biblia. John Wesley, por ejemplo, el fundador del movimiento metodista, estuvo tan ligado a la autoridad de la razón en la religión como cualquier intelectual de la época. Todo el impulso evangélico estuvo íntimamente asociado con las actitudes que surgían de la iluminación. El iluminismo fue el contexto en el que todo el pensamiento cristiano se hacía. Algunos pudieron reaccionar contra sus tendencias; otros pudieron seguir sus recomendaciones. Sin embargo, nadie pudo escapar su impacto en la teología del momento.

Por tanto los que disentían fueron influidos por patrones del pensamiento iluminado. La razón parecía sugerir que los debates doctrinales de su pasado puritano habían sido demasiado sutiles. La religión tenía que aclarar la pesada metafísica, que tenía que ser reemplazada por las ideas claras y distintas que Locke había urgido. Simplicidad tenía que ser la meta de las declaraciones teológicas. En particular, declaraciones complejas de fe tal como la Confesión de Westminster o la propia de los bautistas, la Confesión de Londres de 1689, meramente oscurecían las sencillas verdades de la Biblia. La opinión de los líderes que disentían cada vez más sintieron que la Escritura por sí sola era una guía satisfactoria a la verdad. En el Salters' Hall en Londres en 1719, en una reunión representativa de los ministros disidentes se debatía si era deseable suscribirse a las confesiones del siglo anterior. La mayoría determinó que, al contrario, el singular texto de la Escritura era suficiente. Esa decisión no era necesariamente una señal contra la ortodoxia. Muchos de la mayoría estaban simplemente anunciando su confianza en la Biblia como la revelación de Dios para la humanidad. Sin embargo, unos pocos en el grupo que rechazaban la suscripción ya habían descartado la doctrina de la Trinidad como una especulación innecesaria. Muchos otros, especialmente entre los presbiterianos, empezaron a dudar si a Jesús se le podría llamar Dios apropiadamente en el mismo sentido que su Padre. Se estaban cambiando hacia una posición ocupada por Ario en el siglo cuarto que Jesús aunque divino, fue creado por su Padre y por lo tanto inferior a Él en estatus. El arianismo avanzó progresivamente durante el resto del siglo, y condujo a un tipo más fuerte del punto de vista herético conocido como socinianismo, que promovía Socino, teólogo del siglo dieciséis. Para los socinianos, Jesús no tenía existencia antes de su nacimiento en Belén: él era meramente humano. Salters' Hall era una señal que se avecinaba un partir de camino entre los que, afirmando las confesiones, deseaban adherirse a la ortodoxia recibida y los que, inspirados por la confianza del iluminismo en el nuevo conocimiento, deseaban lanzarse por caminos doctrinales frescos.

Los Bautistas Generales fueron más afectados por la tendencia hacia el arianismo que los Bautistas Particulares. Había menos simpatía entre los Bautistas Generales por las confesiones del siglo diecisiete. Mientras que todos excepto dos de los ministros Particulares en Salters' Hall votaron a favor de la suscripción, sólo uno de los Bautistas Generales presente asumió el mismo punto de vista. Los Bautistas Generales, sin considerar que tenían pocos ministros educados, estaban fuertemente comprometidos con los seis puntos de Hebreos 6:1-2 como la constitución de su cuerpo. Habiendo leído en Hebreos que arrepentimiento, fe, bautismo, imposición de manos, resurrección y juicio eran el fundamento de la fe cristiana, muchos de ellos supusieron que tal sumario bíblico de la fe era enteramente adecuado sin credos elaborados. Por lo tanto, tendían a rechazar la necesidad de suscripción. Matthew Caffyn, su líder en los condados surorientales de Kent y Sussex, ya había, en 1686, explicado el entendimiento de la persona de Cristo que tenía afinidades no solamente con la negación melchiorita de la completa humanidad de Cristo sino también con el rechazo arriano de su co-igualdad con el Padre, lo que llevó a un rompimiento en el compañerismo con los correligionarios de Caffyn más al norte quienes permanecieron ortodoxos. Aunque hubo sanidad de la división en 1731 sobre la base de los seis principios, la mayoría de los Bautistas Generales del sureste gradualmente se cambiaron a una dirección más liberal con el avance del siglo. Varios ministros capaces que adoptaron un punto de vista similar ocuparon los púlpitos de los Bautistas Generales. James Foster había expresado la actitud de la mente abierta en la denominación en su *Essay on Fundamentals* (1720), tres años antes se había elegido como ministro de la iglesia de los Bautistas Generales en Barbican, Londres: "Ninguna doctrina es un artículo fundamental y necesario de la fe cristiana sino aquello que ha sido revelado tan plena y distintivamente que un cristiano ordinario en su búsqueda no pueda captar su significado".[1] Sin duda que la simplicidad era apreciada por la respetable congregación de Londres en la que Foster predicaba. El mensaje estuvo moldeado siempre por las proposiciones del iluminismo y bien recibida por el sector próspero de la denominación. Pero la enseñanza sobria racional era menos probable de entusiasmar a la gente ordinaria que el desafío robusto basado en las doctrinas que habían movilizado a los bautistas en el siglo anterior. La tendencia intelectual, combinada con la ascendencia social significó que mitigara el impacto de muchos de los Bautistas Generales.

Los Bautistas Particulares todavía estaban muy conscientes de ser diferentes de sus contemporáneos Bautistas Generales. Aunque muchas de sus iglesias formulaban sus propias confesiones de fe, normalmente retenían una alianza firme a la posición reformada establecida en la Confesión de Londres de 1689. Así la Asociación de Philadelphia en los Estados Unidos, que desde 1707 unió las iglesias Bautistas Particulares y Regulares, adoptó la Confesión de Londres como suya propia en 1742. Diez años más tarde, reglamentó que cualquiera que negara las doctrinas calvinistas de elección incondicional, pecado original, o la final perseverancia de los santos no debía ser miembro de ninguna de sus iglesias constituidas. El teólogo bautista más influyente en el siglo dieciocho, John Gill, ministro de la Iglesia Horsleydown en Southwark, en el sur de Londres, desde 1719 hasta su muerte en 1771, fue el defensor incondicional de la ortodoxia. Escribió *A Treatise on the Doctrine of the Trinity* (1731) como una refutación de las desviaciones sobre tal tema, y la obra de cuatro volúmenes *The Cause of God and Truth* (1735-1738) como una declaración de su propia posición. Al defender las convicciones calvinistas de la denominación, sin embargo, Gill explicó los puntos de vista reformados más elevados que algunos de los Bautistas Particulares que le precedieron. En particular, mantuvo la doble predestinación, la creencia que el Todopoderoso había determinado el destino eterno de los que irían al infierno y de los que irían al cielo. Fue más allá al adoptar la doctrina de la justificación eterna. Él afirmaba que la justificación de la persona por Dios tiene lugar en la eternidad, no, como la mayoría de los reformadores sostenían, en el momento cuando el pecador se torna a Cristo. La implicación de estas convicciones era que el destino de cada individuo era más enteramente dependiente del planeamiento divino a largo tiempo de que lo que otros calvinistas suponían. Él no llegó a la conclusión práctica que los predicadores no deben invitar a los pecadores para que reciban el evangelio, dejando la obra enteramente al Todopoderoso, pero otros de sus contemporáneos lo hicieron. Esa enseñanza severamente limitaba la motivación para la evangelización. Un círculo de hiper-calvinistas que sostenían tal punto de vista ganó la ascendencia en muchas congregaciones en Londres y en algunas otras partes del país. De tiempo en tiempo su fatalismo tuvo dolorosas consecuencias prácticas. En Soham en Cambridgeshire en 1770, algunos de estos calvinistas extremos, creían que ninguna acción humana es posible sin la capacitación divina, suponiendo que la borrachera de un miembro de la iglesia era inevitable. El imperativo para la conducta moral fue socavado y el peligro del antinomismo que los oponentes a menudo atribuyeron a la enseñanza calvinista vino a ser una realidad. Los creyentes ya no se sentían obligados a observar la ley moral de Dios. Por una parte, las iglesias hiper-calvinistas no sintieron la necesidad de predicar el evangelio a los no creyentes; por la otra, sus ideas podían promover la inmoralidad. Muchas de las iglesias de los Bautistas Particulares sufrieron una desventaja teológica que severamente limitaba su atractivo.

La creciente respetabilidad que marcó muchas de las congregaciones de los disidentes también afectaron a los Bautistas Generales tanto como Particulares. Algunos de los que llegaron a ser exitosos encontraron natural gravitar hacia la iglesia parroquial, que normalmente gozaba de mayor prestigio que la despreciada reunión en casa. Los disidentes perdieron a muchos de sus líderes naturales a la vez que no podían atraer a nuevos convertidos. Como resultado, partes de ambos cuerpos bautistas vinieron a estar aletargados e introvertidos. "Un estado de ánimo adormecido", escribió John Gill mismo en 1750, "nos ha sobrecogido".[2] En la primera parte del siglo había todavía expansión vigorosa en Lancashire, en el noroeste de Inglaterra, pero después hubo una fuerte disminución. El número de adherentes a los Bautistas Particulares en Inglaterra de 1715-1718 era alrededor de 40.500; para 1750 se piensa que era de 16.500. Los Bautistas Generales, que tenían aproximadamente la mitad en sus congregaciones como los Particulares, estaban perdiendo congregantes en la misma proporción. Las iglesias en las colonias en los Estados Unidos eran mayormente Generales en Nueva Inglaterra pero muchos de los Particulares más al sur, pudieron reclutar de los inmigrantes, pero también estaban conscientes de su decaimiento. La Asociación de Philadelphia en su carta circular en 1743 urgía a sus iglesias a "mantener firme la profesión de la fe sin fluctuaciones, en estos días temerosos y vacilantes . . . Tememos que existen muchos entre ustedes que olvidan la oración con y por sus familias. ¡Oh, qué triste! ¡Qué vida de religión puede haber en una situación como la de Sardis!"[3] Así que, una combinación de la religión racional, junto con su oposición al alto calvinismo, y el aumento de pretensiones sociales, junto con el olvido de los estándares cristianos, estaban minando los fundamentos de la vida bautista.

El avivameinto evangélico

La situación vino a ser transformada por el avivamiento. El Avivamiento Evangélico en Bretaña y el gran avivamiento en los Estados Unidos fueron ramas del mismo vasto movimiento. Sus raíces no fueron los bautistas, que fueron afectados por éste después de varios otros cuerpos, sino dentro de otras comunidades cristianas. Parte del trasfondo estuvo en Europa continental, donde los pietistas habían alimentado una ferviente espiritualidad en el compañerismo de grupos pequeños desde la última parte del siglo diecisiete. Desde 1727 existía el renovado movimiento moravo, dirigido por el Conde Nicholas von Zinzendorf, quien llevó el mensaje de la justificación por la fe a lo largo del globo. Su ejemplo conmovió a otros protestantes a enfatizar su enseñanza sobre el nuevo nacimiento e imitar su celo para esparcir el evangelio. Otro estímulo para el avivamiento surgió entre los puritanos de Nueva Inglaterra. Los refugiados originales puritanos de las persecuciones religiosas en Inglaterra estaban cerca de los bautistas en eso, aunque todavía aceptaban el bautismo infantil, creían como congregacionalistas que la gente necesitaba conversión antes que pudieran ser admitidos a la membresía de la iglesia. Los hijos y las hijas de los colonizadores originales, sin embargo, no necesariamente abrazaron la fe de sus padres, y con todo permanecieron cercanamente asociados con las iglesias que ellos fundaron. Por tanto los ministros tenían un campo misioneros cautivo dentro de las paredes de sus casas de reuniones. Con naturalidad predicaban sermones para elevar en sus oyentes su compromiso espiritual. Los avivamientos de la religión —cambios masivos en enteras congregaciones a la fe auténtica— fueron el resultado. Tales eventos tuvieron lugar regularmente, por ejemplo, en la parroquia de Northampton,

Massachusetts, donde, en 1734, un sermón de Jonathan Edwards sobre la justificación provocó el avivamiento. Ese fue el punto de arranque de un movimiento mucho más sostenido, el Gran Avivamiento.

El movimiento pronto se desarrolló dondequiera. En Gales dos jóvenes, un director de escuela llamado Howel Harris y un cura Anglicano llamado Daniel Rowland, se convirtieron en 1735, empezaron a predicar en grandes áreas, y gradualmente se reunieron en sociedades locales de individuos avivados. La red que trabajaron como pioneros vino a ser el Metodismo Calvinista —una red de convertidos avivados que permaneció dentro de la Iglesia de Inglaterra durante el siglo dieciocho. En el mismo año, un estudiante en la Universidad de Oxford, George Whitefield, también llegó a la fe. Dos años más tarde, conmovió a Bristol y Londres, que llegaron a ser las bases principales, con poderosos sermones que urgían a sus oyentes al nuevo nacimiento. Whitefield pronto entró en contacto con los predicadores del avivamiento de Gales y llevó su mensaje a los Estados Unidos, cruzando una y otra vez el Atlántico durante su sostenida carrera de predicación. Poseía una voz poderosa, dones marcadamente melodramáticos, y características inusuales, tales como un obvio bizqueo, que atraían a la multitud. Su oratoria, que tenía un cercano parecido a las presentaciones teatrales que él condenaba, a menudo tenía que presentarse al aire libre por el número de gente deseosa de oírlo. Se decía que la gente se embelesaba con su pronunciación de la palabra "Mesopotamia". Desbordes emocionales eran comunes en sus audiencias, pero otros evangelistas avivados fueron más a los extremos que Whitefield. James Davenport, un ministro presbiteriano que originalmente servía en Long Island, New York, por ejemplo, se deleitaba cuando sus oyentes gritaban a causa de su agonía del alma. En una ocasión cuando predicaba hubo "un grito sobre toda la casa de reuniones".[4] En otra intentó hablar por un período de veinticuatro horas de una sola sentada. Al multiplicarse los derramamientos del Espíritu, también sucedió con tal fenómeno. Reportes de los despertamientos a distancia se cruzaban a menudo estimulando frescas manifestaciones de avivamiento entusiasta. El *Christian History*, el primer periódico religioso en las colonias, se lanzó para ofrecer experiencias del avivamiento en todas partes. Circulando en ambos lados del Atlántico, ayudó a ligar el avivamiento pujante en una sola entidad.

Aunque Whitefield y los participantes entre los galeses y estadounidenses en las reuniones de despertamiento eran abrumadoramente calvinistas en doctrina, no lo era la figura sobresaliente en Inglaterra. John Wesley, como Whitefield, fue clérigo de la Iglesia de Inglaterra, estaba completamente apegado a su prevalente interpretación anti-calvinista de la Escritura aún después de la experiencia de su conversión en 1738. Sus seguidores metodistas, a quienes animó a permanecer dentro de los límites de la iglesia establecida, fueron dirigidos a ser resueltamente arminianos. Wesley ejerció una fuerte disciplina en las sociedades que organizó, demostrando su habilidad en administración que le faltaba a Whitefield. Pronto arregló tener un grupo de ayudadores, más que todo laicos, para que predicaran itinerantemente en áreas específicas el mensaje común de la justificación por la fe que unificaba el avivamiento. Al reunir a los convertidos, las sociedades metodistas crecieron tanto como hasta tener 22.410 miembros para 1767. Junto con Wesley, otros clérigos anglicanos se unieron al movimiento, a menudo escogiendo, en contraste con Wesley y sus hombres, ministrar en parroquias particulares en vez de viajar alrededor para predicar. Unos pocos miembros de la aristocracia, entre los cuales la condesa Huntingdon llegó a ser la más prominente, dieron su apoyo a los evangélicos, en su caso iniciando una denominación completa, la Conexión de la Condesa Huntingdon. Hacia finales del siglo, hubo una ola de crecimiento continuo de compromiso con la causa del avivamiento. El movimiento evangélico había nacido.

Al principio los bautistas veían con duda las novedades alrededor de ellos. En 1740 la Primera Iglesia Bautista de Boston en Nueva Inglaterra no hizo caso de Whitefield, lo vieron como sufriendo de "entusiasmo", lo que posteriormente se denominaría fanatismo. La carga emocional del despertamiento era foránea a la tensión sobre la razón presente en muchas congregaciones. El arminianismo de Wesley era anatema para los Bautistas Particulares, mientras que el calvinismo de Whitefield era igualmente repugnante a los Bautistas Generales, incluyendo la mayoría de las congregaciones bautistas de Nueva Inglaterra. Además, los metodistas atrajeron a los que habían sido Bautistas Generales a sus sociedades. La iglesia Bautista General en Norwich resolvió en 1753 que no era "permitido a ninguna persona asistir a las reuniones de los metodistas".[5] Sin embargo, algunos de los bautistas encontraron atractivo e irresistible el nuevo estilo de religión. En la iglesia Bautista Particular de la calle Little Prescot en Londres, una dama anunció en 1742 que si la elección era entre su congregación y el tabernáculo de Whitefield, ella dejaría a los bautistas. Sin embargo, para la mayoría de sus correligionarios el avivamiento parecía no concordar con su entendimiento de la fe. El despertamiento no era el resultado de la cuidadosa imitación del orden de la iglesia del Nuevo Testamento, sino una expresión de un apego engañoso a lo que se llamó "Nueva Luz". La Antigua Luz tomada de la Escritura era suficiente para la mayoría de bautistas. Más crucialmente, ninguno de los avivadores en los primeros años practicó el bautismo de creyentes, y así el testimonio fundamental de los bautistas estaba en peligro. Como resultado, al principio los bautistas generalmente permanecieron aparte del avivamiento desanimando a la participación y resistiendo cualquier influencia de su conducta. Muchas iglesias de la denominación permanecieron resueltamente inmunes a lo largo del siglo y aún después.

Sin embargo, también hubo movimientos de simpatía por la nueva ola de vida espiritual que se sentía en todo el mundo de habla inglesa. Los promotores del avivamiento estaban tan comprometidos con el principio de la Reforma de la justificación por la fe como los bautistas. Creían que los convertidos tenían que revelar la experiencia personal de la gracia de Dios exactamente en la manera que los candidatos para membresía bautista tenían que demostrar su fe en los testimonios de conversión que presentaban a las iglesias. Y los metodistas, a diferencia de los bautistas, sabían cómo llevar el evangelio a los paganos. En la Primera Iglesia Bautista de Boston un grupo de los que habían sido conmovidos por el ministerio de Whitefield llegaron a estar insatisfechos con las enseñanzas arminianas enseñadas desde el púlpito y especialmente con la negación de las doctrinas alrededor del nuevo nacimiento. Como resultado, en 1742 se retiraron a adorar separadamente, y eventualmente organizaron la Segunda Iglesia Bautista en la ciudad. En Londres, Anderew Gifford, el culto ministro de la Iglesia Bautista Particular de la Calle Eagle desde 1735, se hizo amigo de Whitefield y por lo menos en una ocasión recibió a cenar a Wesley. El golfo entre los bautistas y los avivadores se reducía. Un puente principal entre los dos fue la Academia Bautista de Bristol. Aunque era solamente una pequeña institución dirigida por el ministro de la Iglesia Bautista Broadmead, la academia fue la única institución de capacitación de la denominación bautista en el mundo hasta 1765. La sucesión de tutores produjo un permanente flujo de ministros que mantuvieron una forma de calvinismo que era amigable con la obra evangelizadora. Desde la década de 1750 recibió un significativo número de candidatos, particularmente de Gales, que se convirtieron durante el avivamiento. En la academia, los estudiantes añadieron conocimiento a su celo sin extinguirlo. En sus subsecuentes ministerios muchos hombres de Bristol sintetizaron las tradiciones bautistas con las influencias de los avivamientos. Lo mismo pasó con muchos individuos convertidos bajo Whitefield quienes hallaron su camino a los púlpitos bautistas por otras rutas. Ellos incluían figuras influyentes tales como, en Inglaterra, Robert Robinson de Cambridge y en los Estados Unidos, Oliver Hart of Charleston, Carolina del Sur. De los treinta y siete ministros bautistas particulares en Londres entre 1760 y 1820 cuyo trasfondo se conoce, veinte y tres vinieron de orígenes no bautistas. La vida bautista se estaba revitalizando por la fecundación desde afuera.

Un caso sorprendente de este fenómeno es la influencia del congregacionalista de Nueva Inglaterra Jonathan Edwards en los bautistas. La obra de mayor influencia de Edwards, *El libre albedrio* (1754) en *Clásicos de la fe: Jonathan Edwards,* fue una defensa rigurosa de la posición reformada modificada por ideas elaboradas al principio de la iluminación. Hizo una distinción crucial entre inhabilidad natural y moral para aceptar el evangelio. Los seres humanos de acuerdo con Edwards, no tenían inhabilidad natural impuesta sobre ellos por el Todopoderoso, sino que mostraban inhabilidad moral como resultado de su propio pecado. Por tanto no era Dios el responsable de su perdición sino ellos mismos. Esta idea constituyó el rechazo del fatalismo inherente en la doble predestinación enseñada por los altos calvinistas como Gill. Los seres humanos, si se vuelven de sus pecados a Cristo, pueden gozar la vida eterna. En la práctica la posición teológica fresca barrió con cualquier inhibición sobre la predicación del evangelio tan ampliamente como era posible. Lejos de infringir en la prerrogativa divina, los esfuerzos para evangelizar fueron los medios indicados para cumplir el propósito de Dios. Los que sostuvieron tal punto de vista pudieron alinearse, como Edwards lo había hecho, completamente con el avivamiento. Miembros de los Bautistas Particulares de la Asociación de Northamptonshire en las tierras inglesas centrales leyeron y discutieron la obra de Edwards el uno con el otro en la década de 1770. Concluyeron que Edwards estaba correcto y redoblaron sus esfuerzos misioneros. En 1784 lanzaron de nuevo el llamamiento a la oración de Edwards invitando a los bautistas a la oración mensual para esparcir el evangelio en todo el mundo. Uno de los ministros de Northamptonshire, Andrew Fuller, escribió *El evangelio para todos los hombres* (1785) para incorporar muchas de las convicciones de Edwards. Esta fue una ocasión saliente de la manera en que las influencias de afuera cambiaron a los bautistas a una denominación evangelizadora dinámica.

Nuevo vigor

La transformación por medio de fuentes externas fue más obvia en los Estados Unidos. Los convertidos del avivamiento de Nueva Inglaterra a menudo se sintieron incómodos en sus iglesias congregacionales. El ministro podría no predicar el evangelio claramente y aun oponerse a los reavivados quienes habían traído el mensaje de salvación. Aun donde el ministro acogía el avivamiento, los patrones existentes de la vida de la iglesia congregacional comúnmente no satisfacían a sus adherentes. Usualmente la membresía incluía a gente que no daba evidencia de conversión, pero los de la Nueva Luz no deseaba compañerismo con los no convertidos. Demandaban requisitos más exigentes para la membresía que dividiera el trigo de la paja. Desde 1740 en adelante, por lo tanto, hubo una hemorragia continua de los de la Nueva Luz del establecido orden de iglesias congregacionales a congregaciones de "separados". En la búsqueda continua por una iglesia más pura, muchos separados empezaron a cuestionar si el bautismo de infantes era legítimo. Muchos concluyeron que sólo el bautismo de creyentes proveería una fortaleza sólida contra los hipócritas que se introducen en la membresía de la iglesia. Los individuos que adoptaron principios bautistas, grupos dentro de iglesias separadas salieron para formar iglesias que practicaran el bautismo de creyentes, y es más, completas iglesias separadas salieron hacia los bautistas. Entre los que siguieron este camino hacia las convicciones bautistas fue Isaac Backus, quien llegó a ser el arquitecto de las estructuras de la denominación en Nueva Inglaterra. Convertido en 1741 después de escuchar a James Davenport y otros avivados, Backus ayudó a fundar una iglesia separada cinco años después. En 1748 fue llamado al ministerio de la recientemente formada congregación separada en Middleborough, Massachusetts. Después de llegar a estar convencido del bautismo de creyentes, él mismo fue sumergido en 1751 pero permaneció como ministro de la iglesia separada mientras que sus miembros incluyeron tanto pedo-bautistas como anti-pedo-bautistas. Eventualmente determinó que este compromiso no duraría y, en 1756, fundó una iglesia bautista en Middleborough. Formaba parte de un cuerpo creciente de iglesias

Isaac Backus (1724–1806)
Pastor bautista y estadista

Bautistas Separadas, distintas a nivel organizacional de las largamente establecidas Bautistas Regulares. Una denominación completamente nueva se creó por el avivamiento.

Ésta denominación gozó de enorme dinamismo. Libres de los grillos de las prácticas bautistas ordinarias, los Bautistas Separados estaban libres para viajar a la manera de Whitefield. Llevaban su urgente mensaje del nuevo nacimiento alrededor de Nueva Inglaterra y lo extendieron hacia el sur. Shubal Stearns, ministro de la iglesia Separada en Tolland, Connecticut, fue bautizado en 1751 y enviado a predicar en Virgina, a donde se le unió su cuñado, Daniel Marshall, quien vino a ser predicador bautista. La familia extendida se asentó en Sandy Creek, Carolina del Norte, donde la iglesia creada en 1755 vino a ser el epicentro de viajes misioneros en la región. El crecimiento fue inmediato e inmenso. Para 1772 Sandy Creek se había multiplicado a 42 iglesias y 125 ministros. El estilo del ministerio de Stearns es evidente en la narración de un joven llamado Elnathan Davis de una ceremonia bautismal que Stearns condujo en un arroyo en Carolina del Norte en 1762 o 1763. Davis, primero meramente como observador, estuvo sorprendido cuando un hombre que fue conmovido en su consciencia lloró en su hombro. El joven corrió a reportarlo a sus amigos que la multitud había sido sobrecogida por "un espíritu de llanto y temblor" y primero decidió no regresar, pero entonces fue atraído de regreso por "el encantamiento de la voz de Shubal Stearns".[6] Davis mismo empezó a temblar, cayó en un trance, y despertó alarmado por la ira de Dios contra sus pecados. Unos días después llegó a la seguridad de la fe, recibió el bautismo de Stearns y al poco tiempo estuvo sirviendo como pastor de una iglesia Bautista Separada en la colonia. Por medio de episodios como éste, el entusiasmo del avivamiento aseguró rápida expansión de la denominación.

El método de los Bautistas Separados fue tan exitoso que cambió la conducta de otros grupos bautistas. En muchos campos el arminianismo parecía ser una fuerza ya desgastada y fue descartada. Para 1775, casi todos los grupos Bautistas Generales de Carolina del Norte, por ejemplo, se cambiaron al calvinismo del avivamiento. Los Bautistas Regulares, que habían estado activos en las colonias por más de un siglo, fueron igualmente afectados por el impacto de los Separados. En Carolina del Sur, para 1772, los Separados formaron la mitad de los bautistas de la colonia aunque habían estado activos allí por menos de dos décadas. Hubo alguna cooperación entre los dos cuerpos bautistas desde el puro principio. Así Oliver Hart, Ministro de la iglesia bautista Regular en Charleston, animó la predicación por lo Separados desde la década de 1750. Su trabajo fue consolidado por Richard Furman, convertido entre los separados en la primera parte de la década de 1770, pero escogido como sucesor de Hart en Charleston en 1787. La Asociación de Philadelphia que representaba a los Regulares, en vez de ignorar el despertamiento, envió itinerantes desde 1755 y urgía oración ferviente por avivamiento en su discurso pastoral anual de 1770. Gradualmente las instituciones se unieron. La agencia pionera fue la Asociación Warren fundada por un círculo de ministros en Nueva Inglaterra que incluía a Backus. Desde sus inicios en 1767, la asociación mezcló las iglesias Separadas y Regulares. La Universidad de Rhode Island, fundada en 1765 por James Manning para capacitar ministros, estaba adherida a la asociación Warren y así ayudó para que la distinción entre los dos grupos desapareciera. El expansionista calvinismo evangélico de los Separados vino a ser dominante entre los bautistas de los Estados Unidos.

El espíritu de avivamiento no pasó por alto a los Bautistas Generales ni a los Bautistas de Voluntad Libre. En Inglaterra, la iglesia iniciada en 1745 en Barton in the Beans, Leicestershire fomentó el crecimiento de las sociedades en las aldeas de esta área al enviar predicadores al estilo metodista. Su mensaje era enfáticamente una versión avivada del arminianismo antes que sus líderes adoptaran independientemente el bautismo de creyentes por la influencia bautista. De igual manera, Dan Taylor, originalmente predicador metodista local, retuvo sus convicciones arminianas después que fue bautizado en 1763. Taylor fundó una Nueva Conexión de Bautistas Generales en la década de 1770, atrayendo el grupo de iglesias de Barton e invitando a cualquier iglesia General existente para que se uniera. No rompió enteramente con los antiguos Bautistas Generales, contentándose por muchos años a actuar como líder de grupo de presión dentro de sus filas, pero estructuró un movimiento de avivamiento que rápidamente creció en los años subsiguientes, especialmente en los condados alrededor de Leicestershire. Hubo un paralelo cercano en los Estados Unidos, donde Benjamin Randall, fabricante de veleros que se había convertido bajo Whitefield organizó un movimiento arminiano enteramente nuevo. Estableció una iglesia Bautista de Voluntad Libre en New Durham, New Hampshire, en 1780. El movimiento se esparció en la parte norte de Nueva Inglaterra, de nuevo bajo el liderazgo personal de un individuo. A Randall se le confió en 1792 con la "supervisión general de toda la denominación".[7] Los bautistas de voluntad libre tenían conexiones con los seguidores de Henry Alline más al norte en la región Marítima en lo que más tarde vino a ser Canadá. Entre 1776 y 1784 Alline predicó un mensaje de una fuerte experiencia tipo "Nueva Luz", que aunque no era explícitamente arminiana, de nuevo no cabía dentro del molde calvinista. Aunque Alline no estaba comprometido con el bautismo de creyentes, sus seguidores adoptaron la práctica y sentaron los fundamentos de una fuerte presencia bautista en Marítima. Estos tres cuerpos cada uno en profunda deuda con un fuerte líder avivador, vigorizaron de nuevo la tradición de los bautistas no-calvinistas.

El resultado de la infusión de una nueva dinámica en los bautistas por el movimiento de avivamiento fue un cambio de *ethos*. Como la expansión del evangelio pareció un gran imperativo, hubo menos interés en reproducir todos los detalles de orden de la iglesia que los primeros bautistas habían deducido de las Escrituras. Caso en punto es la imposición de manos en el bautismo. Los bautistas generales habían considerado esta práctica, uno de sus seis puntos, como obligatorio para las iglesias del evangelio. Dan Taylor, sin embargo, consideró esto como opcional, y rehusó someterse a la presión de los antiguos Bautistas Generales que lo requerían de las iglesias de la Nueva Conexión. La Asociación de Philadelphia añadió una cláusula insistiendo en el mismo rito cuando adoptó la Confesión de Londres en 1742, pero la imposición de manos entre los Bautistas Particulares se desvaneció en ambos lados del Atlántico cuando las influencias del avivamiento se esparcieron en sus iglesias. Al desaparecer las prácticas viejas, nuevas aparecieron. El canto de himnos por la congregación, originalmente prohibidos en el siglo diecisiete por no tener fundamento en la Escritura, encontró lugar en la vida de los Bautistas Particulares al inicio del siglo dieciocho, y fue el avivamiento el que puso el canto de himnos en el centro de la adoración. Muchos de los antiguos Bautistas Generales aún no podían aceptar el canto de una persona no regenerada en la última parte del siglo dieciocho, pero Dan Taylor afirmaba que el canto era vinculante para todos los hombres, convertidos y sin convertir".[8] El himno cantado a toda voz, en efecto, podía mover a la gente a la conversión. Además, la experiencia del avivamiento acercó a los bautistas a otras tradiciones cristianas. Los evangélicos estaban seguros que lo que los unía, el evangelio de la salvación, era más importante que lo que los dividía. La cooperación entre las denominaciones vino a ser común. Así Oliver Hart en Carolina del Sur estuvo dispuesto a compartir los púlpitos con presbiterianos y aun con los anglicanos que tuvieran un mismo pensar; y la Sociedad Itinerante Bautista de Londres, fundada en 1797, envió predicadores a lugares alrededor de la capital inglesa y desde el principio acordaron trabajar juntos con los pedo-bautistas. Hubo el sentido prevalente que una tarea esencial eclipsaba todos los asuntos menores.

El resultado predominante de la transformación bautista por el avivamiento fue el aumento en la prioridad de la misión. A los cuerpos introspectivos y débiles de la tolerante era de la iluminación que habían existido en la primera parte del siglo dieciocho, se les dio una perspectiva completamente nueva. Es verdad que algunas de las iglesias rehusaron abandonar sus maneras antiguas. Los Bautistas Generales ingleses que declinaron alinearse con la Nueva Conexión gradualmente se movilizaron a una forma racional de religión que eventualmente llevó a la mayoría de ellos al compañerismo con los unitarios. La trayectoria de estas iglesias —que se había fijado en los años alrededor de la conferencia de Salters' Hall— iba a continuar y consecuentemente, sus números raramente crecieron y a menudo languidecieron. Cuando otras iglesias bautistas superaron su indecisión inicial en cuanto al movimiento del avivamiento, sin embargo, su influencia, especialmente por medio de los convertidos, llevaron a los bautistas en una dirección fresca. La teología de Jonathan Edwards, una forma de calvinismo modificado por maneras de pensar iluminado, le dieron una razón para predicar el evangelio. Sus números crecieron inmensamente. En Massachusetts las seis iglesias de 1740 habían llegado a ser noventa y dos para 1790. En Inglaterra los Bautistas Particulares florecieron de alrededor de cuatrocientas iglesias en 1789 a más de 1.000 para 1835. Se formaron nuevas denominaciones enteras: los Bautistas Separados, la Nueva Conexión y los Bautistas de Voluntad Libre. Se multiplicaron las agencias misioneras domésticas hacia el fin del siglo, y William Carey lanzó la empresa misionera foránea, avivado por las mismas convicciones teológicas que su amigo Andrew Fuller había articulado. El impulso misionero global dentro de los bautistas, el tema del capítulo 14, demuestra la extensión del cambio inaugurado por el avivamiento.

Lectura adicional

Brown, Raymond. *The English Baptists of the Eighteenth Century*. London: Baptist Historical Society, 1986.

Copson, Stephen, y Peter J. Morden, eds. *Challenge and Change: English Baptist Life in the Eighteenth Century*. Didcot, Oxfordshire: Baptist Historical Society, 2017.

Goen, C. C. *Revivalism and Separatism in New England, 1740–1800: Strict Congregationalist and Separate Baptists in the Great Awakening.*

New Haven, Conn.: Yale University Press, 1962. Reimpresión, Waco, Tex.: Baylor University Press, 2012.

Kidd, Thomas S. *The Great Awakening: The Roots of Evangelical Christianity in Colonial America*. New Haven, Conn.: Yale University Press, 2007.

Lumpkin, William L. *Baptist Foundations in the South: Tracing through the Separates the Influence of the Great Awakening, 1754–1787*. Nashville: Broadman, 1961.

Roberts, R. Philip. *Continuity and Change: London Calvinistic Baptists and the Evangelical Revival, 1760–1820*. Wheaton, Ill.: R. O. Roberts, 1989.

Watts, Michael R. *The Dissenters: From the Reformation to the French Revolution*. Oxford: Clarendon, 1978.

Capítulo 6

LAS DIVISIONES ENTRE LOS BAUTISTAS EN EL SIGLO DIECINUEVE

El avivamiento del siglo dieciocho preparó el camino para la vasta expansión durante el siglo diecinueve en todas las denominaciones evangélicas. En Inglaterra los anglicanos que pertenecían al partido evangélico creció admirablemente y toda clase de evangélicos que disentían tuvieron avances rápidos. En Escocia los números presbiterianos florecieron y en Gales los inconformistas, un nuevo término para los que disentían, se transformaron en algo así como la fe nacional. En los Estados Unidos todo tipo de evangélicos incrementaron grandemente sus números. El movimiento empezó haciendo impacto en Irlanda, Canadá, Sudáfrica, Australia y Nueva Zelanda. En el curso de este desarrollo global nadie logró más que los metodistas. En 1800 tenían 96.000 miembros en Inglaterra; para 1850, tenían 518.000 y para 1900 la membresía era de 770.000. Aunque la población creció admirablemente, la membresía metodista sobrepasó su crecimiento hasta el último cuarto del siglo. En los Estados Unidos la denominación fue aún más exitosa. En 1800 había 65,000 metodistas; en 1850 1.25 millón; y en 1900, el excepcional 5.5 millones. Los bautistas también participaron en la gran ola de religión evangélica que pasó sobre el mundo de habla inglesa. En Inglaterra y en Gales el número de sus iglesias (la estadística sobre membresía es escasa) crecieron de 445 a 1.080 en las principales asociaciones durante la primera mitad del siglo diecinueve; su membresía se elevó de 100.000 a 516.000 durante su segunda mitad. En los Estados Unidos la membresía bautista creció de más o menos 100.000 a 313.000 durante la primera mitad del siglo y se elevó a sobre 3 millones hacia el fin. Aunque el avance de los bautistas era en toda la nación, el crecimiento era proporcionalmente mayor en el sur. Después de los metodistas, los bautistas fueron los segundos que más ganaron del inmenso progreso hecho por la religión evangélica en el siglo diecinueve.

Mucho del crecimiento, especialmente temprano en el siglo y especialmente en los Estados Unidos, resultó de los avivamientos locales. El avivamiento era el tiempo cuando los miembros de toda una comunidad llegaron a estar ansiosos en cuanto al estado de sus almas y grandes números de conversiones tuvieron lugar. Un episodio típico de esta clase tuvo lugar en Washington-in-the-Brazos, Texas, entonces era un país soberano, en 1841. Texas, recientemente conquistada de México y todavía no anexada a los Estados Unidos, era ocupada por colonizadores anglos. Una pequeña iglesia bautista fue organizada en Washington-in-the-Brazos al final de la década de 1830 pero desapareció por falta de apoyo. Un agente de la Sociedad Bautista Americana de Misiones Domésticas, William Tryon, la reinició en marzo de 1841, y en julio el bautismo del primer candidato de la iglesia fue el de una joven esclava, el cual precipitó un avivamiento religioso. Tryon predicó un sermón evangélico, llamando a los pecadores para que buscaran salvación. "Un profundo sentimiento sobrecogió a la asamblea", después reportó; "y muchos con ojos en lagrimas, manifestaron que sus corazones fueron afectados".[1] Dos profesaron conversión antes que terminara el día. La siguiente tarde, después de la caída de la noche, cuatro candidatos fueron bautizados en el río Brazos a la luz de la luna. El evento conmovió a muchos más. Un libre pensador prominente en la ciudad se convirtió, y las reuniones tuvieron que tenerse cada noche porque la gente del área deseaba saber más como ser salvos. Después de una semana de servicios, treinta y una personas habían hecho profesión de conversión, un impacto extraordinario en una ciudad de cerca de cien habitantes adultos permanentes. Tales eventos sucedieron muchas veces cuando las iglesias ganaron un substancial número de miembros. Los avivamientos fueron los que contribuyeron al crecimiento en gran parte del siglo diecinueve.

El proceso de expansión trajo consecuencias en su comienzo. Nathan Hatch ha propagado la influyente tesis que, como resultado de la Revolución Américana, hubo una democratización de la religión en la nueva república. El liderazgo cambió de ministros ordenados a laicos ordinarios de poco o nada de entrenamiento teológico que crearon sus propias formas de la fe, enérgicamente propagaron sus creencias, y generaron un estilo popular de espiritualidad. La teoría de Hatch abarca bautistas junto con metodistas, mormones y otros, y explica sus éxitos en términos de lo distintivo de la cultura religiosa estadounidense.[2] Sin embargo, lo que la tesis olvida es que desarrollos similares tuvieron lugar en el Reino Unido, donde hubo movimientos entre la gente común que quebraron enteramente con los patrones de doctrina que habían recibidos y con las normas acostumbradas de conducta. Los Metodistas Primitivos, por ejemplo, copiaron la técnica estadounidense de reuniones de campamento y, bajo el firme liderazgo de Hugh Bourne y William Clowes, establecieron un exuberante movimiento de avivamiento durante los primeros años del siglo. Hubo sucesos equivalentes entre los bautistas. La Nueva Conexión de los Bautistas Generales, discutida en el último capítulo, fue de hecho la creación de un emprendedor religioso, Dan Taylor, quien formuló su propia declaración de fe que difería de la de los antiguos Bautistas Generales. Eran predicadores bi-vocacionales de poca educación los que emprendieron el vigoroso ministerio entre los Bautistas Particulares. Aunque también hubo ministros y laicos respetables en y alrededor de Londres quienes eran cautelosos de la religión popular provincial, los bautistas tenían su parte de sueños vívidos, ideas locas y métodos poco ortodoxos. Hubo una democratización de la religión en Bretaña tanto como en los Estados Unidos, porque cualquiera podía predicar el evangelio y tener una audiencia. El proceso no era una consecuencia de fuerzas únicas de los Estados Unidos, sino el resultado de una dinámica igualitaria desplegada por el Avivamiento Evangélico.

El resultado fue un tiempo de división extraordinaria en el mundo evangélico. Almas determinadas quienes confiadamente abrieron su propio camino en la religión amenazaban la unidad de las estructuras de las denominaciones. El metodismo en Inglaterra sufrió repetidos cismas, y los bautistas, como lo veremos, fueron llevados a conflicto el uno con el otro. Con todo, el Avivamiento Evangélico simultáneamente promovió una tendencia enteramente diferente, hacia mayor institucionalización. Se necesitaban agencias para organizar y financiar la propagación del evangelio, para coordinar actividades locales y para promover esfuerzos benevolentes. Por lo tanto desde la década de 1790 en adelante, la era testificó una serie de nuevas aventuras en esfuerzos denominacionales e interconfesionales. Había misiones foráneas, misiones domésticas, misiones en ciudades; las sociedades bíblicas, sociedades de libros, sociedades de tratados; escuelas dominicales, escuelas irregulares, organizaciones para ayudar a los extranjeros, soldados, marineros, viudas, madres, prostitutas, vendedoras de flores, huérfanos, y una hueste de otras categorías de necesidades. El centro de este imperio benevolente en Bretaña fue Exeter Hall en Londres, donde las sociedades se reunían en asamblea para su convención anual en mayo. Los Estados Unidos tuvieron eventos equivalentes en Nueva York, Boston y en otras partes. La fortaleza de esta actividad paraeclesiástica, sin embargo, se encontraba en las ramas auxiliares que juntaban dinero en las localidades y a menudo lo gastaban allá también. El efecto de estos esfuerzos era doble: juntaba miembros de diferentes denominaciones en una misión común, ya fuera distribución de la Biblia, dar misericordiosamente, o lo que fuera, y para combinar los miembros de las denominaciones individuales en nuevas agencias designadas para avanzar los principios distintivos de cada cuerpo. El resultado era por lo tanto promover la unidad evangélica y también, a menudo en alguna tensión con la primera consecuencia, consolidar las denominaciones. Había la tendencia hacia la cooperación que restringía el individualismo de la era.

Entre los bautistas, el primer paso en la nueva fase de construir la organización vino con la fundación, en 1792, de la Sociedad Misionera Bautista. Empezó a fin de expresar la ambición fresca de los bautistas británicos de esparcir el evangelio en todo el mundo. La Sociedad de Literatura diseminaba la visión de una misión global que ligaba a los bautistas, tomando un gran número de las iglesias británicas y aun atrayendo el apoyo de la Asociación de Philadelphia en los Estados Unidos. El efecto de consolidación no se tiene que exagerar, porque aun en la mitad del siglo la sociedad recibió apoyo de sólo la mitad de las iglesias bautistas en Inglaterra. Aún así, preparó el camino para la fundación, en 1813, de una Unión Bautista como la organización nacional para la denominación en el Reino Unido. La unión fue pobremente apoyada y logró poco, pero fue seguida en 1832 por un cuerpo más emprendedor del mismo nombre. Gradualmente, al desarrollarse la unión a lo largo del siglo, vino a verse como la vocera de la denominación británica. Un equivalente del cuerpo nacional en los Estados Unidos se formó en 1814, la Convención Misionera General de la Denominación Bautista en los Estados Unidos, usualmente conocida por sus reuniones cada tres años como la Convención Trienal. Fundada principalmente como resultado de los esfuerzos de Luther Rice, uno de los primeros misioneros bautistas, su cometido fue primariamente, como lo implica su título formal, la promoción de las misiones foráneas, pero en los primeros años también consideró las misiones domésticas y actividad educativa antes de determinar concentrarse en el trabajo en el exterior. Una sociedad de tratados siguió en 1824, como también una agencia de misiones domésticas ocho años más tarde. Las convenciones estatales, la primera se estableció en Carolina del Sur en 1821, fueron igualmente parte del proceso de crear organizaciones para aumentar la efectividad en la obra del evangelio. Lo mismo es verdad de las universidades, principalmente con la intención de capacitar ministros, las cuales se inauguraron a lo largo del mundo bautista durante el siglo. La denominación intencionalmente se movilizaba para la empresa misionera.

LA CONTROVERSIA ANTI-MISIONERA

El problema era que de ninguna manera todos los bautistas consideraron legítimos estos desarrollos. Un movimiento anti-misionero surgió para resistir las nuevas instituciones, y pronto dividieron las asociaciones. La primera división tuvo lugar en 1828, cuando la Asociación Canoochee se separó de la Asociación Hephzibah en Georgia. En 1832 se hizo un llamado por parte de los Bautistas Particulares de la "Antigua Escuela" en Clack Rock en Maryland a resistir "innovaciones modernas".[3] Las luchas siguieron en Alabama y sus estados cercanos en las dos décadas siguientes hasta cuando los anti-misioneros formaron un conjunto de asociaciones diferentes, demasiado descentralizadas para llamarse denominación pero algunas veces llamados Bautistas Primitivos o de Caparazón Duro. Parte de la explicación para este cisma yace en el considerable resentimiento que creció contra las constantes peticiones de dinero hechas por los que favorecían las misiones domésticas y foráneas. La Asociación Kehukee de Carolina del Norte, por ejemplo, resolvió que "no se invitara al púlpito a ningún predicador misionero... o pordiosero... para pedir y engañar a la gente".[4] Otra fuente de oposición a las nuevas instituciones era la hostilidad al grado de autoridad que se fue concentrando en pocas manos. John Taylor el autor de *Thoughts on Missions* (1819), expresó su desaliento en la "poderosa convención" administrada por hombres en busca tanto de poder como de dinero. "Considero que", declaró en un estilo americano florido, "estos grandes hombres están a punto de acercarse a la aristocracia, con el objeto de debilitar el fundamento republicano del gobierno bautista".[5] Y también hubo un elemento de anti intelectualismo en el movimiento. Los anti misioneros no vieron por qué se requería la sabiduría humana para predicar el mensaje divino, y a menudo mantuvieron que el aprendizaje de la universidad disminuye el celo de los ministros al retirarlos de la gente. Los Primitivos han sido diagnosticados como una expresión del espíritu pionero entre los bautistas. Donde había poca riqueza, lejos de los centros de poder en la costa oriental, y donde las facilidades educativas eran limitadas, era probable que se estableciera cierta resistencia a las nuevas estructuras de misión.

Es importante, sin embargo, reconocer que la mayor base de la oposición era la convicción teológica. Los bautistas misioneros estuvieron motivados por el punto de vista del calvinismo moderado considerado en el último capítulo. Rechazada la doble predestinación, Andrew Fuller y otros que vinieron después de él sostuvieron que el Todopoderoso no relegó a los no salvos a la perdición. Los pecadores que rehusaron la oferta del evangelio eran responsables de su propia ruina. Todos lo seres humanos necesitan oír el evangelio para que puedan tener la oportunidad de volverse de su mal camino. Una iglesia bautista misionera —según uno de sus apologistas en un debate de cuatro días con los anti-misioneros en Fulton, Kentucky, tan tarde como 1887 —"sostiene que el evangelio tiene que ser predicado a cada criatura, y que cada pecador debe ser exhortado al arrepentimiento y a la fe". El predicador también insistió que "el arrepentimiento y la fe son obligaciones tanto como gracias".[6] Aquí está el elemento clave en la posición calvinista moderada a la cual objetaban los anti-misioneros. Repudiaban la idea de la obligación de la fe, en base a que, a los pecadores no se les podía mandar hacer lo que eran incapaces de hacer. De acuerdo con los Primitivos, Dios ha escogido a cierta gente para salvación pero ha pasado por alto a otros. Los que no fueron elegidos ciertamente fueron incapaces de abrazar la fe y por eso no tienen la obligación de hacerlo. Los anti-misioneros sostenían una

Andrew Fuller (1754–1815)
Teólogo y organizador de misiones bautista

versión más alta del calvinismo que insistía sobre la absoluta prerrogativa del Todopoderoso para determinar la línea entre los no salvos y los salvos. Su teología era la que había prevalecido entre los bautistas antes del comienzo del avivamiento del sigo dieciocho. Tenían fuerte base para reclamar representar los puntos de vista auténticos de los Bautistas Particulares.

De igual manera, había una disputa teológica sobre métodos. Para los que pensaban como Fuller, la expansión del evangelio contenía el uso de todos los instrumentos que la providencia había puesto en las manos de los cristianos. Podían emplear las técnicas de levantar fondos usados por la edad comercial ya que eran *medios* legítimos hacia el fin de la salvación del mundo. El término *medio* vino a ser el eslogan entre los que creían en las agencias misioneras tales como las sociedades bíblicas y las convenciones de la denominación. Para los oponentes de estas instituciones, sin embargo, tales *medios* eran ilegítimos, eran un intento descarado para interferir en los caminos del Todopoderoso. Las sociedades pretendían hacer lo que Dios lograba por su propia agencia, la reunión de los elegidos. Eran, de acuerdo a la Asociación Kehukee, "sólo la invención de hombres . . . sin ningún apoyo del Nuevo Testamento, o ningún ejemplo en las edades más puras de la iglesia".[7] Estaban apartados de la verdadera orden bautista, que veía la iglesia local, y sólo la iglesia local, como la agencia divinamente nombrada para esparcir el evangelio. Por eso la Asociación Apple Creek de Illinois, fundada como un cuerpo anti-misión en 1830, anunció en su constitución "declaramos que no tenemos compañerismo con misioneros domésticos o foráneos ni con sociedades bíblicas, escuelas dominicales y sociedades de tratados y todas las demás instituciones misioneras".[8] Esto no era mero prejuicio. En vez, era la adherencia tradicional bautista a los requisitos claros de la palabra de Dios como los determinantes del orden de la iglesia tanto como de la fe cristiana. Los Primitivos eran estrictos en asuntos de orden tanto como eran particulares —en más que un sentido— sobre asuntos de doctrina.

Que los asuntos teológicos eran centrales a la división en los Estados Unidos se confirma con la existencia de una división paralela en Inglaterra. Durante el siglo diecinueve creció un cuerpo de Bautistas Estrictos y Particulares quienes sostenían una eclesiología estricta y creían en la redención particular. La primera división en la asociación inglesa ocurrió en 1829, solamente un año después de la primera ruptura equivalente en los Estados Unidos, cuando un número de iglesias se retiró de su existente afiliación para establecer la Asociación Suffolk y Norfolk. Los disidentes retuvieron el alto calvinismo que revelaba sus raíces en el siglo dieciocho al rehusar adoptar las recientes modificaciones doctrinales. El rechazo de la teología de Fuller, quien vino a ser su *bête noire*, y especialmente el axioma de la obligación de la fe. Exactamente como los Bautistas Primitivos de Georgia, recomendaron las obras de William Huntington, un entusiasta predicador popular inglés quien estableció un sistema teológico intransigente que magnificaba la absoluta soberanía de Dios. Los Bautistas Estrictos y Particulares inicialmente rehusaron adoptar tales innovaciones como la escuela dominical y las sociedades misioneras, y, aunque después por un tiempo muchas de sus mismas iglesias adoptaron las nuevas técnicas, permanecieron en algunos círculos como firme resistencia a cualquier agencia no afirmada en la Escritura. Naturalmente, declinaron asociarse con la Unión Bautista, y en vez se aliaron alrededor de una serie de periódicos, *The Gospel Standard, The Earthen Vessel,* y *The Gospel Herald.* Eventualmente consiguieron el apoyo de tantas como un tercio de la iglesias bautistas de Inglaterra, pero su proporción de toda la membresía bautista era mucho menor. Excepto en Londres, donde algunas de sus iglesias eran grandes, usualmente atraían solamente a congregaciones pequeñas. Como su equivalente estadounidense, los Estrictos y Particulares a menudo vivían en partes remotas y rurales del país. Los bautistas de Inglaterra sufrieron la misma experiencia de división sobre qué tanto modificar la fe y orden recibidos como los de Estados Unidos.

Controversia sobre la comunión

El asunto que más perturbó a los bautistas ingleses del siglo diecinueve, sin embargo fue la controversia sobre la comunión. Aunque todos los Estrictos y Particulares fueron contados en el lado conservador de esta disputa, la línea de división sobre la comunión no correspondía a la separación entre Estrictos y Particulares y los otros bautistas, sino en vez corrió a través de la Unión Bautista, a veces amenazando su existencia. El asunto era alrededor de la cuestión de a quién se le debía permitir participar en la Cena del Señor. La respuesta tradicional de la mayoría de los bautistas era que solamente los que habían sido sumergidos bajo su profesión de fe podían recibir comunión. Abraham Booth, quizá el más influyente ministro Bautista Particular de ese día, presentó el caso para la posición "cerrada" en cuanto a este asunto en *An Apology of the Baptists* (1778). En tiempos del Nuevo Testamento, argüía, el bautismo estuvo asociado con la entrada a la iglesia, mientras que la comunión era una señal de subsecuente membresía. Así los participantes en la Cena del Señor tenían que haber sido bautizados previamente. Por lo tanto, no podía admitir a los que no habían sido sumergidos. Esta posición, sin embargo, se cuestionó por la tradición, que no había muerto, de la membresía abierta defendida por John Bunyan. Dos años después del libro de Booth, una iglesia nueva se estableció en Oxford sobre el principio de la comunión abierta. Los miembros declararon que las diferencias sobre el bautismo tenían que dejarse de lado porque, como afirmaban, "no podemos hallar base en la palabra de Dios para hacer tal diferencia de sentimiento de cualquier exclusión a la comunión a la Mesa del

Señor, o a la comunión de la iglesia en particular; y como el Señor Jesús recibió a los que estaban en ambos lados del asunto, pensamos que tenemos que hacerlo así también nosotros".[9] A pesar de las voces que disentían, la abrumadora mayoría de Bautistas, Generales tanto como Particulares, favorecían la comunión cerrada.

El temperamento de la edad, sin embargo, proveyó poderoso refuerzo a la posición de la mayoría. El espíritu de la iluminación que, como los siguientes capítulos mostrarán más completamente, estuvo íntimamente aliado con el Avivamiento Evangélico, era pragmático. Maneras heredadas se pueden modificar por los requisitos de la nueva era, como en la adopción de medios para esparcir el evangelio. ¿Se debe aplicar la práctica nuevo testamentaria —de excluir de la comunión a los no bautizados— en momentos cuando la mayoría de los cristianos no practican el bautismo de creyentes? Roberto Hall, el formidable ministro bautista intelectual de Leicester, contendía que como los tiempos han cambiado, así también deben de hacerlo los bautistas. En su tratado *On Terms of Communion* (1815), trató poderosamente con el argumento de Booth del siglo anterior. Si un creyente fallaba en obedecer el mandato de ser bautizado, argüía Hall, la obligación de sentarse a la Mesa del Señor seguía vigente. Los bautistas deben permitir a quienes reconocen como hermanos cristianos a obedecer a su Señor al recibir las señales de su cuerpo y sangre. "Puede parecer sorprendente", escribía Hall, "que el rito, que, de todos los otros, es el más apto para cementar mutua hermandad, y que es en gran medida indicado para ese propósito, debiera fijarse como la línea de demarcación, la barrera infranqueable, para separar y desunir a los seguidores de Cristo".[10] Aunque Hall recibió respuesta de su colega de Norwich, Joseph Kinghorn, el ministro de Leicester hizo un elocuente caso para el cambio de la prevalente práctica bautista.

Como resultado, la práctica de los bautistas británicos en cuanto a la admisión a la comunión se alteró gradualmente. En 1824 se estima que, de cerca de setecientas iglesias Bautistas Particulares en Inglaterra, sólo cincuenta tenían mesa abierta. Para 1840, sin embargo, la Sociedad Bautista Misionera estaba abrumadoramente abierta. El conflicto más celebrado sobre el principio ocurrió en la Iglesia Bautista St. Mary, en Norwich, la iglesia que había sido, bajo Kinghorn, el oponente de Hall, un bastión de la posición cerrada. Cuando en 1857, la iglesia resolvió abrir la Mesa del Señor a todos los cristianos, un líder de comunión cerrada llevó el caso a la corte legal. La iglesia, sin embargo, fue capaz de demostrar históricamente que había diferentes puntos de vista sobre el asunto entre los bautistas, y así ganó la batalla legal. Después de eso, la oposición a la posición de la comunión abierta entre los bautistas más numerosos decayó excepto en el norte de Inglaterra, Escocia y Gales. Una asociación galés aún condenaba la comunión abierta como "práctica contra la Escritura" en 1897.[11] La norma de la mesa abierta para todos los creyentes, aunque no desconocida en los Estados Unidos, era extremadamente rara allí. Consecuentemente, Canadá fue el campo de batalla, entre las actitudes británicas y estadounidenses, en la universidad de Montreal fundada en 1838 y colapsando once años después a causa de la sucesión de rectores ingleses que abogaron por la comunión abierta, pero el mayor número de sus constituyentes naturales prefería la posición cerrada. Los asuntos en el debate de la controversia de la comunión si hicieron sentir profundamente en muchas partes del mundo bautista.

La controversia seccional en los Estados Unidos

En contraste, el asunto más explosivo entre los bautistas estadounidenses fue la cuestión seccional que dividió al norte y al sur. La Convención Trienal y las sociedades representaban todo el país durante la década de 1830, pero en 1845 los sureños se retiraron para formar su propia convención. El modo de la organización difiere de la previamente adoptada por los cuerpos nacionales, que eran sociedades separadas gobernadas por comités que eran elegidos por suscritos —esencialmente la estructura de juntas de compañías de acciones. El sur prefirió el método recomendado por William B. Johnson de Carolina del Sur, quien llegó a ser presidente del nuevo cuerpo. Johnson propuso tener una sola convención bajo la cual habría juntas para propósitos particulares, inicialmente misiones domésticas y foráneas. Esta manera estructural, cerca del modelo metodista, hizo a cada iglesia, y por lo tanto a cada miembro, participante directo en aventuras comunes de la nueva Convención Bautista del Sur. El asunto de cómo estructurar las agencias de la denominación, sin embargo, no surgió como causa de controversia antes de la división que en 1845 tuviera lugar. Lo que había preparado el camino para la ruptura fueron las intermitentes quejas sobre el reparto de fondos de la Junta Misionera Doméstica. Algunas veces parecía que entraban del sur a los cofres de la agencia más de lo que se gastaba en el territorio del sur. Sin embargo, en realidad entre 1832 y 1841, Los bautistas en el sur contribuyeron $29.093 mientras que los gastos subieron a la gran suma de $30.842. El sur de hecho no era víctima de discriminación, pero no obstante persistió el sentimiento de que estaban recibiendo menos. Aún se hizo un llamado en 1835 para una organización separada para servir el oeste y el sur. El sentido de ofensa, sin embargo, reflejó más profundos resentimientos contra el norte.

El principal asunto de rose a través de los años era la cuestión de la esclavitud, un tema que será más completamente discutido en el capítulo 9. Los estados del sur contaban con las plantaciones de algodón donde los esclavos trabajaban los campos y servían en las casas. Había habido sentimiento contra la esclavitud en el sur en los años alrededor de 1800, pero para la década de 1820, había llegado a ser la opinión aceptada entre los bautistas que la esclavitud era económicamente necesaria y defendible bíblicamente. En el norte, a manera de contraste, la opinión oscilaba contra la institución de la esclavitud, y, desde la década de 1820, se urgía —con creciente vehemencia, por el movimiento anti-esclavista— la emancipación inmediata como una obligación cristiana. En 1836 la Asociación Bautista de Maine marcó la esclavitud como "el más abominable" de todos los sistemas de iniquidad que habían maldecido al mundo.[12] El sur respondió unificado detrás de sus murallas. El abolicionismo, de acuerdo a la Convención Bautista de Carolina del Norte en 1835, era "innecesario, entrometido y pernicioso".[13] Las líneas ya se dibujaban entre los dos lados. Unas series de controversias en cuanto al asunto de la legitimidad del empleo de dueños de esclavos en la Junta de Misiones Domésticas como sus agentes culminó en la decisión en 1845 de crear una convención del sur separada. La cuestión central ciertamente era si la esclavitud era o no compatible con la civilización cristiana, pero, como en el preludio de la ruptura política en 1861, cuando los estados que llegaron a formar la confederación se retiraron de la Unión, más se estaba negociando. Para el sur, sus valores distintivos eran asaltados; para el norte, estaba la amenaza de la unidad de los estadounidenses. La división entre bautistas del norte y del sur, algo como el cisma entre el cristianismo del Oriente y del Occidente en 1054, era cuestión de un choque de culturas con valores divergentes.

La controversia campbelita

Los bautistas también se perturbaron por una controversia más directamente teológica que llevó al cisma. Alexander Campbell, originalmente un presbiteriano del norte de Irlanda, estuvo impresionado por los esfuerzos escoceses de descubrir la simplicidad del orden de la iglesia en el Nuevo Testamento y, cambiado a los Estados Unidos, se unió con los bautistas en Pennsylvania en 1812. Cada día más, Campbell sintió que los bautistas necesitaban cambiar sus maneras a fin de conformarse con el patrón de las primeras iglesias. Más profundamente llevado por el espíritu del iluminismo de sus contemporáneos que seguían a Andrew Fuller, Campbell era extremadamente racional en su trato de la religión. Decidió que la práctica sacerdotal era responsable de importar oscuridades a la fe. "En vez de la doctrina de los apóstoles", escribió en 1823, "simple y plenamente exhibida en el Nuevo Testamento..., tenemos credos sin número, compuestos de términos y frases, dogmas y especulaciones, inventadas por metafísicos caprichosos, filósofos cristianos, doctores rabínicos y predicadores entusiastas".[14] Este fárrago de sinsentido, argüía en su periódico *Christian Baptist*, tiene que ser barrido para que la simpleza original se pueda restaurar. Las confesiones de fe deben quitarse y tratar el Nuevo Testamento como el libro de ley con autoridad. Entonces, afirmaba él, vendrá a ser claro que la fe es puramente asentimiento a la proposición que Jesús es el Hijo de Dios; que el bautismo está diseñado para la remisión de pecados y así es el requisito para la salvación; y que la Cena del Señor se debe observar semanalmente. Otros bautistas no encontraron ninguna de estas posiciones aceptables. La fe, sostenían, era cuestión de confiar en una persona, no meramente el asentimiento a una proposición; el bautismo era asunto de obediencia en vez de mediadora de gracia salvadora; y que no había obligación de tener la comunión tan frecuentemente. El movimiento de "reforma" de Campbell encaró fuerte resistencia.

La lucha entre los seguidores de Campbell y sus oponentes se disputó en muchas iglesias. En Nashville, Tennessee, por ejemplo, la iglesia bautista, que se había establecido allí en 1820, llamó a Phillip S. Fall como pastor seis años más tarde. A Fall se le había buscado como pastor potencial sólo un año después de la fundación de la iglesia, pero en el período interviniente había sido persuadido por los puntos de vista de Campbell. En su primer domingo inició la observación semanal de la Cena de Señor, un mes más tarde cesó el examen de la experiencia de los candidatos bautismales en base a que una mera confesión de fe en Jesús como el Hijo de Dios era el único requisito, y en 1828 la iglesia adoptó el Nuevo Testamento como su única regla de fe y práctica. Eventualmente, en 1830, cinco miembros se retiraron para formar el núcleo de una nueva iglesia ya que la congregación original había alterado drásticamente su carácter. En Bretaña las congregaciones adoptaron los puntos de vista de Campbell aunque mucho menos numerosas que las de los Estados Unidos, fueron a menudo constituidas de anteriores iglesias escocesas. Estos cuerpos, que sostenían la teología de Archibald McLean, habían existido desde cuando la primera se fundó en Edimburgo en 1765. Grandemente inspirados por una pequeña secta escocesa, los glasitas o sandemanianos, creían en imitar lo más cercanamente posible la aparente práctica del Nuevo Testamento al tener la Cena del Señor cada semana y tener más de un anciano. Los escoceses bautistas también adoptaron la doctrina de fe sandemaniana, que sostenía que era un asunto de la cabeza en vez del corazón. Por lo tanto fueron reclutas naturales para la causa de Campbell. Sólo lentamente en los Estados Unidos o en Bretaña se dejo ver que los reformadores brotaron como un cuerpo enteramente distinto, que eventualmente llegó a ser conocido como los Discípulos de Cristo o (en su ala conservadora) como las Iglesias de Cristo. Sin embargo, eventualmente quedo claro que el nuevo cuerpo fue un rival para los bautistas en vez de un movimiento dentro de sus filas.

El movimiento landmarquista

En la mitad del siglo se levantó otra poderosa facción entre los bautistas. El movimiento landmarquista se puede ver como una respuesta a circunstancias creadas por la fortaleza de los metodistas y a la atracción de los reformadores campbelitas en muchas partes del sur de los Estados Unidos. Los bautistas encararon candente competencia en su búsqueda por las almas. El mayor exponente del landmarquismo, James R. Graves, se había auto-educado con el celo exagerado bautista. Ordenado en 1842, deseaba demostrar por medio de las páginas del *Tennessee Baptist* que su propia denominación era exclusivamente correcta. Deseando ganarles a los campbelitas, adoptó mucho de su actitud hacia el Nuevo Testamento. "Cada ley positiva, ordenanza o práctica, en la iglesia", sostuvo él, "no demandada o ejemplificada expresamente, queda positivamente prohibida". Sólo los que estaban ordenados entre los bautistas eran los verdaderos ministros del evangelio, y por eso a ningún otro se le debe permitir predicar. El bautismo auténtico requiere no meramente el modo (inmersión) y el sujeto (creyente) para ser correcto, sino que el administrador sea el comisionado oficial de una verdadera iglesia bautista. Por lo tanto el bautismo por otros era una "inmersión ajena" y por eso no válida. Otras congregaciones que fallaron al no seguir las instrucciones eclesiásticas del Nuevo Testamento no eran iglesias propiamente sino meras sociedades. "No hay iglesia", contendía Graves, "sino un cuerpo de creyentes sumergidos, que han sido inmersos por uno que él mismo ha sido inmerso, después de la conversión en la esperanza de la salvación".[15] La lógica de esa posición requiere una afirmación histórica excepcional. Si el administrador del bautismo requiere haber sido bautizado apropiadamente, tiene que haber una sucesión de práctica bautismal válida a través de los siglos —queriendo decir que los bautistas contemporáneos tienen que regresar a una línea sin interrupciones hasta Jesucristo mismo. Graves no cedió de su punto de vista. Justo como los contemporáneos anglo-católicos adoptaron la doctrina de la sucesión apostólica, por la cual la iglesia verdadera había sido preservada a través de las edades por medio de la consagración de los obispos por los que han sido válidamente consagrados, así Graves propagó la idea de la sucesión bautismal. Aquí estaba la alta iglesia apelando a la tradición.

Una posición distintivamente landmarquista fue primeramente manifestada públicamente en una reunión en Cotton Grove, Tennessee, en 1851, cuando se declaró que los predicadores de otras denominaciones no podían ser reconocidos como ministros del evangelio. Después, el progreso de puntos de vista similares insistentemente adquirió aceptación. En 1854 James M. Pendleton, ministro bautista en Bowling Green, Kentucky, le dio al movimiento su nombre al publicar un tratado llamado *An Old Landmark Re-set*, en el cual trató la misión exclusiva de los ministros bautistas como *el punto de referencia* (Landmark, en inglés) que debía ser restaurado. Graves empezó los esfuerzos de hacer sus propias publicaciones el estándar establecido de la literatura de escuela dominical entre los Bautistas del Sur, y creó agudas disputas en el proceso. La fuerza de los puntos de vista landmarquistas para el fin del siglo se hicieron presentes en la controversia Whitsitt. William T. Whitsitt, un historiador de la iglesia que, en 1895, fue nombrado presidente del famoso Seminario Teológico Bautista del Sur en Louisville, Kentucky, hizo hincapié en un artículo de una enciclopedia que los bautistas adoptaron la inmersión alrededor de 1641. Esta declaración verdadera era contraria a la asunción a priori de la práctica landmarquista que tuvo que haber habido una sucesión de la práctica de la inmersión desde el tiempo de Jesús. Las asociaciones bautistas, movidas por elementos de la prensa de la denominación, pasaron resoluciones de protesta, y Benjah H. Carroll, el imponente ministro de la Primera Iglesia Bautista de Waco, Texas, encabezó la campaña para despedir a Whitsitt. Eventualmente, en 1898, Whitsitt renunció. En 1931 el hermano de Carroll, James M. Carroll, publicaría *El rastro de la sangre*, un clásico popular que se proponía sentar la supuesta línea del testimonio auténtico bautista a través de los años. Para entonces dos pequeñas convenciones landmarquistas bautistas estaban en existencia. El landmarquismo movió a un intenso debate y dejó un legado duradero. Hubo la exclusión temporal de landmarquistas de la Primera Iglesia Bautista de Dallas en 1879, pero en general, antes de 1900 el movimiento no generó un cisma real.

Idioma, raza y gracia

Hubo grupos más pacíficos en la vida bautista, sin embargo, que siguieron caminos separados durante el siglo diecinueve. Las convicciones bautistas se regaron por todo el continente europeo desde cerca de la mitad del siglo, especialmente por medio del trabajo magníficamente organizado de Johann Gerhard Oncken que se discutirá en el capítulo 15. Muchos miembros de nuevas comunidades de fe se unieron a la ola de emigración a América del Norte, así grupos étnicos de bautistas establecieron sus propias iglesias en los Estados Unidos y Canadá. Hubo una denominación bautista alemana desde 1851 y una equivalente sueca desde 1879. Bautistas de habla galés llevaron una existencia substancialmente separada en Pennsylvania a través del siglo. El idioma, en efecto, operó como un factor divisor significativo. Sólo la raza fue una barrera más fuerte. Al principio, como veremos en el capítulo 9, los bautistas blancos y negros usualmente adoraban en los mismos edificios, pero, inmediatamente después de la Guerra Civil, iglesias afroamericanas distintivas se formaron en el sur. Las agencias bautistas a nivel estatal surgieron gradualmente, y la floreciente prensa bautista negra también tuvo su lugar en unir las iglesias. El vínculo más eficaz entre las iglesias en grande escala, no obstante, era el interés común por la misiones foráneas. Desde 1880 muchos de los esfuerzos dispersos se unificaron bajo la

Convención Bautista Americana para Misiones Foráneas, y otro cuerpo la Convención Bautista Nacional Americana, fundada en 1886, inicialmente planeada para mantener cercana cooperación con los bautistas blancos en el trabajo foráneo pero se volvió, cada vez más, a otras tareas. Junto con la Convención Educacional Bautista Nacional, establecida en 1893 para avanzar la educación ministerial para negros, estos cuerpos se juntaron en 1895 para formar una verdadera organización unida, la Convención Bautista Nacional. La nueva convención, bajo E. C. Morris como presidente hasta 1922, por fin cumplió las esperanzas de los bautistas afroamericanos como una expresión nacional de su identidad. El idioma y la raza probablemente fueron las fuerzas más sobresalientes que separaron a los bautistas en el siglo diecinueve.

La división más antigua de todas sucedió sobre las doctrinas de la gracia entre los Bautistas Generales (o de Voluntad Libre) y los Bautistas Particulares (o calvinistas). En los Estados Unidos los Bautistas de Voluntad Libre casi se habían extinguido por el proselitismo de los Bautistas Particulares en el siglo dieciocho, pero un pequeño grupo sobrevivió en Carolina del Norte y se dedicaron a la expansión enérgica a los principios del siglo diecinueve. El ala de Benjamin Randall de los Bautistas de Voluntad Libre, introducidos en el capítulo anterior, floreció en el norte de Nueva Inglaterra, mientras que más Bautistas Generales se encontraron en Kentucky e Indiana. Todos eran arminianos en doctrina y todos continuaron dentro del siglo veinte, cuando, en 1911, un grupo completo de nueva Inglaterra fue absorbido por los Bautistas del Norte quienes surgieron de las raíces de los Particulares. De manera similar, los bautistas de trasfondos arminianos y calvinistas en las provincias Marítimas de Canadá se juntaron en 1906. En Inglaterra, la mayoría de los antiguos Bautistas Generales lenta y gradualmente se cambiaron a los puntos de vista racionalistas y eventualmente llegaron a no distinguirse de los unitarios. La Nueva Conexión, sin embargo, como fruto del Avivamiento Evangélico, permaneció ortodoxa y emprendedora, y creció a una comunidad de buen tamaño durante el siglo diecinueve. Algunos de sus miembros apoyaron la Sociedad Bautista Misionera antes que crearan su propio equivalente, desde el comienzo de la Unión Bautista estuvieron afiliados a las iglesias de la Nueva Conexión. Como la teología calvinista se suavizó durante el siglo, hubo menos hostilidad en las filas Particulares hacia los puntos de vista arminianos y los miembros empezaron a transferirse entre iglesias de las dos tradiciones sin reparos. En 1891 la Nueva Conexión fue totalmente absorbida por la Unión Bautista, sólo unos pocos años antes de eventos equivalentes en Canadá y los Estados Unidos. La mezcla de los cuerpos Generales y Particulares en todos los tres países fue posible porque compartían etos o comportamientos comunes que eran generalmente evangélicos en vez de ser específicamente calvinistas o arminianos. El siglo diecinueve estuvo marcado por la convergencia tanto como por la perturbación.

La característica más marcada de la gran mayoría de los bautistas durante el siglo diecinueve fue su compartida lealtad a las prioridades evangélicas. Como los metodistas, fueron incansablemente evangelizadores, a menudo (especialmente en América del Norte), gozando avivamientos que producían crecimiento. Formaron una plétora de organizaciones para avanzar la causa del evangelio, lanzándose al trabajo de la Biblia, tratados y escuela dominical, y mucho más. Las agencias de las denominaciones estuvieron dentro de las nuevas estructuras, pero estos cuerpos, ya fueran asociados con la Unión Bautista en Inglaterra o la Convención Trienal en los Estados Unidos levantaron profundas sospechas. Las iglesias altamente calvinistas vieron las nuevas instituciones como manchadas con una falsa teología y se retiraron hacia sus propias asociaciones —ya sean Primitiva, Estricta o Particular— manteniendo el estilo tanto como el pensamiento del pasado. El resto de los bautistas ingleses debatieron si abrían la Mesa del Señor a los que no estaban bautizados como creyentes, en la mayor parte concluyendo, en contraste con sus primos norteamericanos, que debían hacerlo. Entre tanto, los bautistas en los Estados Unidos estuvieron divididos permanentemente sobre la diferencia seccesional simbolizada por la esclavitud. También estuvieron perturbados por el movimiento de reforma de Alexander Campbell, que llevó a partir caminos con los Discípulos, y por los landmarquistas, quienes agitaron en el sur con una teoría intransigente en cuanto a la tradición bautista. Las diferencias del idioma y la raza mantuvieron a muchos bautistas separados el uno del otro, pero el heredado antagonismo entre calvinistas y arminianos se desvaneció. La confluencia de estas dos corrientes es una indicación de la extensión a la cual la mayoría de los bautistas del siglo veinte fueron remodelados por el común sentido evangélico.

Lectura adicional

Baker, Robert A. *The Southern Baptist Convention and Its People, 1607–1972*. Nashville: Broadman, 1974.

Bebbington, David W. "The Democratization of British Christianity: The Baptist Case, 1770–1870." En *Ecumenism and History: Studies in Honour of John H. Y. Briggs*, editado por Anthony R. Cross, 265–80. Carlisle: Paternoster, 2002.

Briggs, John H. Y. *The English Baptists of the Nineteenth Century*. Didcot, Oxfordshire: Baptist Historical Society, 1994.

Crowley, John G. *Primitive Baptists of the Wiregrass South: 1815 to the Present*. Gainesville: University of Florida Press, 1998.

Dix, Kenneth. *Strict and Particular: English Strict and Particular Baptists in the Nineteenth Century*. Didcot, Oxfordshire: Baptist Historical Society, 2001.

Fitts, Leroy. *A History of Black Baptists*. Nashville: Broadman, 1985.

Hughes, Richard T. *Reviving the Ancient Faith: The Story of Churches of Christ in America*. Grand Rapids: Eerdmans, 1996.

Wamble, Hugh. "Landmarkism: Doctrinaire Ecclesiology among Baptists." *Church History* 33 (1964): 429–47.

Capítulo 7

LA POLARIZACIÓN TEOLÓGICA ENTRE LOS BAUTISTAS

Los disturbios del siglo diecinueve culminaron en la tendencia de dividir a los bautistas en dos campos. La divergencia no era única en la vida bautista, sino una parte de un mayor proceso en el mundo protestante. La teología de los evangélicos en casi todas las denominaciones, que había sido el cemento que había aguantado las varias tensiones en otro asuntos durante la mayor parte del siglo diecinueve, empezó a desenmarañarse. Entre las décadas de 1870 y 1930, los que habían sido previamente conscientes de una unidad basada en un mensaje compartido miraron cada vez más con recelo a otros dentro del movimiento evangélico como demasiados estrechos o muy tolerantes. La tendencia alcanzó su zenit, especialmente en América del Norte, en controversias durante la década de 1920 entre modernistas que deseaban actualizar la teología y fundamentalistas determinados a resistir la pérdida de verdades queridas. No todas la denominaciones sufrieron de esta fiera lucha, pero en algunos cuerpos, tales como los congregacionalistas en ambos lados del Atlántico, la teología liberal fue demasiado poderosa para desecharla, y en otros, tales como los así llamados Hermanos Plymouth, no hubo más que aceptar las sofisticaciones liberales. En otros cuerpos, sin embargo, hubo fuertes adherentes en ambos lados y por eso hubo rompimientos por disputas doctrinales. Entre los presbiterianos estadounidenses, aunque no los de Escocia, las luchas fueron intensas y llevaron a divisiones institucionales. Los bautistas también sufrieron por debates de conflictos internos y divisiones permanentes. Es verdad que, juntamente con los que juzgaban a sus hermanos bautistas por atraso intelectual o infidelidad doctrinal, hubo otros que mantuvieron una actitud tolerante hacia otros puntos de vista diferentes a los propios. Con todo, la tendencia de algunos a adoptar posiciones teológicas liberales y otros a protestar tales desarrollos fue el rasgo saliente del período que se extendió hasta justamente después de la Primera Guerra Mundial. Hubo una tendencia general hacia la polarización.

En los años de la mitad del siglo diecinueve el cuerpo heredado de teología evangélica parecía estar firmemente establecido. Siguió, en su forma predominantemente calvinista, el bosquejo del pensamiento de Jonathan Edwards, quien había expresado el corazón de la teología puritana en un estilo más aceptable para el emergente iluminismo en su día. Entre los bautistas el principal exponente de la teología dentro del paradigma de Edwards fue Andrew Fuller. Aunque había muerto en 1815, Fuller permaneció como la piedra angular de la ortodoxia por más de medio siglo después. Edward Steane, secretario de la Unión Bautista en Bretaña e Irlanda, comentó en 1872 que Fuller es el que había hecho más para formar las características del calvinismo moderno. La confesión de New Hampshire, aprobada por la convención bautista del estado en 1833 y ampliamente adoptada en otros lugares en los Estados Unidos, siguió la versión moderada de Fuller de la teología reformada. Fuller había explicado las doctrinas clásicas de la fe, y las había hecho aceptables a una época de la iluminación. Él interpretó la redención, por ejemplo, como una demostración de la justicia pública del Todopoderoso, una vindicación de su ordenado gobierno del mundo. Para una era educada por la ciencia newtoniana al valorar el principio de orden, esta era la manera de ver la cruz que llevaba convicción. Además, Fuller abandonó el antiguo calvinismo que insistía que Cristo había muerto solo por los elegidos, aunque conservando la opinión tradicional que sus méritos se aplicaron solo a ese número. La redención, de acuerdo al teólogo, era suficiente para todos, enseñanza que apelaba a la creencia de la época en la benevolencia universal. Fuller fue uno de los que completamente integraba la teología evangélica en el legado del iluminismo, que continuó formando el pensamiento en la mayoría de esferas de la vida de mucho del siglo diecinueve. El mensaje bautista encajaba en la mentalidad del día.

El calvinismo, sin embargo, vino a ser menos apreciado en la medida que avanzaba el siglo. Aunque muchos bautistas aún se adherían a las doctrinas reformadas, y el más grande de los predicadores victorianos, Charles Haddon Spurgeon, resueltamente las favorecía, progresivamente llegaron a la decadencia. Una razón fue la alianza con la Biblia que marcaba a los bautistas. Cada vez más se sintió que la Escritura por sí misma formaban la suficiente guía a la doctrina. James Acworth, presidente de Rawdon College en Yorkshire, urgía a los estudiantes a estudiar al Biblia por sí mismos, libres de la esclavitud a los existentes sistemas humanos. "Hagan su propio sistema," era su consejo normal.[1] Otra razón era el prestigio del arminianismo. Como el metodismo avanzaba más rápido que cualquier otro grupo denominacional durante el siglo diecinueve, su mensaje de la salvación que estaba disponible para todos parecía ser el correcto para el momento. Los bautistas a menudo colaboraron con los metodistas, especialmente en el frente de conquista de los Estados Unidos, y desde la década de 1870 frecuentemente apoyaron los esfuerzos evangelizadores conjuntos bajo el predicador interconfesional D. L. Moody y sus imitadores. Moody no simplemente enseñó las doctrinas arminianas, porque sostenía la seguridad eterna del creyente, sino que trató de ser aceptable tanto a los metodistas como a los presbiterianos y por eso disminuía el tono del contenido calvinista en sus mensajes. En Inglaterra, como se indicó en el capítulo anterior, las iglesias de los Bautistas Generales fueron admitidas en la Unión Bautista desde su fundación en 1832 así que se tenía un compañerismo íntimo con todas la iglesias de orígenes calvinistas y arminianos. "Las dos grandes secciones, Particular y General," declaró el *General Baptist Magazine* en 1859, "se han mezclado que difícilmente se puede trazar la línea antigua de demarcación".[2] Para la década final del siglo su convergencia era tan completa que los Bautistas Generales abolieron por completo sus agencias denominacionales separadas. Poco después, como lo hemos visto, hubo uniones similares entre los bautistas de trasfondos arminianos y calvinistas en Canadá y en los Estados Unidos. Así el calvinismo en muchos lugares llegó al punto de dejar de ser la posición doctrinal formal de las iglesias bautistas.

Las influencias culturales románticas

El iluminismo componente de las actitudes teológicas bautistas también se empezó a cuestionar. El siglo diecinueve fue testigo de una revolución en actitudes culturales como legado de la edad de la razón que fue cuestionado por los nuevos puntos de vista asociados con el romanticismo. El antiguo énfasis en la razón como la suprema facultad humana se fue gradualmente reemplazando por el énfasis en la voluntad, el espíritu y la emoción. La imaginación humana pareció más admirable que el frío temperamento de la investigación científica. El universo fue tratado menos como una máquina estática y más como el teatro de crecimiento natural. Los valores ya no parecían uniformes con el tiempo y el espacio sino variados como el proceso histórico evolucionado de acuerdo a la comunidad que los profesaba. Este relativismo cultural, íntimamente ligado a la conciencia de la historia y al sentido de distinción nacional, vino a ser la marca de la nueva manera de pensar. La Alemania de la era de Goethe fue la fuente de muchas de estas nociones, y el canal más influyente de su transmisión en el mundo de habla inglesa fue Samuel Taylor Coleridge. Su teología filosófica aseguraba que estas ideas se hicieran presentes no solamente en la literatura sino también en la religión de los primeros años del siglo diecinueve en adelante. Edward Irving, un ministro escocés presbiteriano que servía en Londres entabló una amistad con Coleridge, inyectando sus ideas en las arterias de la evangelización británica durante la década de 1820; y William G. T. Shedd, un presbiteriano de la Antigua Escuela en los Estado Unidos, publicó una edición de las obras de Coleridge en Nueva York en 1853. En general los bautistas no fueron afectados hasta la segunda mitad del siglo, y aún entonces la revolución romántica afectaba más en el gusto que en la teología. Donde podían hacerlo, los bautistas empezaron a seguir la tendencia general hacia la arquitectura gótica, edificando en el estilo medieval de la era de fe, y algunas de las más respetables congregaciones urbanas empezaron a imitar los patrones de adoración más formales y elaborados iniciados por los anglicanos. La recitación del Padrenuestro, por ejemplo, se introdujo por primera vez en los servicios bautistas. Pero más allá de las filas bautistas el medio teológico empezaba a cambiar.

La primera de las denominaciones evangélicas que mostró señales de adaptación en su teología al nuevo humor cultural fue el congregacionalismo. En los Estados Unidos Horace Bushnell, reconociendo su deuda a Coleridge, urgió que no hubiera un golfo entre lo natural y lo sobrenatural, para que así, por ejemplo, el niño probablemente sea educado en la fe por los procesos ordinarios de la vida familiar en vez de una conversión dramática. En Inglaterra puntos de vista comparables de James Baldwin Brown, otro ministro congregacional, fueron condenados por el bautista John Howard Hinton como "deficiente en la verdad y poder del evangelio".[3] Hinton estaba defendiendo la síntesis antigua de la enseñanza evangélica y el pensamiento iluminado, contra la subversión de parte de una expresión drásticamente nueva de la enseñanza cristiana. Con el correr de los años, sin embargo, el nuevo estilo ganó más territorio. La tendencia general era hacer el mensaje cristiano más suave. En vez de presentar a Dios como un gobernador imparcial del mundo, como lo había hecho Fuller, los afectados por la sensibilidad romántica lo vieron primariamente como un Padre bondadoso cuidando a su extraviada familia. La redención no vino a ser una demostración de la justicia divina sino una exhibición de la generosidad eterna del Padre hacia sus hijos. Las dudas empezaron a surgir sobre si un Dios de ese carácter consignaría sus criaturas en el infierno y se presentó la idea que podría haber una segunda oportunidad de salvación más allá de la tumba. En 1877, Samuel Cox, misionero de la Iglesia Bautista Mansfield Road, Nottingham, publicó el libro *Salvator Mundi*, que avanzó la esperanza que al final todos los seres humanos serían salvos. La opinión se reconoció como tan radical que Cox fue retirado de su posición como editor del interconfesional *Expositor*, pero continuó sirviendo en su congregación. La teología más liberal que fue introducida por el gusto romántico se estaba adentrando en los bautistas.

A la vez, los teólogos estaban empezando a tener un punto de vista fresco de la Biblia. La publicación clave fue *Essays and Reviews* (1860), una colección de artículos por anglicanos desde fuera del redil evangélico que invitaba a cuestionar las opiniones recibidas sobre la naturaleza y efectos de la inspiración. La presuposición sustentadora, extraída mayormente de la erudición crítica de Alemania, el territorio corazón del romanticismo, era de nuevo que no había contraste entre lo natural y lo sobrenatural, por eso la Biblia debía leerse como cualquier otro libro. Los bautistas se unieron al coro evangélico que lo desaprobaba. Sin embargo, pronto aparecieron puntos de vista similares entre los bautistas. Crawford H. Toy, quien había pasado dos años estudiando lenguas semíticas en Berlín, fue nombrado profesor de Antiguo Testamento en el Seminario Teológico Bautista del Sur, entonces situado en Greenville, Carolina del Sur. Luchó con la aplicación de la teología filosófica alemana para entender la Biblia, y eventualmente fue persuadido por el erudito holandés Abraham Kuenen que el Antiguo Testamento tenía que verse como la evolución natural del espíritu religioso de la humanidad. La interpretación del Antiguo Testamento por Jesús no era decisiva, sino "la ciencia de la hermenéutica tenía que ser la autoridad final".[4] Tales alarmantes sentimientos trajeron crítica, que a su vez llevó a la renuncia de Toy en 1879. No hay duda que los puntos de vista de Toy eran altamente irregulares entre los bautistas en ese tiempo, pero opiniones similares avanzaron mucho entre los más eruditos de la denominación antes del fin del siglo. En 1892 el progresista líder bautista británico John Clifford publicó *The Inspiration and Authority of the Bible*, cautelosamente elogiando los nuevos puntos de vista críticos que llegaban al continente. Su aparición provocó que un círculo de teólogos conservadores lanzaran una liga bíblica designada para resistir los ataques a la Biblia. Aunque la organización permaneció pequeña, fue una señal del conflicto más agudo por venir.

Otra novedad de la edad que causó gran debate fue la idea de la evolución. El libro de Charles Darwin, *El origen de las especies* (1859), había sorprendido al mundo religioso al proponer que las plantas y los animales evolucionaban de una especie a otra por medio del mecanismo de la selección natural. Las principales objeciones cristianas no eran que Darwin contradecía la Biblia sino que su tesis deshacía el caso apologético, extremadamente popular durante la era del iluminismo y posteriormente, que, siendo que cada especie muestra evidencia de diseño, por consiguiente tiene que haber un Diseñador divino. Como enseñaba Darwin, si cada especie se desarrolla naturalmente en otra, entonces la mano divina en el proceso es superflua. En los primeros años después de la publicación de Darwin, sin embargo, muchos teólogos tomaron sus argumentos con calma. Contendían que Darwin meramente revelaba los métodos usados por el Creador. Teólogos de mente abierta prosiguieron arguyendo que la evolución revelaba la extensión en la cual Dios estaba involucrado en los procesos ordinarios de su universo, así subrayaban la doctrina de la inmanencia divina. Hubo un matrimonio entre la evolución y el tema romántico del crecimiento en la naturaleza ayudando a estructurar la idea de desarrollo hacia un futuro mejor, un tema común alrededor del año 1900. John Clifford fue uno de los que aceptaba felizmente la evolución como un triunfo del descubrimiento moderno, y aún incluyó a Darwin en un libro titulado *Typical Christian Leaders* (1898). Otros bautistas, por otra parte, vieron la evolución como una amenaza a las creencias cristianas. En 1882 un tutor en la universidad de Spurgeon protestó en sus conferencias "el ser considerado en relación de sangre con los monos o las ostras".[5] En este entendimiento los seres humanos, tienen que verse como una creación separada, distinta del reino animal. Aunque las teoría científicas de la evolución estuvieron siendo más ampliamente aceptadas, algunos bautistas permanecieron resueltamente escépticos.

Conservadurismo y liberalismo

Preocupaciones en cuanto a ir a la deriva teológica, aunque no en cuanto al pensamiento evolutivo, surgieron más sorprendentemente en la Controversia del Declive de 1887-1888. Charles Haddon Spurgeon, quien había gozado de enorme prestigio en todo el mundo por su poderoso ministerio de predicación en el Tabernáculo Metropolitano de Londres, se había interesado por muchos años sobre la dirección del pensamiento evangélico. "Desde lo más íntimo de nuestras almas", él escribió en 1867, "detestamos todas las ofuscaciones místicas y racionalistas de las sencillas y bien establecidas doctrinas de la gracia".[6] Aunque Spurgeon fue más que levemente tocado por las inclinaciones románticas, permaneció como el fiel y leal exponente de la doctrina calvinista en su forma moderada al estilo de Fuller. Aquellos que permitían que su mensaje fuera modificado por las nuevas corrientes intelectuales de la era, él llegó a creer que estaban traicionando el evangelio. Él objetó, por ejemplo, a la declaración de un ministro bautista más joven, J. G. Greenhough, que "nuestra predicación del infierno no gana a nadie sino a la gente corriente y a los cobardes . . . Las esperanzas son mucho más grandes que los credos".[7] En 1887, uno de los estudiantes a quien Spurgeon había capacitado en su universidad describió el decaimiento teológico —o "declive"— entre los incorformistas en el siglo dieciocho. Spurgeon añadió su apoyo, trayendo a la atención los peligros similares en su día. El gran predicador llamó a acción a la Unión Bautista para detener la ola de enseñanzas infieles, pero, cuando nada se hizo, renunció del cuerpo denominacional. El choque de su partida llevó a esfuerzos frenéticos pero infructuosos por hacerlo volver. Spurgeon deseaba que la Unión Bautista adoptara una declaración de fe tal como la de la Alianza Evangélica, pero la mayoría de sus contemporáneos estuvieron adversos a ser encadenados por un credo. En la primavera de 1888 la asamblea de la Unión Bautista no fue más allá de lanzar una corta declaración de doctrinas comúnmente creídas en sus iglesias. Eso no satisfizo a Spurgeon, quien permaneció fuera de la Unión por el resto de su carrera. Sólo unos pocos bautistas lo siguieron en su aislamiento, pero el efecto de su protesta pública tuvo el efecto que el gran número de bautistas que permanecieron en la Unión fuera más precavido sobre declarar ideas más abiertas. Aunque un número de ministros continuó elaborando líneas novedosas de pensamiento, la acción de Spurgeon ayudó a detener el liberalismo teológico entre los bautistas británicos.

En el norte de los Estado Unidos, en contraste, hubo bautistas quienes dieron más completa expresión al impulso de adaptar la teología tradicional a la cultura moderna. William Newton Clarke del Seminario Teológico Hamilton, en Nueva York publicó en 1898 *An Outline of Christian Theology* que presentaba una declaración sistemática de doctrina. La obra seguía el orden tradicional de un compendio teológico y no hacía repudio de la ortodoxia, pero el punto de arranque, a la manera de la primera parte del siglo diecinueve del teólogo alemán Friedrick Schleiermacher, era el "sentimiento religioso".[8] El libro de Clarke permaneció como el texto estándar por gran parte del siglo veinte. Tendencias similares eran evidentes en la Universidad de Chicago, fundada como institución bautista en 1890 por el magnate John D. Rockefeller, él mismo un miembro fiel de la iglesia bautista. En la facultad de divinidades de Chicago estaba Shailer Mathews, quien había estudiado brevemente en Berlín. Mathews estuvo dispuesto a replantear doctrinas antiguas en formas radicalmente diferentes. "La verdad sublime que sobresale en la resurrección de Jesús", escribió en 1910, "es la emancipación de la vida espiritual del orden físico al culminar en la muerte, no en información en cuanto a los detalles fisiológicos".[9] En años subsecuentes Mathews vino a ser el abanderado de la causa modernista. El sur casi no estuvo afectado aunque no fue totalmente inmune a estos desarrollos. También en 1910 William O. Carver, profesor en el Seminario Teológico Bautista del Sur publicó *Missions and Modern Thought*, donde inequívocamente argüía que la empresa misionera se tenía que adaptar a las presuposiciones modernas. El punto de vista de Carver es que la religión consiste en un sentido de dependencia en Dios lo cual demuestra de nuevo la influencia de Schleiermacher. Opiniones avanzadas estaban en significativo y firme progreso en los seminarios.

Hubo otros teólogos bautistas quienes, mientras que se mantenían al día de los progresos intelectuales de ese tiempo, deseaban mantenerse dentro de estrictos límites. Augustus H. Strong, presidente del Seminario Teológico Rochester, en Nueva York, desde 1872 hasta 1912, fue por mucho de ese tiempo la figura más influyente entre los bautistas del norte. Su *Teología sistemática* (1876) era el libro de texto que reinó antes del *Outline* de Clarke y que continuó después rivalizando con éste para inclinar a los pastores en capacitación. Proveyó una declaración accesible de la enseñanza evangélica sin ninguna remodelación de la doctrina en la línea modernista. Sin embargo, posteriormente Strong publicó una obra titulada *Christ and Ethical Monism* (1899) que adoptaba muchas de las premisas del pensamiento alemán. La verdad, ahora sostenía, no era proposicional, sino para encontrarse en la persona de Cristo. Strong no resolvió totalmente la tensión entre las nuevas y las anteriores posiciones en teología, deseando estar al día sin sacrificar las doctrinas centrales. Similarmente en el sur, Edgar Y. Mullins, presidente del Seminario Teológico Bautista del Sur de 1899-1928 y autor de *Axiomas de la religión* (1908), la apología más persuasiva para las convicciones bautistas lanzadas temprano en el siglo veinte, trató de reconciliar los dos mundos intelectuales de proposiciones objetivas y sentimientos subjetivos. "Calvino y Schleiermacher", escribió, "son los dos grandes nombres que sobresalen en la historia doctrinal como los más significativos de estas dos posiciones".[10] La solución se hallaba en una síntesis de las dos posiciones. A Mullins se le puede llamar apropiadamente un teólogo mediador, que intenta juntar la fe heredada surgiendo de las raíces de la Reforma y el pensamiento del mundo moderno asociado con el desarrollo filosófico. Muchos de los bautistas, como Strong y Mullins, no deseaban rechazar la erudición moderna sino que querían retener con firmeza las verdades evangélicas.

No obstante, la ola creciente de la opinión estaba más inclinada a asumir una postura hostil hacia los puntos de vista modernos. La alianza intelectual primaria de estas voces más decisivas usualmente se debía a puntos de vista distintivos de la profecía. La convicción normal entre los evangélicos en la primera parte del siglo diecinueve había sido el punto de vista pos milenario, o sea que la segunda venida de Cristo tendría lugar sólo después ("pos") de la llegada del milenio, una era cuando la predicación del evangelio mundialmente llevaría al tiempo de paz y abundancia predichos en la profecía del Antiguo Testamento. Desde la década de 1820, sin embargo, la enseñanza pre milenaria lentamente desarrolló fuerza, contendiendo que, al contrario, el regreso de Cristo vendría antes ("pre-") del milenio. El pre milenarismo estaba perceptiblemente conectado con la emergencia de las influencias románticas en el mundo religioso, anunciando de antemano los sucesos dramáticos que se cumplirían pronto. Algunos pre milenarios suponían que los episodios profetizados en la Biblia podrían tener relación con los eventos mundiales, y por eso se aventuraban a predecir la fecha del fin de la era. Así William Miller, predicador bautista en Vermont, anunció que el regreso de Cristo sería en 1843/44, y aún después de la desilusión de esos días, muchos de los que compartían sus expectativas continuaron creyendo que el fin no se podría dilatar, inaugurando el movimiento adventista. Desde la década de 1830, sin embargo, se desarrolló una facción futurista del pre milenarismo que sostuvo que todos los eventos del libro de Apocalipsis yacían en el futuro. La versión más influyente de esta creencia primeramente propuesta por el líder irlandés entre los Hermanos, John Nelson Darby, se conoció como dispensacionalismo. Se sostenía que la historia estaba divida en épocas, o "dispensaciones", en cada una de las cuales el trato divino con la humanidad obraba sobre diferentes principios, Darby enseñó que la era presente terminaría inminentemente con el rapto de los santos al cielo. Entre tanto, la iglesia confesante se degeneraría y así caería bajo el juicio. Tales puntos de vista se esparcieron durante la última parte del siglo diecinueve y fueron codificados en las notas de la Biblia Scofield de 1909. Las ideas dispensacionalistas avanzaron muy poco en los seminarios (en 1919 sólo 7 de 236 seminarios estadounidenses encuestados las aceptaron), pero lograron más amplia audiencia dentro del público cristiano. Los bautistas que abrazaron el punto de vista dispensacionalista estuvieron inclinados a buscar señales de declive teológico a su alrededor y darles un significado apocalíptico.

Otra tendencia de pensamiento reforzó el deseo de identificar las fallas en la iglesia moderna. Las enseñanzas de John Wesley que el cristiano puede obtener un estado de amor perfecto, o entera santificación, fue más allá del metodismo a una más amplia comunidad evangélica en la última parte del siglo diecinueve. Un bautista llamado W. E. Boardman publicó *The Higher Christian Life* (1859), urgiendo a los creyentes a buscar un estado más avanzado de espiritualidad. Desde 1875 hubo en Keswick en el English Lake Disctrict una convención anual de los que creían que el camino a la santidad era por medio de una entrega completa. El tono de la enseñanza en Keswick estuvo una vez más modificado por el sentimiento romántico: cultivaba la poesía, amaba la naturaleza y tomó "el resto de la fe" como su meta. Aunque la mayoría de los primeros adherentes de Keswick eran anglicanos, uno de sus lideres prominentes al entrar el siglo veinte fue F. B. Meyer, un ministro bautista inglés y autor ampliamente publicado. Meyer fue el conferencista principal en 1903 en la primera convención en las líneas de Keswick en Gales, evento que afectó mucho para inspirar el avivamiento de Gales de 1904-1905. Este despertar de toda la principalidad llevó a una conversación masiva y, por medio de la publicidad ganó en todo el mundo un aprecio mundial fresco de un estilo más intenso de vida devota que no se prestaría a transigir. El nuevo movimiento pentecostal, que se desarrolló rápidamente desde Los Ángeles en 1906, apoyó el sentido de despertamiento espiritual con su enseñanza de que hablar en lenguas era la señal de que se avecinaba un inmenso avivamiento. Aunque los bautistas generalmente repudiaron "el movimiento de las lenguas", contribuyó a las altas expectativas del período. Muy a menudo, como en el movimiento Keswick, los nuevos estilos de enseñanza devota mezclados con la doctrina pre milenaria crearon una poderosa mezcla ideológica. Los muchos bautistas afectados por estas nuevas corrientes de pensamiento no estaban satisfechos con el tono mundano de las burocracias de las denominaciones ni de la postura liberal de los instructores universitarios. Formaban una audiencia preparada para escuchar un grito a las armas.

Controversias fundamentalistas

El grito a las armas llegó a través de una serie de panfletos lanzados entre 1910 y 1915 titulados *Los fundamentos*. Despachados a cada ministro en los Estados Unidos y en Bretaña, catalogaban la debilidades de la enseñanza liberal que se estaba esparciendo. El nacimiento virginal, el juicio futuro, y la objetividad de la redención, fueron algunas de las doctrinas fundamentales de la fe que estaban bajo ataque.

Aún la divinidad de Cristo se cuestionaba. Mucho del espacio en los panfletos, sin embargo, estaba dedicado a condenar la crítica bíblica. Una vez que las Escrituras eran el objeto del capricho humano, la autoridad para todas las demás doctrinas quedaba debilitada. En la ferviente atmósfera de la Primera Guerra Mundial, en la que los Estados Unidos entraron en 1917, las tensiones se quebraron entre los bautistas. Algunos de los pre milenarios, que buscaban remedios sobrenaturales para los males de su tiempo, objetaron a la participación de los Estados Unidos en la lucha mundial. Shailer Mathews y otros de la facultad de divinidades de Chicago los denunciaron por sus puntos de vista poco inteligentes y faltos de patriotismo, acusándolos de recibir oro alemán. Sus oponentes respondieron que el liberalismo de Chicago fue creado en Alemania. William Bell Riley, pastor de Primera Iglesia Bautista de Minneapolis, y campeón del dispensacionalismo, publicó *The Menace of Modernism* (1917), en el que identificaba la fuente de la crisis en que las universidades donde se enseñaba a los estudiantes se les educó a "burlarse de la Escritura".[11] Al año siguiente Augustus Strong añadió al furor al reportar que muchos de los misioneros bautistas estadounidenses en el exterior estaban abandonando muchas de las doctrinas centrales. Al final de la guerra, Riley determinó actuar. En 1919 llamó a una Conferencia Mundial sobre los Fundamentos Cristianos para lanzar una cruzada interconfesional contra la falsa enseñanza. La lucha entre el fundamentalismo y el modernismo había empezado.

Uno de los enfrentamientos constantes fue dentro de la Convención Bautista del Norte. Ya que esta institución, que reunía de las iglesias estadounidenses de costa a costa fuera del sur, había existido por menos de quince años, su trayectoria no estaba fija. Su destino parecía digno de lucha por ella. En 1919 la reunión de su convención anual ratificó apoyo por el Movimiento Mundial Intereclesiástico, una organización diseñada para coordinar las misiones domésticas y foráneas de todas las denominaciones evangélicas. Convencido que este cuerpo sin credo era una señal de los últimos días, Riley montó una exitosa campaña contra la participación bautista que ayudó a causar su caída. Los teólogos conservadores, entusiasmados por su triunfo de la campaña, se reunieron en 1920 para —según un celebrado artículo en el periódico de la denominación que acuñó el término "fundamentalistas"— planear como "hacer batalla real por los fundamentos".[12] En la reunión fundamentalista, Riley se permitió el uso de una retórica inclemente que lo distinguió. "El Sansón del modernismo," declaró, "enceguecido por los humos teológicos de Alemania, tienta los pilares del templo cristiano y con gusto rompería este último y dejaría al cristianismo totalmente en ruinas".[13] La demanda de los fundamentalistas, que insistía en un examen de las escuelas y universidades de la denominación, y seminarios, fue aceptada, pero quedaron consternados cuando en la convención de 1921, el reporte del estudio vindicaba a la mayoría de los instructores y se rehusó a considerar despedir a cualquier instructor infiel. El remedio parecía encontrarse en la adopción de una declaración de fe. De acuerdo con esto, en la convención de 1922, Riley propuso la adopción de la Confesión de New Hampshire, con su firme declaración de calvinismo moderado. Pero le ganaron en la táctica. Una contra-propuesta liberal juntó a los moderados en el corazón de la denominación para afirmar que "el Nuevo Testamento es la base totalmente suficiente para la fe y la práctica bautista".[14] De ahí en adelante, Riley se encausó, con

William Bell Riley (1861–1947)
Líder fundamentalista bautista

los que pensaban como él, en organizar una Unión Bautista Bíblica que cubriera a todos los Estados Unidos. El ataque al modernismo dentro de la Convención del Norte continuó por largo tiempo después, aunque la creación de una nueva organización fue la confesión que había fracasado el asalto fundamentalista a las normas de la denominación.

Aunque la Convención Bautista del Sur, dirigida por Mullins y su círculo, permanecía libre de embrollos similares durante el período entre las guerras, hubo una controversia paralela en la Unión Bautista en Bretaña e Irlanda. Un llamado, al comienzo de la Primera Guerra Mundial, para establecer una federación de las Iglesias Libres que abrazaran a los congregacionalistas de mente liberal tanto como a los bautistas, levantó los temores de los que eran teológicamente conservadores que ésta caería lejos de la ortodoxia. Una Unión Bautista Bíblica, la fuente del título posteriormente adoptado en los Estados Unidos, fue formada por los dispensacionalistas, que apoyaban a Keswick, los de las ligas bíblicas, herederos del avivamiento galés y admiradores de la posición de Spurgeon en contra del declive. Pusieron en sus miras a individuos quienes se suponían no ser sanos en su fe, especialmente T. R. Glover, un erudito clásico en Cambridge que fue propuesto como vice presidente de la Unión Bautista en 1923. Glover fue acusado de escribir con "humor frívolo y comentarios medio despectivos" sobre las Escrituras.[15] Glover, sin embargo, fue sonoramente elegido a la posición y los líderes de la Unión Bautista Bíblica pronto se dieron cuenta que harían muy poco impacto. Consecuentemente, la organización se tornó, en 1925, en una agencia no denominacional que rápidamente perdió su rumbo. No hubo equivalente de W. B. Riley que proveyera liderazgo energético en Bretaña, y allí las voces conservadoras moderadas restringieron el ardor de los fundamentalistas mucho más eficazmente. Aunque unas pocas iglesias salieron de la Unión Bautista por la elección de Glover, la controversia no alcanzó los titulares de su equivalente estadounidense. El fundamentalismo se demostró mucho más débil en Bretaña que en los Estados Unidos.

Los asuntos para consideración fueron grandemente los mismos en los dos lados del Atlántico, pero su balance y tratamiento fueron diferentes. La Biblia era el principal hueso de contención, con los fundamentalistas en Bretaña tanto como en los Estados Unidos que creían que deslealtad a su plena enseñanza era la fuente de otras locuras de la era. En los Estados Unidos, sin embargo, la convicción que la Biblia está totalmente libre de error hizo campaña amplia, mientras que en Bretaña pocos exponentes abogaron sobre este aspecto inerrable, estando más satisfechos con términos como "infalibilidad" o "confiabilidad", y no repudiando enteramente la aventura de la crítica bíblica. Esa moderación tendió a hacer al movimiento fundamentalista menos seguro de sí mismo en Bretaña. De nuevo, la creencia en el segundo adviento pre milenario unió la mayoría de los militantes oponentes al modernismo. El dispensacionalismo era la escatología recibida esparcida por muchas agencias tales como el Instituto Bíblico Moody en el norte de los Estados Unidos. Admira, también, que cuando la Convención Bautista del Sur adoptó su primer *Fe y Mensaje Bautistas* en 1925, modeló el documento sobre la confesión de New Hampshire pero añadió una cláusula sobre la segunda venida. Era necesario en los Estados Unidos desplegar las credenciales adventistas a fin de apaciguar a los simpatizantes fundamentalistas. En Bretaña, sin embargo, la esperanza cristiana fue formulada menos ampliamente en términos dispensacionalistas, aún entre los evangélicos conservadores. Consecuentemente, el desafío británico al liberalismo fue normalmente presentado en lenguaje menos apocalíptico. La oposición a la evolución, además, fue declarada en ambos lados del Atlántico, pero con mayor fuerza en los Estados Unidos. Darwin fue a menudo criticado y en 1926, la Convención Bautista del Sur explícitamente se resolvió contra el punto de vista que la humanidad tenía su ancestro entre los animales. En Bretaña, en contraste, la principal fuerza de la evolución darwinista fue aceptada generalmente entre los evangélicos como verdad científica, sus objeciones se reservaban para los intentos de modelar la doctrina en términos evolutivos. Así en las áreas principales de controversia —Escritura, escatología y evolución— las actitudes británicas prevalentes de los evangélicos conservadores fueron mucho más suaves.

La polarización, por lo tanto, fue más aguda en América del Norte. La Unión Bautista Bíblica pronto precipitó división en Canadá tanto como en los Estados Unidos. Dos de sus líderes prominentes, T. T. Shields de Toronto y J. Frank Norris de Texas, no pudieron permanecer en la denominación que toleraba el liberalismo. La salida de Shields de la Convención Bautista de Ontario y Quebec fue la señal para la creación de tres nuevas convenciones canadienses entre 1927 y 1933. De igual manera, la Unión Bautista Bíblica dio nacimiento en los Estados Unidos a la Asociación General de Iglesias Bautistas

Regulares (1932). W. B. Riley resistió el impulso separatista por largo tiempo, y permaneció en su convención hasta 1947, el año de su muerte. Los que pensaban como él crearon la Asociación Bautista Conservadora de los Estados Unidos en ese año. Como muchos otros pastores en el norte, Riley había funcionado efectivamente fuera de las agencias de su denominación por muchos años, formando un imperio alrededor de su Escuela de Capacitación Bíblica y Misionera. Las escuelas bíblicas, operaban aparte de los manchados seminarios denominacionales, proveyendo la columna vertebral institucional para el fundamentalismo separatista. Durante las décadas de 1930 y 1940 florecieron enviando obreros cristianos capacitados para servir a las iglesias que habían dejado sus denominaciones o para fundar causas enteramente nuevas. Los medios de comunicación y las agencias paraeclesiásticas también se unieron a la red fundamentalista. El programa radial, "La hora del antiguo avivamiento", que salía al aire los domingos en la tarde desde 1937 por Charles E. Fuller, él mismo pastor bautista, fue profundamente influyente. Así también lo fue la Juventud para Cristo, empezada por Torrey Johnson al final de la Segunda Guerra Mundial, como una vigorosa agencia evangelizadora con Billy Graham como su miembro de personal mejor conocido. Ambos eran bautistas ordenados. Mucho del dinamismo en la vida bautista se había transferido a canales interconfesionales.

La síntesis evangélica de la mitad del sigo diecinueve se rompió entre las décadas de 1870 y de 1930. El calvinismo cayó en decadencia y nuevas actitudes salidas de la revolución romántica contra el iluminismo afectaban drásticamente la religión. Una teología más suave y la crítica bíblica estuvieron en boga, algunas veces asociada con la evolución darwiniana. Spurgeon protestó contra los nuevos desarrollos teológicos en la Controversia del Declive, pero algunos bautistas, especialmente en los Estados Unidos, empezaron a abogar por posiciones doctrinales distintivamente liberales. Aunque muchos de los líderes que opinaban en las denominaciones bautistas permanecieron evangélicamente moderados, los que adoptaron el dispensacionalismo y una más alta espiritualidad empezaron a separarse de sus contemporáneos con puntos de vista más amplios. La Primera Guerra Mundial precipitó las hostilidades entre los fundamentalistas y los moderados. Le siguió una lucha por el control de la Convención Bautista del Norte, con la derrota de los fundamentalistas. En Bretaña aunque había controversia al mismo tiempo, los asuntos fueron menos agudamente tratados y el resultado fue menos serio. En Estados Unidos y Canadá, en contraste, un fundamentalismo separatista que incluía a muchos bautistas pero evitaba las agencias vino a ser una fuerza poderosa. Eso no significa que los cuerpos bautistas centrales, las convenciones del norte y del sur, cesaran de ser predominantemente evangélicas. Aunque los Bautistas del Norte continuaron incluyendo en sus filas a los que profesaban puntos de vista liberales, sus congregaciones estuvieron fuertemente apoyando a Billy Graham desde la mitad del sigo veinte; y Billy Graham mismo era un ministro Bautista del Sur, enteramente en casa en la denominación aunque normalmente trabajaba fuera de sus agencias. El grupo de en medio de los bautistas, adverso a repudiar la sana erudición pero leales al corazón del evangelio, era numeroso e influyente aún en la década de 1920. La polarización teológica de los años entre la guerra estaba lejos de ser total.

Lectura adicional

Bebbington, David W. "Baptists and Fundamentalism in Inter-war Britain." En *Protestant Evangelicalism: Britain, Ireland, Germany and America, c. 1750–c. 1950: Essays in Honour of W. R. Ward*, edited by Keith Robbins, 297–326. Studies in Church History Subsidia 7. Oxford: Blackwell, 1990.

Hopkins, Mark. *Nonconformity's Romantic Generation: Evangelical and Liberal Theologies in Victorian England*. Carlisle: Paternoster, 2004.

Hutchison, William R. *The Modernist Impulse in American Protestantism*. Cambridge, Mass.: Harvard University Press, 1976.

Marsden, George M. *Fundamentalism and American Culture: The Shaping of Twentieth-Century Evangelicalism, 1870–1925*. New York: Oxford University Press, 1980.

Trollinger, William V. *God's Empire: William Bell Riley and Midwestern Fundamentalism*. Madison: University of Wisconsin Press, 1990.

Wacker, Grant. *Augustus H. Strong and the Dilemma of Historical Consciousness*. Macon, Ga.: Mercer University Press, 1985. Repr., Waco, Tex.: Baylor University Press, 2018.

Capítulo 8

LOS BAUTISTAS Y EL EVANGELIO SOCIAL

El período entre las décadas de 1870 y de 1930 estuvieron marcados no sólo por la tendencia a la polarización teológica sino también por un deseo de lidiar con los males de la sociedad. En esta época emergió el evangelio social. Algunos de sus más decididos defensores detestaban esa etiqueta porque declaraban que lo que se denominaba "evangelio social" en realidad era el verdadero evangelio, el mensaje de Cristo para la sociedad en general y no solamente para cierta gente en particular. Los individuos pueden necesitar ser salvados de sus pecados, y así mismo, lo declaraban, lo necesitaba toda la comunidad. Los estándares cristianos se tienen que proclamar y si es posible imponer —en el hogar, en los negocios y en la vida pública. El orden social existente se tiene que cambiar en una aproximación del reino de Dios. "No es un asunto de conseguir individuos para el cielo", declaró el líder bautista del evangelio social, Walter Rauschenbusch, "sino la transformación de la vida en la tierra a la armonía del cielo".[1] Los cristianos tienen que adentrarse más en los problemas de la sociedad contemporánea. La iniciativa en esta nueva fase de la consciencia social viene no de los evangélicos sino de los anglicanos de perspectivas más amplias. En Inglaterra en los años alrededor de 1850 un grupo de los así llamados cristianos socialistas —J. M. Ludlow, F. D. Maurice, y Charles

Walter Rauschenbusch (1861–1918)
Defensor bautista del evangelio social

Kingsley— abogaban por un mayor interés por el bienestar de la gente trabajadora, que tomaban clases nocturnas para su educación. Más tarde en el siglo, parcialmente inspirados por sus predecesores, otros anglicanos tomaron la causa en ambos lados del Atlántico. La Asociación de la Iglesia para el Avance de los Intereses Laborales se estableció en la ciudad de Nueva York en 1887, y posteriormente se esparció sobre gran parte de los Estados Unidos; dos años más tarde se formó la Unión Social Cristiana dentro de la Iglesia de Inglaterra y llegó a ser un grupo muy influyente de los que buscaban aplicar los principios cristianos a las prácticas socio-económicas. Los evangélicos raramente se asociaban con esas dos instituciones, pero alrededor de ese mismo tiempo algunos de ellos empezaron a favorecer causas similares. Entre ellos hubo un número de bautistas.

La explicación para este desarrollo es parcialmente que éste era una respuesta a las circunstancias contemporáneas. Las economías de Bretaña y Estados Unidos habían avanzado con determinación durante el siglo diecinueve. Bretaña, la primera sociedad industrial, había generado riqueza para las familias de los dueños de las primeras fábricas, pero estaba mal distribuida y muchos empleados sufrían salarios bajos y pobres condiciones de trabajo. Aunque el promedio de las entradas reales de las familias trabajadoras crecía en la última parte del siglo diecinueve, aún había muchos de la gente trabajadora cuyas vidas eran precarias. Los trabajadores del puerto del lado oriental de Londres eran empleados sólo en base diaria; los mineros en los distritos de las minas de carbón vivían en terror de los desastres en el subsuelo. Era sintomático que, en 1894, un industrialista de textiles bautista próspero en el norte de la ciudad de Bradford, Alfred Illingworth, provocó a que sus trabajadoras del taller entraran en huelga al demandarles trabajo extra sin pago adicional. El estado de las ciudades, aunque mejorado desde la mitad del siglo, a menudo no era sanitario y la vivienda demasiado densa, donde varias familias vivían juntas en cuartos pequeños. La industrialización y la urbanización ejercieron aun un efecto más drástico en partes de Estados Unidos porque los procesos sucedieron posteriormente y en un período de tiempo más corto. En 1865, el 80 por ciento de los estadounidenses todavía vivía en áreas rurales con menos de 2.500 habitantes; para 1920, más de la mitad vivían en pueblos y en ciudades. El rápido crecimiento de la economía en los años después de la Guerra Civil generó enormes fortunas para los súper ricos, pero muchos de sus empleados eran explotados. Una serie de huelgas mayores contra el corte de salarios en 1877, 1886 y 1894 revelaron las agudas tensiones industriales subyacentes al avance de la prosperidad. Los problemas se acentuaron en Estados Unidos por el flujo de emigrantes que deseaban compartir en el sueño estadounidense, pero que descubrieron que el empleo era una pesadilla. En las iglesias, algunos de los más francos empezaron a denunciar la situación que reinaba como una mancha en la civilización cristiana. En 1894. W. T. Stead, un periodista congregacional inglés, escribió el sensacional *If Christ Came to Chicago!*, que expuso la explotación y la corrupción de la ciudad y llamaba a la acción a los miembros de las iglesias. El desafío urbano/industrial de la era provocó a algunos a aceptar el cristianismo social.

La respuesta de las iglesias, sin embargo, estuvo condicionada por sus actitudes anteriores. La mente pública —como la teología— del mundo de habla inglesa alrededor de la mitad del siglo diecinueve se había formado por una mezcla de religión evangélica y el legado de la iluminación. La economía política que había sido diseñada por Adam Smith y sus contemporáneos tenía la aprobación cristiana. Francis Wayland, presidente de la universidad Brown y el líder intelectual bautista de ese tiempo, publicó *Elements of Political Economy* (1837), un libro de texto ampliamente usado que incorporaba una mezcla de sabiduría comercial con verdad religiosa. Los principios de oferta y demanda se veían como parte de la estructura del mundo ordenada divinamente. Los salarios no se podían mantener a niveles altos cuando había una caída en la demanda de los productos. En cambio, el trabajo duro sería recompensado con éxito por el Todopoderoso. Tales convicciones fueron persistentes. Russell H. Conwell, pastor del Baptist Temple, en Philadelphia, desde 1882, dio una conferencia enormemente popular en más de 6.000 ocasiones llamada *Acres of Diamonds*, que repetía la historia de un hombre que infructuosamente buscaba diamantes mientras que una mina de joyas permanecía oculto en su propio patio. Las oportunidades estaban allí si se aprovechan. "Digo", declaró él, "que usted se debe hacer rico, y que es su deber hacerse rico".[2] La conferencia era intransigente en recomendar la auto-ayuda como el remedio para todos los males. Este juego prevalente de actitudes desanimaba cualquier esfuerzo de propuestas para remediar las deficiencias de la economía industrial. Tales puntos de vista fortalecieron una vez más la filosofía prevalente de *laissez-faire*, la creencia que el estado debe de hacer tan poco como sea posible a fin de permitir que la gente participe en actividad vigorosamente empresarial. El nuevo periódico británico bautista *The Freeman*, anunció al final de 1854, que sería "el fuerte defensor de medidas progresivas, aunque buscaría remedios sociales, no tanto en alguna interferencia externa, sino en el desarrollo gradual de las capacidades intelectuales, morales, e industriales del pueblo".[3] Esta postura ideológica significaba que las iglesias eran cautelosas en cuanto a tomar alguna medida para mejorar la suerte de la víctimas del cambio económico.

Antecedentes del evangelio social

Al mismo tiempo, otro rasgo de la mezcla del pensamiento evangélico con el del iluminismo animaba las esperanzas que el futuro fuera mejor para todos. La mayoría de los evangélicos del siglo diecinueve profesaba el pos milenarismo, la creencia que las condiciones mejorarían como resultado de la predicación del evangelio para que así la segunda venida no tuviera lugar hasta cuando el mundo estuviera dispuesto para recibir a su rey. La tierra, según este pensar, estaba en paulatino movimiento hacia el milenio, los mil años predichos en el libro de Apocalipsis, cuando satanás sea atado para que la verdad y la justicia puedan florecer. La idea se mezclaba rápidamente con la idea victoriana del progreso, un fruto mayor del iluminismo. La esperanza del siglo dieciocho que la humanidad ejercería mayor control sobre el medio ambiente parecía estar encontrando cumplimiento. Con los ferrocarriles, los barcos de vapor y el telégrafo eléctrico se abolían las distancias, el progreso parecía ser una realidad. Estas innovaciones se consideraron como indicadores de la gloria milenaria. En 1854 el *General Baptist Magazine* inglés era optimista en cuanto a las posibilidades del mundo con la aproximación del milenio. El evangelio triunfaría, la guerra cesaría, y el hambre no existiría más. El crimen, la borrachera, la lascivia, la esclavitud, la opresión, el escándalo, la palabra insolente, las falsas enseñanzas, los ídolos, el papado y el paganismo todos serían quitados. También terminaría "el peso opresivo de impuestos que aplasta a las naciones".[4] El autor del artículo esperaba que este formidable conjunto de cambios se podría lograr para el 2016. El milenio puede tener lugar sólo en el buen tiempo de Dios, pero los cristianos deben tratar de crear ese feliz estado de cosas. El éxito del evangelio, de acuerdo con el *Baptist Watchman* estadounidense en 1857, "contempla la organización y supremacía de la bondad en la sociedad humana —el hacer la voluntad de Dios en la tierra— la venida de su Reino hasta nosotros, tanto como nuestro ir a éste . . . . Es nuestro, no sólo para prepararnos nosotros mismos y a otros para un mundo mejor, sino también para luchar por hacer este mundo mejor".[5] Esta confianza en el futuro de la tierra, junto con los llamados asociados para prepararse para tal futuro, era un precursor de lo que los líderes del evangelio social dirían en las posteriores generaciones. La enseñanza pos milenaria llevó a los bautistas y a sus compañeros evangélicos hacia un mayor compromiso social.

Hubo, en cualquier caso, una tradición profundamente establecida de filantropía entre las iglesias. Aun cuando la economía política inhibía a los evangélicos para urgir cambios sociales, creían en combinar la obra de benevolencia con la predicación del evangelio. Las iglesias bautistas tenían la costumbre de levantar ofrendas en la celebración de la Cena del Señor para ayudar a los necesitados de sus congregaciones. El rico dentro de sus filas a menudo fue generoso con sus recursos. Así Sir John Barran, un industrial de Leeds de ropa hecha, proveía un número de servicios para sus empleados y sus familias. Un gran número de sociedades voluntarias interconfesionales surgió en los primeros años del siglo diecinueve para suplir la necesidades de los pobres, los débiles y los enfermos. Cobijas gratis, sopa en comedores, y escuelas rústicas para los niños necesitados de las ciudades estuvieron entre los beneficios provistos. Hubo un interés particular en el bienestar de los jóvenes. En Londres, por ejemplo, el ministro bautista George M'Cree estableció el Refugio Nacional para los Sin Hogar y Niños Desamparados. En la misma ciudad, Charles Haddon Spurgeon fundó un orfanato en conexión con su Tabernáculo Metropolitano. Sería totalmente falso suponer que, como había la creencia común en la auto-ayuda, que no habría interés por ayudar a los que se encontraban en apuros. El evangelista estadounidense D. L. Moody, cuyas campañas evangelizadoras eran apoyadas por los bautistas, fue también un defensor de los esfuerzos compasivos a favor de los menos afortunados. En Inglaterra, F. B. Meyer, un ministro bautista prominente y uno de los primeros que apoyaron a D. L. Moody en su primera campaña evangelizadora en el país, publicó un libro titulado *The Bells of Is: Or Voices of Human Need and Sorrow* (1894) para publicar sus esfuerzos en Leicester por ayudar a los que salían de la prisión. Se les esperaba en la puerta de la prisión, se les ayudaba con comida y cama, y se les proveía con un oficio vendiendo madera o limpiando ventanas. Meyer, aunque permaneció resueltamente en la teología conservadora, pronto vino a ser un defensor inglés del evangelio social. Esta era una fácil transición, como lo ilustra Meyer, ir de medidas de apoyo práctico de ayuda, a favorecer un más amplio programa social cristiano.

La práctica evangélica tradicional de llamados a reformas morales tuvieron un efecto similar. Las invitaciones al arrepentimiento estuvieron asociados con campañas para la "reforma de modales" en la sociedad en general. Las vidas cambiadas requerían cambios de conducta. En particular, el movimiento de temperancia empujó a los bautistas hacia la urgencia de remedios específicos para los males del día. La borrachera se experimentaba ampliamente, produciendo violencia, la licencia sexual y la incapacidad para trabajar, así que renunciar a la bebida fuerte parecía la solución a muchos problemas. En la década de 1820 se lanzó una campaña en los Estados Unidos para urgir el abandono de las bebidas alcohólicas destiladas, la causa más seria de intoxicación. El movimiento se esparció a otras partes del mundo de habla inglesa y se amplió para incluir la abstinencia voluntaria de todas la bebidas alcohólicas. Algunos bautistas fueron cautelosos inicialmente pensando que el mensaje de temperancia podría convertirse en una alternativa al evangelio. Otros bautistas, sin embargo, se unieron con entusiasmo. Jabez Tunnicliff, por ejemplo, un ministro Bautista General, fue el fundador de una "banda de esperanza", movimiento que procuraba educar a los niños sobre el riesgo que se corría al consumir alcohol. Las iglesias gradualmente llegaron a estar más íntimamente identificadas con la temperancia en los últimos años del siglo diecinueve. Aunque la Asociación Bautista de Londres retuvo el vino en sus reuniones hasta 1880, la Asociación Bautista para la abstinencia total ya se había fundado en Inglaterra en 1874. Vino a ser cada vez más raro encontrar un pastor que tomara. Las iglesias, especialmente las de las denominaciones metodista y bautista, llegaron a ser los que ardientemente demandaban la legislación que prohibiera la venta y manufactura de alcohol. La prohibición se adoptó en el estado de Maine tan temprano como 1851 y esto fue imitado en estados y condados en otras partes en los Estados Unidos. Este desarrollo fue crucial para la actitud bautista sobre la política social. La antigua filosofía de *laissez faire* como consecuencia disminuía la acción por las autoridades públicas, pero el llamado a terminar con el alcohol abrió la puerta para ver el más amplio papel para que la ley promoviera la justicia. Así Samuel Z. Batten, quizá el principal activista del evangelio social entre los Bautistas del Norte, llegó a la convicción que el estado podía cumplir un papel mayor en la cristianización de la nación al participar en el movimiento de temperancia. La lucha contra el alcohol fue un factor principal en el surgimiento del cristianismo social.

    Otra preocupación moral que alimentó el evangelio social era el asunto de la ética sexual. Los evangélicos en los años medios del siglo invirtieron tiempo tratando de rescatar a las prostitutas. En Londres, por ejemplo, George M'Cree se unió para organizar reuniones de medianoche para mujeres que estuvieran dispuestas a venir de la calle para escuchar el evangelio. Cuando en la década de 1860, el gobierno introdujo legislación para forzar la inspección de salud de las prostitutas que trabajaban alrededor de las bases militares y navales, se lanzó una campaña evangélica para revocar estas Leyes sobre las Enfermedades Contagiosas. La legislación parecía apoyar la explotación sexual de las mujeres. La figura principal para presionar la abolición de esa ley, Josephine Butler, era la esposa de un clérigo anglicano, y fue un primo de ella, C. M. Birrell, un ministro bautista de Liverpool, quien fue el responsable en 1871 de llevar una resolución a la Unión Bautista condenando tales leyes. Un esfuerzo sostenido por los siguientes catorce años eventualmente llevaron a la abolición de las Leyes sobre las Enfermedades Contagiosas y también a un creciente interés en todas las iglesias evangélicas en cuestiones de moralidad sexual. Así cuando, en 1885, el periodista W. T. Stead mostró lo fácil que era encontrar una jovencita para propósitos inmorales, hubo una propuesta que llevó a la elevación de la edad de consentimiento a las relaciones sexuales de los trece a los dieciséis años de edad. La misma causa fue asumida en Estados Unidos por la Unión de Mujeres Cristianas por la Temperancia que, bajo el liderazgo de la formidable metodista Frances Willard, extendió su acción a la esfera de la ética sexual. Las campañas de Willard condujeron a la elevación de la edad de consentimiento en estados sucesivos a dieciséis o hasta dieciocho años de edad. Los bautistas se sensibilizaron para tomar acción en asuntos que como eufemismo se llamaban "pureza social". F. B. Meyer, por ejemplo, estuvo activo en la promoción de esfuerzos por las agencias del gobierno local para restringir la prostitución en las áreas alrededor de las iglesia sucesivas donde él servía. El efecto, una vez más, era hacer a los bautistas mucho más dispuestos a ver la acción de las autoridades públicas como una herramienta potencial para mejorar los estándares morales de la comunidad. Esa convicción estaba cerca del corazón de la postura del evangelio social.

Un cambio más amplio en el clima intelectual apuntaba en esa misma dirección. Los principios de la economía política —la disciplina que proveía la justificación para limitar al mínimo el poder del estado— llegaron a cuestionarse al final del siglo diecinueve. Se sintió cada día más que sus axiomas no eran eternos, sino que tenían que adaptarse a las circunstancias de cada era sucesiva. En Inglaterra el eminente congregacionalistas R. W. Dale llegó a la conclusión que los evangélicos inconformistas habían restringido indebidamente las responsabilidades de los cuerpos públicos. El estado, sostenía él, tenía un lugar específico en los propósitos divinos. Los líderes entre los bautistas, quienes altamente respetaban a Dale, empezaron a ponderar si había un papel más amplio para el gobierno. Para la década de 1870 en la ciudad de Birmingham, donde Dale proclamó un "evangelio civil", las autoridades estaban mejorando la vida urbana al tomar los servicios tales como suplir el gas en las manos de la comunidad. Este "socialismo municipal" parecía una señal de lo que se podría hacer para remediar los problemas de la ciudad victoriana. En Estados Unidos otro aborde al socialismo fue promovido por Henry George en su *Progreso y pobreza* (1880). George argüía que los problemas económicos eran el resultado de la propiedad privada de la tierra. Su panacea era hacer la tierra una propiedad pública. Los puntos de vista de George primero inclinaron la mente del líder bautista del evangelio social Walter Rauschenbusch a los problemas de la sociedad, y George también creó una revuelta cuando realizó un tour en Bretaña en 1884-1885 y a Australia en 1890. Adicionalmente, los puntos de vista del más famoso socialista de todos, Karl Marx, se estaban publicando para la década de 1880. Él había usado la frase "evangelio social" en *El manifiesto comunista* (1848) y ofrecía un análisis económico más profundo que el de Henry George. El marxismo era poco atractivo a los cristianos por su rechazo abierto a la religión, y con todo parecía proveer ideas perceptivas sobre los asuntos de labor y capital. Así Rauschenbusch, quien absorbió a Marx, fue capaz de elogiar al alemán aunque descartó las creencias marxistas del determinismo económico. Para todos, excepto los partidarios más radicales del evangelio social, el mensaje cristiano social era un medio de contrarrestar la influencia potencial del marxismo en las clases obreras. Sin embargo, el socialismo estaba en el aire desde la década de 1880, y como resultado muchos de los que abogaban por un nuevo tratamiento a los problemas de la era, incluyendo Rauschenbusch, estuvieron dispuestos a llamarse a sí mismos socialistas.

Una influencia más sobre el emergente evangelio social era la teología alemana. Justamente como Alemania generó los desarrollos en la crítica bíblica que desafiaba las interpretaciones recibidas de la Escritura en la parte final del siglo diecinueve, así también produjo las ideas que llegaron a ser las ideas centrales al evangelio social. Albrecht Ritschl de Göttingen, que murió en 1889, había enseñado que el mensaje temprano del cristianismo fue el reino de Dios. Jesús lo había predicado y la iglesia naciente lo había sostenido. El discípulo de Ritschl, Adolf Harnack, historiador de la iglesia en Berlín, contendía que la simplicidad de este mensaje se había corrompido por la helenización de la enseñanza cristiana y la consecuente aparición de un complicado dogma. Lo que se necesitaba era un regreso radical a la proclamación de los principios del reino, la paternidad de Dios y la hermandad de los hombres. Estas ideas influyeron particularmente en Rauschenbusch, pastor de la iglesia bautista de habla alemana en Nueva York. En 1891 pasó nueve meses en un viaje a Alemania, absorbiendo a Ritschl y escuchando a Harnack. La noción de grano de lo que el evangelio había sido originalmente que se enfocaba en crear una comunidad terrenal justa vino a ser la marca distintiva en el pensamiento de Rauschenbusch. La comunidad era el reino de Dios. "Esta doctrina", escribió él, "es en sí misma el evangelio social".[6] En 1892 Rauschenbusch era uno de un círculo de ministros bautistas que formaron la Hermandad del Reino para discutir asuntos alrededor de la aplicación de la religión a los asuntos sociales contemporáneos. La enseñanza original de Jesús, ellos suponían, era el remedio para las tensas relaciones en la industria y la inmensa necesidad de los pobres en las ciudades en crecimiento. "El Espíritu de Dios," de acuerdo a las metas de la hermandad, "es mover a los hombres de nuestra generación hacia un mejor entendimiento de la idea del reino de Dios sobre la tierra".[7] La misma enseñanza sobre el reino —en vez de la iglesia— como el interés central de Jesús llegó a ser vigente en Bretaña alrededor del mismo tiempo. Aquí se presentaba una innovación teológica alemana que proveía un estímulo intelectual para el cristianismo social.

El contenido del evangelio social

El movimiento del evangelio social que resultó de estos varios factores a menudo se ha visto como una expresión de la teología liberal. La creencia que el reino de Dios, algo mucho más amplio que la iglesia, tenía que edificarse en la tierra era en si un rompimiento con las antiguas ortodoxias. La expectativa que el reino avanzaría progresivamente estuvo a menudo asociada con la idea del progreso evolutivo común entre los liberales de la era. Y muchos defensores del evangelio social fueron influidos por el personalismo de Rudolf Herman Lotze, un colega de Ritschl en Göttingen quien sostenía que el desarrollo personal ético era la meta de la religión, de manera que cada individuo es engrandecido o empequeñecido por las acciones de otros. Shailer Mathews de la Facultad de Divinidades de Chicago, uno de los más prominentes teólogos bautistas liberales, fue convencido por este cuerpo de pensamiento, y arguyó en su libro *The Social Gospel* (1910) que la iglesia "enfatizará personalidad" y así enseñará fraternidad entre los empleadores y los trabajadores y promoverá el bienestar personal de los obreros.[8] Ciertamente hubo cierta correlación entre el liberalismo teológico y el evangelio social. Dos tercios de los líderes del liberalismo teológico de todas las denominaciones entre 1875 y 1915 tuvieron alguna parte en el movimiento del evangelio social. Los más avanzados de los bautistas ingleses del evangelio social, Charles Aked, ministro de la Capilla Pembroke, Liverpool, también era un teólogo radical que juzgaba que el calvinismo no era nada mejor que "el veneno de la víbora de cascabel y el inmenso deseo de sangre del tigre".[9] Sin embargo, Aked fue excepcional entre los bautistas que apoyaban el cristianismo social al romper sus contactos con el *ethos* evangélico de la denominación. Aún Mathews, cuya preponderante lealtad a la teología liberal no se pone en tela de duda, mostró señales de sus raíces evangélicas. Si se va a reconstruir la sociedad sobre bases cristianas, argüía él, sus habitantes tienen que ser cristianos auténticos. "Se necesita una madera sana para construir un barco", escribió él, "y toma almas regeneradas para hacer una sociedad regenerada".[10] De nuevo la tarea de la iglesia no era nada más traer el reino: "la primera obligación de la iglesia es llevar a los hombres del pecado hacia Dios".[11] Mathews, como bautista, no se quitó totalmente todo su ropaje evangélico.

Lo mismo es mucho más marcadamente cierto de Walter Rauschenbusch, quien no sólo era el más eminente exponente bautista del evangelio social sino también, en el juicio de la mayoría de los comentaristas, el vocero principal del movimiento de cualquier denominación. Su obra clásica, *Christianity and the Social Crisis* (1907), vendió como 50.000 copias entre su publicación y 1910. Es verdad que Rauschenbusch fue atraído a una teología más amplia que la que era normal entre los bautistas. Mientras que era estudiante en el Seminario Teológico Rochester en Nueva York, mucho antes de conocer a Ritschl, Rauschenbusch fue censurado por el presidente, Augustus H,

Strong, por adoptar, bajo la influencia de Horace Bushnell, una teoría de la influencia moral de la redención en vez de mantener el estándar evangélico del punto de vista sustituidor. Al final de la carrera de Rauschenbusch, Strong todavía protestaba que el joven era débil en la doctrina de la cruz. "Su teología", le dijo Strong, "es de amor, pero no de justicia como la de Pablo".[12] Pero, entre tanto, Strong había empleado a Rauschenbusch como miembro de la facultad en el seminario en Rochester y lo había defendido de sus críticos. El teólogo más joven estuvo suficientemente en tono con el temperamento evangélico de la denominación para retener amplia confianza. Elogió la conferencia que tuvo en Northfield el evangelista D. L. Moody; tradujo los cantos sagrados del socio de Moody, Ira D. Sankey, al alemán; arregló para que conferenciantes visitantes dieran testimonio en sus clases del seminario; y publicó *Prayers of the Social Awakening* (1910), con la esperanza de asegurarse que lidiar con los problemas contemporáneos no se separara de la espiritualidad. En un artículo sobre la nueva evangelización en 1904, Rauschenbusch contendía que los métodos frescos de esparcir el evangelio no deben de alejarnos de los antiguos. En vez, la nueva evangelización "tendrá que retener todo lo que era verdadero y bueno de la síntesis anterior".[13] Rauschenbusch vio sus enseñanzas como expandiendo la tradición no debilitándola. Su versión del evangelio social, aunque moldeada por el liberalismo alemán, todavía retenía muchas de las características de la religión evangélica.

Aplicación y oposición

Hubo una gran variedad de puntos de vista dentro del movimiento del evangelio social sobre el grado de cambio requerido en el orden presente. Rauschenbusch creía en el "socialismo práctico," pero declinó unirse al Partido Socialista que se proponía transferir el control de la industria al pueblo. Su socialismo era una forma de idealismo, una celebración del valor de la comunidad. Muchos, sin embargo, deseaban evadir el socialismo en su totalidad. Mathews descartó *Christianity and the Social Crisis* de Rauschenbusch como "favorable al socialismo," prefiriendo el patrón capitalista existente. La iglesia, Mathews sostenía, "no favorecerá ni al obrero ni al patrón como tal".[14] Los comerciantes que se identificaban con el cristianismos social naturalmente estaban de acuerdo en este tipo de enseñanza moderada. El magnate bautista John D. Rockefeller, que había acumulado una fortuna de alrededor de 900 millones para 1913, veía su responsabilidad cristiana principalmente como la cuidadosa distribución de donaciones para el bien del prójimo. El uso de sus generosos regalos contribuyó grandemente, por ejemplo, a la eliminación del helminto en el sur de los Estados Unidos. De igual manera el productor de papel inglés Edward Robinson, señor alcalde de Bristol en 1908, inició un generoso fondo de pensión para sus empleados y eventualmente instituyó un esquema de compartir la ganancia. Los esfuerzos de tales hombres fueron afectados por el impulso del evangelio social, pero no tenían el deseo de alterar la existente estructura de la sociedad. En la parte sur de los Estados Unidos, donde el movimiento hizo mayor impacto de lo que una vez se suponía, esta forma conservadora de enseñanza prevaleció. Así J. M. Dawson, pastor de la Primera Iglesia Bautista de Waco, Texas, desde 1915, había predicado en el año anterior sobre asuntos sociales, pero había tenido cuidado de no apoyar las uniones laborales o de criticar el capital. El mensaje de los que se identificaban con el cristianismo social se podía mantener lejos del socialismo.

Hubo algunos, sin embargo, que fueron mucho más lejos que Rauschenbusch al abogar por cambios drásticos. Richard Heath, un bautista inglés, escribió una crítica radical de las iglesias, *The Captive City of God* (1904), instando a que, en el espíritu de los anabautistas, debieran estar activos en la causa del socialismo democrático. Charles Aked, el ministro de Liverpool, se unió con los fabianos, un grupo socialista dedicado a persuadir a los políticos para adoptar medidas colectivistas para el bienestar de los débiles. Tan elocuente fueron sus exhortaciones que, en 1906, fue invitado al púlpito de la Iglesia Bautista de la Quinta Avenida de Nueva York —irónicamente la congregación donde Rockefeller era miembro antes de cambiarse a una iglesia congregacional en San Francisco. Otro fabiano fue John Clifford, el ministro bautista más distinguido de su generación en Inglaterra. En 1889 Clifford instó a la Unión Bautista a dedicarse al "evangelio social," mucho antes que la frase estuviera en uso regular. En la década de 1890 él actuó como presidente de la Liga Socialista Cristiana, un cuerpo que pedía una drástica reconstrucción social. "Este país", de acuerdo con Clifford en 1893, "no puede con certeza hacerse llamar cristiano entre tanto que la gente en sus arreglos colectivos prácticamente niegan la paternidad de Dios y la hermandad de los hombres".[15] Para 1898 él abogaba por una versión total del socialismo. "Solamente", decía, "cuando la gente tenga el control de los instrumentos necesarios de producción en las grandes industrias la voluntad formal se traducirá en libertad substancial".[16] Clifford se elevó a la prominencia en la política nacional, liderando las denuncias de la Guerra Boer como una aventura imperialista entre 1899 y 1902, y dirigiendo las protestas contra la Ley de Educación de 1902 que concedía dineros públicos a las escuelas anglicanas y católico-romanas. Aunque Clifford permaneció leal al partido liberal hasta después de la Primera Guerra Mundial, hizo mucho para que el socialismo fuera una opción práctica para los incorformistas y así ayudar a la formación del Partido Laboral. La forma radical del evangelio social entre los bautistas tuvo repercusiones mayores en Bretaña.

De igual manera en Estados Unidos el evangelio social hizo un impacto político. Era parte y fracción del movimiento progresivo que, en los primeros años del siglo veinte, sentó el ritmo en la política estadounidense. Aunque hubo muchas influencias seculares en el movimiento progresivo, tales como la aplicación de principios de la eficiencia de los negocios para el gobierno, las iglesias tuvieron un papel principal en movilizar las demandas a favor de una mayor preocupación por las víctimas del cambio económico. Los teólogos del evangelio social en los Estados Unidos fueron raramente activos en la vida pública a la manera de Clifford en Bretaña. Los logros de La Hermandad del Reino, por ejemplo, se restringieron a tales asuntos menores como la introducción de pilas de arena para que los niños jugaran en los parques de Nueva York. Con todo, los ideales del cristianismo social generaron mucha de la fuerza para las reformas cívicas de entonces, y los estándares de pureza en los alimentos y el agua. Las demandas para un cambio constitucional —medidas tales como referendos, las elecciones primarias directas y el voto femenino— brotaron del deseo de asegurar que el pueblo controlara a los políticos con el fin de procurar la integridad en la vida pública. Los bautistas pueden ser el objeto tanto como los agentes de las críticas progresivas: una de las campañas más salientes de los tiempos, la oposición a los fiduciarios inmensos que dominaban ciertos sectores de la economía, por un largo tiempo estuvieron enfocados primariamente contra el Standard Oil de Rockefeller. Sin embargo, los bautistas solían estar en el carruaje de las causas progresivas. Estuvieron en el corazón de la cruzada para la prohibición de licor que culminó en el paso de la Decimoctava Enmienda de la Constitución de los Estados Unidos en 1919. Samuel Z. Batten, por ejemplo, mantuvo su principal compromiso con la causa de temperancia cuando llegó a ser el secretario de la educación social de la Sociedad de Publicaciones de los Bautistas del Norte en 1912, abogando ardientemente por la prohibición. En Canadá, de igual manera, los bautistas apoyaron el impulso progresivo. A. L. McCrimmon, rector de la Universidad McMaster, entonces una institución bautista en Toronto, fue uno de los líderes que, al principio de la Primera Guerra Mundial, promovió la reforma social al establecer un vínculo entre el Concilio de Servicio Social, que representaba a las iglesias, y el gobierno federal. Hubo substanciales consecuencias políticas del evangelio social.

No es sorprendente que un desarrollo con drásticas implicaciones potenciales para la teología, la sociedad y la política haya de encarar fuerte oposición. Antes de iniciar el siglo veinte, mientras que el cristianismo social era difuso y relativamente marginal, las expresiones de incomodidad eran débiles. Los evangélicos conservadores, sacando de su extensa tradición de participación en el ámbito social, estuvieron de acuerdo con los esfuerzos de mejorar la condición de los pobres. En 1900, sin embargo, en Inglaterra, William Cuff, uno de los capacitados por Spurgeon, declaró que no tenía fe en el evangelio social porque la salvación era el mensaje de la iglesia. Otros empezaron a expresar temores similares que los nuevos intereses expulsaban lo antiguos. Victor Masters, secretario de la Junta de Misiones Domésticas de los Bautistas del Sur, en 1915 dio voz a las preocupaciones de muchos en el sur indicando que el servicio social no se debe igualar con la redención. Los hombres de negocios se alarmaron por el alineamiento de los defensores del evangelio social con los trabajadores contra los que los empleaban añadiendo sus voces al coro que desaprobaba. El presidente de la junta directiva del seminario en Rochester, un comerciante de Cincinnati, pidió, sin éxito, el despido de Rauschencusch después de la publicación de su *Christianity and the Social Crisis*. Las críticas más fuertes vinieron de los dispensacionalistas, que reconocieron una aguda división teológica entre los defensores del evangelio social y ellos. El reino de Dios, de acuerdo con el evangelio social, con sus raíces en el pos milenarismo, emergería gradualmente sobre la tierra; pero, de acuerdo a los dispensacionalistas, no llegará sino hasta después del dramático retorno del Salvador. Rauschenbusch hizo referencia a "los vagabundeos sobre la segunda venida"[17] profesados por sus críticos; por su parte, dichos críticos empezaron a denunciar incansablemente la escatología optimista de los que apoyaban el evangelio social. En 1911 Isaac Haldeman, pastor de la Primera Iglesia Bautista de Nueva York, calificó al *Christianity and the Social Crisis*, como "una pizca de lectura peligrosa" porque rechazaba "las plenas afirmaciones apocalípticas y las promesas catastróficas en relación con el reino".[18] Desde la década de 1920 en adelante vino a ser normal en los círculos fundamentalistas condenar todo el programa del evangelio social, teoría y práctica, como un repudio al mensaje de la Escritura. Similarmente, en la década de 1930 los teólogos neo-ortodoxos quienes buscaban inspiración en Reinhold Niebuhr juzgaron la empresa de Rauschenbusch y sus contemporáneos como habiendo descuidado los temas de la Biblia centrados en Dios a favor de los ideales de la filantropía centrada en el hombre. Para ambas escuelas de pensamiento el evangelio social parecía salirse del verdadero evangelio.

A pesar de todo, para muchos bautistas, el ímpetu del cristianismo social no fue una distracción de la fe evangélica. Un gran número de los que tomaron la labor social al inicio del siglo veinte lo hicieron sin ninguna reconstrucción teológica. Las necesidades de la era simplemente requerían medidas más elaboradas para cumplir el mandato de amar al prójimo como a uno mismo. F. B. Meyer pudo combinar la teología pre milenaria evangélica conservadora con la continua insistencia en la obligación de que las iglesias participen en la obra social. El surgimiento, en todo el mundo de habla inglesa, de una serie de iglesias institucionales, congregaciones que asumieron los dolores de proveer facilidades para ayudar a la gente trabajadora alrededor de las mismas con tales servicios como salones de lectura, juegos de sala y al aire, entretenimiento vespertino y aún para intercambios de empleo. Para 1906 había más de cien de tales iglesias institucionales en la ciudad de Nueva York solamente. Muchas de ellas, allí y en otras partes, eran bautistas. Así John Milton Waldron, pastor bautista negro, inició la Iglesia Institucional Bethel en Jacksonville, Florida, en 1901, completa con guardería infantil, escuela de cocina y escuela nocturna. En el período después de la guerra, las condiciones económicas empeoraron en muchas partes del mundo. Al tiempo de la gran depresión de la década de 1930, era difícil para las iglesias hacer a un lado las pujantes demandas de los tiempos. En Inglaterra, H. Ingli James, ministro de la Iglesia Bautista Queen's Road, en Coventry, por ejemplo, al predicar a un gran número de familias galesas que había emigrado a la ciudad a causa del declive de las minas de carbón en su tierra natal, proclamó que la justicia social era inherente en el evangelio. Mientras tanto, en Gales, algunas capillas bautistas en las afligidas áreas industriales abrieron comedores de beneficencia para los desempleados. En esa década, el evangelio social podía haber pasado de moda en muchos círculos teológicos, pero en el campo de labor, el imperativo cristiano de la caridad aún movía a los bautistas a hablar y a actuar en ese espíritu.

El desarrollo del cristianismo social al final del siglo diecinueve y principios del siglo veinte fue parcialmente una respuesta a alteradas circunstancias. Las grandes ciudades y crecientes industrias de la era crearon una racha de problemas sociales que parecían llamar a las iglesias a involucrarse. Aunque al principio los bautistas estaban inhibidos por las presuposiciones de la economía política, posteriormente despertaron a una participación más sistemática en los problemas sociales por un número de facetas de su vida corporal. Su teología pos milenaria anticipaba la transformación de las condiciones terrenas a algo mejor, sus tradiciones filantrópicas les requerían ayudar al necesitado, y su creciente compromiso con la temperancia y pureza social les hacía estar más dispuestos a contemplar la interferencia pública en el orden socio-económico. Algunos en sus filas fueron convencidos por los movimientos externos de la teoría socialista, la influencia teológica alemana y las corrientes teológicas liberales más amplias de los tiempos. Los bautistas que participaron en el impulso social, sin embargo, no eran de ninguna manera formados solamente por la teología liberal, y muchos eran resueltamente evangélicos. Aunque el efecto resultante del evangelio social afectó a los bautistas menos que a otros cuerpos, la denominación no obstante produjo dos figuras imponentes del movimiento, Walter Rauschenbusch y John Clifford. Rauschenbusch escribió varios de los textos más influyentes. Aunque muchos bautistas fueron en mucho más precavidos que Rauschenbusch, Clifford fue mucho más lejos al abogar por políticas específicamente socialistas. No hubo, por lo tanto, un frente común en los asuntos sociales entre los bautistas en este período, pero tendieron a apoyar las medidas políticas progresivas. El evangelio social encontró resistencia estridente de los que lo vieron abandonando el antiguo evangelio, y para la década de 1930 ya no era favorecido. Una disposición para satisfacer las necesidades de la gente alrededor de sus puertas, sin embargo, persistió en las iglesias bautistas aún después del desvanecimiento de su base en términos de la teología del reino. El evangelio social pudo haber pasado, pero la caridad nunca falla.

Lectura adicional

Evans, Christopher H. *The Kingdom Is Always but Coming: A Life of Walter Rauschenbusch*. Grand Rapids: Eerdmans, 2004. Reimpreso, Waco, Tex.: Baylor University Press, 2010.

Flynt, Wayne. "Dissent in Zion: Alabama Baptists and Social Issues, 1900–1914." *Journal of Southern History* 35 (1969): 523–42.

Harper, Keith. *The Quality of Mercy: Southern Baptists and Social Christianity, 1890–1920*. Tuscaloosa: University of Alabama Press, 1996.

Hopkins, Charles H. *The Rise of the Social Gospel in American Protestantism, 1865–1915*. New Haven, Conn.: Yale University Press, 1940.

Jones, Peter d'A. *The Christian Socialist Revival, 1877–1914: Religion, Class and Social Conscience in Late Victorian England*. Princeton, N.J.: Princeton University Press, 1968.

Minus, Paul M. *Walter Rauschenbusch: American Reformer*. New York: Macmillan, 1988.

Capítulo 9

EL EVANGELIO Y LA RAZA ENTRE LOS BAUTISTAS

Los bautistas llevaron el evangelio a gente de muchos trasfondos. Confiados que el mensaje de salvación era para los pecadores de cualquier matiz, aceptaron gente negra desde los primeros años de su desarrollo. Un esclavo negro llamado Jack fue bautizado en la Primera Iglesia Bautista de Newport, Rhode Island, ya para el año 1652, y una mujer libre negra llamada Peggy Arnold se unió a la Iglesia Bautista del Séptimo Día en Newport en 1719. El Gran Avivamiento ejerció una influencia significativa sobre los afroamericanos. Para 1790 en Virginia, cerca de un tercio de los bautistas eran negros. Los americanos nativos de Estados Unidos y gente indígena de otras partes fueron atraídos al compañerismo de la iglesia. A menudo las diferencias raciales se olvidaron cuando miembros de distintos orígenes apoyaban la meta común de la misión. Pero la raza era un asunto profundamente divisivo. Por gran parte de la historia de los bautistas, muchos de los miembros blancos de sus iglesias se consideraron a sí mismos como inherentemente superiores, mientras que los miembros de otros grupos raciales eran víctimas del abandono, desdén, o mucho peor. En particular, la esclavitud era obligada por los bautistas blancos en la gente negra que a menudo eran sus correligionarios. Los seres humanos eran comprados y vendidos, y tratados como piezas de propiedad como ovejas o ganado vacuno. Aún después de la abolición de la esclavitud, los bautistas en los Estados

Unidos deliberadamente les negaban los derechos civiles completos a sus compañeros ciudadanos en base a su raza. Sin embargo, existe otro lado de la historia. Los bautistas participaron en las luchas contra la trata de esclavos y la institución de la esclavitud. Posteriormente jugaron una parte principal en la campaña contra la negación de los derechos civiles. Así, a veces, algunos miembros de la denominación fueron los perpetradores de la discriminación racial, pero otros igualmente llegaron a ser los campeones para que se terminara. La participación de los bautistas en los asuntos raciales forma una parte de su historia notablemente accidentada. Aunque hubo problemas sobre las relaciones raciales en otros países, el tema era tan central para la vida de los bautistas en los Estados Unidos que este capítulo se concentra casi exclusivamente allí.

La opresión racial

Como la institución de la esclavitud no se conocía en Inglaterra, su operación estuvo confinada al Nuevo Mundo. Los esclavos negros traídos de África eran propiedad en las colonias inglesas del Caribe durante el siglo diecisiete y unos pocos se encontraron en el continente del Nuevo Mundo en el Chesapeake y en las Carolinas. Como sus números eran pequeños, presentaban poca amenaza potencial para sus dueños y algunas veces parecían estar mezclados libremente con la fuerza de trabajo blanca. Desde los primeros años del siglo dieciocho, sin embargo, se importaron esclavos en cantidades mayores. Empezaron a ser vistos como una fuente de peligro para la comunidad blanca si decidían tirar sus cadenas. Los esclavos fueron sometidos a un código draconiano de disciplina y con temible castigo por infringirlo. Generalmente, los dueños fueron reacios a la extensión del cristianismo entre ellos, temiendo que la nueva religión pudiera infundir aspiraciones a la libertad. Las formas tradicionales de adoración ancestral y la brujería persistieron mucho después de que el África había quedado atrás. Desde alrededor de 1725, sin embargo, la comunidad de esclavos empezó a tener una existencia más establecida. En vez de varones individuales llevando vidas separadas, familias enteras subsistían en servidumbre. Más niños nacían cada año dentro de la esclavitud de los que eran importados del otro lado del mar. Parece ser que los padres fueran atraídos por los ritos de paso asociados con la fe cristiana para ayudar a marcar los eventos mayores de la vida familiar tales como el nacimiento y la muerte. Al mismo tiempo había elementos de la tradicional creencia del África occidental que preparaba el camino para la enseñanza cristiana. Aunque la mayoría de las formas de la espiritualidad del bajo Sahara aceptaba la existencia de varias deidades, había una convicción recibida que detrás y sobre ellos había un solo Creador no tan diferente del Dios adorado por los cristianos. También existía una aguda consciencia de lo sobrenatural, una expectativa de la intervención divina en los eventos de la vida diaria, que exhibía afinidad con las creencias de los primeros evangélicos. Así, que cuando la vigorosa evangelización empezó desde el Gran Avivamiento, los esclavos tanto como los negros que habían alcanzado libertad de sus dueños fueron atraídos a las iglesias en crecimiento.

Los bautistas blancos miraban con recelo la institución de la esclavitud en la parte final del siglo dieciocho y primera parte del diecinueve. En 1788, por ejemplo, Isaac Backus expresó el deseo que su nación gradualmente se moviera hacia la total abolición de la esclavitud. En 1808, aún en el profundo sur de los Estados Unidos, donde era común tener esclavos, la Asociación Bautista de Mississippi resolvió que sus iglesias miembros debieran tomar acción disciplinaria contra miembros "cuyo tratamiento de los esclavos no fuera conforme a la Escritura".[1] Tenía poco sentido en cualquier parte, sin embargo, y absolutamente menos en Mississippi, que la esclavitud misma pronto llegara a su fin. El comercio de esclavos a través del Atlántico era otro asunto. Desde los últimos años de 1780, los evangélicos en Bretaña, reconocieron la inhumanidad del comercio de esclavos, campaña que llevó a su abolición y que atrajo un gran número de bautistas. Muchos renunciaron al té porque era cultivado con la labor de los esclavos. Los esfuerzos parlamentarios contra la trata coordinados por William Wilberforce culminaron en su abolición en 1807, y en el año siguiente los Estados Unidos también prohibieron el comercio de esclavos del Atlántico. Disgusto con la esclavitud misma creció en los años subsiguientes. Para la década de 1820, la opinión entre los evangélicos en Bretaña y en Estados Unidos empezaba a girar a favor de la total extinción de la institución. Muchos de los evangélicos empezaron a clasificar tener esclavos como un pecado y por lo tanto se llamaba a su inmediato fin. Aunque la Sociedad Misionera Bautista cuidadosamente instruía a sus misioneros en el Caribe para evitar discusiones sobre el tema como demasiado político, los dueños de las plantaciones consideraron la enseñanza misionera como una causa de potencial rebeldía de los esclavos. Cuando en 1831, una revuelta de los esclavos tuvo lugar en Jamaica, los dueños de los esclavos decidieron echar a los misioneros de la isla. William Knibb, un misionero bautista que en ese momento se encontraba en su hogar en Bretaña, viajó alrededor del país, instando que el asunto ahora era de si la esclavitud o el evangelio sobrevivirían en los territorios foráneos de la nación. Su exacerbada oratoria sacudió al país en la víspera de la elección general del 1832, logrando en el año siguiente que el Parlamento votara la abolición de la esclavitud en todos los dominios británicos. Los bautistas de Jamaica celebraron cuando en 1838 la institución fue completamente barrida.

En la parte sur de los Estados Unidos, sin embargo, la esclavitud persistió. Otra revuelta de esclavos tuvo lugar en Virginia, dirigida por un predicador bautista negro, Nat Turner, quien se consideró llamado por Dios para liderar su pueblo a la libertad por medio de la espada. Hubo esclavos muertos y Turner fue ejecutado, pero más de cincuenta blancos murieron y el episodio llevó todavía a una más fuerte disciplina para los esclavos. La institución de la esclavitud había llegado a ser una manera de vida y la característica de toda la cultura. Los Bautistas en el Sur resintieron y resistieron los llamados de sus hermanos del norte y de Bretaña para traer la esclavitud a su fin. Ya, en 1822, Richard Furman, pastor de la Primera Iglesia Bautista de Charleston, había compuesto una elocuente defensa de la esclavitud. "Si el tener esclavos hubiese sido un mal moral", escribió, "no se puede suponer, que los apóstoles inspirados, quienes no temían encarar a los hombres, y que estuvieron listos a poner sus vidas en la causa de su Dios, la hubieran tolerado".[2] Furman y sus compañeros bautistas en el sur creían que, como la esclavitud se veía como algo aceptable en la vida en el mundo de la Biblia, así se mantendría en el siglo diecinueve. Ellos descuidaron considerar que la esclavitud en el mundo antiguo no estaba restringida a la gente negra, así que las situaciones no eran estrictamente comparables. Sin embargo, los cristianos dueños de esclavos cada vez más vieron como su responsabilidad extender el evangelio en sus plantaciones. Los esclavos convertidos usualmente adoraban con sus dueños, aunque frecuentemente eran acomodados en una parte separada del lugar de reuniones, quizá en el balcón atrás. Sermones dirigidos a los esclavos a menudo tenían que ver con las prescripciones bíblicas de obediencia a los dueños, y los miembros negros no necesariamente tenían voto en las decisiones de la iglesia. Pero la iglesia era el lugar donde se encontraba un sentimiento de igualdad. Los afroamericanos, como sus compañeros miembros blancos, eran llamados "hermano" y "hermana", podían servir como diáconos y maestros de escuela dominical, y aún daban evidencia en casos disciplinarios contra los miembros blancos, práctica que era prohibida en las cortes seculares. El *ethos* de las iglesias Bautistas del Sur antes de la Guerra Civil hizo algo para contrabalancear la degradación del sistema social predominante.

Los americanos nativos usualmente no fueron esclavizados, pero frecuentemente fueron tratados como enemigos por los emigrantes blancos a los Estados Unidos. Guerra abierta se presentó en los siglos diecisiete y dieciocho y, posteriormente, los que conquistaban la nueva frontera a menudo estuvieron en contacto hostil con la gente que estaba siendo desplazada de sus tierras ancestrales. Entre 1830 y 1860 la política del gobierno de Estados Unidos era remover las tribus de sus tierras en los estados del este a los territorios al oeste del Mississippi. Los bautistas aprobaron este proyecto: Isaac McCoy, un misionero nombrado en 1817 por la Convención Trienal a los pueblos indígenas de Indiana y Michigan, actuó como agente para los programas de remoción. Pero McCoy fue el campeón de los derechos de los nativos americanos para ser tratados justamente y con una banda creciente de compañeros misioneros, fundó escuelas tanto como iglesias entre algunas tribus. Esto era frecuentemente una lucha muy de cuesta arriba. "La gente blanca", otro misionero se quejaba, "está constantemente oponiéndose a todo esfuerzo por instruir a los pobres e ignorantes indios. La gran objeción presentada por la mayoría de la gente en estas partes es la enemistad de las antiguas guerras en las cuales algunos de sus amigos habían sido muertos por ellos".[3] Aun cuando el objeto de tratar con los nativo americanos era para su beneficio, la actitud de los misioneros podía ser condescendiente. Esto era igualmente verdad en todo el imperio británico —Canadá, Australia, y el sur de África— cuando los colonizadores bautistas trataron de llevar el evangelio a sus vecinos nativos. Su presuposición era que los habitantes originales eran de un nivel más bajo en la civilización y por eso tenían que sacarse del salvajismo tanto como del paganismo. Había una insensibilidad hacia la cultura indígena que pocos fueron capaces de trascenderla. No obstante, por mucho tiempo en el siglo diecinueve se creyó que no había barrera inherente que previnieran a la gente nativa para elevarse al estado civilizado. Su impedimento no era su nacimiento sino falta de facilidades para avanzar. Consecuentemente, los bautistas proveyeron una línea de instituciones educativas diseñadas para enseñar las habilidades de una vida sedentaria. La escuela mixta fundada para hombres y mujeres de nativos americanos y de blancos anglos que hablaban inglés por Almon C. Bacone, misionero al territorio de Oklahoma desde 1878 y él mismo un nativo americano fue un notable ejemplo. Donde quiera que la idea prevalecía que los pueblos nativos podían progresar por medio de agencias de esta clase, los bautistas blancos no suponían que las capacidades intelectuales de otros grupos estuvieran limitadas. Sin importar los puntos de vista circunscritos, no fueron las víctimas del prejuicio racial.

El legado de la esclavitud

Las tensiones más agudas sobre la raza se desarrollaron en el sur de Estados Unidos. La victoria del norte al final de la Guerra Civil en 1865 trajo la emancipación a la población esclavizada. Los hombres libres naturalmente buscaron una emancipación comparable a su vida en la iglesia. Así los bautistas negros en Richmond, Virginia, la antigua capital confederada, tomaron varias de las iglesias en la ciudad en junio de ese año, nombrando sus propios pastores por primera vez. En la mayoría de lugares los afroamericanos empezaron congregaciones propias totalmente autónomas, adoraron en cualquier lugar posible. Inicialmente sus correligionarios blancos deploraron el éxodo, pero el persistente rechazo por reconocer a los ex-esclavos como iguales aseguró que la separación de las razas siguiera adelante. En el norte, en contraste, excepto en las grandes ciudades, el número mucho menor de afroamericanos normalmente continuaron la adoración bi racial. En el sur, sin embargo, los bautistas blancos pronto se inclinaron hacia lo inevitable, y la mayor parte de las divisiones eran armoniosas. Por ejemplo, la Iglesia Bautista Academy en Mississippi, llamó a conferencia en 1869 "con el propósito de organizar a la gente de color de la Academia en una iglesia separada por la petición unánime de ellos".[4] Temprano en la década de 1870 la salida de los afroamericanos de las iglesias del sur estaba virtualmente completa. Aun los Bautistas Primitivos, con su fuerte tendencia a retener las costumbres del pasado, se dividieron entre negros y blancos. Este punto marcó el comienzo de la duradera polarización de las iglesias bautistas de acuerdo a las líneas raciales.

Las actitudes de los blancos hacia los negros en el sur eran un compuesto de genuina compasión y patente intolerancia. Por una parte, existía un vehemente deseo de asegurarse que la población negra escuchara el evangelio auténtico. Había un bien establecido temor, como el que declaró en 1869 la Asociación Bautista Tishomingo en Tennessee, que "la gente de color, si se le dejaba sola, retornaría a la superstición".[5] Las creencias traídas de África no se habían desvanecido totalmente de la religión bautista de los negros, y había un desconcierto amplio que la instrucción inadecuada de los ministros sin entrenamiento les impedirían que florecieran. Por otra parte, existía un apego nostálgico a la esclavitud, poderosamente fortalecida por la nuevas teorías raciales asociadas con el darwinismo social. La raza blanca, se suponía, estaba destinada a dominar el mundo porque, en la competencia por recursos, estaba mejor adaptada a su medio. Los blancos sobrevivirían porque eran los más fuertes. Hubo mucha conversación acerca de "la sangre anglo-sajona pura". La combinación de ideas podía resultar en un rechazo absoluto del principio entronado en la Declaración de Independencia de los Estados Unidos que "todos los hombres son creados iguales". "Pensamos", anunció el editorial de uno de los periódicos de los bautistas de Georgia en 1883, "que nuestra propia raza es incomparablemente superior a cualquier otra".[6] Un reporte oficial de la Junta de Misiones Domésticas de la Convención Bautista del Sur en 1891, aunque menos cortante, hizo eco de presuposiciones similares. "Nada es más claro", declaró "de *la gente de color*, a cualquiera que conoce esta raza, que su perfecta disposición es aceptar un lugar de subordinación, provisto que haya la confianza que en esa posición de subordinación recibirá justicia y bondad".[7] Tales fueron los puntos de vista que generaron lo que se llamó leyes de Jim Crow, privando a los afroamericanos del voto y el establecimiento de la segregación racial de los últimos años del siglo diecinueve en adelante. Los bautistas blancos a menudo fueron los que más las apoyaron.

La nueva dispensación en el sur a menudo fue impuesta por un vigilantismo sistemático. El Ku Klux Klan era la organización mejor conocida que impuso terror racista entre los afroamericanos. "Perteneció al Ku Klux Klan", leía el epitafio de un veterano confederado, "fue diácono en la iglesia bautista y un maestro Masón por cuarenta años". Durante la década de 1890, incidentes de linchamientos, muerte de multitud de negros indefensos en la horca, tuvieron lugar en promedio de cien por año. Encarando tales acontecimientos, las voces de protesta de los blancos fueron demasiado pocas. Los Bautistas del Norte, aunque activos en apoyar escuelas de capacitación para la gente negra, a menudo se hicieron los ciegos al racismo institucional y a los métodos usados para respaldar dicho racismo. El deseo de la reconciliación nacional después de la Guerra Civil los inhibió de criticar las normas de los estados sureños. Aún los escritores del evangelio social en el norte descuidaron los problemas sureños. Walter Rauschenbusch no tomó en cuenta el trato dado a los afroamericanos hasta los últimos días de su vida; Shailer Mathews jamás mencionó el tema en su manual del evangelio social de 1910. Cuando el mensaje del evangelio social se tomó en el sur, sus defensores algunas veces hablaron sobre el tema. John E. White, un pastor bautista en Atlanta quien fue un vice presidente del Congreso Sociológico Sureño que se proponía relacionar la fe con los problemas contemporáneos, urgía mejores relaciones de raza. Pero los que estaban especialmente interesados con la "cuestión del negro" permanecieron paternalistas en sus actitudes, suponiendo que la ayuda de los blancos era necesaria para elevar los logros del negro. Así Benjamin Riley, el autor bautista de *The White Man's Burden* (1910), argüía a favor del antiguo punto de vista que la gente negra estaba restringida no por el impedimento de la inferioridad racial sino por el accidente de las circunstancias, pero cría que ellos requerían "la capacitación más rudimentaria en la moralidad".[9] Existía un golfo de entendimiento que permaneció sin puente.

La repuesta negra a la opresión e incomprensión variaba. Algunos bautistas creían en acomodarse a la situación tanto como fuera posible. Booker T. Washington, bautista negro con amplios puntos de vista teológicos que sirvió como presidente del Instituto Tuskegee en Alabama, desde 1881 en adelante, insistía que los afroamericanos debían evitar la militancia, creyendo que el progreso de los negros vendría gradualmente por medio de la capacitación industrial para la masa de su gente. Washington puso sus puntos de vista en una presentación oral en Atlanta en 1895, en la que rechazaba cualquier lucha por la justicia y urgía por la cooperación entre las razas. Por algunos años, su táctica fue vista por muchos blancos tanto como negros, como la manera de proceder en las relaciones raciales. En particular, sus compañeros afroamericanos bautistas tendieron a estar de acuerdo con él. Por medio de arduo trabajo, se suponía, se ganarían la estimación de sus conciudadanos y eventualmente se eliminaría la discriminación. Elias Camp Morris, el presidente inicial de la Convención Bautista Nacional que, por primera vez, ligaba las congregaciones bautistas negras a nivel nacional desde 1895, declaró que "no debemos cesar en nuestros esfuerzos para llegar a ser contribuyentes de impuestos, dueños de casas y constructores que edificamos nuestras propias fortunas".[10] Otros, sin embargo, creían en un mayor activismo. Fueron tipificados en la carrera inicial de Sutton E. Griggs, un pastor bautista negro nacido en Texas, que escribió una novela, *Imperium in Imperio* (1899), sobre las luchas de un protagonista negro contra el racismo. Su héroe era "un nuevo negro, que se respetaba a sí mismo, valiente, y determinado en la afirmación de sus derechos".[11] Cuando servía en Nashville, Tennessee, Griggs ayudó a organizar un boicot en los tranvías de la ciudad en protesta contra la segregación en 1905-1906, se unió al Movimiento Niágara que estaba diseñado para defender los intereses afroamericanos, y apoyó la fundación de su sucesor, la Asociación Nacional para el Progreso de la Gente de Color en 1909 (NAACP). El inspirador de estos cuerpos, el intelectual negro W. E. B. Du Bois, deseaba que los negros llevaran al máximo su educación, entraran en las profesiones y agitaran por sus derechos. Él compartía con Washington la meta de elevar la raza, pero insistía que la protesta contra la injusticia debía acompañar al arduo trabajo. Du Bois, como Washington, habló desde las plataformas de la Convención Bautista Nacional. No había una estrategia única entre los negros bautistas para mejorar sus condiciones.

Las iglesias negras, como el principal vehículo corporativo para las aspiraciones afroamericanos, lograron mucho para sus miembros. En el tiempo cuando la gente negra era excluida del espacio público de los parques, las bibliotecas, los restaurantes, los salones de reunión, las iglesia proveían el lugar donde se podían reunir virtualmente para cualquier propósito. Los bautistas, que gozaban el apoyo de un número mucho mayor de los afroamericanos más que cualquier otra denominación, proveían la principal agencia institucional para el progreso de los negros. En 1916 la Convención Bautista Nacional reportó más miembros de la iglesia que las convenciones bautistas del norte o del sur. Para ese entonces la distribución de la población negra empezó a cambiar. En 1890 el 90 por ciento aún vivía en el sur, pero, posteriormente, las oportunidades de trabajo en la industria de manufacturas los atrajo a Chicago, Detroit, Pittsburgh, y otros centros norteños de población. Para 1936, más miembros negros de la iglesia vivían en ciudades que en el campo. Tanto en el norte como en el sur, los ministros negros eran los líderes naturales de sus comunidades. La mayoría continuaba recomendando precaución y auto-ayuda a sus feligreses, pero algunos participaron con empeño en las campañas entre las luchas contra los linchamientos y a favor de remover las barreras a los derechos de votar para los afroamericanos. Así, desde 1931 en adelante, Adam Clayton Powell Jr., quien seguiría a su padre como ministro de la Iglesia Bautista Abyssinian en Harlem, encabezó las marchas de protesta contra la discriminación en Nueva York. Fue representante en el congreso desde 1944, y aunque eventualmente se distanció de la doctrina ortodoxa y la rectitud financiera, fue un elocuente campeón de su pueblo. Gracias a la fuerza de las iglesias en la vida afroamericana, los pastores bautistas fueron los paladines para toda la comunidad.

En estos años emergió por primera vez una élite intelectual substancial entre los bautistas negros. En la Universidad Howard en Washington D. C., Mordecai W. Johnson, su primer presidente negro, Benjamin E. Mays, el decano de la facultad de religión, y Howard Thurman, el decano de la facultad de divinidades, constituyeron un trío formidable de ministros bautistas. Sus logros fueron poder forjar una nueva estrategia para hacer frente a la injusticia racial de la sociedad estadounidense. En 1936 tanto Thurman como Mays viajaron a la India y se reunieron con Mahatma Gandhi, el líder de la lucha nacional por la independencia de Bretaña. Gandhi había desarrollado un técnica de protesta no-violenta que era capaz de movilizar las masas. Aunque expandió su método en términos de la filosofía hindú, había aprendido su metodología mucho antes de los reportes periodísticos del Movimiento de la Resistencia Pasiva contra la Ley de Educación de 1902 en Inglaterra. Allí los incorformistas, guiados por el bautista John Clifford, habían permitido que sus bienes fueran confiscados en vez de someterse a la legislación injusta. La parte del pensamiento de Gandhi que afectó a los visitantes bautistas fue en sí misma de origen bautista. Posteriormente, Thurman escribió *Jesus and the Disinherited* (1949) para argüir que Jesús, un judío en las márgenes del imperio romano, estuvo en el lado de los oprimidos en todas la eras. El libro apoyaba el método de Gandhi de la protesta sin violencia. Esta fue la técnica, la forma de acción moralmente aceptable contra la opresión, que vino a ser el resorte principal del movimiento de los derechos civiles de las últimas décadas. Martin Luther King Jr., siempre llevaba una copia de *Jesus and the Disinherited* de Thurman en su maletín.

La campaña por los derechos civiles

La crisis de la Segunda Guerra Mundial hizo mucho para debilitar los fundamentos de la injusticia racial. El conflicto contra los nazis era parte de la lucha contra un régimen que sustentaba la ideología de la dominación aria sobre otras razas. El "nazismo", de acuerdo con George D. Kelsey, profesor bautista de la Universidad Morehouse, "expuso el racismo en toda su desnuda crueldad e idolatría extrema".[12] Durante la guerra, la segregación fue abolida en las fuerzas armadas y la Comisión de Prácticas de Empleo Justas inició el mismo proceso en la vida civil. En la ráfaga de retórica sobre la libertad y la determinación propia, la Asociación Nacional para el Progreso de la Gente de Color revivió. Justo después de la guerra, la Convención Bautista del estado de Carolina del Norte resolvió que "la segregación de creyentes que mantienen las mismas doctrinas de fe que por el color o estado social se reducen a iglesias raciales o de clase" es una, "negación de la afirmación del Nuevo Testamento de la igualdad de todos los creyentes".[13] Sin embargo, fue una decisión de la corte suprema el heraldo del cambio revolucionario. En 1954 quedó resuelto autoritariamente en el caso de *Brown v. Board of Education* que la doctrina de "separados pero iguales" no se podía usar como una excusa para mantener las escuelas segregadas. Los afroamericanos se alegraron que al fin tenían la ley inequívocamente de su lado y cobraron ánimo. En diciembre 1, 1955, cuando se le pidió a Rosa Parks ceder su puesto en el bus en Montgomery, Alabama, a un hombre blanco, se rehusó a cederlo. La gente negra de la ciudad empezó un boicot que lanzó al ruedo el movimiento de los derechos civiles. Martín Luther King Jr., entonces un joven ministro bautista en Montgomery, fue impulsado a la prominencia y llegó a ser la cabeza ejecutiva de la Conferencia de Liderazgo Cristiano del Sur que coordinaba la campaña en progreso. Profundamente moldeado por la teología evangélica de su padre pastor, King había absorbido mucho del más amplio pensamiento durante su educación, aunque siempre mantuvo cierta cautela del optimismo liberal sobre la condición humana. Él determinó poner en práctica la filosofía de la acción sin violencia que había aprendido de Benjamin E. Mays y George D. Kelsey, sus profesores universitarios en Morehouse College. King emergió como el líder de la demanda de los completos derechos civiles para todos los estadounidenses.

Hubo una formidable resistencia de los bautistas blancos en el sur. No puede haber ninguna duda que la mayoría de los Bautista del Sur creían en la segregación. Aunque la convicción que la iglesia debía estar únicamente interesada en los negocios espirituales a menudo escondía el nivel de la aversión a mezclarse con sus conciudadanos negros, la presuposición era que las razas eran más felices viviendo aparte. Cuando un reporte auspiciado por la Comisión de Vida Cristiana de la Convención Bautista del Sur apoyó la decisión de *Brown v. Board of Education*, hubo un alarido de protesta. W. A. Criswell, el prestigioso pastor de la Primera Iglesia Bautista de Dallas, Texas, denunció que la decisión Brown demostraba que sus legisladores tenían que estar "muriendo del cuello para arriba".[14] Carey Daniel, pastor de la Primera Iglesia Bautista de West Dallas, en el mismo estado, lanzó un panfleto titulado *Dios el segregacionista original*, argumentando que Génesis 10:22 y Hechos 17:26 muestra que el Todopoderoso ha asignado distintas áreas de vivienda para cada raza. Aunque muchos hubieran vacilado de apelar explícitamente a la Biblia para apoyar su caso, su prejuicio era profundo. "Desde que la iglesia fue organizada por Cristo", declaró un ministro de Arkansas en 1963, "siempre ha favorecido la segregación".[15] El legado de teorías raciales seudocientíficas de antaño se fusionó con la defensa de la cultura del sur contra la interferencia externa. La mezcla fue poderosamente fortalecida en esos años por la atmósfera de la Guerra Fría. Muchos sureños consideraron que la aventura de Martin Luther King Jr., era un complot comunista contra las libertades heredadas. La consecuencia era un profundo disgusto por la desegregación. Tan tarde como 1968, sólo el 11 por ciento de las iglesias Bautistas del Sur admitían afroamericanos a sus membresías. La mayoría de las iglesias blancas en el sur no deseaban tener nada que ver con los derechos civiles.

Sin embargo, hubo voces más progresivas entre los bautistas. Entre 1950 y 1966, la Convención Bautista Americana del Norte pasó resoluciones anuales favoreciendo movimientos hacia relaciones más cercanas entre las razas, y desde 1956 se urgía a las iglesias a que llegaran a estar completamente integradas. Aun si la retórica fue raramente llevada a la acción, se tomó una postura pública. Martin England, que representaba el esquema de jubilación de los ministros de la convención en el sur, fue más lejos durante la década de 1960, tomando parte en las marchas de protesta y al mismo tiempo logró registrar a Martin Luther King para el seguro de beneficios de retiro.

En 1968 una reunión electoral de ministros afroamericanos en la Convención Bautista Americana demandaron mayor participación, y en el año siguiente la denominación eligió su primer presidente negro. La Convención Bautista Nacional, que representaba el número mayor de cristianos negros, difícilmente fue más avanzada en su posición. Su poderoso presidente, Joseph H. Jackson, creía que el trato existente a las minorías en los Estados Unidos era pecaminoso, pero rechazó el método de la desobediencia civil y así desaprobaba los esfuerzos extravagantes de Martin Luther King Jr. Gardner C. Taylor, ministro de la Iglesia Bautista Concord en Brooklyn, se opuso a su manera precavida, llamando a un alineamiento con el movimiento en desarrollo para los derechos civiles, y desafió el liderazgo de Jackson, aparentemente ganando la presidencia denominacional en 1960. Jackson, sin embargo, rehusó abandonar el puesto, y después de una violenta confrontación en la reunión anual de 1961, los que apoyaban a Taylor, que incluía a King mismo, dejaron la denominación para formar la Convención Bautista Nacional Progresiva. Aunque los más prominentes representantes de la causa de los derechos civiles fueron forzados a salir de la Convención Bautista Nacional, es claro que ese movimiento gozó gran apoyo de sus filas.

Aún los Bautistas del Sur incluían a muchos que tenían más simpatía hacia la eliminación de la discriminación contra los afroamericanos. El evangelista Billy Graham, miembro de la iglesia de Criswell en Dallas, terminó la segregación en sus cruzadas desde 1953, y así sentó un poderoso ejemplo. T. B. Maston, profesor de ética social desde 1922 en el Seminario Teológico Bautista del Suroeste en Fort Worth, Texas, defendía la desegregación en base teológica. La segregación, rotundamente concluía en un libro de 1959, "es contraria al espíritu y enseñanzas de Cristo".[16] El director de la Comisión de Vida Cristiana de los Bautistas del Sur desde 1960, Foy D. Valentine, aunque necesariamente cuidadoso de no provocar una reacción dentro de los constituyentes, personalmente apoyó las normas de la integración. En el año de su nombramiento, el reporte de la Comisión de Vida Cristiana (que fue aceptado como información en vez de adoptado por la convención) urgía a los Bautistas del Sur "a hacer uso de cada oportunidad para ayudar a los ciudadanos negros a conseguir . . . derechos [iguales] por medios pacíficos y legales y a cuidadosamente oponerse a cualquier costumbre que pueda tender a humillarlos de alguna manera".[17] En 1961 el Seminario Teológico Bautista del Sur

Martin Luther King Jr. (1929–1968)
Líder bautista de los derechos civiles, con líderes del
Seminario Teológico Bautista del Sur

tomó el atrevido paso de invitar a Martin Luther King Jr., a dirigirse a sus estudiantes en la capilla, y como consecuencia perdió algo de su apoyo financiero. Para 1969 una encuesta estableció que más de la mitad de los delegados a la reunión de la Convención Bautista del Sur —se tiene que admitir que los delegados tendían a ser más abiertos de mente que otros en la denominación— creía que la raza no debe ser un factor para determinar la membresía de la iglesia, y sólo el 6 por ciento creía que sí debía serlo. Para esa fecha, los progresistas en la Convención Bautista del Sur dominaban sus normas. Habían tomado parte significativa en la caída de la segregación en el sur al persuadir a sus compañeros bautistas que el cambio era inevitable o aún deseable.

La campaña de los derechos civiles, sin embargo, fue principalmente un logro negro. Las filas de sus miembros fueron movilizadas en base a su afiliación cristiana. Por eso Fannie Lou Hamer, miembro de la Iglesia Bautista Misionera Williams Chapel en Ruleville, Mississippi, se dio de voluntaria en 1962 para registrar el voto, a sabiendas que le ganaría castigo. Ella fue lamentablemente golpeada en la cárcel del condado, pero llegó a ser oradora de los derechos civiles. "Yo creo", ella declaró, "que Dios me dio la fortaleza para ser capaz de hablar a favor de esta causa".[18] Martin Luther King continuó llevando el liderazgo en el proceso. Con medidas publicitarias cuidadosamente calculadas, se aseguró que la campaña por la igualdad entre las razas se mantuviera delante del público estadounidense. Su carta desde la cárcel de Birmingham, escrita en abril y mayo de 1963, fue un llamamiento magistral a los cristianos blancos a no descansar contentos con la bien intencionada simpatía sino a alinearse públicamente con el movimiento de los derechos civiles. La marcha a Washington en agosto de ese año fue otro golpe acertado en los medios de comunicación. "Tengo un sueño", proclamó King en el corazón de la capital, "que mis cuatro hijos pequeños un día vivirán en una nación donde no serán juzgados por el color de su piel sino por el contenido de su carácter".[19] Ya el gobierno había anunciado su intención de proceder con la legislación para lograr la meta central de King. La Ley de los Derechos Civiles de 1964 y la Ley de los Derechos del Voto del año siguiente pusieron fin a las formas más descaradas de discriminación institucional. Después, el estatus de King tendió a declinar cuando otras voces más radicales competían por la atención del público. En particular Malcom X, el hijo de un pastor bautista pero ahora un musulmán ortodoxo, llamaba a una mayor militancia en la campaña de los completos derechos de los negros. King, sin embargo, no se amilanó por el peligro y eventualmente cayó por una bala asesina el 4 de abril de 1968. Nombrar muchas de las calles y caminos estadounidenses en su honor y la eventual designación de una fiesta nacional en su memoria exhibe el testimonio del impacto de Martin Luther King Jr., en la vida de su nación.

En otras partes el asunto racial continuó perturbando la vida bautista. En Sudáfrica en particular, los años de la Segunda Guerra Mundial no trajeron mayor armonía sino una mayor separación entre las razas. La política del gobierno fue apartheid y se reflejó entre los bautistas en el contraste entre la predominante Unión Bautista blanca y la más grande Convención Bautista negra. Aunque la asamblea de la Unión Bautista resolvió en 1976 que estaba abierta a todas las iglesias sin consideración a raza o color, la división institucional de la convención duró hasta el siglo veintiuno. Bretaña empezaba a ser colonizada por otra comunidad negra en los años después de la guerra. Aunque había gente de descendencia africana y caribeña en el país a través de los siglos, la inmigración masiva, inicialmente de Jamaica, empezó sólo en 1947. En medio de los prejuicios locales, los bautistas usualmente trataron de dar la bienvenida a los recién llegados. La Iglesia Bautista Wednesbury en las West Midlands, por ejemplo, declaró que "no estaba a favor de ningún bar de color que pueda existir en la ciudad y sus alrededores".[20] Cuando las tensiones en la vida comunitaria culminaron en disturbios en Notting Hill, Londres, en 1958, dos ministros bautistas del área anunciaron su determinación de trabajar para la reconciliación. Un número de congregaciones lideradas por negros posteriormente vinieron a estar afiliadas con la Unión Bautista, y para el fin del siglo, la más grande membresía de una iglesia de la Unión era una congregación negra en el fin oriental de Londres. La Alianza Mundial Bautista, bien consciente del creciente descontento sobre las relaciones raciales, periódicamente registraba su antipatía por la discriminación en base al color. Los Estados Unidos, aunque era la tierra que atraía mucho más atención a nivel mundial, no era la única donde las diferencias de raza tenían que ser superadas por el espíritu del evangelio en la última parte del siglo veinte.

En 1995 la Convención Bautista del Sur formalmente se disculpó con los afroamericanos por su participación en la esclavitud en épocas anteriores y "por condonar y/o perpetuar el racismo individual y sistemático en el tiempo de nuestra existencia".[21] Hubo una causa para esta resolución. La esclavitud floreció hasta la Guerra Civil, desvistiendo a la gente negra de su dignidad, llenándolos de terror con crueldad, y a menudo impidiéndoles vivir una vida familiar cristiana. En ese mismo período, los estadounidenses nativos y los pueblos indígenas en las tierras ocupadas por los colonizadores británicos eran tratados como que necesitaban ser civilizados tanto como creer en el evangelio. Aunque los bautistas en Bretaña y en el norte defendieron la causa anti esclavista, en el sur los bautistas blancos defendieron la esclavitud hasta que sufrieron la derrota militar. Los esclavos mismos, sin embargo, habían adoptado la fe cristiana en números cada día mayores y la forma bautista en una manera abrumadora. Al principio del fiasco confederado, los hombres libres abrazaron su autonomía religiosa pero luego encararon el atrincheramiento de la opresión racial en el sur. Mudándose en grandes números a las ciudades del norte en la primera parte del siglo veinte, la gente negra continuó encontrando en sus iglesias lugares para su realización que se les negaba en otras partes, y en sus ministros los campeones que se requerían para defender sus intereses. Sólo fue hasta después de la Segunda Guerra Mundial, sin embargo, que hubo un concertado esfuerzo para terminar la subordinación por raza que era el legado de la esclavitud a los estados del sur. Los bautistas tuvieron una parte prominente en la lucha, si bien del lado de los que defendían la segregación, al igual del lado de la causa que luchaba por su extinción. El asunto racial fue uno de los agudos divisores de los bautistas, afectándolos fuera de Estados Unidos tanto como dentro, y dañando su creencia profesada en un evangelio que trae paz entre los pueblo. Pero Martin Luther King Jr., y sus colegas ganaron mucho de lo que buscaban en el movimiento por los derechos civiles. Entre 2012-2014, un afroamericano, Fred Luter, pastor principal de la Iglesia Bautista Franklin Avenue en Nueva Orleans, se desempeñó como presidente de la Convención Bautista del Sur. A pesar de la persistencia de las desigualdades raciales en Estados Unidos, Luter fue un símbolo de hasta qué punto los bautistas habían superado los aspectos más dañinos del legado de la esclavitud.

LECTURA ADICIONAL

Boles, John B., ed. *Masters and Slaves in the House of the Lord: Race and Religion in the American South, 1740–1870.* Lexington: University Press of Kentucky, 1988.

Harvey, Paul. *Freedom's Coming: Religious Culture and the Shaping of the American South from the Civil War through the Civil Rights Era.* Chapel Hill: University of North Carolina Press, 2005.

———. *Redeeming the South: Religious Cultures and Racial Identities among Southern Baptists, 1865–1925.* Chapel Hill: University of North Carolina Press, 1997.

Manis, Andrew M. *Southern Civil Religions in Conflict: Black and White Baptists and Civil Religion, 1947–1957.* Athens: University of Georgia Press, 1987.

Martin, Dana. "The American Baptist Convention and the Civil Rights Movement: Rhetoric and Response." *Baptist History and Heritage* 34 (1999): 21–32.

McLoughlin, William G. *Cherokees and Missionaries, 1789–1839.* New Haven, Conn.: Yale University Press, 1984.

Newman, Mark. *Getting Right with God: Southern Baptists and Desegregation, 1945–1995*. Tuscaloosa: University of Alabama Press, 2001.
Noll, Mark A. *God and Race in American Politics: A Short History*. Princeton, N.J.: Princeton University Press, 2008.

Capítulo 10

LAS MUJERES EN LA VIDA BAUTISTA

El papel de las mujeres ente los bautistas generalmente ha sido descuidado por los historiadores. Pastores y teólogos normalmente han sido varones, y por eso las narraciones de la vida de la iglesia local y los estudios de desarrollos doctrinales de igual manera han tendido a concentrarse en el trabajo de los hombres. En el pasado los libros algunas veces han sido escritos que ignoran totalmente la existencia de las mujeres. Aun en este volumen, a causa de la prominencia de los hombres como líderes de la iglesia y teólogos por muchos años, la parte gruesa de cobertura la han tomado los hombres. Pero la mayoría de los miembros de la iglesia normalmente ha sido femenina. El porcentaje ha variado con el tiempo, pero por mucho tiempo, por lo menos en Inglaterra, comúnmente había dos mujeres por cada hombre en las listas de la iglesia. Por lo tanto las mujeres han constituido una mayor sección de la comunidad bautista que los hombres, y por eso su amplia historia merece que se escriba. En años recientes ha habido una medida de rectificación. Los historiadores han dado atención a la historia de las mujeres y algunas veces han tomado en consideración a las mujeres bautistas. Ha emergido el hecho que ha habido líderes femeninos capaces en la vida bautista denominacional tanto como innumerables miembros fieles de la iglesia que han sido mujeres. La historia de algunas figuras sobresalientes se han empezado a escribir. Varias, tales como Helen Barrett Montgomery, la primera mujer en liderar una denominación protestante en Estados Unidos, y Nannie Ellen Burroughs, la secretaria corresponsal por más de sesenta años de la organización de mujeres de la Convención Bautista Nacional, se mencionarán en este capítulo. No obstante, también habrá un esfuerzo por considerar a las mujeres que normalmente sostuvieron las iglesias, oficiaron sus agencias y asumieron mucho de su alcance. La existencia misma de la causa bautista a menudo descansaba en las mujeres. Aún cuando el liderazgo fue parcial o totalmente masculino, los miembros femeninos estaban en el corazón de la vida de la iglesia. Su lugar se discutirá en las siguientes páginas.

El lugar de las mujeres en la iglesia y en la sociedad

Los primeros bautistas lucharon con la evidencia bíblica del papel apropiado de las mujeres y procuraron reproducir el patrón de la primer iglesia. Por una parte, leyeron que las mujeres deben permanecer calladas en la iglesia, buscar guía de su esposo en casa, y no deben de enseñar o dictarles a los hombres. Por otra parte, sabían que el Espíritu sería derramado para que las mujeres profetizaran, que las mujeres fueron las primeras en testificar de la resurrección, y que entre los que habían sido bautizados en Cristo no habría distinciones, fuera raza, rango o género. Al mismo tiempo, los pioneros bautistas fueron llevados por la presuposición contemporánea que la subordinación de las mujeres a los hombres era parte del orden natural. Los hombres, se suponía en el siglo diecisiete, tenían la autoridad patriarcal sobre las mujeres y los niños. No sorprende en esas circunstancias, que en 1607, mientras se inclinaba hacia una posición bautista, John Smyth afirmó que los profetas en la iglesia, los expositores de la palabra de Dios, tenían que ser solamente hombres. Las mujeres junto con la juventud, eran tratados como no calificados para ese cargo. Pero, con el correr del tiempo, lo que es admirable es que Smyth otorgó a las mujeres y a la juventud su parte en la toma de decisiones en la iglesia. En contraste con la iglesia dirigida por Francis Johnson, Smyth —que argüía desde el sacerdocio de todos los creyentes— creía que la iglesia como un todo tenía autoridad sobre sus ancianos. Por lo tanto, los miembros femeninos tanto como los miembros masculinos podían compartir en la elección de los líderes de la iglesia. Las mujeres y los jóvenes que habían sido admitidos en el compañerismo de la iglesia podían expresar sus pensamientos:

"Si alguno disiente, puede hablar, sea mujer o joven, y con todo el gobierno del apóstol no es violado".[1] Las mujeres, además podían actuar como diaconisas. Con esta provisión, Smyth quiso decir que las viudas mayores de los sesenta años podían visitar y velar por las necesitados como representantes oficiales de la iglesia. El fundador de la primera iglesia de los Bautistas Generales estaba preparado para darle virtualmente a las mujeres un lugar mucho más alto en el orden de la iglesia que todos sus contemporáneos.

De manera similar, los primeros Bautistas Particulares debatieron que tan completamente podían participar las mujeres en los negocios de la iglesia. Durante la runión de la Asociación West Country de Inglaterra, el asunto de cuándo podían hablar las mujeres fue totalmente considerado. Se acordó que no podían enseñar públicamente. No podían hablar a fin de actuar como gobernantes en la iglesia, ni pasar sentencia en casos de doctrina o disciplina, ni ofrecer oración como representantes del cuerpo incorporado. Sin embargo, se acordó que podían confesar su fe como candidatas al bautismo y a la membresía de la iglesia, podían dar testimonio en casos disciplinarios y podían expresar arrepentimiento público por los pecados por los cuales habían sido reprendidas por la iglesia. La discusión más larga fue alrededor del asunto de si las mujeres podían hablar contra un candidato para admisión a la iglesia si sabía algo contra el carácter de la persona. La decisión fue que podían hacerlo. En la práctica, es claro que las mujeres podían ejercer una parte prominente en la vida de la iglesia. En el Nuevo Mundo en 1639, Catherine Scott, ella misma predicadora, animó a Roger Williams a formar la primera iglesia bautista en el suelo norteamericano, en Providence, Rhode Island, aunque, como Williams, ella abandonó pronto su alianza bautista. En Inglaterra al año siguiente la formidable Dorothy Hazzard tomó el liderazgo al rehusar asistir a los servicios anglicanos en Bristol, y así empezó la congregación separatista que llegó a ser la Iglesia Bautista Broadmead. Su iglesia, cuando para la década de 1660 había llegado a ser abiertamente bautista, nombró diaconisas con el mismo papel que Smyth había visualizado para sus diaconisas; y en 1679, habiendo tenido un evidente éxito el experimento, cuatro mujeres fueron nombradas para ese oficio. Como en la iglesia de Smyth, también, algunas congregaciones Bautistas Particulares permitieron que las mujeres votaran en las reuniones de la iglesia. En Fleur de Lys Yard, Southwark en Londres, por ejemplo, se acordó que tuvieran este privilegio, "de ser igualmente con sus hermanos, miembros del cuerpo místico de Cristo".[2] En la principal iglesia

Bautista del Séptimo Día de Londres a las mujeres aún se les permitió profetizar entre tanto que estuviera de acuerdo con las instrucciones apostólicas, no estar sin cubrirse la cabeza. Los bautistas estuvieron menos adelantados que los cuáqueros, entre quienes las mujeres podían hablar libremente en la adoración y servir como ministros registrados. Sin embargo, los bautistas estaban mucho más preparados para darle a la mujer un papel público que no tenía en la Iglesia de Inglaterra o en la mayoría de las otras iglesias disidentes.

El avivamiento del siglo dieciocho acentuó esa tendencia. En momentos estimulantes cuando el Espíritu Santo era perceptiblemente derramado, la predicción del Antiguo Testamento que las hijas como también los hijos profetizarían parecía vindicar la participación femenina en los esfuerzos evangelizadores. En Norte América, los Bautistas Separados, los hijos del Gran Avivamiento permitieron que las mujeres ofrecieron oraciones públicas en reuniones donde estaban presentes los hombres. Para los más tradicionales Bautistas Regulares esto parecía un muy escandaloso rompimiento del orden bíblico y rehusaron el compañerismo con los Separados. Martha Stearns Marshall y Sarah Johnston Stearns fueron socias con sus esposos, los fundadores de la Asociación Sandy Creek en las Carolinas desde 1755, al establecer una hueste de nuevas congregaciones. En Virginia en 1770 una mujer tomó el ministerio de la predicación paralelo con el de los hombres itinerantes. Los Separados algunas veces llegaron al punto de nombrar no sólo diaconisas sino también "ancianas", cuya esfera de acción eran las mujeres de las iglesias, pero tenían amplia jurisdicción. Les reportaban a los ancianos sobre el bienestar espiritual de las que estaban bajo su cuidado, bautizaban las convertidas, y en ocasiones predicaban y oraban ante audiencias de hombres tanto como de mujeres. Cuando en la década de 1780, los Bautistas de Voluntad Libre empezaron un ministerio de avivamiento en el norte de la Nueva Inglaterra similar al de los Separados en el sur, dieron abundante libertad para la participación de las mujeres. Lo mismo fue inicialmente el caso en sus equivalentes ingleses, los vigorosos evangelistas de los Bautistas Generales que llegaron a ser la Nueva Conexión. La estrategia de los primeros predicadores desde la Iglesia de Barton en Leicestershire era tener reuniones en casa, donde las mujeres estaban encargadas. Una forma de "religión doméstica" se desarrolló allí en la que las mujeres eran las guías principales. En algunas ocasiones las mujeres compartían el liderazgo con los hombres de todas las nuevas iglesias. Mary Fowler, tanto como su esposo William, era responsable de establecer una causa nueva en la aldea de Nottinghamshire de Beeston poco después de 1800. El ímpetu de la era de avivamiento llevó a las mujeres a pasar a primer plano.

Los Bautistas Particulares, aunque eventualmente incluidos como participantes del avivamiento, generalmente fueron más precavidos sobre el papel de las mujeres. En 1746 la Asociación de Philadelphia, la organización que representaba el cuerpo principal de bautistas calvinistas en Norte América, recibió el interrogante, "¿Pueden o deben tener las mujeres voto en la iglesia, en tales asuntos en los que la iglesia está de acuerdo que tienen que decidirse por votación?" Los delegados reunidos de las iglesias ponderaron sobre el pasaje en 1 Corintios que ordenaba a las mujeres a estar calladas. Tal provisión, ellos decidieron, no debía excluir a las mujeres participantes en las reuniones de la iglesia de poseer, "como miembros del cuerpo de la iglesia, la libertad de dar voz muda, poniéndose de pie o levantando sus manos, o lo contrario, para dar a entender su asentimiento o disentimiento de lo que se propone, y así aumentar el número en uno de los lados o en ambos lados del asunto". El silencio recomendado en la Escritura, además no podía ser absoluto, porque de otra manera las mujeres no serían capaces de confesar su fe a la iglesia como condición para el bautismo o de hablar en asuntos de disciplina, incluyendo defenderse a sí mismas cuando cualquier cargo se traía contra ellas. Ese derecho, la asociación estuvo de acuerdo, era "un privilegio de todas la criaturas humanas por las leyes de la naturaleza, no abrogadas por la ley de Dios". Por lo tanto una mujer puede hablar en tales ocasiones, por lo menos para pedir permiso a los hermanos para dirigirse a ellos. Pero entonces ella no debe "abrir la compuerta de sus palabras de una manera imperiosa, tumultuosa o soberbia". Pero si ella vota de una manera inusual, "se le deben pedir sus razones, escucharlas y considerarlas con madurez y sin desdén".[3] En estas discusiones hubo un deseo evidente de ser fieles a la enseñanza bíblica y a la vez ser prácticos. Si había alguna sospecha que las mujeres pudieran demostrase habladoras, también hubo una consideración por su dignidad.

Al siglo dieciocho darle paso al siglo diecinueve, hubo un aumento de conversaciones de una "esfera separada" para las mujeres. Se esperaba que cuidaran de sus hogares y familia, y que dejaran a los hombres dedicarse a los negocios y asuntos públicos. Aunque ha llegado a ser reconocido por los historiadores que no era novedad que se les asignara estas prioridades a las mujeres, hubo más insistencia en el consejo dado durante este periodo que las mujeres debían encontrar su realización personal en las obligaciones domésticas. Al crecer la riqueza permitió a los esposos de clase media proveer descanso para sus esposas en hogares que estaban separados del lugar de trabajo, y los escritores evangélicos explicaban que criar a los hijos era la responsabilidad principal de las mujeres. Los autores bautistas contribuyeron al torrente de literatura sobre este tema. William Landels, por ejemplo, el ministro escocés de la Regent's Park Chapel en Londres, en su *Woman's Sphere and Work Considered in the Light of Scripture* (1859), explícitamente respaldó la idea que el sexo femenino debía proponerse ser esposas y madres ejemplares. Pero es instructivo que, mientras que el libro de Landels esperaba que el papel de las mujeres estuviera firmemente circunscrito, en una obra sólo once años después, *Woman: Her Position and Power*, él cambió suficientemente su base para sugerir más amplias posibilidades para las mujeres. La existencia del puesto de diaconisa en la iglesia del Nuevo Testamento, posteriormente caviló Landels, podría indicar la legitimidad de una forma de ministerio femenino. Las nociones de lo que se le podría permitir hacer a la mujer eran más flexibles de lo que se había supuesto. De cualquier manera, entre la gente trabajadora no era práctico que a las mujeres se les restringiera al hogar. En las ciudades en crecimiento la mayoría de las mujeres no casadas salieron a trabajar, a menudo como sirvientas domésticas. Aunque generalmente dejaron el empleo por el matrimonio, una alta proporción de mujeres de mayor edad de hogares más pobres, tanto solteras como casadas, tenían que encontrar trabajo para a duras penas ganar para el sostén del hogar. Así el ideal de esferas separadas, en la práctica, estuvo lejos de ser rígidamente observado.

En la iglesia, poner en la práctica los puntos de vista contemporáneos del papel apropiado para las mujeres también fue variable. La separación física de los sexos era un rasgo común en los lugares de reuniones bautistas en el siglo dieciocho, y muchos de los edificios tenían diferentes puertas para los hombres y para las mujeres. Las iglesias rurales, especialmente en el sur de los Estados Unidos, continuaron este patrón aún dentro del siglo diecinueve, aunque las congregaciones urbanas cada vez más la abandonaron a favor de sentar a los miembros de la familia juntos. Las mujeres también fueron más integradas con los hombres en la práctica de votar. En el sur y las islas británicas lentamente entraron más en línea con el norte de los Estados Unidos generalmente permitiendo que los dos sexos participaran igualmente en la toma de decisiones. Todavía hubo excepciones, aún en el norte, donde la Primera Iglesia Bautista en Philadelphia, negó el voto a las mujeres tan tarde como 1898. Sin embargo, la igualdad de género fue respaldada por el fascinante episodio en 1830 cuando los fideicomisarios de la Iglesia Bautista del Séptimo Día Mill Yard en Londres determinó transferir la capilla a otras manos en base a que la congregación consistía de un puñado de mujeres solamente. No obstante, estas mujeres, resistieron la decisión, afirmando que estaban aun apropiadamente constituidas como iglesia. Eventualmente su postura fue vindicada por el cuerpo general de ministros disientes en Londres, quienes estuvieron de acuerdo que en realidad ellas permanecían como una verdadera iglesia de Cristo. Y el trabajo de la iglesia indudablemente dio oportunidad al uso de las energías de las mujeres. Así Maria Allen, la hija de un portero que vivía en Derbyshire en las English Midlands, era "una concienzuda Bautista General, que podía dar una iluminada razón de su esperanza, su fe y su práctica". Exhibiendo "una sonrisa de alegría urbana", disfrutaba la compañía de sus amigas en la capilla local. Ella no permitía que los campos inundados le impidieran hacer el viaje regular de dos kilómetros y medio a los servicios. Sus cualidades naturales y espirituales "la constituyeron como agente apropiada para muchos departamentos de esfuerzo cristiano". Y esta dama, aunque sólo tenía poco más de veinte años, cuando ella murió en 1849, tuvo la determinación para corregir a "tres muchachos faltos de piedad" que deseaban pasar por el campo cerrado de su padre para usar el bote un domingo, se reporta que los persuadió usando tres tratados para que "guardarán santo el Día del Señor".[4] Claramente el servicio cristiano proveía amplia realización propia a María. Era casi como si la iglesia fuera la tercera esfera, ni totalmente privada ni totalmente pública, pero compartiendo de las cualidades de las dos, donde las mujeres tales como Maria podían florecer.

LAS FUNCIONES DE LAS MUJERES

Hubo varios aspectos de la vida de la iglesia en que las mujeres podían tener una parte particularmente significativa. Uno era el cultivo de la experiencia cristiana. Las mujeres a menudo estuvieron en la vanguardia al expresar sus ejercicios espirituales tanto individual como comunalmente. Así Abigail Harris, miembro de la Iglesia Bautista Salem en New Jersey, en los primeros años del siglo diecinueve, registró sus aspiraciones en su diario. "Oh, que este día pueda ser verdaderamente un Día de Reposo para mi alma", escribió un domingo en 1813, "que pueda yo no [solamente] . . . leer y oír, y orar sino también . . . sentir las influencias del Espíritu Santo, testificando a mi espíritu que yo soy suya".[5] Como

Abigail sentía este grado de compromiso, no sorprende que, por lo menos, en una ocasión, la esposa del pastor la llamara a que ofreciera la oración pública en una reunión vespertina. De igual manera, mujeres bautistas inglesas desplegaron una profunda devoción. Alrededor de la mitad del siglo diecinueve, por ejemplo, una señora Berry, una viuda de sesenta y cinco años, estaba "llena de amor por Jesús" después de su conversión.[6] Los obituarios de mujeres ordinarias miembros de la iglesia dan atención particular a su oración regular, su lectura diaria de la Biblia, su uso de himnos para devoción privada y sus hábitos de mantener sus diarios espirituales. Mujeres de ambos lados del Atlántico se reunían para reuniones especiales para mujeres. Abigail Harris asistía a una sociedad de "hermanas solteras de la iglesia" para leer la Biblia, cantar himnos, orar y darse apoyo mutuo.[7] De manera similar, en la Iglesia Prospect Place New Connexion Chapel, Bradford, Yorkshire, entre 1837 y 1852, las mujeres dirigieron reuniones de experiencia para intercambiar lecciones espirituales y consejo. En general, la práctica de la espiritualidad era una fortaleza femenina.

Las mujeres podían poner su sensibilidad espiritual por escrito. En el siglo dieciocho, Anne Dutton, la esposa del pastor de una iglesia bautista que se reunía en Great Gransden en el condado inglés de Huntingdonshire entre 1732 y 1747, era una autora prolífica. Varios tratados, incluyendo *Un discurso sobre caminar con Dios* (1735), discutían el discipulado cristiano. La autobiografía de Anne contiene una defensa del derecho de la mujer de usar su pluma, no obstante el mandamiento apostólico del silencio. Ella compuso y publicó sesenta y un himnos, y le dejó su Biblia a otra escritora de himnos, Anne Steele. Esta segunda Anne, la hija de un pastor y comerciante de madera en Broughton en Hampshire, fue la más popular escritora bautista de himnos de cualquier sexo en el siglo dieciocho. Su legado en *Poems on Subjects Chiefly Devotional* (1760) incluye "Padre de misericordias, en tu palabra, que gloria sin fin brilla," himno comúnmente usado todavía. Estas pioneras de composición de himnos tuvieron sucesoras en el siguiente siglo tales como María Saffery y Elizabeth Trestrail, pero sus composiciones generalmente hicieron menos impacto. En Norte América la mujer mejor conocida como autora de himnos en el siglo diecinueve fue Annie S. Hawks, de Brooklyn y luego Vermont, la escritora de "Te necesito Cristo", otro himno duradero. Era común que las mujeres evangélicas avanzaran de escribir poemas a escribir ficción, a menudo inicialmente en las revistas religiosas que florecieron en la era victoriana. Sallie Rochester Ford, originalmente presbiteriana de Kentucky pero desde 1855 la esposa de un ministro bautista, contribuyó la historia llamada "Grace Truman" para el *Christian Repository* de su esposo. Se publicó como una novela separada en 1857. Grace, la heroína bautista, se casa con un presbiteriano, pero por su consciencia no recibe la comunión en la denominación de su esposo. Después de mucho debate, ella exitosamente persuade a toda la familia, junto con el ministro presbiteriano, a unirse a los bautistas. Probablemente la mujer escritora bautista más productiva fue Marianne Hearn de Northampton en el corazón de Inglaterra, quien adoptó el nombre de pluma Marianne Farningham. Una contribuyente al semanal *Christian World*, publicó poesía, historias y biografías, y desde 1885, sirvió como editora del *Sunday School Times*, moldeando la instrucción cristiana de millones. Farningham mostró que tan influyente una mujer bautista podía llegar a ser.

Como el cuidado de niños normalmente era considerado como una provincia de la mujer, el bienestar espiritual de los hijos y las hijas en el hogar fue visto como la responsabilidad de las mujeres. Las madres agonizaban por sus hijos. "Oh, guárdalos del poder del devorador", escribió una sirvienta bautista en Bath en la década de 1850 acerca de sus dos niños, "de las trampas y tentaciones de este mundo engañoso y malo, y de su enemigo más cercano y más peligroso, su propio perverso y engañoso corazón".[8] Era natural que el cuidado de la iglesia por los niños fuera asignado grandemente a las mujeres. Las escuelas dominicales en Bretaña, que se diseñaron casi exclusivamente para los niños, cambió de tener mayoría de maestros al comienzo del siglo diecinueve, cuando estaban grandemente interesados en enseñar a leer y a escribir, a tener mayormente maestras a fin del siglo, cuando su tarea principal era la instrucción del conocimiento bíblico. Las responsabilidades de la escuela dominical se extendieron, por lo menos por mujeres dedicadas, más allá del salón de clase para prepararse cuidadosamente y visitar a los ausentes. También las mujeres se fueron de tiemplo completo a la educación, e iniciaron escuelas por su cuenta para proveer entrenamiento en una atmósfera cristiana. Aún la escuela superior pudo verse como responsabilidad especial de las mujeres. Así, en 1886, la Convención Femenil Bautista de Alabama fue fundada con la meta singular de levantar fondos para la

Universidad Bautista Selma para negros. Lo que tuviera que ver con la juventud usualmente caía bajo la supervisión de las mujeres. Por lo tanto, las organizaciones de caridad diseñadas para niños a menudo eran las mujeres las encargadas. Dos orfanatos del sur de Londres eran administrados por mujeres. La señora T. H. Montague era superintendente del Orfanato Brixton para Niñas, Charlotte Sharman fue la fundadora de otro en West Square, donde, aunque soltera, llamó sus obligaciones "tareas de madre".[9] Las mujeres llevaban el cuidado de los niños que descansaba sobre sus hombros dentro del hogar y en esferas más amplias de la iglesia y la sociedad en general.

En el amplio campo de la filantropía las mujeres también tuvieron un papel prominente. En Bretaña y Norte América y donde quiera en el mundo de habla inglesa, el siglo diecinueve fue una era de empresa privada para la caridad. Las sociedades voluntarias fueron creadas, usualmente bajo auspicios evangélicos, para un vasto campo de actividades a favor de los pobres, los enfermos, y los necesitados. Algunas veces fueron instituciones administradas por mujeres. Así en Estados Unidos hubo tales organismos como la Sociedad Femenil Caritativa de Newark y la Sociedad Femenil Misionera para los Pobres de la ciudad de Nueva York. Las sociedades levantaron fondos, pagaron salarios y organizaron estas agencias —siguiendo los modelos comerciales, pero no había duda que eran consideradas empresas cristianas. Los bautistas estuvieron activos junto con miembros de otras denominaciones en estas organizaciones no sectarias. En las sociedades administradas por hombres, las mujeres a menudo fueron las principales recolectoras de dinero. Algunas de las sumas más grandes recogidas para sus proyectos vinieron de bazares, ventas de mercancías en gran escala exclusivamente manejadas por mujeres. En los esfuerzos de caridad de las iglesias individuales, también las mujeres fueron las que principalmente laboraron. A menudo tenían tiempo durante la semana de trabajo para visitar a los necesitados. En el curso de las visitas de las mujeres ellas invertían tanto tiempo recolectando dinero como dispensado caridad. En todo, las mujeres a menudo y constantemente podían estar en pie y activas. A la señora Harris, de una iglesia bautista de la ciudad inglesa Leicester, se le describió por el que presentó el obituario como ocupada en "una actividad incansable que promovía el bienestar temporal y espiritual de otros".[10] Bien haya sido la filantropía el asunto de las sociedades organizadas, recolecta de dinero, o simples visitas, las mujeres tomaron el liderazgo.

En particular, las mujeres se distinguían principalmente por el apoyo en el país para las misiones. Las mujeres, como se mostrará en el capítulo 13, a menudo fueron figuras significativas en el campo misionero. En la primera generación de bautistas en las misiones foráneas al comienzo del siglo diecinueve, las esposas de los misioneros algunas veces fueron las socias activas de sus esposos. Hannah Marshman, casada con un miembro del primer grupo de bautistas británicos en ir a la India, fue una completa participante en la misión en Serampore, y Ann Judson, la esposa del primer misionero sostenido por los bautistas estadounidenses, se unió en el trabajo de su esposo y finalmente murió dando a luz en Birmania. Tal devoción movilizó a las mujeres a organizar el apoyo para la causa misionera. Algunas veces, como era de esperarse, su tiempo fue usado para coordinar los esfuerzos con los niños. Alrededor de la mitad del siglo diecinueve, entre 15 y 20 por ciento de la entrada anual de la Sociedad Bautista Misionera basada en Londres vino de las escuelas dominicales y de las organizaciones juveniles. Las sociedades femeniles misioneras en las iglesias individuales florecieron en los Estados Unidos. En 1847 la primera organización misionera femenil a nivel denominacional, la Sociedad Femenil Misionera de los Bautistas de Voluntad Libre, fue establecida. Hubo un surgimiento de cuerpos más grandes como este cerca de veinte años después. En 1867 en Londres, se formó una Asociación Femenil para mantener la obra de misioneras especializadas para ministrar entre las mujeres de la India. Las mujeres bautistas de Boston, en nombre del norte de los Estados Unidos (1871), y las provincias Marítimas de Canadá (1884) establecieron sus propias organizaciones de apoyo misionero, y en 1888 siguió la Unión Femenil Misionera, auxiliar de la Convención Bautista del Sur que recolectaba dinero para la evangelización doméstica tanto como foránea. Estas agencias, aunque de ninguna manera feministas, fueron insistentes en los derechos de la mujer. Cuando a la última de éstas se le solicitó en sus primeros años que adoptara las normas propuestas por los hombres, esta fue su robusta respuesta: "Esta es la Unión Femenil Misionara, y no hay necesidad que los varones formulen nuestras resoluciones".[11] Aunque estos cuerpos han hecho más difícil que las mujeres alcancen prominencia dentro de las más grandes organizaciones domésticas denominacionales, éstas a través de los años han provisto los medios por medio de los cuales las mujeres puedan planear su propia estrategia misionera. Llegaron a ser una distintiva voz para las mujeres.

En la sociedad en general, las mujeres cristianas tuvieron un creciente papel como reformadoras durante los fines del siglo diecinueve. En sus primeros años, las mujeres bautistas se encontraban en los grupos de presión del Norte diseñados a abolir la esclavitud, y estuvieron activas en el pujante Movimiento de Templanza en ambos lados del Atlántico. La Unión Femenil Cristiana de Templanza, fundada en 1874 a fin de lograr la prohibición del alcohol, movilizó más mujeres estadounidenses que cualquier otra organización del siglo. La campaña por la pureza social también reunió apoyo a grande escala, con la meta de rescatar las prostitutas de su manera de vida, en oposición al doble estándar en la moralidad sexual que toleraba el patrocinio masculino de los prostíbulos, y para proteger a los niños de la explotación sexual al elevar la edad de consentimiento. Para el tiempo de la Primera Guerra Mundial se esperaba que las mujeres bautistas respaldaron una variedad de buenas causas. La Unión Femenil Misionera de los Bautistas del Sur anunció en 1917 su apoyo para "aquellas fuerzas en nuestro país que buscan rectitud: patriotismo, observación del Día de Reposo, la santidad del hogar, el esfuerzo hacia el restablecimiento general del altar familiar, y la cruzada contra la pobreza, la enfermedad, el analfabetismo, el vicio y el crimen".[12] Estas causas introdujeron a las mujeres dentro de la lucha política aún cuando no tenían el voto. Algunos vieron la exclusión del derecho al voto como una injusticia contra la que se tenía que luchar, y los bautistas se encontraron entre las filas de los que demandaban el voto femenino. En Escocia, por ejemplo, una prominente trabajadora por el sufragio fue Jessie Yuille, la esposa del secretario de la Unión Bautista de Escocia. Las mujeres bautistas, aunque usualmente cumplidas para con sus padres y esposos, de ninguna manera permanecieron siempre silenciosas y pasivas.

Helen Barrett Montgomery ilustra este principio poderosamente. Montgomery desempeñó una parte muy pública en Rochester, Nueva York, donde su padre había sido ministro de la Iglesia Bautista Lake Avenue, en un escenario mayor. Ella permaneció como miembro toda la vida de la misma iglesia, donde ella tomó la clase de escuela dominical para mujeres y llegó a ser predicadora licenciada. Montgomery asistió a la universidad Wellesley College, donde bebió los ideales de la ciudadanía femenina activa, y, mientras administraba el hogar de su esposo comerciante, sirvió como presidente de la Unión Industrial y Educacional de las Mujeres de Rochester desde 1893 hasta 1911, animando a la auto-superación entre los pobres y promoviendo la reforma educativa. Era una defensora de la igualdad del sufragio para las mujeres, creyente en la reforma de templanza (aunque no en la prohibición inicial), y oponente a los prostíbulos. Su compromiso con las misiones foráneas la llevó a escribir su *Western Women in Eastern Lands* (1910), una historia inmensamente popular del papel de las mujeres en las misiones globales. Fue Montgomery quien concibió la idea de tener un día mundial de oración de las mujeres, que vino a ser realidad en 1919. Ella sirvió como la presidenta de la Convención Bautista del Norte, la primera mujer en ocupar tal posición y ocupo dicho puesto de 1921-1922, el año escandaloso cuando la controversia fundamentalista alcanzó su punto culminante; en buena medida, en 1924, publicó una traducción del Nuevo Testamento. "Jesús Cristo", ella le dijo a la Alianza Mundial Bautista en 1923, "es el gran Emancipador de la mujer".[13] Su propia carrera era la vindicación de tal juicio.

Igualmente prominente en su esfera estuvo Nannie Helen Burroughs una descendiente de esclavos que se unió al personal de la Convención Bautista Nacional como secretaria. A los veintiún años de edad en 1900, se dirigió a la denominación en una convención anual en Richmond, Virginia, elocuentemente dejando oír la voz de "justo descontento" sentido por las mujeres afroamericanas en las iglesias como resultado de ser, como ella lo enunció, "impedidas de ayudar".[14] El resultado fue que una Convención de Mujeres fuera formada en su denominación, y Burroughs vino a ser su primera secretaria corresponsal, continuando en esa posición, extraordinariamente, hasta su muerte en 1961. Burroughs fue una oradora exitosa sobre el "trabajo de las mujeres" en el Primer Congreso Mundial Bautista en Londres en 1905. En 1909 ella fue la fundadora de La Escuela Nacional de Capacitación para Mujeres y Jovencitas en Washigton D.C., diseñada para enseñar a las mujeres jóvenes negras una diversidad de habilidades que las equiparían para llegar a ser profesionales en la limpieza y cuidado de casa. Esto refleja su breve filosofía de las tres actividades —Biblia, baño y escoba, para promover vidas limpias, cuerpos limpios y hogares limpios. Siempre con una personalidad fuerte, Burroughs, quien nunca se casó, criticó al gobierno federal durante la Primera Guerra Mundial por fracasar en lidiar con los linchamientos o la segregación, y fue colocada en una lista de radicales potencialmente peligrosos. Burroughs, como Montgomery, demostró algo de la habilidad de las mujeres bautistas para tener partes significativas en la sociedad estadounidense.

Durante el siglo veinte, la auto imagen de las mujeres cambió drásticamente entre los bautistas. Las revistas de la Unión Femenil Misionera

*Helen Barrett Montgomery (1861–1934)
Líder y reformadora social bautista*

(WMU) de los Bautistas del Sur, la más grande de las denominaciones, han sido cuidadosamente estudiadas para ilustrar los cambios. En el período hasta 1918 aún prevalecían las actitudes del siglo anterior, con énfasis en la filantropía y el apoyo a las misiones como las prioridades para las mujeres. Su potencial como reformadoras sociales también recibió cobertura. El ideal era el "servicio personal", una forma de servicio social con el evangelio como motivo y la conversión como meta. En los años siguientes, hasta el final de la Segunda Guerra Mundial, pasó a primer plano formar un hermanamiento con las mujeres en la obra en el extranjero, junto con un compromiso dedicado a las causas de la denominación a través de la recaudación de fondos. En la posguerra, de 1946 a 1967, hubo un claro prototipo de mujer como ama de casa que reflejaba la opinión estadounidense contemporánea. Las mujeres casadas, que cuidaban con devoción a sus maridos e hijos, aparecían constantemente en las revistas. La pecaminosidad se comparó —enigmáticamente— con "una fea veta de polvo" revelada en la mesa de la anfitriona.[15] A partir de 1968, sin embargo, hubo un cambio de marcha. Las mujeres ingresaban en gran número al mercado laboral y sus paladines pedían igualdad en todas las esferas. La literatura de los Bautistas del Sur comenzó a revelar un tinte levemente feminista, no militante pero definitivamente progresista. Las mujeres podían encontrar satisfacción fuera del hogar; y la soltería era tanto una vocación como la vida matrimonial. A partir de 1970, la WMU incluso publicó una revista moderna para mujeres jóvenes llamada *Contempo*. Sin embargo, después de 1984, con el surgimiento de la Derecha Cristiana en Estados Unidos, hubo un retroceso hacia el cultivo de la espiritualidad como tarea principal de las mujeres. En 2000, la nueva *Fe y Mensaje Bautistas* de la denominación anunció que "una esposa debe someterse con gracia al liderazgo de servicio de su esposo".[16] El papel principal de la mujer se había re definido en términos cercanos a los de la generación de la posguerra. La opinión bautista del siglo veinte sobre este tema, al menos en los círculos Bautistas del Sur, era particularmente volátil.

Las mujeres en el ministerio

La contribución de las mujeres a las iglesias y a la sociedad fue rara vez igualada por cualquier papel oficial en el ministerio. Las mujeres no fueron aceptables como ministras ordenadas, o aun como predicadoras, en la mayoría de los cuerpos bautistas durante el siglo diecinueve. Hubo excepciones. Los Bautistas de Voluntad Libre, con su herencia de avivamiento, licenció por lo menos a una mujer como predicadora en la década de 1840 y ordenaron a un puñado en la década de 1870. La pequeña denominación de los Bautistas del Séptimo Día ordenaron a una mujer en 1885. Entre los Bautistas del Norte, en 1882 hubo una excepcional ordenación de una mujer, May C. Jones, por la Asociación Bautista de Puget Sound, que ocasionó que muchos se salieran y de la declaración que, si un número significativo no hubiera salido, el evento (la ordenación) no hubiera podido llevarse a cabo. Hubo ocasiones de predicadoras laicas, como en Bradford, Yorkshire, en la década de 1840, y de la dotada evangelista Emilia Baeyertz quien sirvió en Australia desde la década de 1870. Pero en general la aparente prohibición bíblica que las mujeres no hablen en la iglesia aún prevaleció. Aunque hubo campeonas influyentes de las mujeres como diaconisas, existió amplia reserva porque las que ocupaban dicho puesto normalmente se esperaba que oraran en la Cena del Señor. Tanto en Inglaterra como en Norte América parece haber habido unas cuantas diaconisas en la última parte del siglo diecinueve, pero en Estado Unidos era probablemente más común, a la manera del siglo diecisiete, que a las mujeres se les llamara diaconisas para servir como asistentes no ordenadas de los diáconos. Desde 1890 existió en Inglaterra una orden de diaconisas, trabajadoras uniformadas de la iglesia que inicialmente asumieron las obligaciones de enfermeras pero que gradualmente asumieron más amplias responsabilidades pastorales; y cuatro años después un cuerpo similar se organizó en la ciudad de Nueva York en el círculo de Rauschenbusch. Las mujeres con el llamamiento al ministerio todavía fueron colocadas en una categoría diferente.

Fueron las dos olas del feminismo del siglo veinte las que transformaron las oportunidades de las mujeres para actuar como líderes de la iglesia. La primera ola, asociada con la demanda del voto femenino, llevó a más grande prominencia a las mujeres. En Bretaña los votos para las mujeres fueron parcialmente concedidos en 1918 y totalmente dados en 1928. Allí, la Liga de Mujeres Bautistas, diseñada inicialmente para recolectar dinero para las misiones domésticas, vino a ser el vehículo para la participación de la mujer en la vida denominacional desde 1910; al año siguiente las mujeres estuvieron cooperando con el Concilio Unido Bautista por primera vez; y en 1918 la primera mujer ministro se registró como estando a cargo de una iglesia bautista inglesa. El Concilio Unido Bautista formalmente decidió en 1925 que no había objeción para que las mujeres entraran al ministerio. Algunas mujeres pudieron lograr posiciones de verdadera prominencia. Hettie Rowntree Clifford, esposa del superintendente de la misión central West Ham, en el este de Londres, aunque ella misma no estaba ordenada, fue el motor de actividad y predicó tan poderosamente como su esposo. En los Estados Unidos la eminencia de Helen Barrett Montgomery ilustraba el potencial muy similar para las mujeres dentro de los Bautistas del Norte. Para 1920 por lo menos cien mujeres estaban en el ministerio formal entre ellos. Los Bautista Nacionales y los Bautistas del Sur (como la denominación en otras tierras tales como Australia y Canadá), sin embargo, permanecieron resistentes a la ordenación femenina en la primera parte del siglo veinte. Pero aún dentro de los Bautistas del Sur fueron tocados por el espíritu de la era. Las mujeres en el pasado habían sido rechazadas como mensajeras a la convención anual, pero en 1918, el año en que las mujeres estadounidenses aseguraron el voto, fueron admitidas como mensajeras. Una década después se les permitió hablar en la convención. Cuando, en 1941, el evangelista bautista fundamentalista John R. Rice publicó un sermón titulado "Mujeres con pelo corto, esposas mandonas y mujeres predicadoras", apuntaba, a pesar de su título provocativo, a una relación entre la nueva moda femenina secular y la emergencia de las mujeres en el ministerio que de hecho existía. Actitudes de cambio hacia el papel de las mujeres en la sociedad fueron afectando los juicios del lugar de la mujer en la vida bautista.

La segunda ola del feminismo desde la década de 1960 en adelante fue igualmente transformadora. En Bretaña en 1962, había tan solo dos mujeres bautistas ordenadas; y para el 2000, había 155. Australia tuvo su primera ordenación femenina en 1978 y esto siguió en otros países. La Junta General de las Iglesias Bautistas Americanas del Norte afirmó en 1985 que "el evangelio de Jesús Cristo libera a todas las personas, femenina o masculina, para servir en cualquier ministerio para el cual han sido llamados por Dios y para el cual tienen los talentos dados por Dios".[17] Para el 2003 en las iglesias Bautistas del Norte, el 9 por ciento de pastores principales eran mujeres. El hecho, sin embargo, que el 32 por ciento de pastores asociados fueran mujeres, ilustra el fenómeno casi universal en todas partes que a las mujeres se les permite ministrar —aunque hay una renuencia a nombrar mujeres para las posiciones de mayor responsabilidad. En la Convención Bautista del Sur el asunto de la ordenación femenina vino a ser motivo de aguda controversia. Lentamente un creciente número de iglesias permitían diaconisas. En 1964 Addie Davis vino a ser la primera mujer ordenada al ministerio, y en 1983 la Organización de Mujeres en Ministerio se formó en la denominación. Sin embargo, hubo un contra golpe. En 1973 una resolución de la convención notó "un gran ataque por los miembros de la mayoría de los movimientos de liberación femenina a los preceptos bíblicos del lugar de las mujeres en la sociedad".[18] Los más abiertos mentalmente en la denominación temieron que el caso bíblico sobre la igualdad entre hombres y mujeres se estaba tirando de lado. El asunto llegó a estar tan confuso con la controversia de conservadores y moderados que quebró a los Bautistas del Sur durante la década de 1980. Una resolución en 1984, aprobada por la mayoría conservadora contra la inquebrantable oposición moderada, condenó la determinación de la fe y práctica cristiana basada en las tendencias contemporáneas y rechazó la ordenación de las mujeres. Los conservadores adoptaron lo que se vino a conocer como una posición complementaria: que la mujer se debe someter a los hombres en el hogar, y en la iglesia; y que en la iglesia solo debe asumir otros papeles, no el de predicar. La postura de igualdad de la mayoría de la sociedad, sin embargo, prevaleció entre los moderados y el Compañerismo Bautista Cooperativo emergió de esa controversia denominacional. El desacuerdo sobre el papel apropiado de las mujeres fue una de las divisiones que rasgaron a los Bautistas del Sur.

En otros países, el trabajo de las mujeres no siempre alcanzó la etapa de su ingreso al ministerio. El patrón normal en los países donde había misioneros bautistas era que los grupos de mujeres se organizaran en unas pocas iglesias locales algunos años antes de que se creara una red nacional. Así, en México se creó la primera sociedad local de mujeres en 1885 y en Brasil el equivalente llegó cuatro años después. En Nigeria, el primer grupo especializado de mujeres, una Liga de Mujeres Jóvenes, se inauguró en 1916. Las organizaciones nacionales siguieron en 1908 en Brasil y en 1919 en México y Nigeria, aunque la Unión Femenil Misioneras de Nigeria (WMU) no recibió reconocimiento formal como "auxiliar" a la Convención Bautista de Nigeria" hasta 1925. A partir de entonces, las entidades femeninas separadas proporcionaron un medio para que sus miembros asumieran responsabilidades que rara vez podrían asumir en la sociedad en general. Las organizaciones de mujeres a menudo se especializan en el trabajo entre niños y jóvenes. La WMU de Nigeria, por ejemplo, desarrolló un sistema para todas las edades incluyendo una Sunbeam Band para niñas de hasta 7 años, un Auxiliar de Niñas para niñas de hasta 16 y un Auxiliar de Lydia para estudiantes y mujeres solteras hasta el matrimonio. Podría haber campamentos, clínicas y escuelas de capacitación bajo los auspicios de las agencias femeninas. La brasileña se dedicó a la literatura, produciendo un *Trimestral Femenil* desde 1922 y abundante literatura para jóvenes. Sin embargo, estas organizaciones podrían ir más allá de las preocupaciones tradicionales de las mujeres con la familia para apoyar a sus propios misioneros. Los miembros de la UFM mexicana se ocuparon especialmente de las misiones a los pueblos indígenas de su país, disponiendo la construcción de capillas entre ellos. En Nigeria, desde una fecha temprana, las mujeres desempeñaron un papel en el liderazgo de la iglesia. En la década de los 1860, cuando no había misioneros varones en el área, Sarah Harden, la viuda de un pastor estadounidense negro, asumió la responsabilidad de la iglesia en Lagos. Más tarde, los nigerianos mostraron menos inhibiciones sobre el ministerio femenino que los bautistas en muchos otros países, de modo que a fines del siglo veinte las mujeres estaban activas en el trabajo pastoral y algunas fueron formalmente ordenadas. En países donde la gente era generalmente más tradicional en su actitud hacia el papel de la mujer que muchos en Occidente, las iglesias bautistas y sus agencias podrían ser una fuerza liberadora, permitiendo que las mujeres desempeñen un papel junto a los hombres. Como dice el lema de la WMU de Nigeria, "somos colaboradoras para Dios".[19]

A través de los siglos, las mujeres han formado una mayoría considerable de los bautistas, pero eso no se ha reflejado usualmente en la historia de la denominación. Sus líderes raramente han sido mujeres, y así las actividades de las mujeres han sido indebidamente minimizadas. Los primeros bautistas, al tratar de seguir los principios del Nuevo Testamento, escudriñaron la evidencia bíblica del lugar de la mujer en la iglesia y así les dieron un papel más completo al hacer decisiones que lo que se acostumbraba en la mayor parte del resto de los compañerismos cristianos. El avivamiento del siglo dieciocho tuvo el mismo efecto, aunque los bautistas todavía normalmente deseaban estar seguros que obedecían las limitaciones en cuanto a las mujeres hablar en público, lo cual ellos entendían como un axioma bíblico que permanecía. Cuando, desde alrededor del principio del siglo diecinueve, hubo la insistencia en mucha de la literatura cristiana de aconsejar que la esfera apropiada para la mujer era dentro del hogar, en vez de los lugares públicos, los bautistas, como muchos otros evangélicos, en la práctica le dieron a la mujer una tercera esfera de auto-realización en la iglesia. En muchas de las áreas de la vida bautista las mujeres encontraron una salida a sus energías. Ellas podían expresar sus experiencias espirituales en las reuniones tanto como en privado; podían expresar sus pensamientos en la literatura y los himnos; y podían asumir responsabilidad por los niños y su educación. Las mujeres bautistas estuvieron activas en la obra de caridad, alcanzando grandes hazañas en la recolecta de dinero; fueron particularmente energéticas en el sostenimiento de las misiones, creando sus propias organizaciones para ese propósito; y muchas de ellas participaron en campañas de reforma para lograr las metas que creían que eran cristianas. Helen Barrett Montgomery y Nannie Hellen

Burroughs mostraron que las mujeres podían prosperar en muchos de estos campos. Durante el siglo veinte, la opinión sobre el papel de la mujer era variable, afectando cuestiones relacionadas con el ministerio femenino. Hasta ese siglo, a las mujeres de América del Norte y Bretaña rara vez se les permitía ocupar puestos de liderazgo en las iglesias. Los desarrollos feministas en la más amplia sociedad animaron a una consideración fresca de las guías bíblicas para que las mujeres entraran en el ministerio ordenado. Sin embargo, hubo en algunos lugares el fuerte sentimiento que esta interpretación hacía poca justicia a la Escritura, y así el conflicto sobre el papel de la mujer continuó. Todos, no obstante, están de acuerdo que las iglesias no podrían existir sin la variedad de formas del ministerio femenino, muchas de las cuales también existieron en tierras fuera del Norte Global. Las mujeres estaban en el corazón de la vida bautista.

LECTURA ADICIONAL

Briggs, John H. Y. "She-Preachers, Widows and Other Women: The Feminine Dimension in English Baptist Life since 1600." *Baptist Quarterly* 31 (1986): 337–52.

DeWeese, Charles W., and Pamela R. Durso, eds. *No Longer Ignored: A Collection of Articles on Baptist Women*. Atlanta: Baptist History and Heritage Society, 2007.

Higginbotham, Evelyn Brooks. *Righteous Discontent: The Women's Movement in the Black Baptist Church, 1880–1920*. Cambridge, Mass.: Harvard University Press, 1993.

Maxwell, Melody. *The Woman I Am: Southern Baptist Women's Writings, 1906–2006*. Tuscaloosa: University of Alabama Press, 2014.

Mobley, Kendal P. *Helen Barrett Montgomery: The Global Mission of Domestic Feminism*. Waco, Tex.: Baylor University Press, 2009.

Prochaska, Frank K. *Women and Philanthropy in Victorian England*. Oxford: Clarendon, 1980.

Wilson, Linda. *Constrained by Zeal: Female Spirituality among Nonconformists, 1825–75*. Carlisle: Paternoster, 2000.

Capítulo 11

LA IGLESIA, EL MINISTERIO, Y LOS SACRAMENTOS ENTRE LOS BAUTISTAS

Existen ciertas convicciones sobre la naturaleza de la vida de la iglesia que los bautistas han sostenido con un alto grado de consistencia. Prominente entre ellas ha sido su creencia en el principio de la iglesia congregada. Contrastada con esas comunidades cristianas —sea la ortodoxa, católica romana o protestante— que consideran a toda la gente de un territorio como sus adherentes, los bautistas insistían que únicamente los que reconocían a Cristo como Salvador debían ser aceptados como miembros de la iglesia. Las iglesias, sostenían ellos, eran organizaciones voluntarias en el sentido que tenían que ser el resultado de deliberada elección de los que solicitaban unirse. Ningún peticionario era considerado digno excepto los que podían dar evidencia que poseían la experiencia auténticamente cristiana. Como John Smyth singularmente lo puso en el año antes de ser bautizado por sí mismo, el "asunto verdadero" de la iglesia era "santos solamente".[1] Es decir que, nadie sino los verdaderos creyentes, los descritos en el Nuevo Testamento como "Santos", pertenecerían a una iglesia válida. Esta convicción era compartida por los primeros independientes, y posteriormente por los congregacionalistas, que igualmente insistían que las congregaciones consistían de "santos visibles". Los Bautistas Particulares, como lo vimos en el capítulo 4, también compartían el punto de vista independiente que cada iglesia era totalmente independiente de cualquier otra, mientras que los Bautistas Generales siguieron un patrón de mayor conexión que permitía que algunas decisiones se tomaran en las asambleas generales de todas las iglesias y permitía la supervisión de las iglesias por los mensajeros. Pero ambos cuerpos bautistas, de nuevo como los independientes, sostenían que los miembros de las iglesias se gobernarían a sí mismos. Ese punto de vista normalmente se ha sostenido a través de los siglos, con la responsabilidad última para decisiones descansando no en los pastores ni diáconos, sino en la iglesia de miembros comprometidos como un todo. La idea de iglesia de los bautistas no era única, porque fue sostenida por completo por los independientes, pero era poco común entre los cristianos en general, brotando de la creencia de los bautistas de una membresía regenerada.

La actitud de los bautistas hacia el ministerio ha contenido elementos de consistencia y de variación. Fueron consistentes en mantener un punto de vista del ministerio que era diferente del entendimiento normal entre otros cristianos. Los ortodoxos y los católico romanos, cuya creencia era que la iglesia tiene que ser guiada por sacerdotes, separados fuertemente de los laicos para que puedan representarles ante Dios, y la Iglesia de Inglaterra, aunque incluía una cantidad de opiniones sobre el tema, retuvo la palabra "sacerdocio" para su ministerio después de la Reforma. Todos los que eran los herederos sin ambigüedades de la Reforma, en contraste, creían en el sacerdocio de todos los creyentes. Por lo tanto, los luteranos, los calvinistas, los arminianos y los anabautistas negaban la existencia de cualquier orden sacerdotal apartado de la comunidad cristiana. Sin embargo, los presbiterianos ordenaron hombres al ministerio de la palabra y sacramento, viendo la responsabilidad como atribuyendo una dignidad especial a quienes se les confería. Los bautistas, de nuevo como los independientes, fueron un poco más equívocos. Por una parte, tenían ministros; pero por la otra, negaban que los ministros tuvieran una autoridad o rango particular. Algunos tendían a mantener un más alto punto de vista del ministerio no diferente del de los presbiterianos, pero otros mantuvieron la más baja estima, contendiendo, por ejemplo, que no había razón para que una persona laica no presidiera en la Mesa del Señor. También hubo, como lo hemos visto, una diferencia entre los primeros Bautistas Generales y los Bautistas Particulares. Los Bautistas Generales sólo nombraban mensajeros con poderes apostólicos para supervisar las congregaciones de las cuales eran miembros. Pero ambos cuerpos de bautistas sostuvieron que, en la iglesia local, había sólo dos formas de ministerio, el de los ancianos y los diáconos. Los obispos, sobreveedores, del Nuevo Testamento fueron identificados con los ancianos descritos allí, y en años posteriores a menudo fueron llamados ministros o pastores. Los diáconos se concentraban en los asuntos más seculares de la iglesia. La naturaleza y poderes de cada oficio no obstante estaban sujetos a debate. Las actitudes hacia la ordenación y autoridad ministerial cambiaron considerablemente a través de los siglos. A pesar del rechazo unánime de un sacerdocio separado, hubo gran variación en las actitudes bautistas hacia el ministerio.

La doctrina bautista de los sacramentos, esto es del bautismo y de la Cena del Señor, también estuvo marcada con una mezcla de diversidad y constancia. La misma palabra "sacramento", inicialmente usada por muchos bautistas, fue luego rechazada por casi todos ellos. Preferían la palabra "ordenanza" en base a que los dos eventos fueron ordenados por Jesús. Pero al definir la práctica de la denominación, el bautismo de creyentes, tuvo una mayor consistencia. Por los dos primeros siglos de su existencia los bautistas tuvieron que contender que su propio patrón de iniciación era correcto y que el patrón observado por todos los demás cristianos que encararon era incorrecto. Aún cuando otros cuerpos observaban el bautismo de creyentes —las Iglesias de Cristo y los así llamados Hermanos Plymouth en el siglo diecinueve y los pentecostales en el veinte— los bautistas fueron los principales campeones de la práctica. Generaban un torrente de literatura diseñada para vindicar su convicción que los infantes no deben ser bautizados y que la manera apropiada de administrar el rito es por inmersión. "Porque hay un Cuerpo," escribió Edward Barber en 1641, "un Espíritu, y creyentes llamados en una esperanza de llamamiento, un Señor, una Fe: y así también, una zambullida, que tenía que administrarse sólo a los que se habían hecho discípulos".[2] La apología principal tenía que ver con los candidatos para el bautismo, la contención siendo que el rito se debe administrar sólo a los que conscientemente han llegado a la fe. Esto no quería decir restringido sólo para adultos, como sus oponentes a menudo suponían. Los bautistas mantuvieron el bautismo de creyentes, no el bautismo de adultos, y por eso permitían que los niños fueran inmersos en tanto que mostraban la fe que se requería. El tema secundario de su defensa tenía que ver con el modo del bautismo. Aunque en los primeros días del movimiento, el bautismo fue administrado con derramamiento de agua de una vasija, el requisito desde la década de 1640 en adelante era que el candidato debía ser sumergido completamente bajo el agua. La meta era reproducir la imagen de Romanos 6, donde al bajar el cuerpo dentro del agua reproduce el descenso de Cristo a la tumba y al levantar el cuerpo representa su resurrección. El simbolismo vívidamente comunica el mensaje de un nuevo comienzo en la vida de la regeneración. Aquí estaba un acto que todos estaban contentos de llamar ordenanza y que algunos estaban dispuestos a denominarlo sacramento.

Sobre la segunda ordenanza, la Cena del Señor o servicio de comunión, los bautistas estuvieron unánimes en el rechazo de los dos

Charles Haddon Spurgeon (1834–1892)
Predicador Bautista

puntos de vista alternos. Repudiaron la enseñanza católico romana de la transustanciación, la creencia que los elementos de pan y vino se transforman en el cuerpo y sangre de Cristo. También desecharon la idea luterana de la consustanciación, la convicción que, el pan y el vino permanecen, pero que el cuerpo y la sangre de Cristo de hecho están presentes también. Los bautistas sostenían que, al contrario, la presencia física del Señor había dejado la tierra en la ascensión y no retornaba en el servicio de comunión. Entre ellos diferían, sin embargo, en cuanto al significado de la ceremonia. Para muchos era solamente para recordar. Así John Fawcett, un influyente ministro bautista en Yorkshire al final del siglo dieciocho, escribió que la Mesa del Señor es "sabia y dignamente diseñada para revivir en nuestras mentes el recuerdo de aquel que dio su vida como rescate de nuestras almas".[3] Esta posición, que usualmente se ha llamado "zwingliana" por el reformador suizo Ulrico Zwinglio, por un largo tiempo se extendió de tal manera que llegó a suponerse que era la única doctrina bautista de la comunión. Sin embargo, también hubo otro punto de vista derivado de otro gran reformador suizo Juan Calvino, quien hizo de mayor estimación lo que pasa en la Cena del Señor. En este entendimiento, el pan y el vino son señales que comunican, por el poder del Espíritu Santo, algo de lo que esto significa. Los elementos transmiten a los creyentes la presencia auténtica de Cristo quien murió por ellos. Funcionan como un sello de la salvación, ratificando la fe humana tanto como el don divino. Este punto de vista reformado fue enseñado por Charles Haddon Spurgeon. "Tan seguro", escribió él, "como que el Señor Jesús vino a su carne en Belén y en el Calvario, de igual manera realmente viene por su Espíritu a su pueblo en las horas de la comunión con Él".[4] Los bautistas quienes, como Fawcett, adoptaron el punto de vista zwingliano usualmente prefieren llamar la Cena del Señor una ordenanza. Para aquellos que, como Spurgeon, toman el punto de vista calvinista estuvieron algunas veces aunque no siempre, dispuestos a llamarlo sacramento.

Puntos de vista de los primeros bautistas

Los primeros bautistas valoraban su eclesiología. De la Reforma heredaron la convicción que era imperativo identificar los patrones correctos del gobierno y la adoración de la iglesia. Los principios eclesiásticos por lo tanto fueron de mucha importancia. Era en "una verdadera iglesia constituida", de acuerdo al credo ortodoxo de 1678, "y no en otra parte, que todas las personas que buscan la vida eterna, deberán alegremente unirse ellas mismas".[5] Solicitantes para bautismo y membresía tenían que presentar los testimonios de su conversión a la comunidad reunida, y sólo después de examen eran aceptados. La meta era estar seguros, en todo lo posible, que la iglesia solamente tuviera regenerados y a nadie más. Los que eran admitidos comúnmente se subscribían a un pacto que declaraba las doctrinas de la iglesia y los relacionaba de por vida. Estaban de acuerdo de dar y recibir apoyo espiritual el uno del otro. Cada nuevo recluta se comprometía, como Morgan Edwards explicaba sobre la Asociación de iglesias de Philadelphia en 1774, a comportarse "de ahí en adelante como miembro de un cuerpo espiritual; y responsable a éste, sujeto a su control, y de otra manera inseparable del mismo por lo cual se daba consentimiento primeramente, y no lo rehusaba sin razón".[6] El control era ejercido por medio de la disciplina de la iglesia. Los miembros actuaban juntos como una corte, trayendo y escuchando cargos del uno contra el otro cuando las amonestaciones informales habían fallado en producir arrepentimiento. La falla de asistir a la Mesa del Señor, violar el sábado, casarse fuera de la comunidad, inmoralidad sexual, y exceso de licor se encuentran entre las formas más comunes de conducta a que se sometían a la audiencia disciplinaria. A los que se les encontraba culpables se les reprendía, excluyéndolos de la comunión por un tiempo, o en asuntos serios, se les echaba de la membresía de la iglesia. Bien dentro del siglo diecinueve, los bautistas, por todo su esfuerzo por la libertad de consciencia en la amplia sociedad, normalmente esperaban conformidad a los firmes estándares dentro de sus propias filas. El mantener la disciplina era una de las señales de un alto respeto bautista para la iglesia visible.

En los dos primeros siglos de su existencia, los bautista también mantuvieron un alto punto de vista del ministerio. Una iglesia sin liderazgo pastoral, ellos estaban de acuerdo, era anómala. La ordenación era una ocasión pública y formal, asistida por ministros de iglesias adyacentes y solemnizada por la imposición de manos sobre el candidato. Usualmente, a fin de evitar la ordenación de un indigno, un pastor oficiaría en su iglesia por algún tiempo, a menudo, largos años, antes de ser llamado por la iglesia para someterse al rito. Era generalmente aceptado que sólo los ordenados podían administrar la Cena del Señor. John Gill, principal autoridad en orden de la iglesia en el siglo dieciocho, estipulaba no sólo que a un miembro privado se le debía prohibir de presidir en la Mesa del Señor sino que también el ministro no debiera oficiar en la ceremonia en una iglesia diferente a la suya. En el siglo diecisiete había sido normal que las iglesia tuvieran más de un anciano o ministro. Eso era lo que John Smyth esperaba, y también fue la práctica de la iglesia de comunión abierta en Bedford donde John Bunyan era uno de los pastores. Los bautistas escoceses empezaron en 1765, liderados por Archibald McLean de Edimburgo, a ser particularmente puntillosos en cuanto al oficio pastoral. Requerían más de un anciano en cada congregación y en realidad experimentaron una división cuando ciertas iglesias reclamaron el derecho de tener la Cena del Señor con un solo anciano presente. Sin embargo, los bautistas en general creían que los ministros no podían contradecir la autoridad suprema de la iglesia local. Sus poderes siempre estaban sujetos a los de la comunidad reunida. En el más amplio compañerismo de los bautistas también tenía que tenerse en cuenta. Así en 1792, la Asociación de Philadelphia desaprobó de un solo ministro quien se aventuró a constituir una iglesia sin la participación de sus hermanos ministros. Plantar una iglesia no era un ejercicio solitario sino una empresa que requería la aprobación de otras iglesias. En conjunto había un sentido del alto rango del ministerio cristiano, circunscrito solo por una fuerte consciencia de los requisitos del orden de la iglesia.

El bautismo era considerado en los primeros días como una ceremonia de gran momento. El acto del bautismo, los bautistas suponían, no se podía separar de la entrada a la iglesia, porque se entendía ser el modo bíblico de la iniciación cristiana. Como el bautismo era valorado como una manera de tener compañerismo con el Salvador quien murió y se levantó de nuevo, se sostenía como un distinto medio de gracia. Como los Bautistas Particulares eran calvinistas, vieron el bautismo como una ocasión del concepto reformado de un sello. "Porque lo que el bautismo encuentra," escribió Henry Lawrence en 1659, "sella".[7] El sacramento, una palabra que Lawrence comúnmente usa, confirmaba las bendiciones de la salvación para el creyente. Anne Dutton, en el siglo dieciocho, continuó explicando el significado del bautismo en términos de sello. Ella explica que el Todopoderoso, a menudo da una experiencia de seguridad a la persona que recibe el bautismo, pero que, aún si eso no sucede, la misma realización del rito es una forma de seguridad. Los Bautistas Generales no estuvieron menos dispuestos para ver el bautismo como un acto sacramental.

Thomas Grantham, su teólogo más sofisticado, entendió la inmersión de esa manera. Su Credo Ortodoxo de 1678 declaraba que los dos "sacramentos" son "ordenanzas de positiva, soberana y santa institución", identificando las dos descripciones que generaciones posteriores verán como antitéticas.[8] Los Bautistas Generales también estuvieron fuertemente adheridos a la imposición de manos en el bautismo, considerándolo fundamental a la fe. Eso fue porque, en su punto de vista, el Espíritu Santo vino sobre los creyentes de manera especial en el bautismo, dándoles poder para servir. Los Bautistas Particulares de igual manera fueron puntillosos en cuanto a la ceremonia. Muchos de ellos persistían en la imposición de manos hasta bien entrado el siglo dieciocho y consistentemente requerirían que el acto de bautismo se celebrara apropiadamente. Así, por ejemplo, en 1792 la Asociación de Philadelphia resolvió, en respuesta a la pregunta de un miembro de la iglesia, que el bautismo realizado por un administrador sin ordenación era inválido. El consenso de opinión entre los bautistas en los siglos diecisiete y dieciocho le dieron al bautismo un lugar alto en su fe y práctica.

De igual manera, la Cena del Señor fue tratada como una ocasión especial y espiritual. Se ha supuesto que los bautistas deliberadamente afirmaron un punto de vista más bajo tanto del bautismo como de la comunión por las palabras de la Confesión de Londres de 1689. Mientras que la Confesión de Westminster para los presbiterianos y la Declaración de Savoy para los independientes usaron el término "sacramento", la Confesión de los Bautistas Particulares, aunque basada en los dos documentos de las otras denominaciones, en vez empleó "ordenanza". Seguramente, se sugirió el reemplazo de una palabra con más altas asociaciones por otra con más bajas connotaciones que tuvo que ser diseñada como una señal de un punto de vista diferente. Pero ese no parece haber sido el caso. Los términos fueron usados de forma intercambiable en el siglo diecisiete, de suerte que la alteración verbal no necesariamente implicaba un cambio de significado. Como "ordenanza" se había empleado anteriormente en las afirmaciones de la fe bautista para indicar la institución divina del bautismo, era natural que se continuara usando la palabra sin ninguna intención de modificar la doctrina que se estaba enseñando. La cláusula de la Confesión de 1689 relacionada con la Cena del Señor explicaba que la presencia espiritual de Cristo se encontraba en la mesa, una afirmación calvinista en vez de un punto de vista zwingliano. Hercules Collins, pastor en Wapping en Londres, podía escribir en 1680 que en la Cena del Señor nos hace "verdaderos participantes del cuerpo y la sangre, por medio de la obra del Espíritu Santo".[9] Así los Bautistas Particulares continuaron sosteniendo un punto de vista alto de la comunión. Los Bautistas Generales estaban satisfechos con el uso del lenguaje reformado de "sello" en cuanto a la función de la comunión y de hecho estuvieron más inclinados para incluir "sacramento" en su discurso que los Particulares. La creencia que Cristo está presente en el servicio de comunión, espiritualmente en vez de físicamente, pero de una manera que no está en ninguna otra parte, permaneció como parte de la herencia hasta el siglo diecinueve. Es por eso que Spurgeon podía adoptar un punto de vista robusto en los años victorianos. "En la mesa", contendía él, "Jesús nos alimenta con su santo cuerpo y su santa sangre".[10] La doctrina de la comunión ente los bautistas fue alta como lo fue la doctrina de la iglesia, el ministerio y el bautismo.

Declive en las altas prácticas de la iglesia

Gradualmente, sin embargo, las actitudes en todos los cuatro puntos sufrieron una transformación. En vez de afirmar la importancia de la iglesia, el ministerio, el bautismo y la Cena del Señor como expresiones de la voluntad de Cristo y ayudas en el sendero de salvación, los bautistas empezaron a tratarlas como insignificantes aspectos de la fe. Otros cuerpos cristianos les pudieron dar mucha importancia, pero los bautistas empezaron a afirmar que era su honorable logro haber percibido qué tan marginal eran en la vida espiritual. La modificación de sus puntos de vista ya presentes en el siglo dieciocho, siguió en declive sostenido hasta los primeros años del siglo veinte. Existen por lo menos cinco razones para este cambio. En primer lugar, esto fue parcialmente el resultado de las circunstancias del debate. Como los bautistas era los únicos campeones del bautismo de creyentes, se concentraron en defender la práctica frente a sus muchos detractores. A menudo sintieron que no necesitaban hacer afirmaciones elaboradas sobre la iglesia, el ministerio, o la Cena del Señor, y voluntariamente compartieron las apologías armadas por sus compañeros protestantes, especialmente por los independientes, con quienes estaban en completo acuerdo en estos puntos. En forma estable, su comprensión de los primeros principios en estas áreas tendió a relajarse. Cuando tomaron las armas en favor del bautismo de creyentes, además, característicamente arguyeron en líneas específicas. Los defensores bautistas se concentraron en la vindicación de los temas apropiados y el de corregir el modo del bautismo. En todos los claros ejemplos del Nuevo Testamento, ellos argüían, los que se sometían al rito tenían suficiente edad para poseer fe personal; y la palabra griega para bautismo, que se usaba de teñir materiales en el mundo antiguo, evidentemente significaba inmersión. Los controversistas bautistas por lo tanto vieron poca necesidad de discutir el significado de la ceremonia. El uso de términos, tales como "sello", que se había empleado antes para explicar el bautismo de creyentes probablemente fue deliberadamente evadido por su asociación con el bautismo de infantes en la tradición reformada. Así los bautistas sintieron menos y menos necesidad de explicar el significado de sus propias distinciones del rito.

Una segunda razón para la alteración fue un cambio en el clima intelectual. El surgimiento del iluminismo, como lo vimos en el capítulo cinco, se imponía poderosamente en la religión durante el siglo dieciocho, y su legado moldeaba el pensamiento de los teólogos, así fueran ortodoxos, durante el subsiguiente siglo. Existía, por ejemplo, un enfoque en lo útil que inhibía pensar sobre otros aspectos de algún fenómeno dado. Por lo tanto, para Andrew Fuller, el más capaz teólogo bautista al principio del siglo diecinueve, la importancia del bautismo yacía en su utilidad. En su ampliamente circulado *The Practical Uses of Christian Baptism* (1802), Fuller sugería que el bautismo era principalmente "una solemne y práctica profesión de la religión cristiana".[11] La suya fue una valoración mucho más baja del significado del bautismo que la profesada por los primeros bautistas exponentes del rito. Francis Wayland, quien sirvió como presidente de la Universidad Brown, la institución bautista en Providence, Rhode Island, desde 1827 a 1855, tomó el mismo principio de conveniencia aún mucho más lejos. "No veo nada en el Nuevo Testamento", escribió él, que prevenga a una comunidad de cristianos para adoptar cualquier forma de gobierno de la iglesia que estimen más para su edificación".[12] Esa concesión, admirable de un líder de la denominación, debilita cualquier defensa de la singular autoridad de las normas bautistas. Las actitudes tradicionales hacia el ministerio cristiano fueron igualmente afectadas. Para Wayland, no había distinción entre un ministro y cualquier otro siervo de Cristo, de manera que otros discípulos pueden realizar cualquiera de las responsabilidades de la vida de la iglesia. Y la forma de pensar del iluminismo también degradó la Cena del Señor. John Clifford, el líder bautista inglés de la última parte del siglo diecinueve quien vivió hasta después de la Primera Guerra Mundial, arguyó que los sacramentos "en sí mismos no eran vehículos de gracia".[13] Esta declaración, que negaba mucho del pensamiento bautista inicial, fue el resultado de la exaltación de la razón y la denigración del misterio. La generalizada influencia de un estilo de pensamiento iluminado llevó a un cambio mayor en la postura de los bautistas sobre los asuntos eclesiásticos.

El Avivamiento Evangélico, en tercer lugar, tuvo un efecto similar. Para los que habían experimentado el poder del avivamiento para esparcir el evangelio, otros asuntos, tales como el orden de la iglesia, comúnmente se desvanecieron a insignificantes. En verdad, las maneras evangélicas y del iluminismo a veces se entrelazaban y se reforzaban entre sí. John Leland, un campeón ardiente de la libertad religiosa en los primeros años de la república, sirvió como ministro bautista en Massachusetts. Combinando el ardor de un evangelista itinerante con el empirismo de un filósofo, desarrolló una aversión a la comunión, escribiendo en 1811, "por el experimento de más de treinta años, no tengo evidencia que el pan y el vino jamás hayan ayudado mi fe para discernir el cuerpo del Señor . . . no he sabido, de un ejemplo en el que Dios evidentemente haya bendecido la ordenanza para la conversión de pecadores, que a menudo asisten a la predicación, oración, canto y bautismo".[14] La prioridad absoluta de salvar las almas tuvo otras consecuencias. Wayland, aunque presidía en la universidad urgió que la mejor manera de preparar predicadores era en el trabajo, por medio de entrenamiento por hombres de mayor experiencia. La educación liberal simplemente no era requerida para la tarea de predicar el evangelio. Lo que se necesitaba era cooperación con otros ocupados en las mismas tareas. Así Wayland creía en actuar al unísono con miembros de otras denominaciones para la máxima extensión permitida. Consecuentemente, cuestionaba si las restricciones de la comunión a los que habían sido bautizados como creyentes eran sabias. Ese mismo asunto, como lo hemos visto en el capítulo 6, fue continuado más rigurosamente en Inglaterra por Robert Hall. La consecuencia fue minimizar la importancia del bautismo como una condición previa para la comunión. Dondequiera que había esfuerzos evangelizadores interconfesionales, se dejaba ver la misma tendencia de no dar tanta importancia a los puntos claramente eclesiásticos. El efecto fue visible en el campo de la himnología. Hasta los primeros años del siglo diecinueve, los himnarios usados por los bautistas en Estados Unidos arreglaron su contenido con las primeras secciones que trataban con la iglesia, el bautismo, y la Cena del Señor, y las secciones siguientes tratando con la salvación y la experiencia cristiana. Pero desde la publicación del *Salterio bautista* para los Bautistas del Sur en la mitad del siglo diecinueve en adelante, el orden de las secciones dio un reverso: los asuntos alrededor de la conversión tomaron precedencia sobre la iglesia y sus ordenanzas. El aumento significativo evangélico llevó a degradar el orden de la iglesia.

La cuarta razón para reducir las convicciones bautistas en el área de la eclesiología fue el poder duradero del anti-catolicismo. Los bautistas eran asediados por el espectro de Roma —su despliegue exterior, su adición de la tradición a la Escritura, y sus reclamos grandiosos sobre la autoridad del sacerdote, obispo y papa— y se unieron en la vigorosa polémica protestante en puntos de disputa. Por eso, en su *Notes on the Principles and Practices of Baptist Churches* (1857), Wayland afirmaba, contra la posición católico romana, "el derecho absoluto del juicio privado en todos los asuntos de religión".[15] Hubo una insistencia particular sobre el sacrificio de la misa como una distorsión de la simplicidad original de la Cena del Señor. Era un error fundamental, contendían los protestantes, suponer que el sacramento tenía efecto automático, *ex opere operato*, en la transmisión de gracia al adorador. Desde los últimos años de 1830 sus temores se acentuaron con la aparición del tractaniarismo, también conocido con el nombre de el Movimiento de Oxford, una sección de opinión dentro de la Iglesia de Inglaterra que trató de auspiciar la fe y la doctrina católica. La iglesia nacional de Inglaterra, y pronto sus iglesias hermanas en todo el mundo, estaban aparentemente yendo en la dirección hacia Roma. Cuando el más prominente líder del movimiento de Oxford, John Henry Newman, pasó a la iglesia católico romana en 1845, las peores aprehensiones de los verdaderos protestantes fueron confirmadas. Existió un efecto marcado en las discusiones bautistas sobre asuntos eclesiásticos. Charles Stovel, un prominente ministro bautista inglés, arguyó en 1843 que la creencia tractaria que el bautismo de infantes cambia de bebés a cristianos era un sinsentido. La fuerza de su repudio lo movió a negar cualquier transmisión de bendición divina por completo: "La idea de un don espiritual en el bautismo, junto con toda la doctrina de gracia sacramental, fue derivada de la filosofía pagana por herejes".[16] Los bautistas en general llegaron a preocuparse tanto en rebatir las afirmaciones tractarias sobre la iglesia, el ministerio y los sacramentos que se retiraron a una valoración mucho más baja de su importancia. Degradaron la dimensión corporal de la religión en favor de enfatizar sobradamente el individuo, desechando cualquier sugerencia que el clero gozara poderes distintos, y resolvieron hablar del bautismo y la comunión únicamente en términos de ordenanzas. Como los anglo-católicos herederos del Movimiento de Oxford continuaron sentando los términos de la discusión sobre estos asuntos, los bautistas tuvieron una poderosa razón para minimizar las expresiones externas e institucionales de la fe hasta ya muy entrado el siglo veinte.

Una explicación final sobre la transformación del pensamiento bautista eclesial, aunque más ambigua, resultó de un cambio mayor en la más amplia sociedad entre la última parte del siglo dieciocho y la primera del siglo veinte: el avance constante hacia la respetabilidad. Al aumentar la riqueza, también aumentaron las expectativas, especialmente en las grandes congregaciones urbanas. Hombres de negocios requerían que sus iglesias se organizaran con principios como los de los negocios, con cuidadosa administración, reportes anuales, y auditoría de cuentas. En una iglesia bautista escocesa, Hillhead en Glasgow, los diáconos de hecho eran llamados "administradores". Las reuniones de negocios, donde se tomaban decisiones en asuntos de orden, se volvieron conferencias de negocios, a menudo presididas, especialmente en Estados Unidos, de acuerdo a las reglas formales de debate. El propósito ya no era reproducir el patrón de la primera iglesia sino el de imitar los métodos usados por la corporación moderna. La disciplina de la iglesia gradualmente se desvaneció. Los llamados a responder por cargos podían declinar aparecer, como cuando en 1887, un miembro de la Iglesia Bautista Springfield, en Augusta, Georgia, rehusó responder a una comparencia por haber asistido a un circo. La disciplina a menudo cesó de ser un asunto para toda la iglesia desde cerca de la mitad del siglo diecinueve, y los problemas de moral que antes hubieran llamado a censura formal ahora se referían a comités o al pastor y a los diáconos. Una marca bautista de la iglesia fue desapareciendo. Al mismo tiempo, el ministerio fue cada vez más tratado como una profesión. Desde cerca de la mitad del siglo diecinueve, los ministros bautistas empezaron a usar el título de "reverendo". Las congregaciones prósperas requerían y podían sostener a ministros bien educados. El entrenamiento para el ministerio, por lo tanto, vino a ser más académico, con nuevas universidades y seminarios que se fundaban. Entre 1870 y 1900 el número de ministros bautistas ingleses con entrenamiento universitario aumentó por un quinto. Para la década de 1930 más de una tercera parte de los ministros Bautistas del Norte en los Estados Unidos había recibido educación de seminario. Todavía había, especialmente en el sur del país, muchas congregaciones rurales tanto blancas como negras, dirigidas por hombres sin ninguna calificación formal, pero la tendencia era hacia una mayor profesionalización. El efecto a menudo fue la elevación del respeto para el ministro y, en ese sentido, resistir la tendencia a una baja en las normas de la iglesia. La imitación de las profesiones seculares, sin embargo, generalmente significaba que la nueva clase de ministro no tenía inclinación para adoptar los altos puntos de vista de la iglesia o los sacramentos. Al ministro le gustaba más la eficiencia en vez de la ostentación. La respetabilidad tendió a fortalecer el decaimiento de las convicciones eclesiásticas de los primeros bautistas.

Los bajas prácticas y el avivamiento sacramental

El resultado de estos varios desarrollos fue que, al principio del siglo veinte, los bautistas casi uniformemente sostuvieron bajos puntos de vista sobre asuntos eclesiásticos. La experiencia personal del individuo con Cristo era lo que les importaba a los conservadores, liberales y centristas de igual manera. El campeón del centro entre los Bautistas del Sur, Edgar Y. Mullins, formuló el corazón del testimonio bautista como la "competencia del alma en la religión".[17] Cada persona, él quiso decir, goza la posibilidad de acceso a Dios por medio de Cristo. Aunque Mullins rehusó identificar este principio con el individualismo en base a que los seres humanos interactúan el uno con el otro en la iglesia, la industria, y el estado, el efecto de su principio, que fue extremadamente influyente en Estados Unidos, vino a confirmar la existente baja estima del significado de la iglesia. No fue que los bautistas bajo su influencia descuidaran la vida de la iglesia, sino que su eclesiología se empobreció porque los asuntos eclesiásticos parecían relativamente poco importantes. En 1935 William R. McNutt, profesor de teología práctica en el Seminario Teológico Crozer, al adoptar la fórmula de Mullins, dedujo que el hombre "no tiene necesidad inevitable de la iglesia para traerle salvación o mediarle la gracia divina".[18] La experiencia del individuo no requiere ayuda artificial, y así el bautismo y la comunión no eran medios de gracia. El bautismo no era nada más que "un acto de obediencia que simbolizaba la fe del creyente".[19] La Cena del Señor, de acuerdo con Augustus H. Strong en 1907, era el símbolo de un previo estado de gracia. "En sí misma no tiene poder regenerador ni santificador".[20] El tono negativo de estos comentarios era típico y podía ser repetido por los miembros de la denominación virtualmente en todas partes. Los bautistas estaban mucho más seguros de lo que las ordenanzas no eran que de lo que eran.

La baja estima de las prácticas de la iglesia significaron una falta de uniformidad en cuestiones de membresía de la iglesia, autoridad y ministerio. Consideraciones pragmáticas en vez de convicciones teológicas prevalecieron en el orden de la iglesia. En Inglaterra, donde la práctica de la comunión abierta discutida en el capítulo 6 había triunfado en la mayoría de las iglesias para el siglo veinte, una alta proporción de bautistas tomó un paso más al adoptar la membresía abierta. Animados por los crecientes vínculos con otras iglesias libres en la primera parte del siglo veinte y también con los anglicanos en la última parte, muchas iglesias bautistas permitieron que cualquiera que profesara ser cristiano se uniera, fuera cual fuera su modo de bautismo o, en algunos casos, sin ninguna forma del rito. Unas pocas iglesias en Estados Unidos también tomaron ese camino en los primeros años del siglo veintiuno. De nuevo la relación entre los líderes de la iglesia y los miembros ordinarios rara vez se solucionó por un criterio bíblico. La herencia de las reuniones de la iglesia donde los miembros discutían y determinaban sus normas fue muy apreciada en Inglaterra, pero en Estados Unidos las congregaciones usual y progresivamente vinieron a estar dispuestas a entregar todas sus responsabilidades al personal pastoral, a los diáconos, a los ancianos (donde existían), o a alguna combinación de los tres. En las grandes congregaciones de varios miles, o aun diez miles, que emergieron durante la segunda mitad del siglo, el hacer decisiones colectivas hubiese sido virtualmente imposible. Los pastores encargados, habían aprendido técnicas de administración tomadas de los negocios y algunas veces vinieron a ser emprendedores eclesiásticos. El entendimiento del ministerio también fue a través de una evolución. En 1944 Arthur Dakin, rector de la Universidad Bautista de Bristol, contendía que, entre los bautistas, los únicos ministros verdaderos eran los que estaban encargados de una congregación, pero a él le respondió Ernest Payne, quien pronto sería el secretario general de la Unión Bautista, quien argüía que la ordenación era de por vida. Fuere o no, que un individuo fuese el pastor encargado,

Payne sostenía, que eso no alteraba el llamamiento al ministerio. La elevación de los estándares de entrenamiento profesional, que requería que los ministro poseyeran un cuerpo de especial conocimiento teológico, ayudó a asegurar que el punto de vista de Payne prevaleciera. Similar camino a la profesionalización continuó en ritmo en Estado Unidos, aunque las actitudes hacia el significado de la ordenación allí permanecieran fluidas. Paralelas a las mega-iglesias había muchas iglesias de pequeñas congregaciones que no podían sostener a un pastor de tiempo completo y por eso eran servidas por ministros ordenados que también tenían un trabajo secular. Sin firmes principios que sirvieran de guía, la teoría y la práctica del ministerio variaba enormemente.

Las prevalentes concepciones bajas de las normas de la iglesia fueron desafiadas en Bretaña por un avivamiento sacramental. El pionero fue Henry Wheller Robinson, rector de Regent's Park College en Oxford. Como erudito bíblico vino a estar inconforme con el entendimiento convencional del bautismo como un mero acto de obediencia. En el Nuevo Testamento, escribió él en 1922, "el bautismo en agua es la señal externa y señal visible de un bautismo espiritual por el Espíritu Santo".[21] Consecuentemente, desarrolló el caso que el bautismo de creyentes debía ser considerado como un medio sacramental de gracia. Después de la Segunda Guerra Mundial, una generación de jóvenes ministros adoptaron puntos de vista similares y publicaron, en 1959, una colección de ensayos titulados *Christian Baptism*. El más acabado defensor de la posición, George Beasley-Murray, rector de la Universidad Spurgeon, elaboró un argumento basado en una detallada exposición bíblica en su *Baptism in the New Testament* (1962). Varios de sus contemporáneos similarmente desarrollaron el método sacramental para la Cena del Señor, y usualmente añadieron un alto entendimiento de la iglesia y el ministerio. No era solamente erudición bíblica lo que había detrás del movimiento, sino que la influencia interconfesional estaba en acción. El movimiento de Ginebra, un resurgimiento congregacional del final de la década de 1930, enfatizaba las doctrinas de la iglesia, el ministerio y los sacramentos de una manera que actuó como estímulo. El movimiento litúrgico, que se esparció desde la Iglesia de Inglaterra, le indicaba a los bautistas las prácticas de adoración asociadas con las altas normas de la iglesia. Y los contactos ecuménicos se multiplicaron en los años después de la Segunda Guerra Mundial. Un número de bautistas, ahora asociados con los campeones de la tradición anglo-católica no como enemigos sino como amigos, absorbieron su punto de vista sacramental. Al aflojar las lealtades denominacionales en el mundo después de la guerra, así muchas iglesias bautistas encontraron en sus filas miembros moldeados en otras tradiciones. Desde la década de 1960 el movimiento carismático trajo nueva disposición para experimentar en la adoración y para desarrollar vehículos visuales para el evangelio. El resultado de todos estos desarrollos fue una serie de actitudes de mayor simpatía para los puntos de vista altos de las normas de la iglesia que en los años recientemente pasados.

Convicciones similares raramente aparecieron fuera de Bretaña hasta mucho después. Hubo, de hecho, escritores ocasionales que expandieron un punto de vista más sacramental. En Alemania hubo un paralelo a las nuevas afirmaciones británicas sobre el significado del bautismo en *Baptism and the Church in the New Testament* (1957) de Johannes Schneider. Aun en Estados Unidos, donde prevalecía más fuerte la creencia que las ordenanzas eran solamente actos de obediencia, ocasionalmente hubo voces que disentían. Así Fred D. Howard, un teólogo Bautista del Sur, argüía en un libro de 1966 que la Cena del Señor era más que un símbolo, ya que Cristo estaba presente allí de una manera única. En Estado Unidos, sin embargo, importantes sacudimientos se aplazaron hasta fin del siglo veinte. En 1997 se lanzó un manifiesto bautista llamado "Re-visualizando la identidad bautista" (que requerirá un examen más detallado en el capítulo 18). Reconociendo "la iglesia católica [universal]", una versión revisada del manifiesto afirmó el bautismo, la predicación y la Mesa del Señor "como poderosas señales que sellan la fidelidad de Dios en Cristo y expresan nuestra respuesta de asombrosa gratitud en vez de rituales mecánicos o meros símbolos".[22] La inclusión de la predicación junto con el bautismo y la Cena del Señor marca el documento como pensamiento original, y con todo el uso de la palabra "sello" apunta a la afiliación con anteriores doctrinas de los sacramentos. Una cascada de títulos desde el comienzo del siglo veintiuno provee evidencia que apoya la declaración de los asociados con el manifiesto que ellos estaban reviviendo las maneras bautistas tradicionales de pensamiento en vez de divergirse a nuevos caminos. Dos de estos trabajos, publicados en el 2003 y 2008, fueron provocadoramente llamados *Sacramentación Bautista*. Sin embargo, no eran parte de la corriente principal de la opinión sobre asuntos eclesiásticos de los bautistas de América del Norte. Un sermón en una iglesia bautista en la ciudad de Oklahoma en 2009 era mucho más representativo. Presentó los varios puntos de vista sobre la Cena del Señor, rechazando enteramente no sólo la transustanciación y la consustanciación, sino también la creencia en la presencia espiritual de Cristo. El punto de vista bautista, el predicador urgía, era que la comunión era puramente simbólica. Esta postura, sin embargo, estaba bajo mayor asalto que en ningún otro momento por más de dos siglos.

La actitud de los bautistas hacia la eclesiología, por lo tanto, se alteró grandemente a través de los años de su existencia. Es verdad que hubo ciertos constantes: sostuvieron las iglesias reunidas de creyentes, rechazaron las concepciones sacerdotales del ministerio, arguyeron por el bautismo de creyentes por la inmersión y negaron la presencia física de Cristo en la Cena del Señor. En los primeros años, heredaron la convicción de los reformadores que el orden de la iglesia tiene que ser exacto, los bautistas requerían que sus miembros se sometieran a la disciplina de la iglesia, dieron un lugar respetable a sus ministros, y mantuvieron que los sacramentos eran distintivos medios de gracia. Sin embargo, hubo un descenso gradual de su estimación normal del significado de cada uno durante los siglos dieciocho y diecinueve. Los términos del debate con sus oponentes y la atmósfera intelectual de la iluminación debilitaron las doctrinas altas de sus primeros años. Lo mismo hizo el avivamiento que surgió del Despertamiento Evangélico, la hostilidad de los bautistas a las declaraciones de los católico romanos y católicos anglos, y el surgimiento de respetabilidad de sus iglesias. Para el siglo veinte, los bautistas tendieron a poner tanta atención en la experiencia personal que tenían poco tiempo para asuntos eclesiológicos, permitiendo gran variación en la administración y patrones de ministerio. En Bretaña, sin embargo, emergió un avivamiento sacramental, aunque más de eruditos que popular, y, al iniciar el siglo veintiuno, un fenómeno similar fue surgiendo en Estados Unidos. Tenemos, pues, una trayectoria definida en cuanto a los puntos de vista bautistas sobre la iglesia, el ministerio, y los sacramentos. Los miembros de los primeros cuerpos bautistas favorecieron un alto punto de vista del orden de la iglesia, pero las generaciones posteriores llegaron a adoptar las más simples convicciones que todavía prevalecen. Sólo en años recientes algunos miembros de la denominación se volvieron a un punto de vista más sacramental. Por lo tanto, no es el caso, como a menudo se supone, que los bautistas han adoptado uniformemente una postura baja sobre estos asuntos. Por muchos años, es verdad, que predominantemente se interesaron en refutar las altas afirmaciones eclesiásticas de otros. En sus orígenes y de nuevo en el reciente pasado, sin embargo, produjeron campeones de un orden eclesiástico claramente alto.

LECTURA ADICIONAL

Cross, Anthony R. *Baptism and the Baptists: Theology and Practice in Twentieth-Century Britain.* Carlisle: Paternoster, 2000.

Cross, Anthony R., and Philip E. Thompson, eds. *Baptist Sacramentalism.* Carlisle: Paternoster, 2003.

Fowler, Stanley K. *More than a Symbol: The British Baptist Recovery of Baptismal Sacramentalism.* Carlisle: Paternoster, 2002.

Hudson, Winthrop S., ed. *Baptist Concepts of the Church.* Philadelphia: Judson Press, 1959.

Payne, Ernest A. *The Fellowship of Believers: Baptist Thought and Practice Yesterday and Today.* Enlarged ed. London: Carey Kingsgate, 1952.

Walker, Michael. *Baptists at the Table: The Theology of the Lord's Supper amongst English Baptists in the Nineteenth Century.* Didcot, Oxfordshire: Baptist Historical Society, 1992.

Capítulo 12

LOS BAUTISTAS Y LA LIBERTAD RELIGIOSA

"Los bautistas", declaró George Truett en 1920, "tienen un registro consistente concerniente a la libertad a través de toda su larga y memorable historia". Truett, el pastor de la Primera Iglesia Bautista de Dallas, había sido escogido por la Convención Bautista del Sur para dar el discurso en los pasos del capitolio durante su reunión en Washington D.C., sobre el tema de "Los bautistas y la libertad religiosa". Esta era una gran ocasión, había una audiencia de muchos miles y el discurso fue presentado magníficamente. Elocuentemente, Truett dio voz a la convicción de sus compañeros bautistas que siempre habían estado a la vanguardia de los llamados a la libertad, civil tanto como religiosa. Habían sido los ejemplos supremos de dedicación a la separación de la iglesia y el estado. Los Bautistas, afirmaba Truett, eran los campeones tradicionales de la "libertad absoluta".[1] La afirmación de Truett, sin embargo, requiere una cuidadosa evaluación. La noción que los bautistas han sido vigorosos en sus demandas por libertad de consciencia desde el comienzo de su existencia demanda un escrutinio. Es verdad que su postura representó un rompimiento con una larga tradición que dominaba desde el tiempo del emperador Constantino en el siglo cuarto, que cualquier gobernador cristiano debía tratar de promover la verdadera religión dentro de sus territorios, con la espada si era necesario. Los bautistas no veían con buenos ojos que el estado forzara un patrón particular de creencia y práctica. Pero necesita investigación para ver qué tan escrupulosos fueron en sus primeros años en defender lo justo de la neutralidad religiosa por las autoridades. De nuevo, surge el asunto de qué tan cuidadosos fueron las bautistas en los períodos subsecuentes para tomar una postura firme acerca de evitar la interferencia estatal en las convicciones privadas. Estuvieron inclinados a favor de la disidencia de consciencia, pero ¿fueron tan totalmente consistentes como Truett los creía? La actitud de los bautistas en asuntos de la libertad religiosa puede resultar haber sido más variado que lo que Truett suponía.

Libertad religiosa para todos

En el tiempo de la primera parte del siglo diecisiete cuando emergieron los bautistas, el consenso, aun entre los puritanos, era que los gobernadores sabios tenían la responsabilidad de asegurarse que sus sujetos adoraran correctamente. Cuando John Smyth alcanzó las convicciones separatistas, no abandonó inmediatamente esta creencia en los poderes de "magistrados piadosos". En *Paterne of True Prayer*, Smyth (1605), afirmó que "el magistrado debe hacer que todos los hombres adoren al verdadero Dios, o de otra manera castigarlos con prisión, confiscación de bienes, o muerte como lo requiera la severidad de la causa". La tolerancia religiosa era impensable, porque estaba "cercana a la anarquía".[2] Aun cuando en 1609, Smyth cambió a las creencias bautistas, no repudió estos puntos de vista, sino que se expresó singularmente en el papel del magistrado. Sólo posteriormente, cuando estuvo solicitando membresía en la iglesia menonita, fue cuando él cambio sus opiniones. Para entonces compartió el punto de vista de los menonitas que el magistrado estaba descalificado de la membresía en la iglesia de Cristo por su oficio. No debía haber coerción en el estado, y las autoridades civiles que la practicaban estaban mostrando su repudio a las lealtades cristianas. Se le dejó a su colega, Thomas Helwys, el líder del grupo de los bautistas quien declinó solicitar membresía a los menonitas y se regresó a Inglaterra, elaborar un robusto punto de vista de la libertad de consciencia. Helwys reconoció la necesidad que las autoridades civiles llevaran la espada de castigo y estuvo dispuesto a aceptar a magistrados como miembros de la iglesia. Pero, como lo explicaba en su *Short Declaration of the Mistery of Iniquity* (1612), él creía que la religión debía de estar libre de cualquier interferencia por los agentes del rey. No era solamente que a su propia compañía de bautistas se les debiera permitir adorar en paz. En vez, como el rey era responsable únicamente de los asuntos terrenos, todos debían gozar libertad de consciencia: "Ya sean herejes, turcos, judíos, o lo que sean, no le pertenece al poder terrenal castigarlos de ninguna manera".[3] Aquí estaba la resonante declaración de tolerancia universal, probablemente la primera escrita en Inglaterra.

Helwys no estaba solo en presentar un punto de vista del principio de aceptación de todas las religiones. Sus colegas entre los Bautistas Generales, Leonard Busher y Thomas Murton, escribieron en el mismo tono pocos años después. Las premisas de la teoría de tolerancia en los tres escritores eran resueltamente teológicas. Había, ellos argüían, un reino espiritual paralelo al reino secular, por eso la autoridad del poder civil tenía sus límites. El solo Señor en el campo espiritual era Cristo, por eso el estado no se debe entremeter en su esfera al tratar de forzar alguna forma de religión. El alma era directamente responsable al Todopoderoso: los seres humanos, de acuerdo con Helwys, "tienen que presentarse ellos mismos ante el juicio de Dios y responder por sí mismos".[4] La fe verdadera era, en cualquier caso, algo que no se podía generar por coerción. Si el estado trataba de asegurar conformidad religiosa, como John Murton dijo, solamente "forzaría a que los hombres fueran hipócritas".[5] Como Bautistas Generales, estos escritores creían que todos podían aceptar el evangelio. Al perseguir a los de diferentes creencias, las autoridades están alienando a los que pudieran llegar a la verdad. A los miembros de otras creencias se les tiene que permitir vivir sin amenazas para que la evangelización pueda dirigir sus corazones hacia Dios. Sobre estas bases, Busher fue uno de los primeros en llamar a los judíos, quienes habían sido excluidos de Inglaterra desde el siglo trece, para ser readmitidos al país. Si hubiera libertad para buscar la verdad, este grupo de hombres arguyeron, los creyentes explorarían la Biblia más y así ganarían más completo entendimiento. Esto habilitaría a los cristianos a crecer juntos y a alcanzar mayor unidad. Los autores Bautistas Generales también contendieron por la tolerancia en base a que ésta traería los beneficios de la paz social y éxito comercial, pero su caso principal estaba basado sobre su fundamental convicción sobre la naturaleza de la religión. El reinado de Cristo sobre la consciencia no permite autoridad rival.

La postura de estos bautistas fue reproducida en la siguiente generación. Edward Barber, un líder Bautista General, escribió muy directamente en 1641 que "ningún hombre debe ser forzado en asuntos de religión".[6] Richard Overton, correligionario de Barber, expresó el punto de vista en 1645 que a turcos, judíos, paganos e infieles se les debe permitir que lleven sus vidas sin molestias. Overton fue uno de los ideólogos del Movimiento Nivelador que, en el tumulto del gobierno militar al final de la década de 1640, urgió un programa extensivo de libertades civiles, que incluían una amplia franquicia, el derecho al silencio y a la representación legal. Overton adelantaba su defensa de la libertad de la religión en una más amplia esfera política. Ni tampoco estaba el caso confinado a los Bautistas Generales. Samuel Richardson, quien había sido uno de los firmantes de la Confesión de los Bautistas Particulares de 1644, publicó *The Necessity of Toleration in Matters of Religion* (1647). Los presbiterianos, dominantes en lugar de los anglicanos, estaban fuertemente adheridos al principio de forzar la uniformidad religiosas. Richardson desafió su método como cruel y destructivo. "¿No hay mejor cura para el dolor de cabeza" él preguntaba, "que darle palos a uno en el cerebro?"[7] Las armas de los cristianos, él argüía, tienen que ser espirituales, no carnales. Ellos pueden legítimamente excomulgar por errores religiosos, pero no imponer castigos civiles. Otro Bautista Particular, Thomas Collier, fue un poco más allá que cualquiera de los Bautistas Generales en formular la amplitud de la tolerancia. La verdad no necesita de la espada para vencer. Otros argüían aceptar a los herejes y adherentes a otras religiones, pero en 1648 Collier pedía que los ateos fueran eximidos de castigos por sus opiniones. En el momento cuando se suponía que creer en una deidad era esencial para asegurar la conducta moral, su apelación fue una postura extremadamente radical. Así, muchos bautistas en las dos principales secciones en Inglaterra fueron firmes defensores de la libertad religiosa.

El campeón más grande de la aplicación del principio en las colonias estadounidenses fue Roger Williams, el fundador de la primera iglesia bautista en el Nuevo Mundo. Su libro *The Bloudy Tenent of Persecution*, aunque publicado en Londres en 1644, surgió por circunstancias en Massachusetts durante la década anterior. Williams había sido crítico de los magistrados por forzar la conformidad religiosa allí, y habiendo sido expulsado de la colonia, huyó para crear un nuevo asentamiento fuera de sus límites en lo que posteriormente vino a estar bajo su liderazgo, Rhode Island. El libro de Williams respondía al caso hecho por John Cotton, un prominente ministro puritano de Massachusetts, por el derecho del magistrado para intervenir en asuntos de la iglesia por su bienestar. Williams contendía que, al contrario, la verdad y la paz se podían mantener solamente al cortar el magistrado de los asuntos eclesiásticos. La iglesia había sufrido desde el tiempo de Constantino por su alianza con el estado. En contraste con Israel en tiempos del Antiguo Testamento, la iglesia del Nuevo Testamento era solamente espiritual. "Y como la iglesia", él escribió, "no tenía poderes temporales sobre el magistrado . . . así el magistrado no tiene poder espiritual sobre la iglesia".[8] La parábola de la cizaña que se le permitió crecer hasta el fin del tiempo mostró que no tiene que haber ningún intento de desarraigar la falsa religión en la era presente. La obra fue un poderoso llamado a favor de la completa libertad de consciencia por medio de la separación de la iglesia y el estado. Sin embargo, no se puede reclamar como un libro bautista. A Williams, como lo hemos visto, le pesó su adopción del bautismo de creyentes en 1639, a los cuatro meses después del evento rompió relaciones con la iglesia que había fundado. *The Bloudy Tenent* estaba basado en su nuevo punto de vista como un inquiridor. La libertad religiosa, creía él, ayudaría a iniciar la era milenaria, cuando con apóstoles frescos se levantaría para crear verdaderas iglesias. Es verdad que el libro de Williams, durante su vida y después, ampliamente influyó a los bautistas, pero el texto y sus temas no pueden ser usados legítimamente para ilustrar los puntos de vista auténticos de los bautistas.

También tiene que decirse que otras afirmaciones hechas sobre los primeros puntos de vista bautistas en relación con la libertad religiosa a menudo han sido exageradas. Por una parte, muchas de las posturas bautistas ya habían sido anticipadas por otros. La mayoría de los anabautistas, incluyendo a Menno Simons mismo, había rechazado el uso de la fuerza en la religión. En el siglo dieciséis, los humanistas, tal como Erasmo y teóricos políticos en las Guerras de Religión en Francia habían argumentado por cierta medida de tolerancia religiosa; Holanda aun había puesto este principio en la práctica, que fue por eso que los ingleses separatistas emigraron a ese país. De nuevo, cuando los bautistas estaban elaborando sus ideas, no estaban solos. Durante la década de 1640 ciertos independientes tales como John Goodwin, junto con otros grupos radicales, tomó la misma línea como muchos bautistas en relación con lo deseable de la tolerancia completa. La base del caso de los bautistas no tenía nada que ver con lo que los había hecho distintos —su adopción del bautismo de creyentes. Más bien, su caso se edificó en lo que compartían con otros radicales, la más amplia contención que debe haber una imitación de la primera iglesia. Algunos de los bautistas, además no estaban a favor de la tolerancia universal. John Tombes, el principal apologista de los Bautistas Particulares durante la década de 1650, por ejemplo, no deseaba extender la tolerancia a los católico romanos, a los adoradores de falsos dioses, a los ofensores de Cristo, o a quienes negaban las Escrituras. Aún Thomas Collier se alejo de su previa defensa de la aceptación de ateos, para argumentar, en 1659, que los magistrados podían castigar la blasfemia. En efecto, hubo una tendencia general en la parte final del siglo diecisiete a mencionar poco el tema de la libertad religiosa para otros en el discurso de los bautistas. La confesión de los Bautistas Particulares de 1677 recomendaba conceder libertad solamente a las opiniones no contrarias a la Escritura, y el Credo Ortodoxo de los Bautistas Generales de un año después también objetaba solamente a la imposición de obligaciones religiosas no encontradas en la Biblia. Los bautistas bajo persecución en esos años demandaban los derechos para sí mismos y para su compañeros disidentes, pero poco para otros. No había insistencia duradera en cuanto a la universalidad de la libertad de consciencia.

La Ley de Tolerancia de 1689 introdujo una era fresca para todos los disidentes de la Iglesia de Inglaterra. El período de persecución activa terminó en el tiempo de la paz relativa que siguió. Esto no quiere decir que los bautistas, junto con sus compañeros disidentes, podían gozar su derecho a adorar en total seguridad. Durante el reinado de la reina Ana al comienzo del siglo dieciocho parece que había la posibilidad que fueran sometidos a nuevas restricciones por un acto del Parlamento, pero desde la ascensión de Jorge I en 1714, la mayor tolerancia de la dinastía hanóver les dio mayor seguridad de su posición. Sin embargo, la legislación del siglo anterior estaba aún vigente y podía ser activada por magistrados hostiles. Las Leyes de Prueba y de Corporación que limitaba la membresía de los concilios de las ciudades a los que estaban dispuesto a demostrar su lealtad a la Iglesia de Inglaterra —al tomar el sacramento en la iglesia parroquial— se seguían aplicando algunas veces. En el campo rural los disidentes debían pagar el diezmo, una porción de sus entradas, para sostener al clérigo local. Por lo tanto, En 1732 las congregaciones de la capital formaron los Diputados Disidentes Protestantes, una junta de representantes designados a mantener vigilancia sobre los derechos de los disidentes. La junta mantuvo una vigilancia activa a favor de los presbiterianos, independientes y bautistas en todo el territorio, protestando cuando los privilegios eran invadidos y al llevar casos a las cortes cuando era necesario. En estas circunstancias, los bautistas, como las otras denominaciones, estuvieron normalmente contentos entre tanto que permanecían libres para adorar sin interferencias. No afirmaron amplias demandas de la libertad para todos, ni agitaron en referencia a la separación de la iglesia y el estado. Su lema fue "libertad civil y religiosa", con lo cual querían decir meramente que deseaban la preservación de la tolerancia y una reducción, en vez de un aumento, en los poderes de la corona. Para la década de 1780 se sintieron suficientemente fuertes para pedir que se abolieran las Leyes de Prueba y de Corporación, pero no lograron su objetivo sino hasta 1828. En Inglaterra durante el largo siglo dieciocho, los más grandes sueños de los bautistas fueron tener un más amplio grado de tolerancia. Una versión más completa de la libertad religiosa no estaba en su agenda.

La separación de la iglesia y el estado

En las colonias había gran diversidad. En Rhode Island, un grupo de colonizadores creado por los esfuerzos de Roger Williams, tubo completa libertad de la práctica religiosa; la colonia cuáquera de Pennsylvania se aproximó a la misma postura. Sin embargo, en Nueva Inglaterra generalmente hubo apoyo oficial para el congregacionalismo, y en Virginia la Iglesia de Inglaterra mantuvo privilegios similares a los que gozaba en el mundo antiguo. Massachusetts concedió tolerancia limitada en 1691, pero los bautistas todavía estaban obligados a pagar impuestos para el sustento de las iglesias congregacionales o de otra manera encarar confiscación de bienes o cárcel. En 1729 se les concedió exención de impuestos, pero aún se les requería obtener certificados para mostrar que eran miembros legítimos de sus propias iglesias. El Gran Despertamiento rompió el molde del sistema. Los separados que emergieron del avivamiento, tanto congregacionales como bautistas, no tenían derecho a los certificados y por lo tanto eran el blanco para ser forzados a pagar; al mismo tiempo, resentían tener que pagar para mantener las iglesias de la "Antigua Luz" que no predicaban el evangelio. Se levantaron tensiones hasta que, en 1767, la Asociación

Warren que unificó a los Bautistas Regulares y Separados nombró un comité de quejas para ayudar a los que estaban pagando impuestos injustamente, siendo maltratados o encarcelados. Este fue el comité dirigido por Isaac Backus que en 1773 dio el paso decisivo de llamar a los miembros de las iglesias de la asociación para rehusar pagar los impuestos o a completar los certificados y entonces sufrir las consecuencias. Sus compañeros congregacionales habían estado protestando contra la autocracia real en los eventos que llevaron a la Revolución Estadounidense, pero parecían no estar conscientes que ellos estaban pisoteando los derechos de los bautistas. En la emoción de ese tiempo, la campaña bautista de desobediencia civil produjo un agotamiento del sistema de los certificados. Backus ya había dado voz en 1768 a la convicción que las leyes humanas, sobre asuntos eclesiásticos son contrarias a la ley divina. Ahora, en un memorial al Primer Congreso Continental en 1774, elaboró el mismo principio: "Como el reino de Cristo no es de este mundo, y el interés de la religión es entre Dios y el alma en el cual ninguna autoridad humana debe intervenir . . . podemos declarar y esperar la libertad de adorar a Dios de acuerdo a nuestras consciencias".[9] Aunque citó a Roger Williams, Backus no fue tan lejos como el escritor anterior. Backus todavía aprobó la adoración pública obligatoria, días de ayuno y de acción de gracias auspiciados por el gobierno, y la exclusión de los católicos de los cargos públicos. Sin embargo, él fue más firme en la separación de la iglesia y el estado como un asunto de principio teológico. Backus había estado contento con la tolerancia, pero aquí había un llamado a la libertad de la religión como un derecho.

En Virginia, los bautistas tuvieron una parte igualmente prominente en la búsqueda de la libertad religiosa. Para alarma de la gente anglicana, los Bautistas Separados crecieron espectacularmente en la colonia. Desde 1768 la respuesta fue una campaña de arrestos, encarcelamientos y asaltos, especialmente contra los que fallaban en obtener la licencia para predicar. La primera Asociación General de los Bautistas Separados en 1771 afirmaba que no tenían necesidad de licencia porque poseían una "licencia general que les fue dada por el Rey Jesús".[10] Se les concedió cierto nivel de tolerancia en 1772, y cuatro años más tarde, la Declaración de Derechos de Virginia garantizaba el libre ejercicio de la religión, pero los bautistas demandaban libertad sin restricciones para predicar el evangelio. Al comienzo de la Guerra de Independencia, cuando la legislatura de Virginia consideraba un proyecto de ley para pagarle a los maestros de todas las denominaciones por consentimiento general, los bautistas se opusieron en masa. El resultado fue que en 1786, la Ley de Libertad Religiosa de Virginia, formulada por Thomas Jefferson, pasó a ser ley, estableciendo completa libertad de adoración como un derecho natural. En la agitación bautista, John Leland, quien unía el celo de la denominación con mucho del racionalismo de Jefferson, pasó a primer plano. En *The Rights of Conscience Inalienable* (1791), Leland argüía a favor de una estricta separación entre la iglesia y el estado. "El gobierno", él escribió, "no tiene nada más que ver con las opiniones religiosas de los hombres, que lo que tiene que ver con los principios de matemáticas".[11] Fuera de lo común para su día y yendo mucho más lejos que Backus, Leland llevó el principio hasta las conclusiones seculares: no debe haber días públicamente declarados de ayuno y acción de gracias; no debe haber

John Leland (1754–1841)
Pastor bautista y defensor de la libertad religiosa

excepción de pagar impuestos para los ministros; por otra parte no debe haber impuesto público para pagar a los capellanes; la oficina de correo puede operar los domingos; y los cristianos no deben hacer peticiones en contra de los duelos, las loterías o el alcohol. Leland era un partidario riguroso del punto de vista que la religión organizada y la vida pública tienen que estar enteramente separadas.

El establecimiento de la religión, la unión de la iglesia y el estado, sin embargo, perduró durante el siglo diecinueve en ambos lados del Atlántico. La Primera Enmienda a la Constitución de los Estados Unidos, en 1791, prohibía legislación respecto al establecimiento de la religión, pero sólo por el congreso federal. Los gobiernos estatales estaban libres para involucrarse en la religión. En ese año, doce de catorce estados impusieron pruebas religiosas para cargos públicos, Rhode Island y Virginia fueron las únicas excepciones. Cinco estados dieron ayuda financiera para el sostenimiento de pastores cristianos, arreglo que continuó en Vermont hasta 1807, en Connecticut hasta 1818, en New Hampshire hasta 1819, en Maine hasta 1820 y en Massachusetts hasta 1833. En cada caso, los bautistas, con Leland algunas veces prominente entre ellos, tomaron parte en las etapas finales de presión para acabar con estos favores establecidos. Así, para 1833 no había religión establecida en Estados Unidos. Después de entonces, miembros de la denominación normalmente trataron la separación de la iglesia y el estado como una convicción fundamental de los bautistas. Aunque los bautistas ingleses observaban lo que sucedía con envidia, su preocupación en los primeros años del siglo diecinueve era con las quejas prácticas, en vez que terminar con la iglesia establecida por el gobierno. No tenían forma legal de registro para lo niños, ya que el bautismo infantil en la iglesia establecida cumplía esa función para otros, y el clero de la parroquia rehusaba sepultura para sus niños ya que no estaban bautizados. Junto a esto, como otros disidentes, los bautistas tenían que casarse en una parroquia de la iglesia; no podían usar su propio estilo de adoración en los funerales en los cementerios de la parroquia; no podían entrar en la Universidad de Oxford o graduarse en la Universidad de Cambridge; y eran sometidos a los pagos obligatorios para el mantenimiento de los edificios anglicanos. Gradualmente, con el avance del siglo muchas de estas obligaciones fueron solucionadas. Al principio de la reforma parlamentaria de 1832, la frustración por sus quejas indujeron a algunos disidentes a demandar que la Iglesia de Inglaterra debiera de romper la relación con el estado. En 1838 la

Unión Bautista resolvió que las iglesias establecidas eran "una violación de la ley de Cristo y a los derechos de consciencia".[12] Cuando, en 1844, se creó un grupo de presión para demandar la abolición del establecimiento, la Unión envió delegados oficiales, y después, como en Norte América y en otras partes del mundo de habla inglesa, el cancelar el reconocimiento oficial vino a ser por un tiempo la característica normal de las creencias políticas de los bautistas. Parcialmente por medio de la presión de los bautistas y de otros incorformistas, la Iglesia Anglicana dejó de ser la establecida en Irlanda (1870) y en Gales (1920) pero nunca en Inglaterra. El principio de separación de iglesia y estado no siempre ha sido parte del credo bautista, pero ha venido a ser una de sus convicciones principales.

LAS NACIONES CRISTIANAS Y LAS MINORÍAS RELIGIOSAS

Al mismo tiempo, la ambición de los bautistas del siglo diecinueve era convertir sus tierras en naciones cristianas. Hubo, como hemos visto, presión local y nacional para adoptar medidas que harían a la gente menos cruel, despilfarradora, violenta y borracha. Algunas de las normas levantaron serias preguntas sobre la relación de la iglesia y el estado. Era ampliamente asumido que Bretaña y Estados Unidos y otras tierras británicas de emigración que una nación cristiana tenía que ser protestante, y por eso los bautistas se encontraban como serios defensores de medidas que detuvieran el catolicismo romano. En Bretaña, por ejemplo, participaban entusiastamente en las resonantes protestas de 1850-1851 contra la restauración de la jerarquía católico romana en Inglaterra y Gales, y apoyaban el proyecto de ley que prohibía a los obispos católicos tomar los títulos de obispados anglicanos existentes, una acción que podría considerarse como infringiendo la libertad católica. De nuevo en la década de 1880, cuando un ateo, Charles Bradlaugh, fue repetidamente elegido al Parlamento, los bautistas estaban divididos. Muchos, incluyendo al gran campeón reconocido de la fe Charles Haddon Spurgeon, sostuvieron que era un asunto de principio cívico que a Bradlough se le debiera permitir tomar su cargo; otros, sin embargo, creían que un incrédulo no tenía cabida entre los concejales de la nación. El asunto de qué tan lejos se le debía pedir al estado que mantuviera los principios singularmente cristianos surgió también con el asunto del Día de Reposo. Los bautistas eran firmes creyentes en la santidad del primer día de la semana, pero tenían reparos sobre qué tan lejos debían ellos solicitar a las autoridades públicas obligar el Día de Reposo cristiano. La tensión es evidente en una resolución de la Asociación Bautista de Philadelphia en 1815. Los presbiterianos habían pedido a los bautistas que se les unieran para asegurar la legislación contra la profanación del Día del Señor, pero los bautistas declinaron porque vieron "cada ejercicio del poder civil para obligar a las instituciones religiosas, como asumir una prerrogativa ilegítima". Sin embargo, recomendaban que ya que la profanación del sábado era "un detrimento de los mejores intereses de la sociedad civil", los miembros de sus iglesias deberían "buscar rectificar esta ofensa por todos los medios que les eran disponibles por el pacto social sin infringir en la libertad religiosa".[13] Este consejo impreciso revela algo de la vergüenza en el choque de dos principios a los cuales los bautistas estaban firmemente aferrados —el respeto al Día de Reposo y la libertad religiosa.

Un asunto que constantemente causó dificultades similares fue la educación. Capacitar a la juventud era la responsabilidad tradicional de la iglesia, pero esto también cada vez más vino a ser una preocupación del estado al final del siglo diecinueve. Los padres bautistas deseaban que sus hijos recibieran educación cristiana, pero ¿qué tan lejos podían ir en proveer dicha educación cristiana legítimamente las escuelas que eran fundadas y sostenidas públicamente? Cuando el estado primero proveyó escuelas en Inglaterra en 1870, la cuestión del contenido religioso del currículo fue profundamente divisivo. La Iglesia de Inglaterra, como la iglesia establecida, deseaba que se enseñara su propia doctrina, pero los bautistas no. Algunos de ellos que estaban más comprometidos con la neutralidad religiosa del estado arguyeron que, como ahora se entraba al campo educacional, la religión debía de ser removida de las escuelas totalmente. El currículo tiene que ser totalmente secular, dejando la capacitación cristiana en manos de la iglesia y del hogar. Para 1873 se suponía que una gran mayoría de los bautistas ingleses aceptaran tal solución. En la colonia australiana de Victoria, en contraste, la posición predominantemente bautista fue que la Biblia a todo costo se volviera a introducir en las escuelas. Había sido prohibida por una ley de 1972 que establecía la educación secular. Los católicos, que no deseaban la enseñanza de la Biblia por temor del prejuicio protestante, se unieron con los laicistas para mantener las escuelas libres de la Biblia. Sin embargo, los bautistas estuvieron entre los de mayor voz en demandar un lugar para la Biblia en el salón de clase. En ambas partes una minoría en la denominación asumió el punto de vista opuesto, y posteriormente la opinión inglesa giró más a favor de la enseñanza de la Biblia, pero por un tiempo los bautistas en Inglaterra y Victoria adoptaron normas diametralmente opuestas en como la escuela, el estado y la religión se deben entrelazar. En Estados Unidos fue generalmente asumido que las Escrituras tendrían un lugar en las escuelas públicas y que la instrucción tendría que ser congruente. Así que, cuando en 1910, un libro de historia que contenía "afirmaciones no bíblicas y anti-bíblicas" fue usado en las escuelas de Texas, hubo una resolución de protesta formal por los bautistas del estado en base a que la incredulidad en la Biblia no se debía pagar con los impuestos de ciudadanos cristianos.[14] Con todo lo que se creía en la separación de la iglesia y el estado en Estados Unidos, a menudo hubo menos ansiedad sobre la potencial violación del principio en las escuelas.

Era más fácil reconocer y deplorar las violaciones de la libertad religiosa en otros países. Conforme los bautistas gradualmente se enraizaron en territorios más allá del mundo de habla inglesa, ocasiones de persecución empezaron a surgir. En los años de la mitad del siglo diecinueve, Edward Steane, secretario en Bretaña de la Unión Bautista y de la Alianza Evangélica simultáneamente, dio publicidad regular a casos en la Europa continental donde las iglesias fueron cerradas y la Biblia se prohibía. En el siglo veinte, los problemas de esta clase se multiplicaron. Durante el período entre las guerras, James Henry Rushbrooke, actuando desde 1928 como primer secretario general de la Alianza Mundial Bautista, fue un incansable defensor de los bautistas de Europa oriental. La resistencia de las autoridades rumanas —tanto en el gobierno como en la iglesia— al crecimiento de los bautistas en su tierra, ocupó mucho de su tiempo, pero en la década de 1930 la persecución a los bautistas rusos por Stalin se alzaba amenazadoramente. En 1933, por ejemplo, cuando Estados Unidos reconoció diplomáticamente a la Rusia Soviética, el comité ejecutivo de la Alianza Mundial Bautista infructuosamente urgió al presidente Roosevelt para que usara su influencia para mitigar los sufrimientos de los creyentes en esas tierras. No estaban los bautistas únicamente preocupados por el bienestar de sus correligionarios. En 1905, por ejemplo, los bautistas de Texas resolvieron manifestar su horror por la persecución de los judíos en Rusia, entonces todavía bajo el régimen zarista: a los judíos se les debe "permitir el quieto ejercicio de su derecho nacido del cielo para adorar a Dios de acuerdo a su propia consciencia".[15] En décadas posteriores la Alianza Mundial Bautista actuó como la principal voz resonante para resoluciones sobre cuestiones en este campo. En Estocolmo en 1975, por ejemplo, los bautistas se comprometieron a refrenarse de privilegios que pudieran violar la completa libertad religiosa de otros. La defensa de la libertad de consciencia como valor universal a menudo se entendió mejor en asuntos internacionales que en casa.

Una gran dificultad para los bautistas en los Estados Unidos fue el desamarre del cristianismo con el patriotismo. Los dos estaban íntimamente entrelazados en la religión civil que marcaba a Estados Unidos. Una aura religiosa rodeaba a los oficiales e instituciones del estado, haciendo difícil ver cuando estaba prejuiciado hacia causas que aprobaban los bautistas pero que otros deploraban. Hubo, por ejemplo, una gran cantidad de resentimiento, especialmente entre los judíos sobre la legislación de guardar el domingo, y con todo en 1921 los bautistas de Nueva York, el centro de la residencia del judaísmo, recomendó medidas para preservar el "sábado estadounidense".[16] Esta solicitud difícilmente se intentaba para respaldar la libertad de consciencia. El discurso de Truett del año anterior en el capitolio mostró rasgos de la religión civil cuando alababa la libertad religiosa simultáneamente como "la más grande contribución que los Estados Unidos ha hecho hasta ahora a la civilización" y "como pre-eminentemente una contribución bautista".[17] El período entre las guerras fue un tiempo cuando parecía fácil asumir una armonía entre los valores estadounidenses y los bautistas. El secretario de estado bajo Warren G. Harding, él mismo, primer presidente bautista (aunque usualmente considerado como presidente mediocre), fue Charles E. Hughes, un líder bautista laico quien llegó a ser, en 1930, el primer jefe de justicia de la Corte Suprema. En 1921 la demanda fue tan grande para los asientos de la Iglesia Bautista Calvary en Washington D. C., donde ambos adoraban, que se tuvieron que distribuir boletos. Como jefe de justicia, Hughes fue sensible particularmente hacia las libertades personales en general y a las consciencias religiosas en particular. La culminación de la convergencia de principios bautistas y estadounidenses fue la adopción, en 1939, de la Carta de Derechos de los Bautistas Estadounidenses, respaldado por la Convención Bautista del Norte, la Convención Bautista Nacional y la Convención Bautista del Sur. La mente maestra, Rufus W. Weaver, prosiguió a establecer un comité que representara a las tres convenciones para actuar como promotor de los intereses bautistas. El comité se mudó a Washington en 1946 y, cuatro años después, llegó a ser el Comité Unido Bautista sobre Asuntos Públicos (BJCPA). Su tarea, como su primer secretario, Joseph M. Dawson lo concibiera, era actuar como una voz a favor de la libertad religiosa. El Comité Unido estuvo diseñado para defender a la misma vez las convicciones bautistas y los ideales de la nación.

Durante las décadas de 1930 y 1940 el gran peligro para la libertad que Estados Unidos y los bautistas apreciaban tanto parecía venir de Roma. Los católicos estaban buscando ayuda financiera pública para las escuelas parroquiales y había rumores de la intención de establecer relaciones diplomáticas con el Vaticano. Estos eran los dos blancos de la protesta bautista en estos años. En 1948, sin embargo, hubo un caso legal que apuntaba a una nueva fase de las relaciones de iglesia y estado en Estados Unidos. La corte suprema decidió en *McCollum v. Board of Education* que la instrucción religiosa en escuelas publicas cuando a los niños se les dejaba ir de clase era inconstitucional. El Comité Unido Bautista había apoyado al demandante, considerado ateo, cuya queja fue vindicada, pero muchos bautistas objetaron. Para ellos la provisión de la buena educación cristiana fuera de las clases ordinarias pero en tiempo de la escuela parecía una norma sabia, y no una violación a las libertades. El peligro en esta ocasión y en una creciente corriente de casos similares se pensó venir del surgimiento de fuerzas seculares. Dawson lamentó la emergencia de la nueva actitud entre los bautistas. Los protestantes, él argumentó en 1953, que clamaban por su propio tipo de instrucción religiosa por medio de las escuelas públicas, no eran mejor que los católicos. Ellos "estaban atacando el sistema estadounidense bajo el cargo de que está promoviendo el laicismo, una nueva clase de demonio".[18] Los peligros percibidos del laicismo iban a crecer. Entre tanto, sin embargo, el Comité Unido continuó su postura a favor del divorcio de la religión de su apoyo público. Se opuso a continuar la presión católica para obtener dinero público para las escuelas parroquiales, deploraba los crecientes esfuerzos de los administradores educativos para conseguir fondos para instituciones que permanecían ligadas a las denominaciones, y en 1962-1963 respaldó los dictados de la Suprema Corte que la oración organizada en el salón de clase tenía que cesar en las escuelas públicas. Durante la década de 1960 el Comité Unido resistió las demandas de una enmienda constitucional que permitiría otra vez la oración y lectura de la Biblia en el salón de clase. Como los cuerpos bautistas generalmente lo hacían, el Comité Unido, mantenía la posición de estricta separación entre la iglesia y el estado.

Un gran número de miembros descontentos con esta postura se hicieron presentes en el Nuevo Cristianismo de Derecha desde los últimos años de la década de 1970. La elección de Jimmy Carter, otro presidente bautista, en 1976 elevó las esperanzas de normas más distintamente cristianas en la casa blanca. Algunos esperaban, en particular, después de la decisión de la Suprema Corte en el caso de *Roe v. Wade* en 1973 que abolió las leyes contra el aborto, que hubiera un esfuerzo para proteger la vida del feto nonato. Cuando la inacción de Carter en este y otros frentes eran desilusionantes, se levantó un sentimiento en círculos conservadores que requerían que se organizaran esfuerzos políticos. Jerry Falwell, un bautista independiente, vino a ser el líder de la Mayoría Moral, un grupo de presión designado para restablecer los valores familiares en los asuntos públicos. Falwell estaba preparado para cambiar la Primera Enmienda de la Constitución para que el gobierno federal pudiera promover causas religiosas. W. A. Criswell de la Primera Iglesia Bautista de Dallas anunció en 1984 que la separación de la iglesia y del estado era "un producto de la imaginación de algún infiel".[19] La Convención Bautista del Sur, que en 1982 respaldó la propuesta del presidente Reagan para volver a instituir la oración en las escuelas, estaba cambiando su posición sobre la libertad religiosa. Su vocero sobre ética y libertad religiosa en la década de 1990, Richard Land, se distanció del Nuevo Cristianismo de Derecha, insistiendo que todavía creía en la separación de la iglesia y el estado. Igualmente, sin embargo, se quedó distante del punto de vista estrictamente separatista que estaba apoyado por el Comité Unido Bautista en Washington, y argüía en vez por lo que se llegó a conocer como una posición acomodadiza. Era legítimo, de acuerdo con los acomodadizos, que el estado respondiera a los clamores de los grupos religiosos por un tratamiento excepcional más allá de lo que requería la Primera Enmienda a fin de asegurar el "libre ejercicio" de la religión. La nueva posición de los Bautistas del Sur fue tan divergente de lo que otros grupos bautistas mantenían que, en 1992, se salieron del Comité Unido. Los críticos acusaron a la convención de abandonar totalmente la herencia bautista sobre la libertad religiosa; sus defensores contendieron que estaban ajustándose a las nuevas circunstancias en las que la amenaza al bienestar de la verdadera religión venía del laicismo humanista.

Claramente el camino de la profesión bautista de la libertad religiosa ha sido más tortuosa que lo que a menudo se ha presentado. Los primeros Bautistas Generales presentaron elocuentes peticiones de libertad de la interferencia del estado en la religión, admirablemente dejando atrás la abrumadora tradición de la enseñanza cristiana desde Constantino. Los Bautistas Particulares compartían la convicción que la tolerancia era esencial en las normas públicas. Roger Williams, sin embargo, no era bautista cuando elocuentemente fue el campeón de la libertad religiosa, los bautistas no fueron los primeros ni los únicos en su posición, y muchos de ellos matizaban su defensa de libertad en asuntos espirituales. En la parte final del siglo diecisiete cesaron de abogar en favor de otros, concentrándose por otra parte, después de 1689, en asegurar la preservación de la tolerancia que se les había concedido. El Gran Despertamiento animó una fase fresca de la defensa de la separación de la iglesia y el estado, y contribuyó a la encarnación del principio en la ley de Virginia y en la Constitución de Estados Unidos, pero Isaac Backus profesó una versión más moderada de este credo que lo que hizo John Leland. Los bautistas ayudaron a lograr el no-establecimiento en todos los estados estadounidenses para 1833, pero sus esfuerzos al otro lado del Atlántico produjeron los mismos resultados solamente en Irlanda y Gales. El deseo de los miembros de la denominación de cristianizar sus naciones a menudo inhibía su compromiso con la libertad religiosa, pero todavía defendían el principio en el escenario internacional. En Estados Unidos la posición bautista parecía quedar a la medida con los valores nacionales, pero cuando la percibida amenaza a la libertad religiosa cambió de ser principalmente católica a ser principalmente secular, el entusiasmo de muchos bautistas a favor de la forma estricta del principio menguó. Algunos estuvieron dispuestos a renunciar a la herencia libertaria; otros deseaban modificarla. Consecuentemente, se tiene que decir que la afirmación de George Truett que los bautistas fueron consistentemente defensores de la libertad resulta malinterpretar el registro histórico. Los bautistas estuvieron ciertamente dispuestos a favorecer la libertad religiosa, pero sus versiones del principio varían en gran manera al pasar del tiempo. Las divisiones de los tiempos recientes sobre la interpretación de la libertad religiosa son fiel reflexión de las variaciones del pasado.

LECTURA ADICIONAL

Coffey, John. "From Helwys to Leland: Baptists and Religious Toleration in England and America, 1612–1791." En *The Gospel in the World: International Baptist Studies*, edited by David W. Bebbington, 13–37. Carlisle: Paternoster, 2002.

George, Timothy. "Between Pacifism and Coercion: The English Baptist Doctrine of Religious Toleration." *Mennonite Quarterly Review* 58 (1984): 30–49.

Goen, C. C. "Baptists and Church-State Issues in the Twentieth Century." *American Baptist Quarterly* 6 (1987): 226–53.

Hankins, Barry. "The Evangelical Accommodationism of the Southern Baptist Convention Conservatives." *Baptist History and Heritage* 33 (1998): 54–65.

McBeth, H. Leon. *English Baptist Literature on Religious Liberty to 1689*. New York: Arno, 1980.

McLoughlin, William G. "Isaac Backus and the Separation of Church and State." *American Historical Review* 73 (1968): 1392–1413.

Capítulo 13

LOS BAUTISTAS Y LAS MISIONES FORÁNEAS

El desarrollo más importante en que participaron los bautistas durante los cuatro siglos de su existencia fue el movimiento de las misiones foráneas. En el curso de los siglos diecinueve y veinte el cristianismo fue implantado en una serie de tierras donde previamente no había sido conocido. Los bautistas se unieron en la expansión del evangelio más allá de los límites del cristianismo a Asia, África y otras partes del globo. Algunos logros, como veremos en el siguiente capítulo, fueron el resultado de la emigración y de la iniciativa individual, pero además de esto fue el resultado del trabajo misionero organizado en países foráneos. El historiador Kenneth Scott Latourette, él mismo en algún tiempo presidente de la Sociedad Americana de Misiones Bautistas Foráneas, escribió *Historia del cristianismo* en siete volúmenes (1937-1945). Los primeros dieciocho siglos fueron cubiertos en sólo tres volúmenes; el período de menos de un siglo y medio desde 1800 requirió cuatro volúmenes. Hubiera habido más en los últimos años si los libros no hubieran aparecido antes de la mitad del siglo veinte. La dinámica del impulso misionero de los siglos diecinueve y veinte requerían tantas páginas por su extraordinario alcance geográfico y el creciente grado de éxito. El cristianismo estaba libre de su confinamiento en Europa y Norte

América y, para la apertura del siglo veintiuno, había llegado a ser la fe predominante en muchas partes de África y el Pacífico y había establecido una presencia fuertemente minoritaria en varias partes de Asia. Anglicanos, congregacionalistas, luteranos, metodistas, pentecostales, presbiterianos, católico romanos y otras denominaciones pequeñas todas tuvieron su parte en el movimiento, pero la expansión mundial del evangelio fue un fenómeno que tuvo un componente bautista mayor.

En los dos primeros siglos después de la Reforma, el avance del cristianismo había sido mucho más un esfuerzo católico romano que protestante. Los estados católicos vieron como obligación suya promover la fe en los vastos territorios bajo su control. Imperios como el español, portugués y francés oficialmente apoyaron las misiones de las órdenes religiosas que plantaron la religión cristiana en el lejano oriente y las Américas Central y del Sur. Aunque en el siglo diecisiete los puritanos hicieron esfuerzos esporádicos para convertir a sus vecinos indígenas americanos, los protestantes rara vez planearon las misiones de ir a regiones donde no se habían establecido. Los primeros misioneros protestantes fueron hombres que actuaron como capellanes de comunidades y guarniciones esparcidas alrededor del mundo. La Sociedad para la Propagación del Evangelio, una organización anglicana fundada en 1701, fue designada para el beneficio de los colonizadores en Norte América, pero durante el siglo dieciocho asumió la responsabilidad de predicar entre los indígenas norteamericanos. Una aventura misionera más directa se inició en 1706 por Federico IV, Rey de Dinamarca, quien despachó un equipo de sacerdotes luteranos pietistas desde Halle en Prusia hasta la India para que esparciera el evangelio. Se establecieron en Tranquebar en la costa sureste. Tradujeron la Biblia y otros libros al Tamil y establecieron pequeñas pero duraderas comunidades luteranas indígenas. Pero el principal proyecto misioneros del siglo dieciocho fue adelantado por los moravos. Originalmente eran seguidores del reformador checo Jan Hus de Moravia, se reorganizaron en la década de 1720 por el Conde Nicholas von Zinzendorf en Herrnhut en Sajonia con un estilo de intensa experiencia espiritual. Pronto llevaron su fe vibrante alrededor del mundo —a los Inuit de Groenlandia, a los eslavos del Caribe, y a las tribus del sur de África. Los reportes del éxito en sus misiones estimuló a un número de evangélicos ingleses a considerar la posibilidad de imitarlos: "Ninguno de los modernos", de acuerdo con el bautista William Carey, "ha igualado a los hermanos moravos en este trabajo".[1] Por lo tanto, hubo un movimiento misionero embrionario en marcha aún antes de que Carey diseñara una estrategia para la iniciativa evangelizadora bautista.

William Carey, originalmente zapatero pero para 1792 pastor de la iglesia bautista en Leicester, fue el autor en ese año de la obra titulada *An Enquiry into the Obligations of Christians to Use Means for the Conversion of the Heathens.* El libro argüía que la comisión que se encuentra al final de los evangelios Mateo y Marcos, en la que Jesús manda a sus discípulos a ir y a enseñar a todas las naciones, no era, como muchos habían supuesto, obligatoria sólo para la primera

William Carey (1761-1834)
Misionero bautista

generación de cristianos, sino que estaba vigente. Encuestando las estadísticas religiosas del mundo, Carey concluyó que más de la mitad de los habitantes de la tierra permanecían "en el estado más deplorable de la tinieblas paganas".[2] Los cristianos, por lo tanto, deben llevarles la luz del evangelio. Había la perspectiva de éxito porque la Biblia promete "un glorioso crecimiento de la iglesia en los últimos días".[3] Carey, como muchos de su propia y subsecuentes generaciones, era un convencido pos milenario que sostenía que el conocimiento de Dios ciertamente llenará la tierra antes de la venida del Salvador. En esta confianza, propuso que los cristianos debían orar para que llegara ese tiempo. Los Bautistas Particulares de la Asociación Northamptonshire de Carey, inspirados por el llamado anterior por el teólogo norteamericano Jonathan Edwards, habían estado teniendo reuniones mensuales de oración por la expansión de la fe cristiana desde 1784. Las expectativas generadas por ese movimiento llevaron a una fuerte respuesta cuando, en un sermón predicado en Nottingham más tarde en ese mismo año, Carey urgió a su denominación a establecer una sociedad para llevar el evangelio al mundo. "Esperad grandes cosas", él famosamente declaró, "Intentad grandes cosas".[4] El 2 de octubre de 1792, la Sociedad Bautista Misionera (BMS) fue formada. El modelo fue la compañía comerciante del día, con suscriptores privados quienes contribuían grandes o pequeñas cantidades para la común empresa. El mismo patrón fue adoptado al final de la década por la Sociedad Misionara (Posteriormente la Sociedad Misionera de Londres), sostenida principalmente por los pedobautistas disidentes y por la Sociedad Misionera de la Iglesia, establecida por los anglicanos evangélicos. Los bautistas lideraban el camino en la misión mundial.

La BMS inmediatamente empezó su trabajo. En 1793 Carey mismo fue enviado como el segundo misionero de la sociedad a la India y pronto se estableció en Serampore, cerca de Calcuta. Carey, ayudado desde 1799 por sus dos colegas William Ward y Joshua Marshman, se puso a establecer la base para una misión a largo plazo. El primer convertido, Krishna Pal, no se logró sino siete años después de la llegada de Carey, pero en 1800, como lo dice el misionero, él tuvo "la alegría de profanar el Ganges al bautizar al primer hindú".[5] Después de esto siguió un constante aumento de nuevos creyentes en India que se dispusieron para el bautismo. Lugares de adoración se fueron construyendo en las ciudades, y estaciones de predicación se abrieron en los campos cercanos. La literatura era una prioridad. Carey terminó de traducir el Nuevo Testamento al bengalí para 1796. A lo largo de su vida, tradujo toda la Biblia a seis idiomas de India y porciones de la misma a más de otros veintinueve idiomas. La misión imprimió estos textos de la Escritura, junto con tratados para distribución, gramáticas y diccionarios. A fin de llegar a términos con la cultura religiosa de la India, Carey y Marshman publicaron uno de los vedas, el texto sagrado de los hindúes, y Ward compuso un masivo *Account of the Writings, Religion and Manners of the Hindoos* (1811). Desde 1818 el trio lanzó un periódico llamado *El amigo de India*, varias veces como mensual, trimestral y semanal a fin de diseminar las noticias de la misión pero también para promover el bienestar de la India. Con el paso del tiempo, los misioneros no tuvieron escrúpulos de atacar los males sociales tales como *sati*, la práctica de quemar las viudas vivas en las piras funerarias de sus esposos, al final persuadiendo a los gobiernos para prohibirlas. Ni los intereses ambientales estaban lejos de sus áreas de autoridad. Carey, quien tuvo gran interés en la botánica, coleccionó especímenes de la flora de India para asegurar su preservación. En conjunto, la misión demostró participación con la cultura indígena y con los asuntos seculares de la India, que fue algo sorprendente ya que se trataba de una aventura pionera.

Los esfuerzos de Carey prendieron el entusiasmo para la causa de misiones foráneas en Estados Unidos. La Asociación de Philadelphia, por ejemplo, reunió fondos substanciales para Serampore, y ya para 1800 un grupo de mujeres bautistas y congregacionales formaron la Sociedad Femenil de Boston para Propósitos Misioneros a fin de lanzar un proyecto propio. Uno de sus primeros misioneros, sin embargo, fue Adoniram Judson, un congregacionalista que antes había estudiado en la Universidad Brown, una institución bautista. En el curso del viaje a la India, él y su esposa, Ann, empezaron a tener dudas de si podían bautizar infantes, y al llegar a Calcuta fueron inmersos por William Ward. El colega de Adoniram Judson, Luther Rice, otro congregacionalista se cambió a bautista, y regresó de la India para organizar el apoyo denominacional en el país y crear la Convención General Misionera —o Trienal— en 1814. Los Judsons establecieron su centro de operaciones en Birmania. Adoniram predicó a un pequeño número de convertidos reunidos como iglesia, y un colega que se unió a la misión en 1816 imprimió libros y tratados en una imprenta enviada desde Serampore. Para 1836 Adoniram y sus colegas indígenas habían traducido toda la Biblia al birmano. Ann Judson produjo las primeras traducciones de la Escritura al tailandés ya para 1819, enseñó muchachas, adoptó huérfanos y escribió la primera historia de la misión. En 1824, dos años antes de su temprana muerte, negoció la libertad de su esposo de manos de los guerrilleros birmanos de la resistencia contra los británicos. La pareja llegaron a ser los misioneros íconos, que inspiraron la extensión de la empresa misionera a Assam, Siam, el sur de la India, China y Liberia. Cuando los Bautistas del Sur empezaron su existencia separada en 1845, sus primeros campos fueron Nigeria y China. Aun los Bautistas de la Voluntad Libre empezaron su propia misión a Orissa en India, enviando su tercer agente en 1851. Las misiones foráneas habían entrado en el corzón mismo de los bautistas en Estados Unidos tanto como en Bretaña.

Ventajas de las misiones

La empresa misionera que floreció en los años subsecuentes gozó una variedad de ventajas substanciales que ayudan a explicar su alto grado de éxito. Sin embargo, no todas las circunstancias fueron propicias como los historiadores algunas veces sugieren. Por lo menos una de las ventajas sugeridas llegó a ser en el mejor de los casos una dudosa herramienta. Se ha propuesto que las misiones cristianas se beneficiaron de la expansión de los imperios occidentales que marcaron la misma época. Es verdad que las estrategias imperialistas algunas veces pudieron beneficiar las misiones. La apertura de los puertos chinos a los occidentales bajo tratados desiguales firmados desde 1842 en adelante, por ejemplo, les permitieron a los misioneros vivir en el país. En las colonias británicas los administradores algunas veces ofrecieron ánimo y protección a las misiones anglo-estadounidenses, que fueron valiosas a las autoridades al proveer servicios que ellos mismos de otra manera necesitarían suplir. Eso fue cierto, por ejemplo, de las escuelas de la misión bautista en las colinas de Naga, India que se considerará en el capítulo 17. Sin embargo, también había tensiones entre los misioneros y las autoridades coloniales. En 1865, cuando el gobernador de Jamaica reprimió un disturbio entre la población negra con una fuerza excesivamente salvaje, dejando 439 muertos de la población, los bautistas protestaron fuertemente a favor de sus correligionarios entre las víctimas y crearon un gran debate en las normas británicas. De nuevo, un levantamiento en Nyasaland contra el gobierno británico en 1915 por John Chilembwe, predicador bautista que se había educado en Estados Unidos, hizo que de ahí en adelante las autoridades coloniales estuvieran recelosas de las misiones que educaban a los africanos. Algunos métodos coloniales, además, fueron ciertamente de poca ayuda a las misiones. En particular, la norma de gobierno indirecto, la administración de territorio por medio de gobernadores indígenas, significó que los misioneros fueran excluidos dondequiera que las autoridades no les tenían simpatía. Vastas porciones de la tierra bajo gobierno musulmán en Nigeria estuvieron efectivamente cerradas a las misiones cristianas, como ilustrará el capítulo 16. Y la rivalidad de los poderes coloniales pudieron ser desastrosos para las misiones. Cuando Camerún fue tomada como una colonia alemana en 1884, los misioneros bautistas británicos tuvieron que salir, y aunque los bautistas alemanes se encargaron desde 1891, ellos mismos fueron expulsados por los aliados durante la Primera Guerra Mundial. No hubo un beneficio constante para las misiones de parte del gobierno colonial y algunas veces el imperio fue un serio impedimento.

La civilización occidental que los misioneros llevaron consigo, en ese tiempo, fue una mayor ventaja. Los historiadores posteriormente han argüido que los misioneros algunas veces participaron en un imperialismo cultural, y han indicado que los valores occidentales tales como la obligación de mantener el tiempo eran favorables para la empresa capitalista. Las culturas indígenas, contendían ellos, fueron debilitadas por las fuerzas foráneas que se imponían sobre ellas. Es verdad que los misioneros bautistas, como sus contemporáneos de otras denominaciones, estuvieron bajo la influencia de maneras de pensar heredadas desde el iluminismo que asumía la superioridad de las costumbres occidentales. El progreso humano, generalmente se creía, había dado grandes pasos en el Occidente; lo que quedaba era que el resto del mundo los alcanzara. Las misiones cristianas, se acordó en la Conferencia Misionera Mundial de Edimburgo en 1910, estaba para distribuir literatura, especialmente en el Lejano Oriente, que iluminaría "las fuerzas morales que habían sido principalmente instrumentales en desarrollar la civilización occidental".[6] En su comienzo, también es verdad, a menudo se creía que las misiones traerían beneficios económicos. El gran misionero escocés congregacional David Livingstone fue el campeón de la alianza cristiana con el comercio como un antídoto contra el comercio de esclavos, y muchos pensaban como él. Pero los misioneros no fueron meramente herramientas del capitalismo. Los pueblos del mundo, ellos creían, finalmente podrán gozar un más alto estándar de vida como resultado del comercio abierto por las misiones, pero ellos mismos eran agentes de una causa más elevada. A veces los misioneros estuvieron preparados para ser los voceros y criticar la explotación de los pueblos indígenas en nombre del desarrollo comercial. En los años alrededor de 1900, por ejemplo, los misioneros bautistas americanos en el Congo proveyeron evidencia contra las atrocidades de la administración en ruinas en la colección de impuestos del caucho. Y en gran medida los habitantes locales daban la bienvenida a una mayor prosperidad y a las nuevas maneras traídas por los misioneros. Muchos se enorgullecían, por ejemplo, de usar ropa occidental. A veces hubo una medida de resentimiento contra la interferencia en contra de las costumbres establecidas por mucho tiempo, pero las élites indígenas en particular ganaron prestigio por el contacto con el mundo de afuera que obtuvieron por los misioneros. Lejos de ser víctimas pasivas del imperialismo cultural, destacados locales fueron generalmente hábiles y selectivos usuarios de técnicas tales como enseñar a leer y la construcción de casas de los recién llegados a sus tierras. Las misiones bautistas, aunque a veces culpables de insensibilidad cultural, en realidad fueron apreciadas más por la civilización occidental que ellos representaban.

Otra ventaja de las misiones creció del campo. Los misioneros al pasar más tiempo entre las gentes fuera de sus propios países, ganaron experiencia y se dieron cuenta de cómo hacer mejor su trabajo. El resultado podría ser dificultades con la junta que los enviaba. Cuando, en 1852, Birmania fue arrasada por la guerra, Justus Vinton (de los Bautistas Americanos) transfirió su misión de una localidad rural a la ciudad de Rangún a fin de ayudar a los necesitados, pero fue censurado por su comité en Boston por tomar acción no autorizada y por eso renunció y se unió a otra sociedad. En efecto, los misioneros podían ser convertidos por el país que habían venido a convertir. Timothy Richard, galés que servía con la BMS en China desde 1870, es uno de esos casos. Empezó con métodos convencionales de predicación en las calles y distribución de la Biblia, pero pronto reconoció que las maneras chinas eran mejores. Así que empezó a usar pancartas en la pared, la manera tradicional local de esparcir noticias. Richard decidió que era ineficaz hacer evangelización indiscriminada, y empezó a concentrar sus esfuerzos en "los dignos", los que tenían un interés potencial en el evangelio. Una hambruna seria en 1876-1879 lo llevó a organizar ayuda para los hambrientos y así a cuidar de las necesidades físicas tanto como por las necesidades espirituales. Esperaba que el conocimiento occidental eventualmente auspiciara un cambio estructural en el país y que ayudara a los chinos a pensar bien del cristianismo, y por eso aceptó ser editor de un periódico para esparcir información útil. Siguió la misma estrategia un poco más allá al llegar a ser secretario de la Sociedad para la Difusión del Conocimiento Cristiano y General entre los chinos y eventualmente abogó por una universidad de tipo occidental que preparara el camino para el evangelio. Aún cambió su teología, y alcanzó estimación favorable de otra religión. Llegó a creer que el budismo, lejos de ser un enemigo peligroso, era un medio divino de preparar a la gente para recibir el evangelio. Richard fue diferente en la extensión de los cambios que adoptó durante su carrera, pero fue típico en su flexibilidad. Los misioneros podían adaptar sus métodos y su pensar ajustándolos a las necesidades del tiempo y lugar.

Los misioneros tenían un enorme recurso en los cristianos nacionales. Desde el mero comienzo de una misión, aun antes de tener una conversión, la gente local era esencial. No solamente proveían servicios para la estación misionera, sino que también actuaban como instructores de la lengua local. Las traducciones de la Biblia usualmente fueron preparadas por los hábiles en el idioma al que se traduce tanto como los misioneros. De esta manera, en 1806 Carey registró que había traducido al sánscrito "con la asistencia del jefe indígena Pundit de la universidad" y que luego "se sentó con un Pundit telangana... para aprender su idioma"[7] Una vez que había un grupo de convertidos locales, se les ponía a trabajar para encontrar a otros. Los hombres eran comisionados como evangelistas y las mujeres fueron nombradas como vendedoras de Biblias. Así, Krishna Pal, el primer convertido con Carey, vino a ser misionero él mismo, trabajando en Calcuta, Jessore y Sylhet. Eran estas personas, no el misionero del Occidente, las que hacían el mayor trabajo de la evangelización. Después de algún tiempo, a menudo de considerable duración, otros hombres locales calificaban como pastores, aunque todavía bajo el misionero que los supervisaba. Los pastores requerían capacitación institucional. En Jamaica, por ejemplo, la universidad Calabar College se estableció en 1843 para preparar a hombres para el ministerio. Algunas comunidades bautistas más nuevas aun establecieron sociedades misioneras de cuenta propia. Así de 1841 a 1853, hubo una Sociedad Misionera Bautista de Jamaica que envió sus agentes a Fernando Po y Camerún en África occidental. Desde la década de 1850 la norma predominante de las sociedades misioneras occidentales fue por un tiempo la meta triple: auto-gobierno, auto-propagación y auto-sostenimiento. La finalidad era colocar el control de los asuntos de la iglesia, la responsabilidad de propagar el evangelio y la obligación de recaudar fondos en las manos de la gente local. Aunque estos ideales están asociados con el congregacionalista norteamericano Rufus Anderson y el anglicano evangélico Henry Venn, fueron igualmente propuestos por Edward Bean Underhill, el hábil secretario del BMS desde 1849 hasta 1876. Underhill encontró dura resistencia a la implementación de su estrategia, pero deseaba terminar con la dependencia financiera de los cristianos, especialmente en India, en la sociedad doméstica. La BMS bajo el liderazgo de Underhill buscaba su propia extinción, sabiendo que podía depender en los esfuerzos de los cristianos en las tierras que había evangelizado.

Otra ventaja de las misiones fue su despliegue de las mujeres en la causa. Las esposas misioneras, como el caso de Ann Judson ya lo ha mostrado, podían jugar un gran papel en la empresa. Usualmente no se les permitía predicar a congregaciones de género mixto, pero Calista Vinton, la esposa de Justus Vinton en Birmania, actuó en la convicción que, según su hija, "ella tenía tan verdadera vocación para predicar el evangelio como su esposo".[8] Algunas veces, sin embargo, el logro más grande de las esposas de los misioneros fue la creación de un hogar cristiano en el que las relaciones de esposo y esposa eran en mucho iguales que en la sociedad a su alrededor. En contraste con el celibato de los sacerdotes católico romanos, los protestantes podían regresar a la unidad de la familia misionera. Para los años de la mitad del siglo, sin embargo, la idea de enviar a mujeres solteras se estaba proponiendo. El primer despacho por la Junta Misionera Foránea de la Convención Bautista del Sur, Harriet Baker en 1847, no resultó en un éxito en la China y el experimento fue abandonado. Pero un cambio de normas tuvo lugar después de la publicación de Marianne Lewis, esposa del superintendente de la Imprenta de la Misión de Calcuta, de un volante, *Una súplica por las zenanas* (1866). Lewis indicó que todos los hombres excepto familiares íntimos eran excluidos de las *zenanas*, los salones privados de las mujeres de la casta alta en la India, y así sus ocupantes se podían alcanzar con el evangelio sólo por otras mujeres. La Asociación de

Damas se organizó como resultado en conexión con la BMS que pagó a mujeres solteras misioneras y a mujeres de la Biblia de India para participar en visitación a las *zenanas* y otra evangelización pionera. Las organizaciones de mujeres organizadas en Estados Unidos durante la última parte del siglo diecinueve se concentró en apoyar a las agentes femeninas, fueran occidentales o indígenas. Las mujeres solteras llegaron a ser una creciente proporción de la fuerza misionera global. La más celebrada entre ellas fue Charlotte (Lottie) Moon, enviada en 1873 desde Virginia a la China por la Junta Misionera Foránea de los Bautistas del Sur, una persona imponente que demostró decisivamente que las mujeres solteras podían ser evangelistas efectivas. Desde 1888, por su sugerencia, se empezó a levantar una ofrenda misionera anual de Navidad en su denominación, y desde 1918, seis años después de su muerte, se le dio su nombre en su honor, llegando a ser uno de los medios principales de recaudar dinero para las misiones entre los Bautistas del Sur. Para 1910, el 55 por ciento de los misioneros enviados por las agencias estadounidenses eran mujeres. Toda la empresa en el siglo veinte dependió más de las mujeres que de los hombres.

Mucho del trabajo de las mujeres fue en las escuelas, que dieron fortaleza al movimiento misionero. El don de enseñar a leer fue una de las más potentes armas en al arsenal de la denominación. La educación era una prioridad desde el comienzo por la necesidad de capacitar a los cristianos nacionales para que fueran los evangelistas principales. Así, para 1818, alrededor de Serampore ya había noventa y dos escuelas y cerca de diez mil estudiantes bajo instrucción. No se esperaba que una gran escala de educación elemental produjera gran número de cristianos inmediatamente, pero si se esperaba que preparara el camino para un eventual movimiento masivo hacia la verdad cristiana. El sistema fue coronado con una institución, la universidad Serampore College, que aunque —y parcialmente porque— fue diseñada para producir misioneros, proveyó educación avanzada en ciencias y lenguas tanto como en teología. Como el panorama del esfuerzo misionero creció, arreglos similares, aunque a menudo en una escala menor, se lograron en otras partes. En el campo Bautista Americano del Norte, en el este de la China, por ejemplo, había para 1900, cinco escuelas ordinarias y tres con dormitorios, todas servidas por maestros chinos pero bajo la dirección de los misioneros. Seis años más tarde la Escuela Profesional Bautista de Shanghái, auspiciada juntamente por los Bautistas del Norte y del Sur fue establecida y después de cinco años llegó a ser una universidad. También se proveyó educación más especializada. Las organizaciones femeninas a menudo se concentraban en escuelas para niñas, una innovación peligrosa en muchas partes del mundo. También hubo educación industrial. Desde 1878 la Unión Bautista Misionera Americana, como se llamó en ese entonces la organización del norte, acordó enviar "laicos cristianos inteligentes, prácticamente capacitados en el comercio, la agricultura y las artes mecánicas" para dar instrucción a la gente indígena.[9] Este tipo de capacitación era especialmente favorecido por las misiones afroamericanas bautistas, que florecían del final del siglo diecinueve en adelante, que trasplantó al África las ideas del Instituto de Tuskegee de Booker T. Washington. Para la década de 1920 se dio tanta energía a diferentes tipos de educación que algunos misioneros empezaron a temer un eclipse de la evangelización directa. Wesley W. Lawton, un Bautista del Sur en el interior de la China, notó con desilución en su diario en 1923 que "hay muchas más conferencias . . . que predicación de la Palabra de Dios".[10] Pero no cabe ninguna duda que los esfuerzos de la educación bautista lograron mucho para avanzar la causa misionera.

De igual manera, la salud vino a ser un beneficio significativo para las misiones bautistas. Inicialmente los misioneros sin ninguna habilidad especializada daban consejo médico y ocasionalmente hacían cirugías menores, pero eso no se consideraba como su vocación. Desde la década de 1870, sin embargo, doctores profesionales fueron enviados como médicos misioneros. La pesada pérdida de personal misionero sugirió la sabiduría de tener personal médico entrenado en el campo de trabajo, pero el énfasis gradualmente cambió hacia la provisión de cuidado para los enfermos entre los pueblos indígenas. El bienestar corporal, lenta pero paulatinamente se creía, era una preocupación cristiana tanto como el bienestar del alma. El BMS despachó su primer doctor para la China en 1870, aunque sus primeros misioneros médicos debían de predicar tanto como sanar. Los bautistas canadienses enviaron doctoras y enfermeras como parte del personal a su campo de habla Télugu al este de la India desde la década de 1890, y a través de los años ganaron la estimación de la minoría musulmana y de los intocables. A las doctoras y enfermeras se les acercaban las mujeres pacientes que, si el personal hubiese sido masculino, no las hubieran podido consultar directamente, y así se tuvo una parte significativa en el crecimiento del trabajo médico misionero. La Unión Misionera Bautista Americana contaba con veintisiete médicos en 1902, de los cuales nueve eran doctoras. Para esa fecha la Unión también poseía 12 hospitales y muchos dispensarios médicos en sus varios campos. Pero cuando Anna Kay Scott, quien servía en Shantou, China solicitó dos médicos más de la junta de la Unión para usarlos en la misión médica que había desarrollado, la respuesta fue que los recursos tenían que ser canalizados hacia graduados de seminarios teológicos. El titubeo evidente en esta respuesta fue grandemente vencido en el período entre las guerras, cuando las misiones médicas eran su fuerte prioridad. Los administradores coloniales particularmente apreciaban las misiones para el cuidado de la salud que se proveía. Para 1938 había 1.350 doctores, 13.000 enfermeras y más de 1.000 hospitales sostenidos por las misiones protestantes alrededor del mundo. Esta multitud de instituciones compasivas ayudaron a persuadir a mucha gente de las intenciones benevolentes de las misiones cristianas.

    Una fortaleza más del movimiento misionero fue que, desde la última parte del siglo diecinueve, no estuvo confinado a canales denominacionales. Aunque las organizaciones misioneras bautistas continuaron, una cantidad de nuevos cuerpos para denominacionales surgió que incluía bautistas junto con otros evangélicos fervientes en sus filas. Estas eran las misiones de fe. Su pionero fue James Hudson Taylor, un inglés con un trasfondo del movimiento de los Hermanos, una de las figuras salientes, George Müller, administraba un orfanato basado en el principio de la fe. Müller no organizó la recaudación de fondos, sino que en vez de eso confiaba que Dios proveería cualquiera que fuera su necesidad. Taylor aplicó el mismo principio a las misiones. Los miembros de la Misión al Interior de China que se fundó en 1865 no tenía apoyo financiero asegurado, sino que se lanzó por fe. La misión creció, abriendo nuevas áreas remotas de la costa china para el evangelio. Otros cuerpos, basados en Estados Unidos tanto como en Inglaterra, copiaron el ejemplo de Taylor en la obra pionera. La Misión al Interior de Sudán (1893), la Misión al Interior de África (1895), y la Unión Misionera a las Regiones Lejanas (1899) fueron las más grandes entre ellas. Ellos reclutaban alguna de la gente joven más dedicada de su día para sus filas. Eran usualmente fuertemente pre milenarios, con su expectativa del inminente segundo adviento que inyectaba de urgencia sus labores. La obra educativa y el cuidado de la salud no eran para ellos, ya que la singular y vital tarea era salvar las almas en el breve tiempo restante. Había un espíritu de aventura, habiendo puesto su confianza en el Señor, se lanzaban a lo desconocido. La Misión al Interior de África propuso, por ejemplo, evangelizar "los lugares de tinieblas más oscuros en el continente africano".[11] Las misiones de fe reunieron fuerza con el avance del siglo veinte y vinieron a ser columnas del lado del fundamentalismo en las controversias de la década de 1920. La escuela Bíblica establecida en Minneapolis Por William Bell Riley, el líder del fundamentalismo en la Convención Bautista del Norte, por ejemplo, había capacitado 136 misioneros para 1936, y casi todos ellos entraron a las misiones de fe. Las agencias pudieron no haber llevado el nombre bautista, pero mucho del esfuerzo misionero pionero de los bautistas en el siglo veinte se logró bajo la bandera de las misiones de fe.

Logros y cambio

Parcialmente como resultado de estos varios factores, los bautistas lograron mucho en plantar iglesias en países foráneos. La consciencia misionera no vino de inmediato a ser general, porque como hemos visto, creó antagonismo en Estados Unidos, y aunque la hostilidad fue menos visible en Bretaña, sólo 44 por ciento de las iglesias de los Bautistas Particulares apoyaron financieramente la BMS entre 1850-1851. Tampoco el impacto en el mundo había sido enorme. Siete años antes había solamente 1.449 miembros en todas las iglesias de la BMS en el sub continente indio. Posteriormente, sin embargo, hubo algunos avances en partes específicas del mundo. La misión de los Bautistas del Norte en la región de habla Télugu de la India oriental tuvo 8.691 bautismos en un período de seis semanas en 1878, uno de los muchos movimientos masivos de convertidos a la fe cristiana en la India moderna. De nuevo, entre 1919 y 1924 la BMS en Mizoram en el noroeste de India gozó una ola de avivamiento que hizo que la membresía bautista creciera de 1.017 a 3.198. Tan notable crecimiento de la iglesia era excepcional, pero tuvo lugar. Más normal fue la más lenta pero sostenida expansión, que fue resultado del grueso del crecimiento en los campos de África de la Convención Bautista Nacional y la Convención Bautista Foránea Misionera Lott Carey, las dos principales organizaciones afroamericanas. Anunciaron tantos como 25.000 convertidos en los campos foráneos entre 1895 y 1921. El ímpetu misionero se esparció más allá de Norte América y Bretaña, el corazón de la empresa misionera, a muchos otros cuerpos bautistas. El sur de Australia estableció su propia Sociedad Misionera en 1865 y pronto otras colonias australianas la imitaron; Nueva Zelanda siguió en 1885, Suecia en 1889, Sudáfrica en 1892, Alemania en 1898, y Noruega en 1915. Muchos escogieron ir donde existían misiones bautistas funcionando. Así los noruegos enviaron sus primeros misioneros al Congo, un campo de la BMS. Al éxito en establecer iglesias bautistas en nuevas tierras se tienen que añadir algunos logros más indirectos. En el Congo y Angola un movimiento proféticos surgió en 1921, guiado por Simon Kimbangu, que se había convertido por medio de la misión bautista seis años antes. Aunque las autoridades de la colonia belga lo pusieron preso por traición desde 1921 hasta su muerte en 1951, su poderoso ministerio eventualmente produjo fruto en 1959 en una iglesia independiente que ha venido a ser la más grande denominación indígena en África. Los *kimbangüistas* también se tienen que ver como los hijos del movimiento misionero bautista.

El siglo veinte fue testigo de la transferencia gradual de autoridad de los misioneros a los líderes nacionales de la iglesia. El proceso fue parcialmente el efecto dilatado de la anterior filosofía de los tres auto- que había inspirado traer autonomía a las más nuevas iglesias. Para 1925 la Sociedad Bautista de Misiones Foráneas, junto con su equivalente femenino, pudo notar en una reunión de evaluación conjunta que ya había cierto nivel de entrega de la responsabilidad a los nacionales. En Birmania, su primer campo, por ejemplo, el comité de administración de la Convención Bautista tenía mayoría de miembros nacionales. Las dificultades financieras de la gran depresión de la década de 1930 aceleró el proceso, con la BMS haciendo explicita la conexión entre las bajas entradas y la transferencia de autoridad cerca de 1931. La Segunda Guerra Mundial tuvo otro poderoso efecto. Al surgir las esperanzas de la libertad para los pueblos colonizados en la esfera política, dio ánimo a los líderes de las iglesias para anticipar mayor independencia también. "El tiempo parece haber llegado, o estar por llegar", escribió H. R. Williamson, el secretario para asuntos foráneos de la BMS en 1944, "cuando nuestros hermanos africanos esperan compartir con sus colegas misioneros dirigir juntos los concilios misioneros y de la iglesia".[12] La expulsión de misioneros de la China al comienzo del triunfo de las fuerzas comunistas en 1949 hicieron que las misiones se dieran cuenta que se tenía que instalar un liderazgo local para estar listos para cualquier expulsión similar del personal misionero en otros países. El proceso resultante se puede seguir claramente en la obra de la BMS en el Congo. En 1954, Cuando el secretario de la sociedad para la obra foránea urgió el fortalecimiento del liderazgo africano, muchos de los misioneros aún pensaban que era algo prematuro. Los primeros dos congoleños, sin embargo, fueron admitidos a la conferencia del campo misionero dos años después y se empezaron a establecer los concilios de las iglesias compuestos por líderes africanos. La responsabilidad económica se transfirió de la misión a la iglesia en la mayoría de distritos en 1958. Después de la independencia del Congo (de Bélgica) en 1960, aumento la presión para cambios paralelos en la misión. Al siguiente año los misioneros le respondían a una de tres comunidades regionales de la iglesia bautista que habían sido creadas, y en 1962 se pasó el control de los hospitales de la BMS al Concilio Central de las Iglesias Bautistas. Bajo la presión política del gobierno congolés, las tres comunidades regionales se unieron en 1972 como una sola comunidad de la iglesia bautista, un cuerpo con completa autonomía. La salida de la iglesia como una entidad bajo la misión, un desarrollo íntimamente ligado con la descolonización política, fue completo. Un proceso similar tuvo lugar en la mayoría de los campos misioneros bautistas en aproximadamente el mismo período.

El subsecuente patrón de la misión mundial se resumió en la palabra "hermanamiento". Las misiones ya no eran enviadas del Occidente al resto del mundo, sino que el avance del cristianismo en todo el globo cada vez más se concibió como una empresa entre iguales. Un evento que hizo historia fue el Congreso Internacional sobre la Evangelización Mundial convenido en Lausana, Suiza, por Billy Graham en 1974. En el evento, el ministro bautista peruano Samuel Escobar desafió a los evangelistas occidentales a permitir que elementos de la experiencia latinoamericana condicionaran su mensaje. Como se verá en el capítulo 15, Escobar argumentó que si el evangelio debía ser visto en su totalidad, debe ser reconocido como una fuerza para la justicia y la libertad. Después de esto era difícil olvidar que, si el hermanamiento iba a ser una realidad, la voz de las partes desfavorecidas se tenía que escuchar. Hubo fricción ocasional cuando las aspiraciones locales chocaban con el agonizante paternalismo de los misioneros. El Seminario Teológico Bautista de Zimbabwe es un buen ejemplo. Fundado y originalmente sostenido en su totalidad por los misioneros Bautistas del Sur, el seminario vino bajo el control de una junta local con una mayoría de representantes de la iglesia en 1986, pero veinte años más tarde todavía no podía obtener las escrituras de la Convención Bautista del Sur. La Junta de Misiones Internacionales de los Bautistas del Sur deseaba asegurar la ortodoxia de la enseñanza en el seminario, el rector lo vio como "una clase de colonialismo eclesiástico".[13] Sin embargo, mucha de la educación teológica fue testimonio de la efectividad del hermanamiento que con los recursos occidentales se pagaban por la enseñanza destinada a capacitar a las siguientes generaciones de líderes de la iglesia. En la nueva fase de las misiones, muchas de las agencias antiguas redujeron sus números de misioneros de carrera: para 1982 había solamente 203 que trabajaban con las Iglesias Bautistas Americanas. A la vez, sin embargo, hubo una explosión de viajes misioneros cortos: para 1992 más de 10.000 Bautistas del Sur participaban en ellos cada año. Los Bautistas del Sur sin embargo, permanecieron fuertemente comprometidos para animar a los misioneros de carrera, con 3.816 sostenidos por su Junta Internacional de Misiones en 1987. En algunos de los países que antes los recibían se hizo popular enviar misioneros nacionales a largo plazo. En 2004 los Bautistas Brasileños tenían 540 misioneros en 59 países. Las misiones foráneas habían llegado a ser mucho más que un fenómeno unilateral.

Una reseña de la parte bautista en el movimiento misionero tiene que conceder que la denominación fue menos responsable por su creación que lo que a menudo se proclama. Hubo misiones católicas mucho antes de Carey, y hubo misiones protestantes por casi un siglo antes de él. Sin embargo, Carey mantiene un lugar prominente en el registro misionero. Su *Inquiry* y su sermón de 1792 llevó a la creación de la primera organización misionera anglo-estadounidense, la Sociedad Bautista Misionera, y su trabajo en Serampore inspiró a otros, incluyendo a los primeros estadounidenses, para que se unieran a la empresa. El movimiento gozó grandes ventajas por cerca de dos siglos, aunque, en el balance, los imperios coloniales no fueron tan significativos como ayuda como se puede imaginar. La civilización occidental traída por las misiones, aunque algunas veces insensiblemente introducida, añadió a su atracción. Una vez en el campo, los misioneros ganaron experiencia que probó ser una inmensa ayuda, añadiendo a su flexibilidad y eficacia. Los ayudantes indígenas fueron los principales propagadores de la fe, mientras que las mujeres, tanto casadas como solteras, tuvieron una parte mayor en la empresa misionera. La provisión de escuelas y universidades por una parte, y el cuidado médico por la otra, poderosamente fortalecieron el mensaje de las misiones. Y las misiones de fe sin lazo con ninguna denominación actuaron como el vehículo para que muchos bautistas esparcieran su fe en el siglo veinte. Todos estos factores del movimiento ayudaron a asegurar su impacto. La última parte del siglo veinte vio la transferencia de responsabilidad de las iglesias que se habían plantado a manos de líderes locales y a un nuevo modelo de misiones foráneas según nuevas líneas de hermanamiento. El resultado total no fue meramente un inmenso crecimiento en el número de cristianos, sino también un re ordenamiento de su distribución. Al comienzo del período, los bautistas existían, con unas pocas excepciones, solamente en las Islas Británicas y en Norte América. Al final hubo grandes y florecientes comunidades bautistas en India y Birmania, China y Brasil, Nigeria y Congo, y en muchas otras tierras donde habían servido los misioneros. Este fue el más significativo de los logros de los bautistas.

Lectura adicional

Estep, William R. *Whole Gospel—Whole World: The Foreign Mission Board of the Southern Baptist Convention, 1845–1995.* Nashville: Broadman & Holman, 1994.

George, Timothy. *Faithful Witness: The Life and Mission of William Carey.* Birmingham, Ala.: New Hope, 1991.

Potts, E. Daniel. *British Baptist Missionaries in India, 1793–1837.* Cambridge: Cambridge University Press, 1967.

Robert, Dana L. *Christian Mission: How Christianity Became a World Religion.* Chichester, West Sussex: Wiley-Blackwell, 2009.

Stanley, Brian. *The History of the Baptist Missionary Society, 1792–1992.* Edimburgo: T&T Clark, 1992.

Torbet, Robert G. *Venture of Faith: The Story of the American Baptist Foreign Mission Society and the Woman's American Baptist Foreign Mission Society, 1814–1954.* Philadelphia: Judson Press, 1955.

Capítulo 14

LA EXPANSIÓN GLOBAL DE LOS BAUTISTAS

El crecimiento de los bautistas hasta llegar a ser una comunión mundial no solamente fue el resultado de las misiones organizadas. Al inicio del siglo veinte, es verdad, una alta proporción de los miembros de la denominación se encontraba en las iglesias en lo que antes era el campo misionero. El movimiento misionero discutido en el capítulo anterior había casi plantado la fe cristiana en cada territorio sobre la tierra. Pero los bautistas también se extendieron por otros medios. Durante los siglos diecinueve y veinte tuvo lugar la emigración en una escala extraordinaria. Nuevos medios de transporte —ferrocarriles y barcos de vapor en el siglo diecinueve, automóviles y aviones en el veinte— permitieron que mucha de la población se movilizara más que en el pasado. La gente de convicción bautista dejó su hogar en Europa a fin de aprovechar nuevas oportunidades en países abiertos a la colonización. Los pioneros en el siglo diecinueve, que aparecerán importantes en este capítulo, sentaron las bases para un crecimiento mucho más grande en el siglo veinte. Aunque el destino principal era Estados Unidos, muchos se cambiaron a otras tierras, letones, alemanes y suecos, por ejemplo, todos edificaron comunidades bautistas florecientes en Brasil, emigrantes ingleses, galeses y escoceses establecieron capillas bautistas en todo el imperio británico y de esta manera establecieron una presencia substancial en Australia, Canadá, Nueva Zelanda y Sudáfrica. La diáspora Europea del período fue responsable por la proporción significativa de nuevas iglesias bautistas en todo el mundo. Al mismo tiempo, individuos y organizaciones, de Norte América y por lo menos tanto como Europa, estuvieron propagando la fe en territorios que eran parte del mundo cristiano —entre los pueblos de sus propios continentes, América Latina, y el imperio Ruso. La expansión de los bautistas en estas tierras es una dimensión mayor de su historia.

Contribuciones nacionales a la expansión

Los países que ya poseían comunidades bautistas en 1800 naturalmente tomaron la iniciativa para avanzar la causa bautista. Charles Haddon Spurgeon, por ejemplo, tomó detallado interés en el trabajo de las misiones cristianas, tanto denominacionales como interconfesionales —y también vio como una prioridad el crecimiento del testimonio bautista en la Europa continental y en las tierras de las colonias británicas. Spurgeon admiraba la obra alemana de Johann Gerhard Oncken que se mencionó en el capítulo 6, y viajó a Hamburgo en 1867 para abrir el nuevo edificio para la iglesia de Oncken allá. Como Spurgeon presidía en la floreciente universidad de capacitación para pastores, también fue capaz de dirigir hombres capaces para destinos apropiados en partes del imperio británico. Cuando, en 1876, una iglesia bautista se inició primero en Ciudad del Cabo, en la punta sur de África, le escribió a Spurgeon, quien debidamente despachó a uno de sus capacitados, y para cuando el gran predicador murió en 1892, los hombres de Spurgeon habían llenado muchos de los púlpitos en la embrionaria Unión Bautista de Sudáfrica. La riqueza de Inglaterra, fruto de intercambio comercial y temprana industrialización, hicieron posible que el país hiciera más que enviar personal al exterior. Repetidamente, el dinero inglés sostuvo los esfuerzos bautistas en otras partes, fuera en Europa o en el imperio. Así, Spurgeon arregló que su congregación en Londres pagara por dos misioneros domésticos de Oncken. De igual manera, cuando un número de bautistas se empezaron a multiplicar en Québec, sus líderes fueron a Inglaterra en busca de ayuda financiera. Entre 1838 y 1849 se recaudó la enorme suma de 17.000 libras en Inglaterra para el sostenimiento de hasta doce pastores y la edificación de una universidad teológica en Montreal. Todas las consecuencias no fueron ganancias. No sorprende que los subsidios algunas veces mancharan a los bautistas como creyentes de un credo extranjero. Así la gente de Hamburgo estigmatizó la fe propagada por Oncken "como la nueva religión inglesa".[1] Esta etiqueta, aunque ganada en los días antes de que Oncken se afiliara con los bautistas, se la siguieron aplicando en sus siguientes esfuerzos. La consciencia que el oro inglés estaba detrás de los rostros locales pudo ser un estorbo para la obra bautistas. Con todo, el apoyo de los bautistas ingleses frecuentemente probó ser crucial para el crecimiento de la presencia de la denominación en otros países.

Gales, aunque mucho más pequeño que Inglaterra, había participado por mucho tiempo con una parte distintiva en la expansión de los bautistas. En el siglo diecisiete la iglesia en Ilston en Glamorgan había emigrado como un cuerpo a Pennsylvania; en el dieciocho, una corriente regular de correspondencia desde Gales ayudó a sostener el vigor de la vida bautista en la colonia. Cuerpos frescos de emigrantes se agregaron a los colonizadores galeses en Pennsylvania durante el siglo diecinueve, muchos de ellos bautistas. Tanto en casa como en el exterior los bautistas galeses casi todos usaron su propio idioma céltico para adorar, dándole especial sentido de identidad. Como la lengua galesa se parecía a la versión hablada en la región francesa de Bretaña, el pueblo galés consideró que la región fuertemente católico romana del occidente de Francia era su especial campo misionero. En 1834 las iglesias bautistas de Glamorgan se lanzaron en un esfuerzo de plantar iglesias de habla bretona. Tomados por la Sociedad Bautista Misionera (BMS) nueve años más tarde, la misión vino a ser una causa querida por los corazones galeses. Cuando, en 1885, la BMS resolvió retirar el apoyo a la misión bretona, fuertes protestas galesas aseguraron que una cantidad de ayuda continuara. La misión tuvo éxito en establecer un pequeño grupo de iglesias bautistas que duraron. Capillas de lengua galesa se multiplicaron donde quiera que bautistas del principado penetraban. Así en Australia, los buscadores de oro edificaron lugares de adoración en descubrimientos de Victoria, y mineros hicieron lo mismo en los campos de carbón alrededor de Newcastle, Nueva Gales del Sur. Algunos de los galeses permanecieron tan apegados a su idioma que, en 1865, un grupo llevó a tres ministros, dos independientes y uno bautista, dedicados para una parte no habitada de América del Sur, a fin de preservar su lengua, para que no fuese arrollada por la ola del inglés que se hacía presente en toda esa tierra. Después de arribar al Valle Chubut de la Patagonia, plantaron iglesias donde los grandes himnos galeses sonaban a través de las pampas. Sin embargo, pronto otros incorformistas absorbían a los bautistas, quienes dejaron de mantener sus servicios distintivamente denominacionales; y en el siglo veinte eventualmente toda la comunidad llegó a ser de habla española, recurriendo a la capilla solamente para el uso ocasional de conciertos corales en galés. Raramente fuera de Gales sobrevivió el idioma en la adoración hasta el año 2000. Sin embargo, con su fuerte sentido de identidad cultural, los galeses habían ayudado al avance de la causa bautista alrededor del mundo.

Escocia tuvo un papel equivalente en el avance del evangelio en su aspecto bautista. Unos pocos escoceses principalmente de las tierras altas, hablaban el gaélico, otro idioma céltico, y llevaron su fe e idioma con ellos al Nuevo Mundo. Sin embargo, otros imigrantes escoceses usaron el inglés y así evangelizaron una comunidad más amplia. Incluían seguidores de Robert Haldane, un caballero de medios independientes que promovió la predicación del evangelio en toda Escocia y quien adoptó el bautismo de creyentes en 1808. Después de ocho años el número de bautistas de las iglesias haldenistas se unieron a la corriente de los emigrantes a Canadá. Tomaron el estilo energético de evangelizar de Haldane, y parecían menos preocupados con cuestiones del gobierno de la iglesia que sus correligionarios con raíces estadounidenses. En 1828 la Sociedad Bíblica de Edimburgo de Haldane le dio empleo a Johann Gerhard Oncken. El contacto con Haldane tuvo que haber producido los principios bautistas en el joven alemán, y posteriormente la Sociedad Bíblica Nacional de Escocia, sucesora del cuerpo de Edimburgo, pagó a un número de sus vendedores de Biblias en el continente de Europa. La Iglesia Bautista Bristo Place en Edimburgo sostuvo a Gottfried Fryderic Alf, quien se capacitó bajo Oncken en Hamburgo y llegó a ser el pionero de la obra bautista en Polonia. De manera similar, la Misión Bautista Bohemia, establecida en Escocia, mantuvo la plantación de iglesias bautistas en su tierra natal con Henry Novotny, un checo que se había capacitado para el ministerio reformado en una universidad presbiteriana en Edimburgo y quien en 1885, fue bautizado como creyente. El ejemplo sobresaliente de un bautista escoces que promovió la obra bautista del evangelio en el exterior, sin embargo, fue William Daniel Thomson MacDonald. Capacitado por Spurgeon, MacDonald sirvió a las iglesias en Escocia, emigró a Estados Unidos en 1880, y ocho años más tarde fue a Chile como agente de la Sociedad Bíblica Americana. MacDonald llegó a ser evangelista de la Alianza Cristiana y Misionera en el sur de Chile, pero posteriormente se retiró para fundar, en 1908, la Unión Bautista de Chile, con él mismo como superintendente. Llamado "el escoces" por los chilenos, él ejerció una influencia decisiva sobre los inicios del desarrollo de la vida bautista en su país de adopción. Los bautistas de Escocia fueron una influencia moldeadora en el trabajo de la denominación en muchas tierras.

El papel de Estados Unidos en el desarrollo de la vida bautista exterior aumentó constantemente. Mientras que en el siglo diecinueve Bretaña normalmente había sido más prominente, Estados Unidos la remplazó en el siglo veinte. Un cambio simbólico tuvo lugar en 1892, cuando la obra bautista noruega cesó de ser subsidiada por Bretaña y empezó a ser apoyada económicamente por estados del norte de Estados Unidos. Estados Unidos no proveyó personal en grandes números ya que era un país que recibía, en vez de dar, en los movimientos de población de la era. Por cierto, Estados Unidos recibía con los brazos abiertos a los emigrantes con la promesa de libertad religiosa, lo cual tuvo el efecto de debilitar la fuerza del emergente testimonio bautista en un número de los países europeos. "Varios miembros han emigrado a los Estados Unidos," informaba un reporte sobre asuntos franceses en 1857, "incluso un pastor ordenado y otros más están contemplando dar un paso similar".[2] La constante fuga de gente clave era profundamente desalentadora en Francia, como en otros lugares. No obstante, individuos de Estados Unidos tuvieron un papel importante como pioneros en muchos países. En Venezuela, por ejemplo, O. R. Covault, un pastor bautista de Ohio, fue en 1924 como misionero independiente para los negros de habla inglesa emigrantes de las islas del Caribe, y fue posteriormente tomado por una organización misionera y formó un grupo de iglesias bautistas. Y los bautistas de Estados Unidos dieron generosamente. Oncken (una vez más) recibió continuamente entradas de la Sociedad Misionera Foránea de los bautistas estadounidenses desde 1835 en adelante. Los estadounidenses establecieron el primer pastor bautista en Líbano, quien empezó una iglesia en Beirut en 1895. Un Bautista del Sur laico que había hecho una fortuna con calzado pagó por un nuevo edificio para la Iglesia Bautista Central en Caracas, Venezuela en 1951. Pero dar pudo crear tensiones. Los Bautistas del Sur generosamente sostuvieron después de la guerra la obra bautista en Italia. En un momento, solo treinta y cinco pastores nacionales trabajaban al lado de veinticinco misioneros. Los italianos hallaron la experiencia agobiante, y, después de establecer la Unión Bautista por su cuenta en 1956, afirmaron su independencia al afirmar, por ejemplo, el derecho de analizar asuntos públicos con la ayuda de la filosofía marxista, algo que los estadounidenses condenaban totalmente. Problemas similares resultaron en muchos de los países latinoamericanos. Los bautistas en otras partes del mundo pudieron resentir la dependencia financiera aún cuando apreciaban la generosidad de los Estados Unidos.

Los alemanes también tomaron una parte desproporcionada en la expansión de los bautistas. En algunas regiones de Europa, el gobierno de las iglesia bautistas parecía evidentemente alemán —como sucedía con los ingleses o estadounidenses en otras partes. Hasta la unificación en 1871, no existía un solo estado alemán sino un mosaico de principados de habla alemana que cubrían la Europa central. Además, un gran número de familias alemanas se había dispersado en los territorios más al oriente. Los hombres de Oncken hicieron su labor primaria entre esa gente, en la diáspora tanto como en los territorios de habla alemana. Los alemanes asociados con la base de Oncken en Hamburgo plantaron convicciones bautistas en países sucesivos: Dinamarca (1839), Holanda (1845), Austria (1846), Suecia (1847), Suiza (1847), y así sucesivamente. Ordinariamente, si el alemán era uno de los idiomas locales, los de habla alemana se convertían en bautistas antes de los que usaban otros idiomas. En Memel, al oriente de Prusia, un epicentro de obra bautista en el noreste de Europa, la iglesia aunque fundada en 1841 entre los alemanes, ya para 1854 había empezado a alcanzar a los lituanos, quienes formaron una alta proporción de la población local. Los letones sobre el mar Báltico, particularmente descontentos con el grado de control alemán ejercido sobre su vida religiosa, crearon una Asociación Bautista separada en la década de 1880. La imagen alemana de los bautistas podía llegar a ser un impedimento. Pero los alemanes llevaron sus normas bautistas más allá de los límites de Europa. Alemanes étnicos emigrados en grandes números a Estados Unidos y Canadá, establecieron iglesias para adorar en su propio idioma. "Consideramos esto como lo más importante y deseable", rezaba una resolución de su primera Conferencia Norteamericana en 1851, "que nuestros hijos sean instruidos en el idioma alemán".[3] Como los galeses, los alemanes deseaban preservar su herencia lingüística. Gradualmente, sin embargo, fue desapareciendo, las dos guerras mundiales siendo ocasiones cuando muchos dejaron su idioma heredado. Los bautistas que hablaban alemán también encontraron camino en números significativos hacia otras tierras tales como Sudáfrica, donde, en el primer reporte estadístico de la Unión Bautista, en 1880, se reportó un igual número de miembros de iglesias inglesas y alemanas. La parte alemana en la expansión global de los bautistas no puede ser menospreciada.

Razones para la expansión

Algunas de las maneras en que las convicciones bautistas se esparcieron ya se han mencionado, pero será útil distinguir un número de los factores principales involucrados en el proceso. En primer lugar, hubo grupos de emigrantes. En los primeros momentos de este fenómeno, un grupo de bautistas negros salió bajo el liderazgo de David George, su pastor de Halifax, Nueva Escocia, hacia la costa oeste de África en 1792. George, siendo todavía esclavo, había dirigido una iglesia en Carolina del Sur, pero después de la guerra por la independencia se fue como hombre libre a Nueva Escocia, un remanente de la colonia británica hacia el norte. Él determinó, con la mayoría de su congregación, viajar hacia el otro lado del Atlántico a fin de unirse a la nueva colonia de Sierra Leona, un lugar designado para ser sitio seguro para las víctimas de la esclavitud y un rayo de cristianismo para el resto de África. George estableció una iglesia bautista en la capital, Freetown, la primera en el continente. De manera similar, esclavos liberados emigraron para Liberia, una colonia establecida por estadounidenses como equivalente a la de Sierra Leona. Lott Carey, un predicador bautista negro de Richmond, Virginia, fundó una iglesia entre ellos en 1822 en Monrovia, la capital, y así inauguró una fuerte tradición de vida bautista en el país. En estos casos el motivo misionero se mezcla con otras ambiciones en los grupos migratorios. Sin embargo, muy a menudo la búsqueda por mayor prosperidad formó la principal razón para emigrar. Grandes números viajaron al otro lado del océano a fin de descubrir mejor vida, usualmente con la intención de quedarse permanentemente en el nuevo hogar. La gente de normas bautistas viajaron con ellos. Así en 1877, un grupo de suizos y belgas de habla francesa se cambiaron a Argentina y se establecieron en Santa Fe. Uno de ellos le pidió a su pastor anterior, Paul Besson, que viniera a cuidar la pequeña pero creciente congregación. Besson inauguró la actividad bautista en el país y eventualmente fundó la Iglesia Bautista Central en Buenos Aires, pero la iniciativa había venido de un colono ordinario. La emigración masiva demostró ser una explicación fundamental del crecimiento bautista en los siglos diecinueve y veinte.

Una segunda razón de la expansión bautista en la escala mundial fue la movilidad personal. A menudo los individuos sin familias se cambiaban para otras partes, algunas veces con la intención de regresar a sus hogares después de un tiempo. La razón una vez más, en algunos casos puede ser explícitamente religiosa. El hombre considerado como el primer misionero bautista George Liele cae en esta categoría. Un esclavo predicador ordenado, Liele había sido responsable de la conversión de David George en Carolina del Sur. Al final de la Revolución de Independencia en 1783, viajó a Jamaica sin una organización que lo apoyara a fin de evangelizar. En siete años había reunido una iglesia grande en Kingston, había bautizado a más de 500, y había establecido los fundamentos de la obra bautista en la isla. Más tarde, otros que viajaron solos a veces podían hacer

Johann Gerhard Oncken (1800–1884)
Pastor y plantador de iglesias bautista

algo como una vocación misionera. Lough Fook, un bautista chino, determinó en 1861 viajar al lado opuesto del mundo como obrero contratado para evangelizar los sirvientes de la Guayana Británica en Sur América. Allí, en la capital, Georgetown, organizó una iglesia bautista que, para 1878, tenía más de 200 miembros y había enviado misioneros a la China.. Era más común, no obstante, que la razón de la movilidad individual fuese económica. Los marinos a menudo entran dentro de este patrón. Prominentes individuos en el comienzo de la vida bautista en Suecia, Dinamarca y Finlandia alrededor de la mitad del siglo diecinueve habían sido bautizados en Estados Unidos mientras que esperaban en los puertos con sus embarcaciones. De nuevo, Frederick Crowe, un marinero dejó su barco con el capitán en Belice, entonces Honduras Británicas en América Central, fue inmerso allí antes de irse como vendedor de Biblias a Guatemala en 1841. Aunque la obra de Crowe no duró, él logró presentar copias de la Biblia al presidente de Guatemala. A menudo un individuo va a un sitio nuevo en busca de trabajo y allí encuentra oportunidades para esparcir su fe. Martin Kalweit siguió este patrón, en 1862, se cambió de Memel en Prusia Oriental, a Tiflis, la capital de la Georgia moderna. Cinco años después bautizó a un comerciante ruso, Nikita I. Voronin, quien vino a ser un líder significativo de los bautistas en la Rusia zarista. El viajar explica la implantación de la vida bautista en muchas tierras nuevas.

La literatura, tercer hilo, tuvo una parte sobresaliente en el proceso. El trabajo de la Sociedad Bíblica Británica y Foránea (BFBS), fundada en Londres en 1806 para imprimir y distribuir Biblias en todo el mundo, a menudo preparó el camino para la penetración bautista. Sus ediciones de las Escrituras fueron traducidas en muchos idiomas y, extremadamente baratas. A menudo fueron los mismos agentes de la BFBS los que auspiciaron el crecimiento inicial de la denominación. Así Edward Millard, el representante de la BFBS en Viena desde 1851, no sólo organizó la distribución de más de 3 millones de copias de la Biblia en el Imperio Austro-Húngaro, sino que también tuvo reuniones en su hogar que eventualmente, en 1869, llevaron a la creación de la primera iglesia bautista en Austria. La Sociedad Bíblica Americana, fundada en 1816 con similar jurisdicción que la de la BFBS, también empezó a nombrar representantes foráneos permanentes veinte años más tarde. Publicaciones denominacionales también contribuyeron al proceso. Oncken empezó una firma impresora y publicadora en Hamburgo aun antes de su bautismo en 1834 y después la usó como una agencia para la promoción del trabajo bautista, dejándola de herencia después de su muerte a la Unión Bautista Alemana. Hasta 100,000 tratados eran impresos anualmente. Alrededor de 1837, veinte hermanos de la iglesia de Hamburgo actuaban como distribuidores de tratados y Biblias. Los capacitados por Oncken, tanto vendedores de Biblias como predicadores, vendían y regalaban literatura donde quiera que iban. Cuando, en 1856, por ejemplo, Karl Johann Scharschmidt llegó a Bucarest, entonces la capital de Valaquia y ahora de Rumania, pronto estableció una Asociación de Tratados. En Suecia y Noruega la Sociedad Bautista de Publicaciones Americana empleó los primeros líderes bautistas para distribuciones similares de libros y tratados. Los suecos naturalmente hicieron de la literatura una prioridad comparable cuando se cambiaron a los Estados Unidos. En 1871, cuando los bautistas suecos de Norte América eran menos de 1,500, empezaron una revista mensual; para 1885 fueron capaces de sostener un floreciente periódico semanal de la denominación. La palabra impresa fue una influencia potente en la expansión bautista en América Latina durante el siglo veinte. La Casa Bautista de Publicaciones en El Paso, Texas, produjo un manual de la iglesia en español, el modelo de un pacto y un periódico llamado *Nueva Era* que repetidamente ayudó a consolidar las comunidades incipientes. La literatura, que podía penetrar donde la gente no podía, asistió poderosamente la expansión bautista.

Otros cuerpos cristianos constituyeron, en cuarto lugar, un factor principal en el crecimiento de los bautistas. En Nueva Zelanda, por ejemplo, el metodismo proveyó inspiración para comenzar la obra bautista en las planadas de Canterbury de South Island. William Pole, por mucho tiempo evangelista Metodista Primitivo, fue bautizado y sirvió de pastor en Huntingdonshire antes de emigrar a Nueva Zelanda en 1867, pero no olvidó sus técnicas metodistas en su nuevo país. Organizó un equipo de predicadores laicos en el modelo de un circuito metodista, que formaron una red de pequeñas iglesias bautistas rurales. Los metodistas en vez de los bautistas algunas veces hicieron la obra pionera en partes de América Latina. En Perú, por ejemplo, un metodista llegó a ser el agente de la Sociedad Bíblica Americana desde 1884. Su misión pavimentó el camino para subsecuente presencia bautista, no menos que al lograr asegurar mayores derechos civiles para los protestantes. El legado de otras denominaciones claramente se puede ver en el continente de Europa. Los moravos —los pioneros de las misiones modernas— ya habían formado la espiritualidad de Gottfried Wilhelm Lehmann, quien vino a ser, entre otros, la mano derecha de Oncken; introdujo entre los bautistas sus fiestas de amor, ocasiones cuando los creyentes hablaban de sus experiencias con una sencilla comida de pan y agua. Los luteranos, que predominaban en el norte de Europa, a menudo preparaban el terreno para los bautistas. En Estonia, por ejemplo, un avivamiento luterano en 1877 dio nacimiento a las iglesias libres, incluyendo a la mayoría de los primeros bautistas. La Rusia zarista, que entonces incluía Estonia, de hecho proveyó varios ejemplos claros del movimiento indígena que despertaron aspiraciones espirituales posteriormente satisfechas por los bautistas. Los molokanos, empezaron en la Ucrania moderna en el siglo dieciocho, reaccionaron contra el formalismo de la Iglesia ortodoxa al establecer pequeños grupos de oración y al rebelarse contra los sacramentos. Los estundistas, también surgieron en Ucrania, adoptaron una forma de avivamientos y el cuidadoso estudio de la Biblia. Ambos grupos, que algunas veces interactuaron entre sí, prepararon el terreno para el crecimiento bautista en la misma región. Los menonitas, que continuaron existiendo en partes de los dominios rusos, alimentaron la emergente obra bautistas. Aún las autoridades ortodoxas, al proveer una nueva traducción de la Escritura en 1862, contribuyeron al crecimiento de la nueva denominación. Alrededor de San Petersburgo, en contraste, el desarrollo de los cristianos evangélicos, que posteriormente se unieron con los bautistas, tuvo lugar como resultado de la evangelización en círculos de altura durante la década de 1870 por Lord Radstock, un aristócrata británico evangelista con un trasfondo en los así llamados Hermanos Plymouth. La deuda de los bautistas a otras denominaciones está bien ilustrada por sus orígenes eclécticos en el Imperio Ruso.

Una quinta razón para el crecimiento bautista, paradójicamente, fue la oposición que tuvieron que encarar. En muchos países encararon fiera resistencia de las autoridades en la iglesia y el estado, que a menudo llevó a contenerlos y aun a la extinción de su testimonio. En Guatemala, por ejemplo, la primer obra bautista, por el marinero Frederik Crowe, terminó abruptamente, en 1845, con la expulsión del país por petición del clero católico. En Roma misma la iglesia bautista tenía que construirse detrás de la línea del edificio para así quedar escondida por estructuras adyacentes. Y el régimen del general

Franco en España, de acuerdo con un decreto de 1945, permitía a "sectas no católicas que practicaran su fe solamente en el interior de sus respectivos templos, sin manifestaciones o muestras exteriores en la calle pública".[4] En las tierras musulmanas las restricciones podían ser más fuertes, con la Arabia Saudita que por completo no permitía lugares cristianos para la adoración. Algunas veces, sin embargo, las restricciones a los bautistas de hecho ayudaron su esparcimiento. Los primeros bautistas suecos, por ejemplo, tomaron una decisión colectiva en 1853 de emigrar a América y así escapar el monopolio luterano en su tierra nativa. La durabilidad de los bautistas bajo la persecución a menudo les ganó el respeto de sus vecinos. En el imperio ruso la unión de la Iglesia ortodoxa y el estado zarista crearon circunstancias particularmente difíciles. La cabeza del Santo Sínodo en Rusia, Konstantin Pobedonostsev, declaró en 1881 que "hay y no debe haber bautistas rusos".[5] Las autoridades consentían en las palizas a miembros de las iglesias bautistas y en la disolución de sus reuniones. Pero los sufrimientos de los creyentes levantaron la pregunta del porqué estaban dispuestos a sufrir tanta adversidad por la causa del evangelio. La campaña de Stalin contra la religión en la década de 1930, que incluyó el exilio de muchos bautistas a Siberia y la ejecución de sus líderes, aunque devastadora para las iglesias, tuvo efectos similares. Los cristianos expulsados, descansaron en su fe, y aumentaron en número en varios lugares a donde fueron enviados. Los mismos resultados se tuvieron de la represión del cristianismo en la China maoísta en la segunda mitad del siglo veinte. Aunque las iglesias protestantes chinas aprobadas por el estado usualmente extinguieron la identidad bautista, el número de cristianos se esparcieron a manera de hongos en la era pos misionera. A menudo para el siglo veintiuno solamente la elección de himnos indicaba el origen denominacional de una congregación, pero la fe misma florecía. La represión de las iglesias pudo promover su crecimiento.

A menudo la represión no llevó a la extinción a causa del sexto hilo, la acción internacional en favor de la libertad religiosa. Algunas veces las voces que se alzaban eran de los bautistas mismos, pero otras veces eran los líderes de la denominación tratando de persuadir a sus gobiernos para que intercedieran con los gobernantes de otros países a favor de los perseguidos en dichos países. Ya que Bretaña y Estados Unidos por mucho tiempo se han considerado potencias protestantes, en ocasiones ejercieron su influencia a favor de los protestantes en el exterior. Así, en 1849, el pequeño país de Costa Rica, Centro América firmó un tratado con Bretaña que garantizaba a los extranjeros no-católicos el derecho de adorar. Los bautistas algunas veces intervinieron a favor de sus correligionarios en el continente europeo. Así, en 1840, poco después de la formación de la iglesia en Hamburgo, la policía irrumpió en un servicio y Oncken fue sentenciado a cuatro semanas de prisión con una pesada multa. Una petición con la firma de 6.000 ingleses y estadounidenses logró llegar al Senado de Hamburgo, urgiendo que se garantizara la seguridad de la congregación, y la persecución se fue disolviendo. En 1858 John Howard Hinton y Edward Steane, los secretarios de la Unión Bautista de la Gran Bretaña e Irlanda, viajaron a Suecia para tratar de obtener mayores libertades para los bautistas en esas tierras. Unieron el apoyo de la Alianza Evangélica, un cuerpo internacional basado en Londres que también administraban Hinton y Steane, a favor de la misma causa. En 1852 los Bautistas Americanos persuadieron a Estados Unidos para que urgiera al rey de Prussia a proteger de molestias e impedimentos a los bautistas en sus territorios. En el siglo veinte la misma defensa de libertad religiosa permaneció como significativo interés de los gobiernos —de hecho con un número más amplio, organizado en la Liga de Naciones y luego en las Naciones Unidas. Los principales beneficiarios resultaron ser los bautistas rumanos, quienes en los años entre la guerras sufrieron de activa represión por el estado, a menudo por la instigación del clero ortodoxo. En un patrón repetido, la persecución se hacía presente y James Henry Rushbrooke, como secretario general, protestaba en nombre de la Alianza Mundial Bautista, un cuerpo confesional global. La opresión se aliviaba y luego retornaba. Rushbrooke y sus compañeros líderes de la denominación entonces llamaban a los líderes políticos a la acción, la opinión pública internacional demandaba protección para los bautistas —y por un tiempo, la persecución se aliviaba. Sin duda que sin la ayuda de fuera del país, el crecimiento bautista pudiera haber sido atrofiado. En el siglo veinte, como en el diecinueve, la defensa de la libertad religiosa contribuyó a la expansión bautista.

Resultados de la expansión

El avance de los bautistas, por medio de la emigración a países nominalmente cristianos tanto como misiones a tierras no-cristianas, significa que, para los primeros años del siglo veintiuno, la denominación tuvo una expansión global. Algo de su variado carácter se puede indicar con una serie de dos casos de estudio al contrastar las comunidades bautistas nacionales. El primero es Australia, donde los bautistas nunca han sido numerosos. Lo más alto es el 2.37 por ciento de la población que se identificaba a sí misma como bautista en 1901, y para el 2001 la proporción había bajado al 1.6 por ciento. La nación empezó como colonias británicas separadas alrededor de la costa de la vasta isla, y la identidad británica persistió por mucho tiempo en el siglo veinte. Cuando en 1918, H. Estcourt Hughes, un ministro bautista nacido en Australia, predicó en Adelaide sobre "Nuestra propia iglesia en nuestra propia patria", lo que resaltó fue el nivel de la continua afiliación a la "madre patria". "Dios", declaró, "ha mantenido esta patria para Inglaterra y para el protestantismo".[6] Los católico romanos, un elemento fuerte en Australia, fueron considerados como de afuera; así también los aborígenes, la gente nativa del país que no tenía ciudadanía, y a quien Hughes no mencionó. Durante el siglo veinte, en consecuencia de la falla de Bretaña para defender a Australia durante la Segunda Guerra Mundial y la subsecuente llegada de emigrantes de la Europa continental y de Asia, los vínculos británicos lentamente se aflojaron. En los círculos evangélicos incluyendo a los bautistas, la influencia de Estados Unidos gradualmente reemplazó el dominio británico. La literatura cristiana, la música y los materiales de enseñanza fueron aumentando desde Estados Unidos. La inclinación hacia Estados Unidos, sin embargo, no eliminaron las características locales. Aunque Australia llegó a ser un solo estado libre asociado en 1901, sus estados, que habían empezado como colonias distintas, retuvieron su individualidad, los bautistas en particular. Los Bautistas del Sur de Australia, descritos en 1901 como "amplios, liberales y modernos", tenían la tradición de comunión abierta.[7] El dominio en Tasmania, en contraste, tenía un tendencia teológica conservadora como resultado de que todos sus púlpitos habían sido ocupados por los hombres de Spurgeon al final del siglo diecinueve. Queensland y New South Wales también se inclinaron hacia el conservadurismo, mientras que Victoria y el occidente de Australia, aunque diversos, fueron más centristas en su posición evangélica. La Unión Bautista de Australia, que no apareció sino hasta 1926, fue una fuerza que se debilitaba hacia fines del siglo veinte. En un país de tan vastas distancias, la variedad local prevaleció. Canadá y otros países de la colonización británica original mostraban características similares. Por eso, en dos aspectos mayores, los bautistas australianos despliegan rasgos típicos de esta clase de nación: las tempranas afinidades británicas cedieron al dominio de la cultura estadounidense, y las regiones revelaron tonos marcadamente diferentes.

El segundo caso de estudio es Rusia y Ucrania, que hasta la disolución de la Unión Soviética eran un solo estado. De nuevo la variedad allí ha sido un rasgo saliente de la vida bautista. La influencia de diferentes cuerpos cristianos en la formación de los bautistas dejó su legado. En el extremo sur, en la transcaucasia, la tradición ordenada de los bautistas alemanes predominó, pero en Ucrania chocó con la preferencia indígena molokana de una estilo más libre. Los alemanes deseaban adherirse a la confesión calvinista escrita en Hamburgo; muchos de los locales preferían cultivar una espiritualidad sin limitaciones, temiendo caer de nuevo en el formalismo. El líder bautista Vasilii Ivanov, él mismo de raíces molokanesas, observó que a los rusos les gustaba mantener las prácticas molokanesas, pero los alemanes esperaban deshacerse de ellas y "establecer todo a la manera alemana".[8] Se introdujeron otras tensiones por el grupo de creyentes producto de la evangelización de Lord Radstock en San Petersburgo, los cristianos evangélicos, aunque observaban el bautismo de creyentes, no mantenían un ministerio ordenado y practicaban la comunión abierta. En el primer congreso de la Unión Evangélica Cristiana-Bautista, poco después de la revolución de 1905 que permitió tal reunión general, un delegado preguntó si a todos los miembros se les requería ser llamados "bautistas". Este era un término que él no consideraba "ni bíblico y ni ruso".[9] En estas circunstancias un sentido unificado de identidad bíblica era difícil de alcanzar. Pero la calurosa teología espiritual de Ivan Kargel y la firme habilidad de organización de Ivan Prokhanov soldó a los cristianos evangélicos en una identidad duradera, y una que Prokhanov, vice presidente de la Alianza Mundial Bautista en 1911, mostró que estaba dispuesta a alinearse con la más amplia vida bautista. El sufrimiento común de la era estalinista estaba uniendo las diferentes ramas más completamente, y en 1944 el estado requirió la formación del Concilio Unido de Todos los Cristianos Evangélicos-Bautistas. Sin embargo, la desunión se hizo presente nuevamente. La fricción por estar sometidos a las autoridades comunistas llevó, en 1961, a un duro repudio del Concilio Unido por parte de los espíritus más radicales. Las congregaciones que formaron los resultantes Bautistas Reformados, o la "iglesia soterrada", sufrieron la persecución al rehusar registrarse con el estado. Aunque el

Concilio Unido se disolvió con la caída del estado soviético, las dos tradiciones de bautistas persistieron en Rusia y en Ucrania. Ambas tenían una fuerte presencia bautista al comienzo del siglo veintiuno: había algunos 100,000 miembros de la iglesia en Rusia y dos veces ese número en Ucrania. Esto ilustra, en manera aguda, los rasgos comunes en tierras con una herencia cristiana donde la fe y orden bautistas se introdujeron en el siglo diecinueve: marcadas diferencias de *ethos* que brotaron de tradiciones cristianas externas que las afectaron, y diferencias de opinión que perduran sobre la actitud apropiada hacia las autoridades en cuanto a la iglesia y el estado.

La expansión global de los bautistas durante el siglo diecinueve y veinte fue por lo tanto un proceso más complejo de lo que algunas veces se sugiere. Aunque, como el capítulo anterior lo demostró, fue parcialmente un logro misionero, y también una consecuencia de la riqueza de Inglaterra, el idioma de galés, y la energía escocesa que se desplegaron a territorios con una afiliación nominal cristiana. Los estadounidenses y los alemanes tuvieron partes distintivas, aunque en el caso de Inglaterra, su papel pudo ser resentido y por eso inhibir el crecimiento de la iglesia. Varios mecanismos de la transferencia de las convicciones bautistas se pueden identificar. Hubo movimientos de grupos, algunas veces llegando a significar la emigración en masa; individuos viajaron a nuevas tierras; la literatura se desplegó a gran escala; y otros cuerpos cristianos ayudaron el proceso. La represión que encararon los bautistas de hecho pudo beneficiar su difusión, y sin embargo, la protección que gozaron previno su extinción. El resultado de todo el proceso, incluyendo las misiones formales, fue la plantación de iglesias en la mayor parte del mundo, pero no con un juego uniforme de características. Los bautistas australianos, aunque moldeados primero por Bretaña y luego por Estados Unidos, mostraron diversidad en diferentes partes. En Rusia y Ucrania los bautistas eran variados en cuanto a origen, a menudo inseguros de su lealtad bautista, y en años recientes amargamente divididos. Los bautistas naturalmente interactuaron con su trasfondo cultural y así emergieron diferentes. No fue que adoptaran una serie de cualidades únicas para su propia tierra, porque muchas de las influencias fueron internacionales. Las influencias británicas, estadounidenses y alemanas fueron penetrantes. No era que los grupos simplemente se movieran de una parte del mundo a otra, sino que llevaban todo su bagaje cultural con ellos, además de otras fuerzas que estaban en acción. Individuos, literatura, y otros cuerpos cristianos impactaron otros grupos, y la persecución y la protección pudieron tener diferentes efectos. Las características no fueron uniformes en todas las naciones: Los bautista del sur de Australia, los cristianos evangélicos de San Petersburgo y los bautistas de las colinas de Naga tuvieron actitudes diferentes que las de sus vecinos. Más bien, los rasgos de la vida bautista en varias tierras fueron el fruto de las experiencias específicas de su gente, la interacción con toda la amplitud de factores. La identidad bautista fue, en la práctica, multiforme..

LECTURA ADICIONAL

Briggs, John H. Y., ed. *A Dictionary of European Baptist Life and Thought*. Milton Keynes: Paternoster, 2009.
Coleman, Heather J. *Russian Baptists and Spiritual Revolution, 1905–1929*. Bloomington: Indiana University Press, 2005.
Johnson, Robert E. *A Global Introduction to Baptist Churches*. Cambridge: Cambridge University Press, 2010.
Manley, Ken R. *From Woolloomooloo to "Eternity": A History of Australian Baptists*. 2 vols. Milton Keynes: Paternoster, 2006.
Pierard, Richard V. *Baptists Together in Christ, 1905–2005: A Hundred-Year History of the Baptist World Alliance*. Falls Church, Va.: Baptist World Alliance, 2005.
Randall, Ian M. *Communities of Conviction: Baptist Beginnings in Europe*. Schwarzenfeld, Germany: Neufeld, 2009.
Randall, Ian M., Toivo Pilli, and Anthony R. Cross, eds. *Baptist Identities: International Studies from the Seventeenth to the Twentieth Centuries*. Milton Keynes: Paternoster, 2006.
Wardin, Albert W., ed. *Baptists around the World: A Comprehensive Handbook*. Nashville: Broadman & Holman, 1995.

Chapítulo 15

LOS BAUTISTAS EN AMÉRICA LATINA

La difusión mundial de los bautistas se puede ilustrar más concretamente mediante una serie de estudios de casos. El primero toma como tema más de un continente entero, el segundo un solo país, el tercero una parte de un país. Serán los temas de este capítulo y de los dos siguientes. La región más grande que un continente, que se discutirá en el presente capítulo, es América Latina. Esa vasta franja de territorio se extiende desde la frontera de México con Estados Unidos en el norte hasta la isla de Tierra del Fuego, compartida entre Chile y Argentina, en el sur. Durante mucho tiempo estuvo ocupado por pueblos generalmente llamados colectivamente amerindios, que dieron lugar a las civilizaciones perdurables de los mayas, los aztecas y los incas. A principios del siglo dieciséis los indígenas fueron conquistados por los invasores europeos. España se llevó la mayor parte, pero las partes más orientales de América del Sur cayeron en manos de Portugal. Si bien muchos en la población, particularmente en la cadena montañosa de los Andes y la densa selva del valle del Amazonas, conservaron sus idiomas originales, el español y el portugués se utilizaron con fines oficiales. Los colonos se mezclaron con los indígenas y, especialmente en el territorio portugués que se convirtió en Brasil, llegaron muchos africanos para trabajar como esclavos. Hubo pequeñas partes de la

251

región que fueron ocupadas por otras potencias europeas: los holandeses, franceses y británicos ganaron partes de Guyana en el noreste de América del Sur, y había otra pequeña colonia británica, ahora llamada Belice, junto a Guatemala en Centroamérica. En general, sin embargo, esta enorme masa de tierra perteneció entre los siglos dieciséis y diecinueve a España y Portugal, las dos naciones latinas que dan nombre a la región.

Estas potencias eran ambas fuertemente católicas romanas en su lealtad religiosa. Durante el siglo quince habían expulsado a los gobernantes islámicos de las tierras al sur de sus reinos y llevaron su temperamento de las cruzadas al Nuevo Mundo. Se esperaba que los ocupantes de los territorios recién descubiertos abrazaran las creencias de sus conquistadores. El clero predicó la fe, pero la aceptación de la fe fue impuesta por la espada. Los gobernadores de la "Nueva España", como se llamaba a los territorios de la corona española, intentaron con diversos grados de éxito difundir la enseñanza católica, y las autoridades portuguesas los imitaron. La obra misionera estaba respaldada por el estado. Así, los asentamientos en el norte de México sirvieron doblemente como misiones cristianas y fuertes del gobierno. En general, sin embargo, el número de clérigos disponible era demasiado pequeño para transmitir la fe de manera adecuada. En cualquier caso, la gente se mostró renuente a abandonar sus costumbres tradicionales en aras de apaciguar a sus amos coloniales. De ahí que las creencias pre cristianas se mezclaran con las instrucciones de los recién llegados. El catolicismo popular prefirió a menudo los sortilegios y encantamientos a las misas oficiales realizadas según el gusto barroco de la Contrarreforma. Los santos, que rara vez se distinguían de sus imágenes, poseían poderes milagrosos, protegían de los demonios y se deleitaban en los votos. En las ceremonias asociadas con el nacimiento, el matrimonio y la muerte, y en las festividades que marcan el año cristiano, los fieles a menudo expresaban un profundo apego a las versiones locales de los santos que tenían un parecido sorprendente con las deidades veneradas por sus antepasados. En 1531 María, la madre de Jesús, se apareció a un campesino en el sitio donde anteriormente se había adorado a la madre tierra mexicana. La Virgen de Guadalupe se convirtió en objeto de una intensa devoción, atrayendo a multitudes de peregrinos al lugar cada año. Aunque a algunos observadores católicos les parecía que las prácticas populares que se agrupaban en torno a estos lugares sagrados rozaban la superstición, la jerarquía las alentaba como un medio para vincular a los habitantes a la iglesia. La piedad popular estaba comúnmente arraigada pero sólo dudosamente cristiana.

América Latina vivió una revolución en los primeros años del siglo diecinueve. Dirigidas por Simón Bolívar, las tierras de habla hispana que ahora comprenden Venezuela, Colombia, Panamá, Ecuador, Perú y Bolivia se rebelaron contra España y aseguraron su independencia en 1821. Las otras antiguas colonias españolas desde México hasta Argentina obtuvieron su libertad en el mismo período, con Brasil también separándose de Portugal, y autodenominándose imperio hasta 1889. Bolívar y sus contemporáneos miraron a Bretaña y Estados Unidos como modelos a seguir en el camino del progreso, por lo que la fe protestante que prevalecía allí se hizo menos impensable que en el pasado. El siglo diecinueve fue testigo en la mayoría de los países latinoamericanos de una lucha entre liberales que miraban a las naciones del Atlántico norte como ejemplos de desarrollo comercial y conservadores que apoyaban a las élites terratenientes tradicionales y sus aliados en la Iglesia católica. Los liberales, aunque rara vez abandonaron el catolicismo exterior, favorecieron la libertad de conciencia y la educación secular que liberaría a sus naciones de las garras de la jerarquía. En los años en que los gobiernos liberales tenían el poder, hubo movimientos hacia la tolerancia de otras creencias religiosas. La libertad de culto fue concedida en una serie de repúblicas latinoamericanas durante el siglo diecinueve y principios del veinte. Algunos países fueron más allá, aboliendo la conexión entre la iglesia y el estado, con Colombia a la cabeza en 1853. Sin embargo, cuando los conservadores asumieron el poder, el proceso dio marcha atrás y los gobiernos impusieron restricciones a la libertad religiosa. Así, bajo el dictador Gabriel García Moreno, quien ejerció el poder en Ecuador ya sea personalmente o a través de títeres entre 1860 y su asesinato en 1875, el control de la educación se restauró a la Iglesia católica romana y los derechos civiles se limitaron a los católicos. A fines del siglo diecinueve, el papado persiguió activamente un fortalecimiento de su autoridad en América Latina. Los católicos se volvieron más intensamente leales al papa, y miembros de órdenes religiosas de Europa inundaron las tierras de América Central y del Sur. La religión de la gente, al menos en las áreas urbanas, tendía a alinearse más estrechamente con la enseñanza católica contemporánea, pero a menudo era violentamente hostil a lo que se consideraban herejías protestantes.

Durante tiempos de ascendencia liberal hubo oportunidades para establecer una presencia protestante. La figura pionera en los primeros años del siglo fue James Thomson, un escocés que en América Latina era conocido como Diego Thomson. Formado en una universidad creada por Robert Haldane, Thomson se instaló como pastor asistente del hermano de Robert, James, en su iglesia en Edimburgo. En 1818, la iglesia pagó para que viajara a las recién independizadas Provincias Unidas del Río de la Plata, el núcleo de la futura Argentina. Fue recibido como representante de la Sociedad Educativa Británica y Foránea, un organismo evangélico interconfesional que promovió un sistema de educación popular en Inglaterra. Su método consistía en capacitar a los alumnos de último año para que enseñaran a sus compañeros más jóvenes, un método extremadamente barato de proporcionar educación elemental. La técnica apeló al presidente de la república, Bernardino Rivadavia, como medio de construcción de la nación. Los libros de texto utilizados para alfabetizar eran los Nuevos Testamentos, hasta entonces prohibidos por ser peligrosos, ya que, sin explicación católica, se pensaba que podían conducir a la herejía. En 1820, Thomson estableció un lugar de culto para los expatriados protestantes, nuevamente siguiendo líneas evangélicas no confesionales. Habiendo establecido el sistema educativo nacional, Thomson hizo lo mismo en los vecinos Chile (1822–1823) y Perú (1822–1824). Tanto en las Provincias Unidas como en Perú se le concedió la ciudadanía honoraria por sus servicios a la nación; en Perú se le dio la recompensa aún más apreciada de un ex-convento para una de sus escuelas. A partir de 1824 se concentró en la distribución de las Escrituras en nombre de la Sociedad Bíblica Británica y Foránea, primero en Ecuador y Colombia (1824–1825) y luego en México (1827–1830). Luego sirvió en el Caribe, visitó Venezuela y entre 1842 y 1844 trató de afianzar un sistema educativo en México antes de viajar para promover el evangelio en otras partes del mundo. Thomson también fundó sociedades bíblicas e inició proyectos para traducir la Biblia a los idiomas indígenas. Fue una carrera extraordinaria, utilizando la sed de conocimiento como medio para introducir la religión evangélica en América Latina.

Más tarde siguió la implantación de iglesias distintivamente bautistas. Los misioneros jamaiquinos llevaron el evangelio a secciones de la población negra que vive en América Central, mientras que la Convención Nacional Bautista y la Convención de Misiones Foráneas Lott Carey, ambas dirigidas por afroamericanos, también concentraron sus esfuerzos en evangelizar a los ex esclavos en Guyana. La Unión Misionera Bautista Americana, que representaba a los Bautistas del Norte, ingresó a El Salvador en 1911 y a Nicaragua en 1917. Los bautistas canadienses iniciaron iglesias en Bolivia a fines del siglo diecinueve, con el objetivo, como dijo el misionero pionero Archibald Reekie, de liberar a los encerrados en "la oscuridad del control papal".[1] En Perú, los bautistas irlandeses tomaron la delantera. Sin embargo, el papel principal en la plantación de la causa bautista en América Latina lo desempeñó la Junta de Misiones Foráneas de la Convención Bautista del Sur. Prestó especial atención a Brasil y, a mediados del siglo veinte, hasta dos tercios del total de los miembros de la iglesia en todos los campos misioneros Bautistas del Sur se encontraban en ese país. El misionero original enviado por la denominación fue William B. Bagby, quien viajó con su esposa Anne a Brasil en 1881, inicialmente se estableció en Bahía en el norte y predicaba en portugués al cabo de un año. Luego, estableciéndose en la ciudad capital de Río de Janeiro en 1884, se aseguró de que los bautistas se convirtieran en una fuerza importante en esa parte del país. Para 1901 se sintió capaz de mudarse a Sao Paulo, otra ciudad en crecimiento, y mantuvo su obra en Brasil hasta su muerte en 1939. A Bagby se le unió un ejército importante de Bautistas del Sur de Estados Unidos. Asimismo, los Bautistas del Sur tenían la responsabilidad principal de la obra misionera en México, el país centroamericano donde los bautistas lograron el mayor progreso, aunque en una escala que no se asemejaba a la de Brasil. Las organizaciones misioneras extranjeras, el tema del capítulo 13, estaban activas en la plantación de iglesias bautistas en América Latina.

El proceso de migración discutido en el capítulo 14 también tuvo su efecto en la región. Entre 1875 y 1910 cerca de cinco millones de personas viajaron desde Europa y Estados Unidos para instalarse solo en Brasil. Algunos de los primeros bautistas de ese país habían llegado incluso antes, para tratar de recrear la vida del sur de los Estados Unidos tras la derrota de la Confederación en la Guerra Civil Estadounidense. Establecieron una iglesia bautista en el estado de Sao Paulo en 1871, una década antes de la llegada de los Bagby al país. Un flujo constante de alemanes, incluidos los bautistas en sus filas, llegó a Brasil a partir de la década de 1890. Otros inmigrantes europeos acudieron en masa a Argentina y Chile. Muchos llegaron cuando los ferrocarriles comenzaron a abrir el interior. El motivo de la mayoría era mejorar sus posibilidades de prosperidad al mudarse a una nueva área donde la tierra estuviera fácilmente disponible. Sin embargo, podría haber otras razones para el desarraigo. Algunos huían de regímenes opresivos en sus países de origen. Así, los colonos del sur de Brasil procedentes de Letonia, una nación del este de Europa en el Mar Báltico, cruzaron originalmente el Atlántico durante la década de 1890, al menos en parte, para escapar de las autoridades rusas que gobernaban su tierra natal. Los que eran bautistas establecieron iglesias de su propia denominación, de las cuales había trece en 1922. Una vez más, algunos inmigrantes abandonaron sus hogares originales por el bien de su fe. Eso es cierto, por ejemplo, de una nueva ola de letones en 1922-1923. Un grupo de bautistas dejó Letonia para establecerse en el interior de Sao Paulo luego de un período entusiasta de avivamiento debido a las profecías sobre un "dragón rojo" que amenazaría a su país. Tenían propiedades en común, recibían estipendios de un fondo comunitario y esperaban fundar un reino milenario que perduraría a través de la inminente tribulación predicha en el libro de Apocalipsis. Todos se levantaban de sus camas a la misma hora establecida, comían juntos en comedores comunales y seguían las instrucciones de los líderes electos.[2] Inicialmente vivieron separados, y solo lentamente se asimilaron al patrón más amplio de la vida bautista brasileña. Aunque los bautistas normalmente emigraban a América Latina por motivos económicos, en busca de una mejor calidad de vida en una nueva tierra, a veces dejaban su tierra natal por motivos netamente religiosos.

Problemas en América Latina

Las estructuras de la vida bautista fueron en gran parte importadas de Estados Unidos, el país de origen de la mayoría de los misioneros. En México se formó la primera asociación de iglesias bautistas en 1884, formalizando así el apoyo mutuo entre congregaciones que fue una de las claves del éxito en un ambiente mayoritariamente poco receptivo. En 1903 se estableció una Convención Nacional Bautista en México, reflejando el patrón denominacional al norte de la frontera. Los efectos de la convención fueron ambiguos, ya que, si bien fortaleció un sentido de identidad interna, significó que la cooperación interconfesional se desvaneció. Cuando varias denominaciones propusieron una Fraternidad de Evangélicos, los bautistas se negaron a participar, y eso fue perder otra ventaja potencial para su trabajo. Siguieron otras organizaciones distintivamente bautistas, con una Unión Femenil Misionera Nacional para vincular los cuerpos congregacionales que apoyaban a las mujeres en las misiones que se inició en 1919. Incluso las divisiones de América del Norte aparecieron en la escena mexicana. El Compañerismo Bíblico Bautista de Springfield, Missouri, un organismo declaradamente fundamentalista, estableció una filial mexicana en 1951 y cinco años más tarde tenía dieciocho iglesias asociadas en México. Durante la década de 1960 hubo sospechas de que el Seminario Teológico Bautista de México no era sólido en cuanto a la infalibilidad de las Escrituras y el nacimiento virginal, lo que llevó a que su presidente estadounidense afirmara en defensa de la institución que "no había modernismo; sólo diferencias de opinión".[3] Las mismas palabras se podrían haber dicho en los mismos Estados Unidos. De manera similar, los misioneros en Brasil hicieron arreglos como los que conocían en casa. Las primeras iglesias bautistas adoptaron allí la confesión de fe de la Asociación de Philadelphia. La Convención Bautista de Brasil, formada en 1907, generó juntas para las escuelas dominicales, los jóvenes, las publicaciones, la universidad y el seminario de Río de Janeiro y la educación. Una Unión Femenil Misionera comenzó en 1908 y se estandarizó el trabajo de los jóvenes. Se organizaron sesiones de capacitación para seguir el manual de la escuela dominical de los Bautistas del Sur traducido al portugués, por lo que, según se afirmó, "trajo nueva vida y eficiencia a las escuelas dominicales e iglesias".[4] Es cierto que las grandes distancias del enorme estado de Brasil, el quinto más grande del mundo, constituía un obstáculo para la misión eficaz; y la falta de comunicación de los principios bautistas a la población local, demostrada en la suposición popular de que las asociaciones o la convención podían dar directivas a las iglesias, condujo al conflicto. Sin embargo, se creó en México, Brasil y muchos otros países un sistema elaborado y en gran medida funcional según el modelo estadounidense y, en la mayoría de los lugares, más precisamente, el modelo Bautista del Sur.

La relación resultante entre los misioneros y los nacionales podría volverse frágil. En México, los pastores locales ya estaban haciendo la mayor parte del alcance en la década de 1880, y en la década siguiente, cuando los misioneros Bautistas del Sur se pelearon entre sí y once de ellos abandonaron el país, los pastores mexicanos se vieron obligados a asumir la responsabilidad del trabajo. Parte del propósito de la creación de la Convención Bautista Nacional en la década siguiente fue dar a los mexicanos más control sobre sus propios asuntos denominacionales, y solo un misionero fue elegido presidente. Sin embargo, todavía había una sensación de dependencia de los Estados Unidos. Durante el caos político y militar de la Revolución Mexicana, que estalló en 1910 y duró por lo menos hasta 1920 (aunque algunas características persistieron mucho después), los misioneros fueron evacuados debido al amargo resentimiento por la intervención estadounidense en la Guerra Civil. En 1920, Josué G. Bautista, un pastor que se desempeñó como presidente de la convención ese año, protestó por negar a los mexicanos un papel en la planificación nacional y por el control de los pastores ejercido por las juntas misioneras en lugar de las iglesias locales. Se instaló una comisión de "nacionalización", pero informó que "las juntas misioneras, que son las que proveen el dinero, no pueden dejar de considerar a sus misioneros como sus representantes legales en nuestro país".[5] A través de su periódico, Bautista instó a las iglesias a ser económicamente auto suficientes y por lo tanto librarse del control misionero, pero en 1939 sólo media docena de iglesias en todo el país habían llegado a esa etapa. Hubo otra crisis en la década de 1960, cuando la Junta de Misiones Foráneas de los Bautistas del Sur nuevamente se negó a permitir que la convención administrara los fondos provenientes de los Estados Unidos. Pero luego, en 1971, hubo un notable cambio de opinión por parte de los mismos misioneros. Durante una reunión de los líderes de la misión mexicana se dieron cuenta de que habían estado mostrando una "actitud hacia los hermanos mexicanos poco cristiana" y propusieron integrar el trabajo de la misión en la convención.[6] En los próximos años, la estrategia de la misión bautista en México finalmente pasó a ser liderada por mexicanos.

La trayectoria de los asuntos bautistas brasileños fue bastante menos tensa porque desde un inicio los líderes brasileños ganaron mayor autoridad. En particular, Francisco F. Soren, pastor de la Primera Iglesia Bautista de Río de Janeiro, de 1900 a 1931, se convirtió en un estadista denominacional de confianza. Eso se debió en parte a que se formó en los Estados Unidos, en la universidad William Jewell

College y en el Seminario Teológico Bautista del Sudoeste, y en parte porque, con el prestigio de ser el primer presidente de la Convención Bautista Brasileña, la alejó del conflicto con la junta misionera. Tres acuerdos formales sucesivos entre la convención y la Junta de Misiones Foráneas, en 1925, 1936 y 1945, sirvieron de base para la cooperación. En la década de 1950 había una opinión común de que tanto los misioneros como los nacionales podían convertirse en líderes de las agencias denominacionales. Sin embargo, seguía siendo imposible eliminar la disparidad financiera entre los estadounidenses ricos y los nacionales más pobres. "¿Cómo se siente el pastor nacional el domingo por la noche después de la reunión", informó en 1971 una observadora comprensiva, una misionera misma, "cuando el misionero carga todos sus aparatos y se va en su auto?"[7] Para la década de 1970, sin embargo, los misioneros se vieron a sí mismos como complementando en lugar de dirigiendo el trabajo de los pastores brasileños. Durante el último tercio del siglo veinte fue casi imposible para las organizaciones misioneras occidentales resistir la tendencia global de transferir la autoridad a los líderes cristianos locales. Pero es difícil evitar la conclusión de que el enorme éxito numérico de los bautistas brasileños, mucho más sustancial que en otras partes de América Latina, tuvo mucho que ver con relaciones más armoniosas entre misioneros y líderes nacionales a lo largo de su historia.

Un segundo problema al que se enfrentaban los bautistas de la región tenía que ver con las relaciones con los católicos romanos. Las iglesias protestantes constituían una amenaza para el monopolio católico y los primeros bautistas ofendían con su nueva lealtad. Así, según el primer informe del norte de México en 1870 por un agente de la Junta de Misiones Domésticas de los Bautista Americanos, "la cantidad de imágenes y reliquias destruidas es asombrosa".[8] Los católicos se enemistaron más por la literatura polémica como *Tres razones por las que dejé la iglesia de Roma*, publicado en Brasil por el ex sacerdote Antonio Teixeira de Albuquerque, que denunciaba la transustanciación, el celibato del clero y la confesión sacramental. Algunos bautistas se asociaron con la masonería, que durante mucho tiempo había sido anatema para las autoridades de Roma, y los católicos asumieron que las Biblias protestantes utilizadas por los intrusos estaban distorsionadas para subvertir la verdadera enseñanza. En 1932, por orden del Arzobispo de Florinópolis en Brasil, se confiscó y quemó un envío de ocho mil Biblias. Hubo episodios aún peores cuando las turbas resistieron la amenaza a las costumbres tradicionales. En 1880, un misionero en México bajo el cuidado de los Bautistas del Sur fue asesinado. Una vez más, la casa donde los predicadores visitantes se alojaban para una reunión de la asociación bautista en el mismo país, se destruyó con dinamita una pared en 1906, aunque todos los ocupantes escaparon. Brasil, donde el control católico del país era más débil en la mayoría de las áreas, tuvo menos incidentes violentos, pero las relaciones no fueron armoniosas. Ambos lados normalmente veían al otro como oponentes de la verdad. Solo en la década de 1960 las relaciones comenzaron a descongelarse. Roberto Porras, el secretario ejecutivo de la Convención Bautista Brasileña, fue invitado a hablar en las iglesias católicas, pero es muy significativo que, cuando aceptó, su acción fue una de las razones por las que en 1968 fue obligado a renunciar. Muchos en su circunscripción no podían tolerar la cooperación con la Iglesia de Roma. A partir de la década siguiente, a medida que la renovación carismática avanzaba en la Iglesia católica, se hizo visible un terreno mucho más común. Naturalmente, había vínculos más fuertes entre la Convención Nacional Bautista, una denominación carismática que se había separado de la convención brasileña en 1965, y miembros de congregaciones católicas que habían sido afectadas por la nueva espiritualidad. En muchos otros países, el legado de la dominación católica todavía generaba relaciones incómodas entre las dos denominaciones.

La Iglesia católica romana, sin embargo, estaba cambiando drásticamente desde la década de 1960. El Concilio Vaticano II, celebrado en Roma entre 1962 y 1965, fue diseñado para que la Iglesia católica volviera a dialogar con el mundo moderno. La consecuencia más llamativa en todo el mundo fue que los católicos comenzaron a adorar no en latín, hasta entonces el idioma de la liturgia en todas partes, sino en lenguas locales. En consecuencia, se acabó una diferencia que había separado a los católicos de los protestantes desde la Reforma. El concilio también trató a los protestantes no como herejes sino como "hermanos separados", lo que permitió que se llevaran a cabo conversaciones mucho más cordiales entre las dos partes. El ambiente que siguió al Concilio fue uno de los factores que favorecieron un mayor sentimiento de compañerismo entre católicos y bautistas en América Latina. En 1968, además, los obispos católicos de América Latina realizaron una conferencia en Medellín, Colombia, para traducir la enseñanza del Concilio Vaticano en términos adecuados a la región. Fue una época de efervescencia en América Central y del Sur, ya que el ejemplo de Cuba, donde un gobierno marxista había reemplazado a un régimen dictatorial en 1959, sugirió a muchos que las élites tradicionales podían ser suplantadas a favor del gobierno del proletariado. La revolución marxista parecía flotar en el aire. Los obispos de Medellín, influidos por el espíritu de los tiempos, pero queriendo consolidar la fidelidad del pueblo a la iglesia, instaron a una "opción preferencial por los pobres". El evangelio, sostenían, fue diseñado para personas como las poblaciones desfavorecidas de América Latina. El concilio recomendó la creación de "comunidades de base" donde se pudiera enseñar a la gente a leer y escribir con la Biblia y así poder ayudarse a sí mismos a salir de la pobreza. El mensaje recibió una declaración más completa en la obra clásica, *Teología de la liberación* (1971), de Gustavo Gutiérrez, un sacerdote dominico de Perú. Aunque al papa Pablo II, en el cargo desde 1978, no le gustaba la inspiración marxista detrás del movimiento, este había echado raíces profundas. Apuntó a muchos católicos hacia un compromiso mucho mayor con las preocupaciones de los pobres en América Latina.

Los mismos bautistas habían tomado en ocasiones un papel decisivo en mejorar la suerte de los pobres de la región. En Bolivia en particular habían puesto en marcha una iniciativa que transformó la vida del campesino. El pueblo aymara, amerindios que nunca aceptaron por completo el dominio inca, habían sucumbido a un sistema de servidumbre bajo los españoles. Teniendo solo una pequeña asignación de tierra para su propio uso, se vieron obligados a trabajar en grandes propiedades para amos ricos. Una de esas propiedades llegó a manos de la Misión Bautista Canadiense en 1921. Ubicada junto al lago Titicaca en los Andes bolivianos cerca de la capital de La Paz y llamada la hacienda Peniel Hall por su propietario anterior, fue administrada por la misión en líneas heredadas durante algunos años. En 1936, sin embargo, un misionero llamado Earl Merrick se preocupó por el tipo de opresión que se estaba imponiendo. "Debemos", les dijo a las autoridades bautistas canadienses, "darles a nuestros indios granjeros su libertad".[9] Merrick ideó un plan de cinco años para la emancipación gradual de los siervos. La tierra se redistribuyó de modo que en 1942 cada cabeza de familia poseyera la propiedad de una parcela de tierra de tamaño razonable. El pueblo aymara se volvió mucho más receptivo. La asistencia a la escuela se disparó de doscientos a setecientos entre 1940 y 1946, y posteriormente, después de algunos años, las iglesias crecieron en número de miembros, y los aymara superaron a otros grupos étnicos en su aceptación del evangelio. En 1952, además, se produjo una revolución en Bolivia que llevó al poder a un gobierno de izquierda. En un año había liberado a los siervos del país, dándoles asignaciones de tierra en el modelo de la hacienda Peniel Hall. La política bautista inició un gran cambio social en el país.

La cuestión de qué postura socio política tomar planteó un tercer tema perenne para los bautistas de América Latina. Podían simpatizar con los pobres, pero también les agradaba el orden. Por lo tanto, fueron atraídos durante la política a menudo caótica del siglo veinte en direcciones opuestas, hacia la izquierda y hacia la derecha. En la Revolución Mexicana de 1910, algunos de los pastores se convirtieron en líderes de la revuelta contra el dictador anterior y, según se informó al año siguiente, tenían "grandes multitudes... en sus servicios".[10] Otros, sin embargo, prefirieron ponerse del lado de aquellos que ofrecían más esperanza de estabilidad. A más largo plazo, la política del Partido Revolucionario Institucional que gobernó México extraordinariamente entre 1929 y 2000 atrajo el apoyo de la mayoría de los bautistas porque su anticlericalismo protegía a los evangélicos de los excesos católicos y, sin embargo, no era una organización fervientemente marxista como los partidos de la extrema izquierda. Sin embargo, a veces las medidas extremas parecían las únicas soluciones. En Brasil, durante la década de 1930, un pastor bautista renunció al ministerio por la política fascista mientras que otros se pusieron del lado de los comunistas. Los bautistas también podrían deplorar lo que sintieron que eran posturas injustas por parte de otros. Cuando, en 1973, durante la Guerra Fría, un gobierno marxista elegido en Chile fue derrocado por un golpe militar del general Pinochet, algunos protestantes abrazaron la causa del nuevo régimen. Al año siguiente se cantó un *Te Deum* protestante en una catedral pentecostal para celebrar la "valiente lucha contra el marxismo" de Pinochet, pero el vicepresidente de la Convención Bautista se negó a leer una declaración de apoyo a la nueva junta, declarando el documento "teológicamente herético, eclesiásticamente constantiniano e históricamente sesgado".[11] Con su herencia de exigir libertad religiosa, los bautistas generalmente eran menos propensos a aceptar cualquier tendencia a fusionar iglesia y estado a la manera del emperador Constantino.

Sin embargo, la división política podría ser aguda entre ellos. En Nicaragua, los miembros de la denominación se vieron desgarrados a fines de los años setenta y ochenta. El gobierno de derecha de la familia Samoza envió bautistas a Washington para defender su causa ante el presidente bautista Jimmy Carter, pero después de que los sandinistas de izquierda llegaron al poder en 1979, también pudieron usar el apoyo de los bautistas para tratar de ganar crédito en los Estados Unidos. No hubo una opinión consistente dentro de las filas bautistas sobre la alineación política.

Misión holística

Fue en el contexto de la teología de la liberación y de las divisiones políticas dentro de los países de América Latina que los teólogos bautistas lucharon con los problemas de la misión. Entre ellos se desarrolló una perspectiva "latina" definitiva. Uno de ellos fue Orlando Costas, nacido en 1942 de padres metodistas en el territorio estadounidense de Puerto Rico, una isla caribeña donde los habitantes disfrutaban de la ciudadanía estadounidense pero no poseían representación en el Congreso estadounidense. Su estatus a medio camino entre América Latina y los Estados Unidos le dio posteriormente a Costas la capacidad de dirigirse a los norteamericanos desde el punto de vista de América Latina. Su padre trajo al joven Orlando a Nueva York, donde quedó impactado por las invectivas racistas que experimentó. Un momento decisivo llegó cuando se convirtió en una cruzada de Billy Graham, sentando las bases de lealtades evangélicas perdurables. Posteriormente, Costas se desempeñó como pastor de una iglesia bautista en Puerto Rico, mientras asistía a la universidad allí, re descubriendo una identidad latinoamericana. Como él lo expresó, encontró "el Cristo de la América morena".[12] Estudió en varias instituciones teológicas estadounidenses, evangélicas y de otro tipo. Mientras tanto, se convirtió en activista y formó la Unión Latinoamericana por los Derechos Civiles para defender a quienes sufrían discriminación laboral. Luego, en 1970, se mudó a Costa Rica, donde produjo una ráfaga de libros y artículos, antes de servir en la Iglesia Unida de Cristo, un cuerpo principal de gran herencia congregacional, como misionero (desde 1976) y luego se convirtió en miembro de la facultad del Seminario Teológico Bautista del Este (desde 1980) y en el Seminario Teológico Andover Newton (desde 1984 hasta su muerte en 1987). Últimamente fue ministro de las Iglesias Bautistas Americanas. Su libro *La iglesia y su misión* (1974) expone un caso que muestra su característica mezcla de influencias. Argumentó que las naciones del Atlántico Norte habían buscado "dominación y explotación", distorsionando así el evangelio. Por un lado, algunos (se refería a los evangélicos) presentaban un evangelio espiritual divorciado de cuestiones viscerales; por el otro estaban aquellos (se refería a los liberales) que reducían el evangelio a la asistencia social. Lo que se requería era una combinación de la evangelización con el compromiso social, un evangelio holístico.[13] Costas estaba logrando lo que pocos en su generación lograron, una síntesis de las perspectivas evangélicas y de la corriente principal. Su logro fue posible porque vio el mundo desde un punto de vista latinoamericano.

Samuel Escobar, otro ministro bautista, desarrolló una crítica similar de los enfoques evangélicos heredados. Nacido en 1934 en Perú, asistió a la universidad en Lima antes de convertirse en secretario itinerante de la Comunidad Internacional de Estudiantes Evangélicos (IFES), un organismo mundial con sede en Europa que promueve el trabajo del evangelio en la educación superior. En la atmósfera de invernadero de las universidades latinoamericanas de la década de 1960, preocupadas por el cambio revolucionario, se dio cuenta cada vez más de la necesidad de agregar una dimensión social al mensaje que estaba transmitiendo. El trabajo sobre el brasileño Paulo Freire, una gran influencia sobre los teólogos de la liberación, para un doctorado en la Universidad Complutense de Madrid aumentó el afán de Escobar por una teología adecuada a América Latina. En 1969, en el Congreso Latinoamericano de Evangelización (CLADE) en Bogotá, Colombia, continuación del congreso de Berlín sobre evangelización organizado por la Organización Billy Graham tres años antes, Escobar lanzó un asalto a la visión estadounidense dominante en esos círculos. La perspectiva estadounidense se expresó en *Latin American Theology: ¿Radical or evangelical?* (1970) por Peter Wagner, el director general asociado estadounidense de la Misión Indígena Boliviana, un defensor del movimiento de crecimiento de la iglesia de la época. La teología, según Wagner, podría expresar la moda de la revolución entre los estudiantes o la verdad del evangelio. Escobar rechazó la antítesis. Presentó una ponencia en el congreso sobre "La responsabilidad social de la iglesia", instando a que los cristianos tienen el deber no solo de

*Samuel Escobar (b. 1934) y René Padilla (b. 1932),
Teólogos latinoamericanos bautistas*

difundir el evangelio sino también de buscar la justicia. Sin embargo, conservó la confianza de muchos evangélicos norteamericanos, convirtiéndose en 1972 en director general de Inter-Varsity en Canadá, la filial nacional de IFES. Mientras ocupaba ese cargo, pronunció un discurso en el Congreso Internacional sobre la Evangelización Mundial en Lausana, Suiza, en 1974, en el que recomendó a sus oyentes "deshacerse de la falsa noción de que una preocupación por las implicaciones sociales del Evangelio. . . proviene de falsa doctrina o falta de convicción evangélica".[14] Escobar llegó a ser presidente de IFES y enseñó en instituciones en los Estados Unidos así como en el Seminario Bautista en Madrid. Fue una hazaña notable desafiar las opiniones arraigadas en el mundo evangélico y hacerlo con éxito.

Un estrecho colaborador de Escobar fue Carlos René Padilla. Aunque nació en Ecuador en 1932, fue llevado a los dos años a Colombia, donde su familia sufrió persecución por su protestantismo. Educado con una beca en Wheaton College, en Illinois, Padilla se doctoró en Nuevo Testamento en la Universidad de Manchester antes de ser nombrado secretario general de IFES para América Latina en 1965. Al igual que Escobar, vio la CLADE de 1969 como un intento para imponer los puntos de vista del crecimiento de la iglesia en América del Norte que él etiquetó como "numerolatría" en América Latina. En cambio, creía, debería haber una teología indígena. Mientras trabajaba en una iglesia bautista en Buenos Aires, Argentina, donde luego se convirtió en pastor, Padilla creó en 1969 una Asociación Teológica Evangélica en la ciudad con el objetivo de forjar una perspectiva más adecuada a su contexto. Al año siguiente se creó una Fraternidad Teológica Latinoamericana con el mismo objetivo. En su conferencia de apertura, Padilla sorprendió a muchos participantes al negarse a respaldar la infalibilidad de la Biblia. La idea podría considerarse crucial en algunos sectores de los Estados Unidos, argumentó, pero no se adaptaba a América Latina. Padilla se convirtió en el orador que tuvo el mayor impacto en el congreso de Lausana de 1974. Nuevamente criticó el movimiento de crecimiento de la iglesia como una forma de "cristianismo cultural", una técnica estadounidense que era una forma de mundanalidad.[15] Los evangelistas deben arrepentirse de sus métodos superficiales y adoptar un mensaje para los seres humanos en su totalidad. El presidente inglés del congreso, John Stott, respaldó a Padilla y aseguró que el Pacto de Lausana de la conferencia, expresando convicciones evangélicas, incluyera toda una sección sobre la responsabilidad social. Como resultado, gran parte del evangelicalismo global adoptó la estrategia misionera holística que, con Costas y Escobar, defendió Padilla. Al defender un punto de vista distintivo generado por las condiciones latinoamericanas, estos tres bautistas cambiaron el punto de vista teológico predominante de los evangélicos en todo el mundo.

La nueva posición sobre la misión holística tuvo consecuencias prácticas en la propia América Latina. En Perú cuando, en 1978, las fuerzas armadas comenzaron a avanzar hacia la democratización convocando a una asamblea constituyente, el primer protestante en ser invitado a unirse fue Samuel Escobar. A fines de la década de 1980, con la democracia más firme, Carlos García, un pastor que fue presidente de la Convención Bautista Peruana, comenzó a explorar las posibilidades de un partido político protestante. En 1989 lanzó el apoyo de los evangélicos que dirigía detrás de Cambio 90, partido que al año siguiente eligió a Alberto Fujimori para la presidencia. García se desempeñó como vicepresidente. La experiencia, sin embargo, fue desalentadora. García fue marginado, Fujimori suspendió la constitución en 1992 y desde entonces gobernó con poderes autocráticos. Pero el episodio fue un síntoma de que los evangélicos actuaban con una visión de compromiso social total. Los evangélicos más jóvenes, con los bautistas al frente, comenzaron a ver la política como un campo para el testimonio cristiano. En 1990, por ejemplo, se inició en Brasil un Movimiento Evangélico Progresista. Para el año 2000 tenía cuatro congresistas, todos ellos bautistas. Quedaron tensiones dentro de las filas protestantes en América Latina en su conjunto. Muchos de los que estaban entusiasmados con la evangelización y una teología conservadora desconfiaban de los que favorecían los vínculos ecuménicos y puntos de vista doctrinales más amplios. La Fraternidad Teológica Latinoamericana trató de mediar entre ellos, pero se convirtió en objeto de sospecha entre quienes preferían una posición conservadora respaldada por fuentes de financiación estadounidense. Sin embargo, muchos apoyaron la solución de Lausana de compromiso evangelístico combinado con acción social. Una reunión en 2012 de CLADE, todavía una organización evangélica conservadora, dio tiempo a cuestiones de justicia social. La fórmula holística se puso en práctica en las tierras donde se originó.

Sin embargo, el mayor fenómeno religioso del pasado reciente en América Latina ha sido el surgimiento del pentecostalismo. El nuevo movimiento, que creía en la continua disponibilidad de los dones del Nuevo Testamento, como el hablar en lenguas, llegó primero a Brasil a través de los bautistas. Un pastor de una iglesia bautista sueca en Indiana que había abrazado la primera ola de enseñanza pentecostal recibió una profecía en 1910 de que debería ir a un lugar llamado Pará. Sin saber dónde estaba la ciudad, descubrió que estaba en Brasil. Reclutó a un colega, viajó al Amazonas, se instaló en la iglesia bautista de Belem y dirigió a una sección de la congregación a adoptar el hablar en lenguas. De ese origen nacieron las Asambleas de Dios de Brasil, el grupo de denominaciones pentecostales más grande del país. El movimiento pentecostal se multiplicó en América Latina a finales del siglo veinte. Apelaba al sentido ampliamente difundido de lo sobrenatural en la religión popular folclórica de la región; y al mismo tiempo proporcionó un camino hacia una mayor respetabilidad social. A principios del siglo veintiuno, los pentecostales formaban alrededor de las tres cuartas partes de la población protestante de América Latina. Las estadísticas en la región a menudo son imprecisas, pero solo las Asambleas de Dios en Brasil afirmaron tener alrededor de 8.5 millones de miembros en 2001. A modo de comparación, en el mismo año la Convención Bautista Brasileña tenía alrededor de 1.5 millones de miembros, una cifra mucho menor, aunque sustancial. Además, la Convención Nacional Bautista de Brasil, que aceptaba sin reservas las prácticas pentecostales/carismáticas, tenía otros 400.000 miembros en 2013 y también había bautistas independientes. En otros países, los bautistas estaban igualmente muy por detrás de los pentecostales. En México, por ejemplo, en 2010 los bautistas tenían unos 250.000 miembros, pero los pentecostales unos 1.780.000. Por lo tanto, los vibrantes pentecostales han tomado la delantera en la transformación protestante de América Latina, pero los bautistas han estado desempeñando su papel. Es más probable, por ejemplo, que los bautistas resistan los últimos vientos de doctrina que soplan desde América del Norte. Los bautistas poseen una mayor experiencia de adaptación a las condiciones particulares de la región.

Por lo tanto, las características distintivas de América Latina moldearon la forma en que evolucionaron los bautistas allí. La larga era colonial bajo el dominio de España y Portugal y la consiguiente imposición de la lealtad católica romana dificultaron la implantación inicial de los bautistas. La cristianización superficial de la población creó sus propios problemas. Sin embargo, las tendencias liberales posteriores a la independencia a veces dieron oportunidades para empresas evangelizadoras, al principio a través del ministerio quijotesco de Diego Thomson. Los misioneros, especialmente los que representaban a los Bautistas del Sur, introdujeron la enseñanza protestante y los inmigrantes establecieron iglesias como las de sus países de origen. Predominaban los modelos estadounidenses de vida eclesiástica, y la transferencia gradual de la toma de decisiones a los pueblos indígenas fue un proceso lento. Los bautistas a menudo enfrentaron la hostilidad de la población católica romana circundante, aunque los cambios que siguieron al Concilio Vaticano II facilitaron las relaciones. Los bautistas a veces emprendieron esquemas sociales por el bien de los pobres de la región, pero estaban divididos en sus lealtades políticas, a veces de manera aguda. Sin embargo, desde finales de la década de 1960 desarrollaron una posición socio política distintiva. Orlando Costas, Samuel Escobar y René Padilla construyeron una lógica teológica para abordar los problemas de la sociedad que comenzó a ponerse en práctica en el ámbito político. Aunque los pentecostales los superaron, los bautistas jugaron un papel importante en la vida de la región, especialmente en Brasil. Además, el compromiso con la misión holística generado por su deseo de forjar una posición que satisficiera las necesidades de América Latina ejerció una poderosa influencia en los evangélicos de todo el mundo. La combinación de evangelización persistente con la búsqueda de la justicia social se convirtió en el sello distintivo del evangelicalismo global después del congreso de Lausana. Este logro de los bautistas latinoamericanos representó el mayor impacto del Sur Global en el protestantismo internacional desde la Reforma.

LECTURA ADICIONAL

Anderson, Justice C. *An Evangelical Saga: Baptists and Their Precursors in Latin America*. Maitland, Fla.: Xulon Press, 2005.
Crabtree, A[sa] R. *Baptists in Brazil*. Rio de Janeiro: Baptist Publishing House of Brazil, 1953.
Hartch, Todd. *The Rebirth of Latin American Christianity*. New York: Oxford University Press, 2014.
Kirkpatrick, David C. "C. René Padilla and the Origins of Integral Mission in Post-War Latin America." *Journal of Ecclesiastical History* 67 (2016): 351–71.
Patterson, Frank W. *A Century of Baptist Work in Mexico*. El Paso, Tex.: Baptist Spanish Publishing House, 1979.
Salinas, Daniel. *Latin American Evangelical Theology in the 1970s: The Golden Decade*. Leiden: Brill, 2009.

Capítulo 16

LOS BAUTISTAS EN NIGERIA

Nigeria es particularmente digna de estudio porque contiene la segunda organización bautista más grande del mundo, la Convención Bautista de Nigeria. El país es notablemente religioso, con más del 90 por ciento de los habitantes en 2004 asistiendo a un servicio cristiano o musulmán cada semana. Situada en la costa oeste de África, Nigeria se extiende entre la selva tropical en el sur y un cinturón del desierto del Sahara en el extremo noreste. En el medio se encuentra la sabana, una tierra cubierta de hierba, parecida a un parque, con árboles aislados y una extensión de meseta abierta. El río Níger, que da su nombre al país, lo atraviesa desde el noroeste hasta la costa. Los habitantes son diversos, algunas estimaciones elevan el número de grupos étnicos a quinientos, pero hay tres grupos de personas predominantes. En el suroeste viven los yorubas, en el sureste los igbos y en el norte los hausas. Los idiomas de estos tres pueblos son ampliamente hablados, pero el idioma oficial es el inglés. Ese es un legado de la potencia colonial, Bretaña, que extendió su poder sobre la zona durante la segunda mitad del siglo diecinueve. Antes del dominio colonial, el territorio actual del país no era una sola entidad, sino que se dividía entre una variedad de unidades políticas frecuentemente hostiles. Obafemi Awolowo, líder del movimiento por la independencia durante la década de 1950, sostuvo que las diferencias entre los yoruba, los igbo y los hausa eran tan grandes como las que existían entre los alemanes, los franceses y los británicos. La divergencia a veces ha amenazado la unidad del estado, pero desde que obtuvo su independencia en 1960, Nigeria ha forjado una mayor prosperidad. El petróleo ha beneficiado el crecimiento de la economía, que para 2014 se había convertido en la más grande del continente. Como potencia global emergente, el país aspira al liderazgo de toda África.

La religión de la tierra era de dos tipos, tradicional y musulmana. En primer lugar, la variedad tradicional, generalmente estigmatizada durante el siglo diecinueve como "paganismo", defendía la creencia en un dios supremo, en tierra yoruba llamado "Olorun". Esta deidad era remota, a menudo identificada con el cielo y era mucho menos adorada que una variedad de dioses y diosas menores. Estas deidades, conocidas como "orisas" entre los yoruba, normalmente se asociaban con lugares o actividades particulares y, a menudo, protegían a hombres o mujeres. Los poderes invisibles estaban siempre presentes, con la adivinación abriendo el futuro y los espíritus tomando posesión de los devotos. El baile de máscaras comunal, elaboradas ceremonias de baile en las que los jóvenes desempeñaban los papeles más destacados, expresaban la devoción de la gente. Durante el siglo diecinueve, a medida que la región se hizo más accesible al mundo exterior, bien pudo haber habido una tendencia a que el culto se dirigiera más hacia el dios supremo y menos hacia las divinidades inferiores. Eso probablemente facilitó que los propagadores de una nueva fe, ya sea cristiana o musulmana, ganaran a la gente para el monoteísmo. En segundo lugar, el islam mismo estaba fuertemente arraigado en el norte. Extendiéndose a través del Sahara desde el norte de África, había llegado a la ciudad de Kano en el siglo catorce. Era la religión de los emires que gobernaron Hausaland durante los siglos siguientes. El islam ganó nueva energía cuando, entre 1804 y 1808, Usman dan Fodio dirigió el Sokoto Jihad que impuso una versión revitalizada de la fe a punta de espada. Otros gobernantes sucumbieron a su vigorosa campaña y comenzaron a observar la *sharia*, la ley del islam, de manera más estricta. Durante la primera mitad del siglo diecinueve, el califato de Sokoto consolidó su control sobre muchas de las ciudades-estado hausa. Al mismo tiempo, los comerciantes llevaron la fe musulmana al sur de la actual Nigeria. En 1875 había el doble de musulmanes que de protestantes en la ciudad costera de Lagos. Aunque las creencias tradicionales sobrevivieron incluso en partes del norte, el islam avanzaba por toda la región.

El mapa político de las tierras yoruba al oeste del Níger cambió drásticamente a principios del siglo diecinueve. El imperio Oyo había sido la principal potencia regional entre principios del siglo diecisiete y finales del dieciocho. Confiando en el uso del caballo en la guerra, había dominado Yorubaland. La yihad islámica de Sokoto, sin embargo, contribuyó a la desintegración del imperio. Los refugiados huyeron hacia el sur y establecieron estados en New Oyo, Ibadan, Ijaye y Abeokuta, que lucharon por la supremacía en el antiguo territorio del imperio. Fue un período caótico en el que los jefes de guerra lucharon entre sí, subvirtiendo la autoridad de los ancianos tradicionales. Al mismo tiempo, los países europeos estaban entrando en contacto con los pueblos de África occidental. Los comerciantes comerciaban a lo largo de la costa y deseaban la protección consular de sus propios estados. Después de la abolición del comercio de esclavos por parte de Gran Bretaña en 1807, la Marina Real emprendió una campaña para sofocar el comercio que aún practicaban algunas otras naciones. La esclavitud en sí siguió floreciendo en gran parte de la región, por lo que persistió la trata de personas. En 1851, las fuerzas británicas atacaron Lagos para deponer al gobernante traficante de esclavos e imponer un tratado contra la esclavitud a su sucesor. Diez años más tarde, con amenazas a Lagos por parte del gobernante depuesto y los franceses, los británicos anexaron la ciudad como colonia. Ese evento marcó el inicio de la presencia formal del Imperio Británico en la zona. Las consecuencias de la esclavitud también afectaron a lo que ahora es Nigeria de otras maneras. Los esclavos liberados que se habían asentado en la colonia británica de Sierra Leona, muy al oeste de la costa africana, podían regresar a sus lugares de origen, a veces trayendo consigo el cristianismo que habían aprendido allí. Y otros ex esclavos de los Estados Unidos habían colonizado Liberia, justo al sur de Sierra Leona. Ellos también profesaban comúnmente la fe cristiana y podían interesarse en el progreso del evangelio en tierras como las de la desembocadura del Níger. La costa de África occidental y el interior adyacente se encontraban en un estado de cambio en los años en que los bautistas llegaron por primera vez a la tierra yoruba.

La plantación de bautistas en Nigeria

Los bautistas fueron precedidos por los anglicanos de la Sociedad Misionera de la Iglesia (CMS), que participaron en la Expedición a Níger de 1841 que tenía como objetivo establecer una colonia para esclavos liberados. Aunque el esquema resultó ser un desastre, la CMS bajo el liderazgo de Samuel Crowther, un esclavo rescatado establecido en Sierra Leona que se convertiría en el primer obispo negro de la comunión anglicana, volvió a establecer una misión permanente con base en Abeokuta entre los yoruba en 1846. Los metodistas wesleyanos también se habían asentado en Abeokuta cuatro años antes. Fue a esa ciudad a donde viajó el primer misionero bautista, Thomas Jefferson Bowen, cuando llegó en 1850. Bowen, nacido en 1814 en el sur de Estados Unidos, había servido como soldado de fortuna en los años previos a su conversión en 1840, después de lo cual se convirtió en predicador. Cuando fue comisionado por la recién establecida Junta de Misiones Foráneas de la Convención Bautista del Sur para abrir una misión en África Central, imaginó crear una cadena de ciudades cristianas en todo el continente desde Yorubaland en el oeste hasta Abisinia en el este. Después de pasar un tiempo con el misionero de la CMS en Abeokuta, se estableció primero en Ijaye y luego en Ogdomoso, más al norte pero todavía entre los yorubas, antes de verse obligado por problemas de salud a regresar a los Estados Unidos en 1856. Su estrategia no era simplemente maximizar el número de conversos. "Deseamos", escribió en su libro *Central Africa: Aventures and Missionary Labors* (1857), "establecer el Evangelio en los corazones, las mentes y la vida social de la gente, para que la verdad y la justicia permanezcan y florezcan entre ellos, sin la ayuda de misioneros extranjeros".[1] Como muchos teóricos de la misión de su época, Bowen creía que tal objetivo implicaba promover la civilización, lo que significaba los valores educativos de Occidente. Sin embargo, está claro que quería empoderar a los indígenas para que se convirtieran en "pastores nativos". Mostró un gran respeto por la cultura local, componiendo también una *Gramática y diccionario de la lengua yoruba* (1858). En su breve tiempo en Yorubaland, la misión solo progresó lentamente, y la primera conversión tuvo lugar en 1854. Aunque llegaron otros misioneros y se abrieron más estaciones misioneras, en 1860 solo había trece miembros de la iglesia fuera de Lagos. De hecho, el éxito fue tan limitado que un año después, la Junta de Misiones Foráneas resolvió no asignar fondos a la Misión Yoruba. Aunque Bowen pasó algunos años más trabajando con esclavos yoruba en Brasil, nunca regresó a África.

Los problemas de los primeros años fueron agudos. En primer lugar, el clima resultó mucho menos saludable para los forasteros de lo que se esperaba. La malaria y la disentería causaron estragos entre los recién llegados. El diario de la esposa de Bowen de 1853 a 1856 contiene 248 entradas y no menos de 81 se refieren a problemas de salud. El número de muertos fue alarmante. De los cuarenta y dos misioneros blancos y seis negros que sirvieron en el campo de Nigeria durante el siglo diecinueve, trece murieron en servicio activo. Tal vez sea sorprendente que hubiera voluntarios para un trabajo tan peligroso. En segundo lugar, hubo una seria oposición. Los gobernantes musulmanes no estaban dispuestos a tolerar a los propagadores de una fe rival a menos que fuera en su manifiesta ventaja secular. Todos los soberanos locales podrían ser volubles en su actitud. Así, el gobernante de Ijaye inicialmente dio la bienvenida a Bowen en 1852, pero en 1854 se mostró rotundamente hostil. Los conversos enfrentaron el ostracismo de sus familias y, a veces, severos castigos físicos. El primer converso en Abeokuta a menudo era atado a una estaca y azotado. Aunque la persecución era intermitente, era una amenaza que pendía sobre la cabeza de cualquiera que se aventurara a hacer una profesión cristiana. La condición perturbada de Yorubaland, en tercer lugar, fue una dificultad perenne. Dahomey al oeste y varios estados al norte hicieron incursiones en la tierra yoruba mientras las ciudades-estado yoruba competían por el ascenso. Ibadan e Ijaye estuvieron en guerra entre 1860 y 1865, y la iglesia bautista y la misión en Ijaye fueron incendiadas en el saqueo de la ciudad por tropas de Ibadan en 1862. Debido a que los misioneros blancos, incluidos los bautistas, parecían estar conectados con un ataque británico a un ejército de Abeokuta, fueron expulsados en 1867 de lo que había sido su centro más prometedor. Viajar entre ciudades era con frecuencia demasiado peligroso para ser contemplado. Aunque las misiones podían funcionar como lugares de refugio en tiempos inseguros y aunque el fracaso de la religión tradicional para evitar el desastre podía inducir a considerar a un nuevo Dios, el desorden político y militar hizo que la obra misionera fuera una empresa peligrosa. Los bautistas progresaron lentamente.

La Guerra Civil en los Estados Unidos entre 1861 y 1865 agravó los problemas. Los estados del sur que apoyaron la misión en tierra yoruba fueron derrotados y empobrecidos, por lo que a raíz de la guerra los misioneros se retiraron por falta de apoyo financiero. En su ausencia, Moses Ladejo Stone, un predicador laico emprendedor, saltó a la fama en la iglesia de Lagos. Cuando un misionero estadounidense blanco, William J. David, fue nuevamente designado para el campo en 1875, colocó a Stone en Ogdomoso y en 1880 lo ordenó como el primer ministro bautista indígena. Durante dos años a partir de 1884, Stone actuó como pastor de la iglesia de Lagos mientras David estaba en los Estados Unidos, pero luego se esperaba que volviera a ser pastor asistente cuando David regresara. La tensión aumentó. Stone inició negocios, David se opuso pero rechazó un aumento de salario, Stone ofreció su renuncia y David la aceptó. La iglesia protestó que debería haber sido consultada. Al no recibir rectificación, todos menos un puñado de miembros se retiraron el 15 de marzo de 1888 para formar la Iglesia Bautista Nativa, que pronto tomó el nombre de Ebenezer. Fue un evento trascendental, el comienzo de la tradición de iglesias dirigida por africanos que superaría a las iglesias iniciadas por misiones en muchas partes del continente durante el siglo siguiente. En 1893, la iglesia adquirió un nuevo pastor, David Brown Vincent, que había servido en la facultad de la Academia Bautista en Lagos y era mucho más ideólogo que Stone. Ya había decidido que "para que el cristianismo sea autóctono de África, debe ser regado por manos nativas".[2] Vincent era pan africanista y creía que los africanos debían hacerse cargo de sus propios asuntos. Prefería usar tambores africanos en lugar de órganos importados en la adoración, decidió usar ropa africana en lugar de occidental, y en 1894 cambió su nombre a Mojola Agbebi. Sin embargo, Agbebi cooperó con un galés, William Hughes, que había servido en la Sociedad Misionera Bautista en el Congo y, mientras residía en Camerún, al este de la actual Nigeria, reunió a los creyentes en Buguma, en el delta del Níger, muy al este de Yorubaland. Agbebi asumió la dirección del trabajo en el Delta, atrayendo a pastores de un Instituto Africano de Capacitación dirigido por Hughes en el norte de Gales. Agbebi se peleó con su iglesia por la financiación de Hughes y en 1903 dejó Ebenezer para fundar una nueva iglesia en Lagos, Araromi. Sin embargo, ya en 1900 presidía una Unión Bautista

Nativa que incluía diecisiete iglesias. La causa de las iglesias iniciadas en África había encontrado un campeón enérgico.

No obstante, Agbebi mantuvo buenas relaciones con las iglesias fundadas por misiones. En la dedicación de la iglesia Araromi en 1903, por ejemplo, el servicio fue dirigido por tres ministros de iglesias relacionadas con la misión, así como por Agbebi. Ese sentido de compañerismo continuo iba a ser la base para la reunión. Yorubaland siguió siendo el corazón de la misión, con Ogdomoso en particular como un centro vital. En 1898 se estableció en la ciudad una escuela de formación teológica y, aunque fue cambiando de lugar en los años siguientes, a partir de 1921 se convirtió en un seminario fijo allí. Asimismo, desde 1907, la misión de Ogdomoso brindó instalaciones médicas, que se convirtieron en un hospital en 1923. En 1914, se formó una Asociación Bautista Yorubaland para coordinar el trabajo, especialmente en evangelización, y así poner fin a la separación entre las iglesias fundadas por la misión y las congregaciones independientes. Quizás sorprendentemente, el energético Agbebi de los independientes fue su primer presidente. Su contribución hizo natural que las iglesias del Delta que supervisaba enviaran representantes a la asociación dos años más tarde, y en 1919 el organismo cambió su nombre a Convención Bautista de Nigeria. Pronto, la convención podría afirmar legítimamente que servía a toda Nigeria, extendiéndose hacia el norte y el este. Al norte, desde Ogdomoso en Yorubaland, los comerciantes llevaron el evangelio al territorio hausa. En 1925, la asamblea pudo nombrar un pastor en Kaduna, la principal ciudad del norte, con miras a extender la obra en la región. Al este de Buguma en el Delta se dieron pasos pioneros en la década de 1920 para introducir a los bautistas en Igboland. Una vez más, esta expansión no fue el resultado de la iniciativa misionera sino del esfuerzo indígena. Los bautistas incluso se extendieron más allá de los límites de Nigeria hacia Dahomey (ahora Benin), Togo y Costa de Oro (ahora Ghana). Las iglesias de habla yoruba en otras tierras fueron una señal del compromiso de los bautistas nigerianos con el evangelio.

El mayor problema que amenazaba la unidad bautista antes, durante y después de este período era la cuestión de la poligamia. La práctica de que un hombre tuviera más de una esposa se adaptaba a las condiciones económicas tradicionales porque conducía a las familias numerosas que se necesitaban para el cultivo de la tierra. Sin embargo, la poligamia planteó, como dijo Agbebi en 1888, "el gran interrogante sobre la evangelización de África".³ Si se exigiera la monogamia a los nuevos cristianos, sería un impedimento para la conversión de aquellos que ya se habían casado con varias esposas. La Biblia habla de un hombre y una mujer en Génesis y el Nuevo Testamento, pero en el medio estaba el precedente de David y Salomón que poseían muchas esposas. Los valores de la civilización occidental indudablemente hicieron que los misioneros favorecieran la monogamia, pero los indígenas a veces se inclinaban hacia el otro lado. En 1919, por ejemplo, la Primera iglesia bautista de Iree sufrió una secesión de miembros descontentos porque el pastor quería despedir a los polígamos de la membresía plena. Las iglesias establecidas en las partes centrales de Nigeria por la Misión al Interior de Sudán, una eficaz organización misionera no confesional, a menudo impusieron una disciplina más rígida, no admitiendo polígamos en los servicios de la iglesia, por lo que hubo secesiones en la otra dirección cuando sus miembros se trasladaron a los bautistas, que rara vez excluían a los polígamos del culto. Para 1935, la convención decidió estandarizar su política, resolviendo que ninguna iglesia miembro podía permitir que un polígamo conocido ocupara un cargo o actuara como predicador laico, y dos años más tarde decidió negar el bautismo y la Cena del Señor también a los polígamos. En 1938, el secretario ejecutivo de la Junta de Misiones Foráneas, Charles E. Malley, visitó Nigeria y recomendó una nueva constitución. En ella se encarnaba una postura aún más estricta: a nadie que tuviera más de una esposa se le permitiría ser miembro de la iglesia. Eso condujo a una gran disminución en la membresía de la convención y la salida de cuerpos completamente nuevos, la Iglesia Bautista Africana Unida y poco después la Misión Bautista Unida de Benin. El tema siguió causando profundas divisiones en las generaciones posteriores hasta 2001, cuando un comité informó a favor de admitir a los polígamos al bautismo, la membresía y la Cena del Señor, aunque no a los cargos de la iglesia, y la convención estuvo de acuerdo. La política cristiana sobre esta cuestión no era obvia, pero el nivel emotivo en ambos lados era alto.

La figura destacada de la vida bautista nigeriana desde la creación de la convención hasta 1944 fue George Green, el primer médico misionero, quien actuó como presidente (y desde 1935 secretario general) de la convención y simultáneamente como secretario/tesorero de la misión. Como inglés, aunque era agente de la Convención Bautista del Sur, le resultó fácil tratar con los funcionarios coloniales británicos desde el gobernador general para abajo. También ayudó a asegurar que la convención y la misión trabajaran juntas en armonía. Nigeria se convirtió en una excelente muestra del éxito de los Bautistas del Sur en el campo misionero. En 1948, todos menos dos de los 112 agentes de la Junta de Misiones Foráneas que servían en África estaban estacionados en Nigeria. Sin embargo, estaba claro que a raíz de la Segunda Guerra Mundial se debían tomar medidas para transferir una mayor responsabilidad a los africanos. En 1953, la convención creó su propia Junta de Misiones Nacionales y Foráneas de Nigeria, y envió misioneros designados a Sierra Leona para 1960. En ese año, Nigeria aseguró su independencia de Bretaña y se aceleró el proceso de la denominación. El primer nigeriano fue nombrado secretario general de la convención en 1964 y los departamentos sucesivos fueron asignados a jefes indígenas durante los años siguientes. El cambio se produjo más rápido porque a fines de la década de 1960 intervinieron circunstancias políticas. En 1967, Igboland se separó de Nigeria y se libró una guerra de tres años antes de que se reintegrara. Al gobierno de Nigeria le molestó que Estados Unidos no respaldara

George Green bautiza en Nigeria (1872–1962)

su causa y, por lo tanto, negó las visas a muchos estadounidenses, incluidos los misioneros. En 1979, el Seminario Teológico Bautista de Nigeria tenía a un nigeriano como director. La influencia estadounidense no desapareció, ya que hasta 2014 los manuales de capacitación utilizados por la convención todavía se originaban en los Estados Unidos. Hubo quejas de que no reflejaban las realidades de la vida nigeriana, como la escasez de agua y los cortes de energía. Sin embargo, se logró con éxito la transferencia de la autoridad sobre la vida bautista a los indígenas.

El sistema educativo creado por los bautistas fue una de las explicaciones de la transferencia de poder sin problemas. Había hombres bien preparados que podían asumir fácilmente puestos de responsabilidad. La escolarización había sido una prioridad para la denominación. En 1915, la Asociación Bautista Yorubaland había resuelto que debería haber una escuela en cada lugar donde hubiera una iglesia. También decidió que cada pueblo principal debería tener una escuela secundaria para llevar la instrucción a un nivel superior. Ya había escuelas secundarias bautistas en algunos de los principales centros, como Lagos, donde se había fundado una ya en 1883, y siguieron más. La capacitación brindada por estas instituciones proporcionó líderes para las iglesias bautistas tanto dentro de Nigeria como en la diáspora de los países adyacentes. La escolarización era popular, porque las oportunidades que ofrecía la educación atraían a la masa de la población. Es una de las principales explicaciones del crecimiento de la iglesia. Sin embargo, las escuelas eran una pesada carga financiera para la misión, que controlaba su personal, aunque a partir de 1947 se convirtieron en propiedad de la convención y desde el año siguiente hubo subvenciones del gobierno colonial para complementar los ingresos escolares. En 1976, una Nigeria independiente, entonces gobernada por un régimen militar, decidió hacerse cargo del sistema educativo. El gobierno federal confiscó todas las escuelas primarias y secundarias sin compensación. Posteriormente, las escuelas recibieron fondos inadecuados y, de común acuerdo, declinaron en los estándares; y las iglesias perdieron una vía de influencia sobre la población. Sin embargo, los bautistas conservaron sus propias instituciones de educación superior. Al seminario de Ogdomoso se le agregó un colegio profesional con un programa de formación de maestros durante las décadas de 1920 y 1930, aunque luego las dos instituciones se separaron. El Seminario Teológico Bautista de

Nigeria proporcionó una sólida formación teológica para el ministerio y, a principios del siglo veintiuno, se afirmó que era el seminario evangélico más grande de África. Junto al seminario, desde 2002 estaba la Universidad Bowen en Iwo, una empresa distintivamente bautista con veintidós programas de grado dentro de los tres años de su fundación. Durante décadas, los bautistas nigerianos cosecharon beneficios sustanciales de su contribución a la educación.

Desafíos que enfrentan los bautistas

En los años posteriores a 1970, la denominación enfrentó dos desafíos inmensos, uno desde adentro del cristianismo y el otro desde afuera. El primero fue el surgimiento de la renovación carismática, el segundo la movilización del islam militante. El movimiento carismático, que enfatiza la adoración dinámica, las posibilidades de curación y los dones del Espíritu Santo, como hablar en lenguas, tuvo un impacto particularmente fuerte en Nigeria. Había sido precedido desde principios del siglo veinte por el pentecostalismo, que también enseñaba que los creyentes debían buscar el bautismo del Espíritu para disfrutar de los dones especiales del Espíritu. Para 1961, las Asambleas de Dios, el cuerpo pentecostal más grande de Nigeria, tenía 460 iglesias. Las creencias del movimiento pentecostal tenían afinidades con aspectos de las cosmologías africanas tradicionales, mostrando ambas una especial conciencia de las luchas en el mundo espiritual. Pero el pentecostalismo siguió siendo una opción más sectaria hasta la década de 1970, cuando fue poderosamente reforzado por la renovación carismática. Los carismáticos en Nigeria, al igual que sus equivalentes en otros lugares, tendían a ser jóvenes, educados y prósperos, que generalmente vivían en ciudades. En Nigeria, el movimiento comenzó entre los estudiantes en 1970 y se extendió rápidamente a través de organizaciones evangélicas no confesionales como la Unión Bíblica y las Uniones Cristianas Evangélicas. A mediados de la década de 1970 se había generalizado en las universidades nigerianas y luego comenzó a extenderse a la sociedad en general. Inicialmente celebrando reuniones entre semana para el ejercicio de los dones espirituales además de los servicios dominicales, los carismáticos comenzaron a crear lugares de culto separados en 1983. Se fusionaron efectivamente con los pentecostales mayores, de modo que el Compañerismo Pentecostal de Nigeria, un organismo paraguas formado en 1986, los incluyó. Algunos hilos enfatizaron la santidad requerida de los creyentes, evitando las preocupaciones mundanas, pero más se dedicaron a la doctrina de la prosperidad. Esta sección del movimiento era claramente de este mundo, enseñando que Dios desea bendecir a todos sus hijos con el éxito material. Dar a Dios conduciría inevitablemente a recibir más abundantemente de él. La idea podría prestarse al abuso, enriqueciendo a los pastores a través de donaciones abnegadas de los pobres, y fomentando así la corrupción entre los líderes cristianos. En su forma extrema, este lado del movimiento sostenía que en realidad era un pecado ser pobre. Sus sucursales incluían la "Iglesia Dar y Prosperar" y la "Compañía Comercial de Jesús". Este enfoque apeló a los elementos utilitarios de la religión tradicional africana y resultó inmensamente popular. El movimiento carismático/pentecostal se convirtió rápidamente en una fuerza poderosa dentro del cristianismo nigeriano.

Esta nueva especie de religión evangélica ingresó inevitablemente a las iglesias de la Convención Bautista de Nigeria. La avenida principal era la Unión Estudiantil Bautista (Comunidad Estudiantil Bautista desde 1978). Fundada en 1958 para promover el trabajo bautista en la educación secundaria y superior, la organización de estudiantes dirigió grupos florecientes bajo la guía de Mary Kirkpatrick, una misionera estadounidense. A partir de 1970 fomentó prácticas carismáticas como llorar al orar y hablar en lenguas. Los estudiantes llevaron la nueva espiritualidad a las iglesias. Su estilo preferido de adoración chocó con la práctica musical seria que se había impuesto desde la década de 1920. Se prohibieron los tambores, el baile y las palmas; sólo se había permitido la música de órgano. Los carismáticos podían afirmar razonablemente que los servicios más animados estaban de acuerdo con la costumbre africana, pero los defensores de las formas existentes argumentaban que se estaban introduciendo "prácticas no bautistas". Los miembros más jóvenes de las congregaciones alegaban que "los cultos de adoración en las iglesias bautistas son muy tibios". Los tradicionalistas argumentaron que el comportamiento pentecostal extraño estaba invadiendo las iglesias bautistas. Alrededor de 1992, la Conferencia Bautista Occidental de Oyo condenó —excepto el orar por los dones del Espíritu— las prácticas de patear, chasquear los dedos, llorar y rodar por el suelo, celebrar reuniones de oración rivales de las oficiales y "gritar durante las oraciones como si Dios fuese sordo".[4] Una iglesia en Ibadan y otra en Lagos habían sido expulsadas por sus asociaciones en 1986 por tolerar tales procedimientos. Siguieron otras rupturas, con la Iglesia Bautista Aposento Alto y la Iglesia Bautista Evangélica separándose de la convención. Las guerras culturales habían estallado dentro de la denominación. Las cabezas más sabias comenzaron a reconocer que era esencial llegar a un acuerdo. En 1995, Travis Collins y Ademola Ishola publicaron *Baptists and the Charismatic Movement*, argumentando a favor de la acomodación de las prácticas más nuevas. En cualquier caso, eso estaba sucediendo a medida que los hombres más jóvenes ocupaban puestos de liderazgo. A comienzos del siglo veintiuno, gran parte del impacto de la renovación había sido asimilado por las iglesias mayoritarias.

Sin embargo, el éxito del movimiento carismático/pentecostal representó un desafío fundamental. Los bautistas no estaban creciendo tan rápido como sus contemporáneos, y algunos de los hombres más capaces estaban desertando a cuerpos pentecostales, algunos a iglesias de su propia fundación y otros a la Iglesia de Dios Cristiana Redimida, la denominación de más rápida expansión de todas. En 2001, Ademola Ishola se convirtió en secretario general de la convención, y pronto utilizó parte de la reunión anual para una celebración de estilo carismático y un ministerio de sanación. En 2006, un comité recomendó el cambio mucho más drástico de reestructurar la convención. Los bautistas nigerianos se adhirieron al congregacionalismo que era normal en la denominación mundial. "Sostenemos", declaró un diácono influyente en 1990, ". . . a Jesucristo como el único Legislador y Rey sobre la iglesia y la conciencia".[5] Ninguna autoridad eclesiástica superior podría dictar a una iglesia local. El comité, sin embargo, recomendó un sistema de organización de arriba hacia abajo como el operado por la Iglesia de Dios Cristiana Redimida. Debería haber un "supervisor general" con "responsabilidades de supervisión espiritual para todas las iglesias de la denominación".[6] Con la ayuda de "supervisores regionales", asignaría fondos a las iglesias de acuerdo con su visión. Esta revolución propuesta resultó inaceptable para los bautistas nigerianos. "La comunidad local de creyentes", escribió el principal funcionario de la denominación en 2014, "es autónoma y la política de la iglesia o el gobierno es congregacional".[7] Sin embargo, el principal funcionario ahora no se llamaba secretario general sino presidente ejecutivo, y se decía que había debates continuos sobre lo que debería significar el congregacionalismo. Se decía que algunos pastores, copiando el idioma pentecostal, dirigían sus iglesias como "jefes de guerra locales en sus feudos".[8] La renovación carismática fue más allá de inyectar una nueva corriente de espiritualidad en el torrente sanguíneo de los bautistas nigerianos. Causó una seria consideración de lo que constituía la identidad bautista.

El segundo desafío en el período posterior a 1970 vino del islam militante. Las raíces de este problema, sin embargo, se remontan mucho más atrás, a los primeros años del siglo veinte. En 1900, la sección norte de la Nigeria moderna fue declarada protectorado británico por Frederick Lugard, el alto comisionado hasta 1906, cuyas fuerzas derrotaron y mataron al sultán de Sokoto. Todo el territorio hausa, el corazón del islam, pasó a estar bajo la bandera británica. Cuando Lugard regresó en 1912 para fusionar el protectorado del norte con su vecino del sur para formar una Nigeria unida, adoptó una política de "gobierno indirecto". A los soberanos locales, como el reemplazo del sultán, se les permitió ejercer la autoridad en nombre de la potencia colonial y, a cambio de su cooperación, se respetaron sus deseos. De ahí que los misioneros cristianos pudieran entrar en sus tierras solo con el permiso del gobernante; y no deben intentar evangelizar a los musulmanes, solo a los seguidores de la religión tradicional. El resultado fue que los misioneros fueron efectivamente excluidos del propio norte. El dominio británico alentó el crecimiento del islam. En la década de 1890, aproximadamente un tercio de la población de habla hausa era musulmana; en 1953 la proporción era del 73 por ciento. Después de 1929, la política de exclusión se relajó un poco, de modo que se permitieron más empresas médicas y educativas cristianas en el norte, pero se produjo un sólido avance cristiano en lo que se llamó el "cinturón medio". Gran parte de esta región en el centro de Nigeria se encontraba dentro del territorio nominalmente bajo la autoridad de los hausa más al norte, pero estaba menos controlada y era mucho menos musulmana. Allí los misioneros, tanto extranjeros como indígenas, plantaron el cristianismo evangélico. La situación a medida que se acercaba la independencia durante la década de 1950 era, por lo tanto, que un norte más fuertemente islámico estaba técnicamente a cargo de un Cinturón Medio que era en gran parte cristiano. Las semillas del conflicto habían sido sembradas.

El ganador de las elecciones en vísperas de la independencia fue Ahmadu Bello, el *sardauna* (príncipe mayor) de Sokoto y ferviente musulmán. Eligió seguir siendo el primer ministro de la región norte mientras que su socio se convirtió en primer ministro de la federación de Nigeria, pero Bello continuó dirigiendo la política nacional.

Queriendo extender el Islam por todo el norte, presidió conversiones masivas en 1963-1965. Aunque Bello fue asesinado en un golpe que llevó al poder a un gobierno militar en 1966, su carrera había alarmado profundamente a los bautistas junto con otros cristianos. Algunos temían un plan para convertir a Nigeria en un estado islámico. Aunque la amenaza para los cristianos en el Cinturón Medio se alivió en 1967 con la división de Nigeria en estados más pequeños responsables de sus propios asuntos, persistieron los temores de dominación islámica. La Asociación Cristiana de Nigeria (CAN), fundada en 1976 para reunir a católicos y protestantes para promover sus intereses comunes, pronto hizo de la resistencia a la influencia política musulmana su prioridad. C. O. Williams, uno de sus primeros proponentes, era un bautista que más tarde se convertiría en su secretario nacional. Durante 1977-1978 se discutió una nueva constitución para Nigeria y la cuestión de la *sharia*, la ley islámica, se volvió central. Hubo una propuesta para establecer un tribunal federal de apelación para la *sharia*, a la que se opuso porque otorgaba al islam un estatus privilegiado y amenazaba implícitamente la extensión de la ley islámica para aplicarla a los cristianos. Aunque se establecieron tribunales de apelación islámicos en el norte, se abandonó la propuesta de jurisdicción islámica nacional. También fue la CAN la que encabezó una campaña en 1986 contra la decisión del gobierno de cambiar el estatus de Nigeria de observador a miembro de pleno derecho de la Organización de la Conferencia Islámica. A fines de la década de 1980, la atmósfera de tensión entre musulmanes y cristianos se había intensificado debido a la creciente radicalización de los jóvenes musulmanes y la mayor firmeza de los cristianos en el norte. La violencia se estaba volviendo común. En 1987 estallaron disturbios en Kaduna, la principal ciudad del norte. Se atacaron iglesias, se disolvieron reuniones y cientos murieron. Se había vuelto peligroso pertenecer a una iglesia bautista en el norte de Nigeria.

Las tensiones se intensificaron durante la década de 1990, ocasionalmente estallando en violencia, y llegaron a un punto crítico en 2000. Los estados del norte anunciaron su intención de introducir la ley *sharia* y las minorías cristianas protestaron. En Kaduna el resultado fue un baño de sangre. Veintitrés iglesias bautistas en el estado de Kaduna fueron incendiadas, el seminario teológico bautista en la ciudad de Kaduna fue destruido casi por completo y cinco pastores fueron asesinados. CAN exigió una acción firme, pero el presidente,

Olusegun Obasanjo, calmó deliberadamente la situación y la *sharia* se impuso en solo cuatro estados en ese momento, aunque seis más siguieron en 2012. Durante su tiempo en el cargo, Obasanjo era bautista y construyó una capilla en la casa presidencial, aunque posteriormente se hizo católico romano. Alumno de la Escuela Secundaria Baptist Boys', de Abeokuta, había ascendido en el ejército al rango de general y anteriormente había servido como jefe de estado en un régimen militar entre 1976 y 1979, con la distinción de entregar el poder a un gobierno civil. Durante otro período de gobierno militar en la década de 1990, fue encarcelado por denunciar abusos a los derechos humanos y, mientras tanto, tuvo una experiencia de un nuevo nacimiento. Obasanjo fue elegido presidente en 1999 con mayor respaldo del norte musulmán que de su tierra natal yoruba. Por lo tanto, estaba en una posición sólida para calmar la crisis de la *sharia* de 2000. "El islam por su nombre es una religión de paz", declaró en ese momento, "y el cristianismo fue establecido por el Príncipe de la Paz".[9] Su período en el poder fue empañado por las escabrosas acusaciones de uno de sus hijos, pero mejoró la posición de Nigeria en el extranjero, por ejemplo, organizando misiones de mantenimiento de la paz en Sierra Leona y Liberia. Fue elegido para un segundo mandato de cuatro años y, aunque contemplaba permanecer en el poder, dejó el cargo voluntariamente en 2007. Aunque Obasanjo no resolvió los antagonismos persistentes entre musulmanes y cristianos en su país —el surgimiento de Boko Haram, insurgentes islámicos fanáticos del noreste, llegó justo después de su tiempo en el poder— Obasanjo hizo algo para promover la armonía de su país.

Los desafíos del período posterior a 1970 fueron asimilados (en el caso de la renovación carismática) o llegaron a ser soportados (en el caso del islam militante). Las dificultades corporativas continuaron. Cuando en 2014 la Convención Bautista de Nigeria celebró su centenario, contando desde la creación de la Asociación Bautista Yorubaland, un miembro sincero explicó cuáles, en su opinión, eran los problemas continuos que enfrentaba la denominación. Por un lado, vio que el liderazgo estaba demasiado confinado a los yoruba, la gente entre la cual la misión se había arraigado por primera vez. Por otro lado, los pastores mostraron demasiada "autoafirmación y engrandecimiento malsanos" en una sociedad donde la pobreza todavía era endémica. Existía la ambición de ocupar cargos bien remunerados, mientras que las instituciones teológicas, aparte del seminario principal de Ogdomoso, carecían vergonzosamente de fondos. "Los funcionarios públicos están radiantes", comentó mordazmente, "pero nuestras instituciones son como pocilgas".[10] Sin embargo, la convención estimó que contenía unas 13.000 iglesias y 5 millones de miembros para 2015, y había grupos disidentes adicionales: los que se habían separado por causa de la poligamia mantuvieron su existencia separada, y los Bautistas Fundamentalistas y los Bautistas de Voluntad Libre habían sido importados de Estados Unidos en los últimos años. Ogdomoso fue un escaparate del éxito bautista con su imponente seminario y unas 90 iglesias solo en el municipio. Entre los protestantes, la convención fue superada solo por los anglicanos en la proporción de la población de la nación que había reclutado. Además, estaba participando en actividades de divulgación internacional. Su Junta de Misiones Globales comisionó agentes para servir en Sierra Leona, Côte d'Ivoire, Benin y otros países africanos. En 2002 envió misioneros al Reino Unido, el antiguo amo colonial, y algunas de las iglesias allí florecieron, especialmente entre los inmigrantes nigerianos en Londres. La Convención Bautista de Nigeria se había convertido en un organismo con visión mundial.

La diversa tierra de Nigeria fue el hogar de una variedad de pueblos antes de la llegada de los bautistas. La religión tradicional competía con el islam por su lealtad y, a principios del siglo veintiuno, las guerras perturbaron la región. El primer misionero Bautista del Sur, Thomas Bowen, comenzó a trabajar en tierra yoruba en 1850, pero el área no era saludable para los misioneros y peligrosa para los conversos. Desde 1888 hubo iglesias dirigidas por africanos, iniciando una tradición que iba a crecer en el continente, pero en 1914 hubo una reunión con las iglesias fundadas por las misiones y luego un patrón de plantación de iglesias en el norte y el este. Aunque el tema de la poligamia dividió la opinión, la denominación se mantuvo unida en gran medida bajo el liderazgo conjunto de la convención y la misión. Las responsabilidades se transfirieron paulatinamente a los nigerianos, mientras que la educación siguió siendo un factor clave en el crecimiento de la iglesia hasta la década de 1970. En ese momento la convención encontró una renovación carismática, al principio repeliéndola, pero gradualmente asimilando su influencia. El atractivo del sector carismático/pentecostal del cristianismo en Nigeria fue tal que los bautistas se sintieron tentados a imitar su organización característica y así abandonar su propia forma de gobierno. El islam aumentó su fuerza en el norte de Nigeria y, después de la independencia en 1960, comenzó a afirmar la ambición de dominar todo el país. Los bautistas, como otros cristianos, tuvieron que organizar su defensa política, pero sufrieron persecución en calamitosos desórdenes a pesar de que Olusegun Obasanjo, un presidente bautista, buscó conducir su país por caminos pacíficos. Los bautistas aún enfrentaban dificultades, pero habían construido una denominación enérgica que llevó el evangelio más allá de sus propios límites. Nigeria, en muchos sentidos la nación líder de África, estaba compartiendo la creciente importancia del Sur Global. El cristianismo ya no estaba ubicado en Europa y América del Norte con pequeñas expresiones aisladas en otra tierras. Los bautistas nigerianos formaban parte de la creciente vitalidad de lo que se estaba convirtiendo en el corazón de la fe.

Lectura adicional

Abodunde, Ayodeji. *A Heritage of Faith: A History of Christianity in Nigeria*. Lagos: Pierce Watershed, 2017.

Ajayi, S. Ademola. *Baptist Work in Nigeria, 1850–2005: A Comprehensive History*. Ibadan: Book Wright Publishers, 2010.

Bowen, T[homas] J. *Adventures and Missionary Labours in Several Countries in the Interior of Africa from 1849 to 1856*. Editado por E. A. Ayendele. 2nd ed. London: Frank Cass, 1968.

A Century of Nigerian Baptist Convention: A Call for Celebration and Renewal. Ogbomoso: Nigerian Baptist Theological Seminary, 2014.

Collins, Travis. *The Baptist Mission of Nigeria, 1850–1993*. Ibadan: Associated Book Makers, 1993.

Ojo, Matthews A. "Baptists and New Christian Movements in West Africa." In *Interfaces: Baptists and Others: International Baptist Studies*, Editado por David Bebbington and Martin Sutherland, 362–90. Milton Keynes: Paternoster, 2013.

Capítulo 17

LOS BAUTISTAS EN LAS COLINAS DE NAGA

El tercer caso de estudio es del suelo más bautista de la tierra. No es un país completo, sino una parte del noreste de la India, la zona remota y boscosa de las colinas de Naga. Al oeste y noroeste se encuentra el estado indio de Assam, alejado del centro de la India; al norte y al sur se encuentran los estados de Arunachal Pradesh y Manipur; y al este está la nación separada de Myanmar (Birmania), porque Naga ha sido una tierra remota pionera. El río Brahmaputra atraviesa el territorio naga en el valle de Assam desde el Himalaya en el norte en su camino hacia la Bahía de Bengala en el sur, pero no pasa por las altas colinas ocupadas por los nagas. El nombre "naga" poco se usó antes de finales del siglo diecinueve, pero se refiere a personas que poseían cierta unidad a través de su acervo común de mitos y folclore. Incluían alrededor de cuarenta tribus, con dieciséis de ellas viviendo en el moderno estado indio de Nagaland. Cada tribu tenía su propio idioma que era ininteligible para los demás. La gente vivía tradicionalmente en pequeñas aldeas en las cimas de las colinas o cerca de ellas, variando en sus formas de organización social, a veces dirigidas por jefes, que gobernaban con el consejo de los ancianos, y más a menudo bajo la autoridad de los consejos de las aldeas. El estatus era importante. Los hombres casados de cualquier posición ofrecían banquetes de mérito, una secuencia de tres banquetes con cantidades cada vez más generosas de comida y bebida, todo diseñado para asombrar a sus compañeros y así realzar su prestigio. Mientras que los habitantes de las tierras bajas de las llanuras de Assam se dedicaban a la agricultura asentada, los nagas de las colinas generalmente operaban un sistema de agricultura itinerante. Limpiaban un área del bosque, cultivaban arroz o mijo durante un par de años y luego permitían que la jungla recuperara el área mientras ellos buscaban otra parcela de tierra. Sus métodos eran muy arduos, exigiendo una gran cantidad de tiempo. Había un gran contraste entre la gente del valle y los montañeses de las colinas de Naga.

Además, los habitantes de las tierras bajas vivían aterrorizados de sus vecinos de las tierras altas. Cuando los hombres naga bajaban al valle de Brahmaputra para comerciar, tenían una apariencia alarmante. Vestidos solo con taparrabos, llevarían espadas afiladas de un solo filo y lanzas que mostraban cabello humano. Se sabía que eran cazadores de cabezas, porque tomar cabezas era otro camino hacia la eminencia social. De vez en cuando los hombres de las colinas bajaban a las llanuras en una incursión que no mostraba respeto por la vida. Durante el único año de 1851 hubo informes de veintidós incursiones de este tipo, en las que 55 resultaron muertos, 10 heridos y 113 capturados. Dentro del área habitada por los propios nagas estallaban conflictos con bastante frecuencia. Los grupos tendían a extenderse por el territorio de los pueblos adyacentes, a veces en busca de tierras frescas para cultivar. Había luchas entre tribus, pero también entre conjuntos de aldeas o incluso entre asentamientos individuales. Normalmente se evitaban las batallas campales, y se daba preferencia a los ataques sorpresa y las emboscadas artificiales. Las mujeres no se salvaron, pues sus cabezas se consideraban trofeos igual o más valiosos que las de los hombres. La vigilancia constante era el precio no de la libertad sino de la vida. Por esa razón, los asentamientos estaban fuertemente defendidos con zanjas secas y elaboradas empalizadas. Los jóvenes vivían juntos en barracas donde se entrenaban en habilidades militares, incitándose unos a otros en actos de osadía mientras bebían grandes cantidades de cerveza de arroz. Las canciones celebraban sombrías hazañas. Una canto común entre los sumi nagas comenzaba: "¡Oh! Fulano de tal mató y volvió con la cabeza de una muchacha de tal o cual (pueblo o tribu)".[1] Había poca restricción en la cultura guerrera, incluso por parte de la religión. Las creencias variaban y, aunque a veces se creía en un dios benéfico, se lo consideraba remoto y desinteresado en las preocupaciones humanas. Mucho más extendido estaba el miedo a los espíritus del cielo, que ocasionalmente interferían en los asuntos mundanos, y a los espíritus de la tierra, cuyas acciones se encontraban constantemente en la vida diaria. Estos seres a menudo eran deliberadamente maliciosos, y había que esforzarse mucho para propiciarlos. Tales ideas no desalentaban el engaño o la venganza, dos de los principales motivos de conflicto. Los nagas sabían poco sobre la paz segura.

El equilibrio político en la región estaba cambiando durante el siglo diecinueve. Hacia el sur, la mayor parte de la India había caído bajo el control de la Compañía de las Indias Orientales, una empresa comercial británica que se había convertido en una agencia para administrar el subcontinente. Birmania aspiraba a controlar Assam, pero su derrota en la Guerra Indo-Birmana de 1826 condujo a la anexión formal de la región por parte de la empresa. Empujó constantemente su influencia efectiva más al norte, estableciendo un control completo sobre las llanuras de Assam durante la década de 1830. Para esa época se estaban creando plantaciones de té, por lo que había un mayor interés comercial británico en la región. Las incursiones de las tribus de las montañas adyacentes, incluidos los nagas, se trataron como una amenaza perpetua a la seguridad. Las expediciones punitivas a las montañas no lograron disuadirlos, por lo que a partir de 1851 la opción preferida fue evitar, en la medida posible, la injerencia en sus asuntos. Esa siguió siendo la política del gobierno británico cuando, después de la revuelta contra el dominio británico a veces llamada el Motín Indio de 1857-1858, asumió la responsabilidad de la administración de la India de manos de la Compañía de las Indias Orientales. El comportamiento guerrero de los nagas les había ganado un respiro del dominio colonial. Sin embargo, el núcleo de Assam ahora formaba parte del Imperio Británico. En 1834, un plantador de té evangélico anglicano, A. C. Bruce, sugirió al nuevo comisionado en jefe británico, Francis Jenkins, otro evangélico, que se invitara a los misioneros a Assam. Jenkins se acercó a la Sociedad Misionera Bautista, que estaba llevando a cabo la obra de William Carey en el sur de Bengala, y su representante sugirió que los misioneros bautistas estadounidenses que ya trabajaban en Birmania estaban en mejores condiciones para emprender la tarea. En consecuencia, en 1835, la Misión Foránea de los Bautistas Americanos envió a dos parejas a Sadiya, una ciudad en el Brahmaputra. Allí se estableció una presencia misionera al alcance de las colinas de Naga.

La implantación de los bautistas entre los nagas

El primer contacto entre la misión y los nagas se produjo en 1838. Miles Bronson, uno de los misioneros estadounidenses, se mudó de Sadiya a Jaipur, más cerca del territorio naga, y encontró allí a algunos miembros de la tribu nocte de los nagas. Visitó su pueblo natal de Namsang, preparó un libro de ortografía y catecismo y abrió una escuela allí en 1840. Sin embargo, su empresa duró poco porque sus colegas creían que el trabajo misionero debía concentrarse en la gente de las llanuras, y dejó Namsang en 1841. Durante los años siguientes hubo un puñado de conversos entre los nagas que encontraron su camino hacia el valle de Brahmaputra. En 1855 dos de ellos regresaron a Namsang para predicar pero fueron expulsados por los ancianos del pueblo. La misión a Assam no estaba progresando mucho, con una caída real en la membresía de las tres iglesias principales de ochenta y cinco en 1851 a cincuenta y cuatro diez años después. Pero en 1867 se formó una iglesia por primera vez entre los garos, gente de las montañas al oeste de Nagaland, y así la misión a los montañeses estaba nuevamente sobre la mesa. Dos años más tarde, un misionero quijotesco, Edward Payson Scott, entró en las colinas de Naga y disipó la desconfianza de los guerreros hostiles tocando un violín y cantando un himno. Scott consiguió algunos reclutas naga para una escuela en el valle, pero murió de cólera al cabo de un año. El comienzo del trabajo permanente entre los nagas llegó a través de Godhula, un trabajador de la iglesia asamés en Sibsagar, en las llanuras debajo de Nagaland. En 1870–1871 llevó a un ao naga llamado Subongmeren a su casa, le enseñó la fe y, a cambio, recibió instrucción en el idioma ao. Subongmeren fue bautizado y, de regreso a su pueblo natal de Molung-kimong, se llevó a Godhula con él. Gradualmente ganando la confianza de los habitantes, Godhula realizó visitas sucesivas, abrió una pequeña capilla y llevó a nueve conversos a Sibsagar para el bautismo. Se estableció una iglesia en diciembre de 1872. Edward Winter Clark, uno de los misioneros estadounidenses, se mudó a Molung-kimong tres años después y en 1876 se unió al elemento cristiano del pueblo en la creación de un nuevo asentamiento, Molung-yimsen. Se colocó una cruz en un lugar destacado al lado del pueblo. El cristianismo había sido plantado en Nagaland.

Los bautistas lentamente comenzaron a ganar un punto de apoyo más firme entre los ao nagas. Godhula, el primer evangelista entre ellos, fue ordenado en 1881, pero abandonó la fe cinco años después. Los misioneros estadounidenses se preocuparon por el grado limitado de cristianización en el área. La iglesia de Molung tenía cincuenta y cuatro miembros en 1886, pero su devoción parecía superficial. Persistieron demasiadas de las formas tradicionales. En consecuencia, en 1894, un misionero que servía allí redactó un convenio "para definir la posición de la Misión ante el pueblo sobre las grandes cuestiones de la idolatría, el consumo de licor y consumo de opio, la observancia del sábado, la relación matrimonial y el dar para la obra del Señor, etc."[2] De los setenta y cinco miembros de la iglesia de Molung, setenta y uno se negaron a suscribir el pacto, y tres de los miembros restantes eran misioneros. Se cerraron otras cuatro iglesias aos. La política severa parecía ser un desastre total. Sin embargo, un joven al que se le había negado la admisión a la iglesia debido a un hábito de opio experimentó una profunda experiencia religiosa, uno de sus amigos se convirtió y juntos ganaron a un gran número de jóvenes. Formaron una sociedad sobre principios estrictos, se unieron a la iglesia y comenzaron a predicar en los pueblos adyacentes para que otras iglesias revivieran. Se formó por primera vez una asociación de iglesias bautistas. Para 1899, sus iglesias tenían un total de 177 miembros. La aplicación de la disciplina había resultado eficaz. Ya en 1894, el centro de trabajo entre los ao había sido trasladado de Molung a Impur, donde se estableció una escuela de formación en 1898. La escuela preparó a los hombres para el servicio como maestros/evangelistas en una amplia zona. Junto a él se desarrolló un dispensario, que en 1937 tenía nuevos edificios y salas de hospitalización. La educación y la medicina formaron el corazón del centro de la misión en Impur. Con el servicio de estas agencias, las iglesias ao aumentaron a 1.700 miembros en 1915, a 3.838 en 1920 y a 8.112 en 1930. En 1926, para celebrar el quincuagésimo aniversario de que Clark se estableciera entre ellos, la asociación resolvió asumir la responsabilidad de la evangelización entre las tribus fronterizas. El área de los ao, donde comenzó la misión, se convirtió en un motor dinámico de crecimiento.

Más allá del territorio ao, la fe se extendió más en el área de los angamis. Se dice que esta tribu era más belicosa que los ao, y en realidad estalló un conflicto entre ellos y la India británica en 1878-1880.

Un agente político británico estaba estacionado con las tropas indias en Kohima, en el corazón de la tierra angami, pero fue asesinado y las tropas sitiadas. La eventual derrota de los angami nagas condujo al establecimiento de una autoridad imperial en Kohima, que más tarde se convertiría en la capital de Nagaland. Inmediatamente después, también se estableció un centro de misión bautista en la ciudad. Debido al papel administrativo de Kohima, la ciudad atrajo a nagas de todas partes. Para 1915, los evangelistas bautistas de cuatro tribus diferentes estaban estacionados allí, y dos décadas más tarde se atrajeron tantos conversos de otras tribus que solo una minoría de los miembros bautistas en el área eran angamis. Una asociación, aunque formada por solo dos iglesias, se lanzó en 1918 —un signo de confianza en el futuro. El crecimiento de la iglesia se aceleró durante las décadas de 1920 y 1930. Para 1937, el número de miembros de la iglesia había aumentado a 1.736, mucho menos que entre los ao pero, sin embargo, una cifra sustancial. La siguiente sección del pueblo naga que se convirtió en un número significativo a la fe fueron los sumis (anteriormente llamados semas). Todavía en 1920 había solo dos pequeñas comunidades cristianas, unos pocos hogares dispersos y un solo pastor en el país sumi, pero en 1922 resultó posible crear una asociación bautista. Una asociación similar para los lotha nagas, en las fronteras de los aos y sumis, siguió un año después. Los bautistas estaban creciendo, al principio de manera gradual en lugar de espectacular, y organizándose durante estos años.

Los agentes del crecimiento fueron casi en su totalidad los propios nagas. La noción de que los misioneros extranjeros, ya sean héroes o villanos, estaban impartiendo ideas frescas a una audiencia nativa es un error. Más bien, era normalmente la gente local la que transmitía el mensaje cristiano. Es cierto que desde 1886 hubo una Conferencia Misionera para todo Assam, abarcando las colinas de Naga, reuniéndose inicialmente cada tres años, luego cada dos años y finalmente cada año. Determinaba la política de la misión, que consistía principalmente en el despliegue de personal y recursos. Junto a la conferencia de 1914, existía una Convención Cristiana Bautista de Assam, un organismo denominacional que nuevamente servía a la totalidad de Assam. Sin embargo, ninguna de estas organizaciones estuvo cerca de lo que sucedió en el campo entre los nagas. La comunicación de la fe estaba mayoritariamente en manos de la población local. Cuando se ocupó Kohima por primera vez, el misionero estadounidense estuvo acompañado por tres empleados asameses y uno de las colinas adyacentes de Mikir. Debían recibir un pequeño sueldo por enseñar y evangelizar. Asimismo, cuando un estadounidense ingresó por primera vez a las tierras de los lotha en 1885, estuvo acompañado por un predicador asamés. Sin embargo, los propios nagas asumieron cada vez más un papel evangelizador. Cuando Edward Clark y su esposa regresaron a Molung después de un año de licencia en Estados Unidos en la década de 1880, descubrieron que se habían realizado veinticuatro bautismos en su ausencia como resultado del esfuerzo local. Aproximadamente en 1914, un misionero se sorprendió al encontrar un equipo de siete mujeres en una aldea en el territorio de los ao que realizaban trabajo voluntario de evangelización a treinta millas de distancia de su aldea natal. Los sumis se volvieron a la fe cristiana en la década de 1920 a pesar de que prácticamente no hubo contacto con los misioneros occidentales. Y los cristianos crecieron en número entre los lothas en la década de 1930 cuando no había un misionero residente, sino solo visitas ocasionales de uno estacionado entre los aos para tomar clases de Biblia. Los nagas se convirtieron rápidamente en agentes de su propia cristianización.

Sus esfuerzos fueron respaldados por la educación. Se había convertido en la política de la Sociedad Misionera Foránea de los Bautistas Americanos, por la apertura del trabajo entre los nagas, que la educación, y no solo la predicación, debería ser una parte central del programa misionero. Según uno de los estadounidenses en 1904, "ningún tipo de misión con los montañeses puede compararse con la educación".[3] Las subvenciones del gobierno hicieron posible el mantenimiento de escuelas en muchas de las aldeas, y los maestros capacitados en Impur y Kohima trabajaron en ellas. Los estudiantes del internado de Kohima, mientras aún estaban en formación, llevaron el evangelio a nuevas tribus, incluidos los chakhesangs y los kukis. Tan pronto como los alumnos pudieron leer y escribir en su propio idioma, a los estudiantes más capaces se les enseñó inglés, que sirvió como un medio común de comunicación en ausencia de una sola lengua vernácula naga. Edward Clark, el primer misionero, también tomó la decisión de adoptar la escritura romana en lugar de un estilo local de escritura para publicaciones. La decisión fue meramente utilitaria, porque solo la escritura romana estaba disponible para la prensa cuando Clark comenzó a imprimir, pero fue trascendental, ya que les dio a los nagas un medio más fácil de acceder a la literatura en los idiomas del mundo exterior y una señal de diferencia con la mayoría de los demás pueblos del subcontinente. Clark comenzó la traducción de la Biblia al ao y también imprimió un diccionario, una gramática, un catecismo y libros de texto escolares. Más tarde, su esposa Mary produjo una gramática más completa. El Nuevo Testamento completo apareció en ao en 1923, aunque toda la Biblia tuvo que esperar hasta 1964. La mayor parte del Nuevo Testamento en angami estaba disponible en 1925 y un Nuevo Testamento completo en lotha en 1944. Gradualmente estaba surgiendo una cultura de la imprenta que dio a los pueblos de Nagaland un sentido de solidaridad basado en su nueva fe.

¿Hasta qué punto se asoció la recepción del cristianismo por parte de los nagas con el imperialismo? Esta pregunta es fundamental para gran parte de la literatura secundaria sobre las misiones cristianas. A menudo se considera que los misioneros fueron el brazo cultural de los imperios occidentales que subyugaron gran parte del mundo en los siglos diecinueve y veinte. En Nagaland, sin embargo, las autoridades británicas no apoyaron de manera uniforme la empresa misionera porque sabían que podría causar disturbios. Intentaron disuadir a Clark de su aventura inicial en las colinas de Naga, y hasta 1937 prohibieron por completo a los evangelistas de cualquier nacionalidad ingresar a las tierras de los chang nagas en la frontera con Birmania. Incluso cuando a los misioneros se les permitía ingresar a un área determinada, podría haber restricciones, como cuando el colega de Clark, C. D. King, llegó por primera vez a Kohima después de la guerra de los angami de 1878–1880, erigió un bungalow y una escuela, pero el gobierno le ordenó desalojar el sitio por lo que tuvo que demoler lo que había construido y mudarse a otro lugar. Los administradores locales solían ser impopulares entre los cristianos no porque fueran opresivos sino porque se negaban a proteger a los conversos del dominio de los ancianos de la aldea. Así que había una distancia entre las agencias gubernamentales y el cristianismo naciente de los bautistas naga. Un comisionado británico se mostró claramente hostil. J. P. Mills, que escribió una monografía sobre los aos, era un etnógrafo aficionado que odiaba a los misioneros por destruir la antigua cultura de los nagas. Las escuelas misioneras, escribió, traerían "hábitos e ideas extraños".[4] Objetó a la insistencia de la misión en que los conversos usaran ropa occidental como pantalones, camisas y faldas. En 1925, Mills trató de evitar más trabajo misionero a menos que la misión cambiara su política. Por lo tanto, los funcionarios podrían ser más un obstáculo para el crecimiento de la iglesia que una ventaja. Sin embargo, hubo ventajas del dominio británico. Se impuso orden en las áreas bajo la administración imperial, lo que hizo la vida más segura tanto para los misioneros extranjeros como para los conversos locales. Los caminos recién construidos facilitaron mucho el viaje para los evangelistas, y las becas escolares fueron invaluables para las escuelas misioneras. Ocasionalmente, también, los fallos de los funcionarios del gobierno podrían traer beneficios. Así, en 1906, un comisionado adjunto anunció que los líderes de las aldeas ao no podían imponer impuestos a los cristianos con fines religiosos porque debía haber libertad de conciencia. En consecuencia, el imperio era una fuerza ambigua en relación con las misiones entre los nagas. Al igual que en Nigeria, trajo restricciones además de beneficios.

Guerra y paz

El eclipse del imperio en el siglo veinte planteó la polémica cuestión del futuro estatus del territorio naga. Durante la Primera Guerra Mundial, alrededor de cuatro mil nagas sirvieron en un cuerpo de trabajo en Francia, a menudo al alcance de los cañones en el frente occidental. Obtuvieron una visión más amplia del mundo, y algunos de ellos se unieron posteriormente a un Club Naga de hombres educados que gradualmente cultivaron un sentido de nacionalidad distinta. Cuando en 1929 Bretaña envió a la Comisión Simon para investigar el futuro de la India, recibió un memorando del club en el que se pedía que las colinas de Naga fueran tratadas por separado. Los nagas debían ser dejados solos "para determinarse a sí mismos como en la antigüedad".[5] La Segunda Guerra Mundial planteó la cuestión del futuro gobierno del área de manera aún más aguda. En 1942, los japoneses invadieron Birmania y en marzo de 1944 entraron en las colinas de Naga. Los habitantes sufrieron mucho, y en ocasiones los cristianos fueron objeto de un trato atroz, pero una batalla que se libró alrededor de Kohima se convirtió en el punto de inflexión de la guerra en Asia cuando las tropas británicas e indias expulsaron a los invasores. A pesar de la victoria sobre los japoneses, era evidente que la independencia de la India no podía posponerse mucho más. En 1946 se creó un Consejo Nacional Naga para defender los derechos del pueblo. La opinión sobre el consejo estaba dividida entre quienes querían la independencia total del territorio naga una vez que los británicos se fueran y quienes pensaban que sus perspectivas serían más brillantes dentro de Assam como parte del nuevo estado de la India. A la terminación del gobierno colonial en 1947 prevaleció la primera alternativa. Nagaland declaró unilateralmente su propia independencia el día anterior a la India y sus funcionarios se negaron a prestar juramento de lealtad al estado indio. Las autoridades de Delhi se negaron a reconocer la autonomía del área de Naga, pero en 1951 un plebiscito no oficial obtuvo el 99.9 por ciento de los votos a favor de la independencia de Naga. El gobierno del estado de Assam dentro de la unión india continuó administrando el país naga, pero al año siguiente comenzó un programa de desobediencia civil. Las autoridades enviaron policías armados, se llevó a cabo una represión brutal y comenzaron los incidentes de represalia. Las colinas de Naga se estaban disolviendo en un desorden violento.

En 1955, el gobierno indio envió tropas para restaurar su autoridad. Al año siguiente había dos divisiones del ejército indio y treinta y cinco batallones de carabineros de Assam y policía armada en territorio naga. La ocupación militar continuaría durante el resto del siglo y más allá. La resistencia fue firme, incluidos muchos bautistas. "Algunas de las personas que están activas en el movimiento de independencia", informó un misionero estadounidense en 1953, "también son líderes en nuestra obra cristiana".[6] Inicialmente, sin embargo, la causa nacional no fue concebida como algo específicamente cristiano en inspiración o propósito. Solo gradualmente, cuando los nagas concibieron que sus oponentes estaban motivados por la ideología ajena del hinduismo, los nacionalistas militantes adoptaron su fe como una insignia de identidad. La constitución del Consejo Nacional Naga (NNC) adoptada en 1958 proclamó que "Nagaland será un reino para Cristo".[7] Las reuniones del NNC empezaban y terminaban con una oración, las guerrillas que operaban bajo el NNC se rehusaban a pelear el domingo, y el lema erigido sobre el comedor de oficiales en su campamento fue "Alabado sea Dios de quien fluyen todas las bendiciones, alabadle todas las criaturas bajo el cielo".[8] El NNC adoptó una bandera con un arcoíris con un cielo azul de trasfondo para evocar el pacto bíblico con Noé y así simbolizar el vínculo entre el Todopoderoso y el pueblo naga. Es cierto que la Constitución del Gobierno Federal de Nagaland, la autoridad política en la sombra creada por los nacionalistas nagas, declaró en 1971 simplemente que "la religión será libre",[9] pero esa declaración podría interpretarse como un eco de las afirmaciones bautistas de la libertad religiosa.

La campaña armada por la independencia naga se convirtió en un asunto claramente bautista.

Mientras tanto, las corrientes de vida espiritual habían estado fluyendo libremente. Surgieron avivamientos en áreas sucesivas: entre los aos en 1950, los lothas en 1953 y los angamis y chakhesangs en 1958. Hubo informes de visiones, profecías, hablar en lenguas y exorcismos de espíritus malignos. Predicadores independientes bajo la influencia pentecostal estaban trabajando. En 1962, el Consejo de la Iglesia Bautista Naga solicitó al Consejo Nacional Cristiano de la India que detuviera la infiltración de predicadores pentecostales, invocando un acuerdo previo por el cual Nagaland se asignaba a los bautistas. Algunos pentecostales establecieron una presencia, pero la vitalidad bautista permaneció. Debido a que se sospechaba que los misioneros estadounidenses fomentaban el separatismo naga, el gobierno indio los expulsó del país en 1955. Por lo tanto, fue el liderazgo naga el que asumió la responsabilidad de canalizar el entusiasmo de la época en una obra evangélica eficaz. En 1953 se creó una Junta de Misiones Domésticas, en gran parte preocupada por llevar el evangelio a las tribus fronterizas en las partes más remotas del norte y el este de las colinas de Naga. Desde la junta se desarrolló una conciencia misionera más amplia. Longri Ao, el secretario ejecutivo de la Junta de Misiones Nacionales, esperaba montar un impulso misionero en el extranjero. "Todos los ejércitos japoneses y chinos en diferentes momentos", declaró en 1970, "se han abierto camino a través de estas regiones montañosas y los mensajeros de Dios pueden usar las mismas rutas de guerra para llevar las buenas nuevas del amor de Dios en Cristo a esos lugares oscuros".[10] En consecuencia, al año siguiente, la Junta de Misiones se convirtió en el Movimiento Misionero de Nagaland. Un punto culminante de la evangelización bautista llegó cuando, en 1972, Billy Graham llevó a cabo una cruzada en Kohima. Los esfuerzos locales para difundir el evangelio tampoco habían perdido nada de su eficacia. En 1961, más de la mitad de la población naga aceptó la fe cristiana; en 1971 era dos tercios completos. También hubo una misión católica romana desde 1950, pero la gran mayoría de los cristianos profesos eran bautistas. La denominación se había convertido en la principal fuerza social del país.

Longri Ao fue la figura central en los esfuerzos de pacificación de los bautistas entre la India y los separatistas naga durante estos años. Longri se había graduado de la Universidad Teológica del Este en

Jorhat, Assam, el seminario al que se enviaba a los candidatos naga más prometedores para el ministerio, y él mismo había enseñado allí durante dieciséis años. En 1950 fue comisionado como misionero pionero entre los konyak nagas del noreste. Mientras actuaba en ese papel, estaba profundamente preocupado por el estallido de hostilidades entre el estado indio y tantos de su pueblo. Fue uno de los que encabezó la Misión por la Paz de los Ministros de la Iglesia Naga en 1957. Deploraba la lucha armada y creía en buscar los objetivos de los naga por otros medios. "¿Cómo", preguntó la Misión por la Paz, "podemos tomar las armas unos contra otros cuando sabemos que estamos parados bajo la sombra de la Cruz en la que fue crucificado el Príncipe de la Paz?"[11] La misión llevó a cabo una serie de convenciones para poner fin al conflicto. En lugar de la separación de la India como objetivo, las convenciones instaron a la solución de separar Nagaland de Assam y convertirlo en un estado de la unión india. En parte como resultado de las convenciones, eso se volvió realidad en 1963. Los defensores más extremistas de la nación naga quedaron insatisfechos y siguió un resurgimiento de la violencia. En esas circunstancias, una convención bautista delegó a Longri para organizar un Consejo de Paz que logró concertar un alto el fuego entre el gobierno y los rebeldes. Longri fue profundamente respetado por su humilde análisis de la situación, así como por sus persistentes esfuerzos para lograr una mayor reconciliación entre los organismos oficiales y el movimiento separatista clandestino. "Echarle la culpa a alguien más", escribió en 1965, "nunca es la respuesta del cristianismo. . . . Me inclino más bien a pensar que la catástrofe actual es nuestra propia creación colectiva".[12] Se podría argumentar que Longri le estaba haciendo el juego al gobierno indio al no identificarse con la insurgencia nacionalista. Sin embargo, su prioridad era la paz, y la realidad de la situación era que el poder militar le dio la ventaja al gobierno. En cualquier caso, los bautistas estaban en ambos lados. El primer ministro del estado de Nagaland de 1967 a 1974 (con un breve lapso) apoyado por el gobierno de la India fue un bautista, Hokishe Sema. Longri apreciaba las realidades del poder al mismo tiempo que perseguía el ideal de algún compromiso armonioso.

Una tregua incómoda interrumpida por ultrajes ocasionales en ambos lados continuó durante los últimos años de la década de 1960. En 1972, sin embargo, el gobierno terminó abruptamente el alto el fuego y prohibió el NNC. Tres años más tarde se redobló la campaña para sofocar la insurgencia. Se declaró el gobierno del presidente sobre Nagaland, suspendiendo sus disposiciones constitucionales internas y dando carta blanca a las fuerzas armadas. El gobierno quería acabar con el problema de los naga y los líderes rebeldes sentían cada vez más que no tenían perspectivas de éxito. Longri Ao, como presidente de un Consejo de Paz de Nagaland creado por el Consejo de la Iglesia Bautista Naga, dirigió las negociaciones para llegar a un acuerdo. El Acuerdo de Shillong finalmente se acordó en diciembre de 1975. Las guerrillas nacionalistas debían deponer las armas y aceptar la constitución de la India, y se identificarían otros problemas para su resolución posterior. La paz parecía haber sido alcanzada. El problema, sin embargo, fue que no todos los líderes del NNC rebelde aceptaron el Acuerdo de Shillong. Algunos miembros del movimiento por un estado naga separado habían estado en contacto con la China comunista desde 1967 y ahora, ofendidos por las concesiones del acuerdo, se negaron a seguir a los que habían hecho las paces. En cambio, formaron un nuevo Consejo Nacional Socialista de Nagaland (NSCN). Su manifiesto de 1980 fue una extraña mezcla de nacionalismo, maoísmo y cristianismo. Proclamó los "Derechos incuestionables del pueblo naga sobre cada centímetro de Nagaland", pero también la "Dictadura del pueblo" y el "Socialismo y sistemas económicos para la eliminación de la explotación" junto con "Fe en Dios y salvación de la humanidad a través de Jesús Cristo".[13] Tan penetrante fue la influencia bautista entre los nagas que sus revolucionarios afectados por la influencia china también confesaron convicciones cristianas. Cuando los opositores condenaron a los insurgentes por abrazar el comunismo, el NSCN reafirmó con mayor fuerza su objetivo de ganar Nagaland para Cristo. Tampoco fue un simple escaparate, ya que creó un servicio de capellanía para su ejército y luego llamó a su cuartel general Hebrón. El NSCN continuó su lucha armada por la independencia naga como una organización explícitamente cristiana.

El conflicto se prolongó durante los años siguientes. Los grupos del movimiento nacionalista dividido se enfrentaron entre sí, de modo que la lucha entre facciones a menudo se volvió más feroz que la resistencia contra las tropas indias. Aunque Longri intentó mantener un diálogo con el NSCN, murió en 1981. Otra complicación fue que los nagas fuera de Nagaland, especialmente los de Manipur, otro estado indio, y al otro lado de la frontera con Myanmar, se involucraron mucho en la lucha. Los bautistas mostraron cada vez más un compromiso similar con "Nagalim", que incluía Nagaland junto con partes de Assam, Arunachal Pradesh, Manipur y Myanmar. Desde 1987, un Consejo de Iglesias Bautistas Naga defendió la causa de la unidad de todos los Nagas sin tener en cuenta las fronteras políticas. En 1994, sin embargo, los bautistas naga trajeron de Estados Unidos al Compañerismo Bautista de la Paz para ayudar en la reconciliación. Una reunión en Atlanta, Georgia, avanzó en 1997, pero el grupo crucial, el NSCN, se negó a asistir. Otro bautista naga, Wati Aier, director del Seminario Teológico Oriental en Dimapur, asumió la tarea de involucrar a la facción principal del NSCN en las conversaciones. Finalmente, convenció a sus líderes para que convocaran un breve alto el fuego para permitir la celebración del 125 aniversario de la llegada del cristianismo entre los nagas. Luego, al predicar en un emotivo mitin de más de 100.000 personas para conmemorar la ocasión, Wati hizo que la gran multitud orara por la paz. El corto alto el fuego se convirtió en largo plazo. Wati inauguró un prolongado "Viaje de la conciencia" durante el cual viajó, persuadió y reprendió a las distintas facciones para hacer las paces. En 2008, por ejemplo, realizó reuniones en Tailandia, donde reunió a miembros de diferentes facciones en equipos de fútbol para que el jugar juntos los preparara para entenderse entre sí. La culminación

Wati Aier (b. 1948), Presidente del seminario bautista Naga y pacificador

de dieciocho años de negociaciones llegó el 3 de agosto de 2015, cuando se puso en marcha un acuerdo marco entre el gobierno de la India y el organismo principal del NSCN. Posteriormente quedaron diferentes interpretaciones del acuerdo, ya que la parte india creía que el objetivo de la soberanía naga se había abandonado, pero los nacionalistas más radicales no. Sin embargo, como resultado de arduos esfuerzos, se ha logrado la paz.

El uso de la conmemoración de un evento en la historia bautista como un medio para lograr la reconciliación nacional fue un signo del grado extraordinario en el que la vida naga se había impregnado de la fe. Todo el movimiento por la paz fue un síntoma del alto valor que los nagas otorgaban a uno de los valores cristianos supremos. Por otro lado, la forma en que los revolucionarios habían difundido la fe en el noroeste de Myanmar era otra indicación, y más sorprendente, de cuán bautista se había vuelto todo el pueblo naga. Ese campo misionero había sido testigo del reclutamiento de unos cuarenta mil conversos durante los primeros días de la NSCN. Tanto en la guerra como en la paz, los nagas mostraron lealtad a Cristo. Para 1981, la proporción de la población de Nagaland que era cristiana había aumentado al 80 por ciento. En 2001 llegó al 95 por ciento. Aunque esa proporción incluía católicos romanos, presbiterianos y pentecostales, la gran mayoría era bautista. La cultura de los nagas se había transformado. Habían renunciado a la caza de cabezas a favor del canto de himnos. Algunos etnógrafos como J. P. Mills podrían deplorar el abandono de las costumbres tradicionales, pero los propios nagas no creían que el cambio fuera a peor. Y la forma de vida resultante no fue simplemente la que habían impuesto los misioneros estadounidenses. Gran parte de la expansión de la fe tuvo lugar después de la partida de los misioneros, y los propios nagas habían traducido la fe a sus propios términos. Había surgido una forma no occidental de cristianismo bautista, muy dado a los sueños como medio de comunicación con el Todopoderoso. "No tengo que ser como los anglicanos y los católicos", dijo un bautista naga en 1985, "y pasar por todos esos rituales. . . . De lo que estoy hablando es del cristianismo naga, un cristianismo indígena naga".[14] La aversión al ceremonial es perceptiblemente bautista, pero la afirmación del carácter distintivo es enfática. Cuando el evangelio se difundió entre los nagas, tomó los lineamientos de la cultura local. Los cristianos de este territorio no eran solo bautistas, sino bautistas naga.

La gente de las colinas de Naga vivía en un área remota, poco penetrada por extraños hasta finales del siglo diecinueve. Su guerra, y especialmente su cacería de cabezas, los hizo temibles para los extraños. Incluso cuando las autoridades del Imperio Británico obtuvieron el control de las llanuras de Assam, prefirieron no molestar a los nagas. Sin embargo, un asamés trajo el evangelio entre ellos y la primera iglesia bautista naga se estableció en 1872. Los misioneros bautistas estadounidenses organizaron el crecimiento de la obra entre los ao nagas y gradualmente entre algunas de las otras tribus, pero la mayor parte de la evangelización fue realizada por nagas. La escolarización preparó a una generación más joven para la recepción del evangelio, y una cultura en desarrollo del uso de la imprenta promovió su difusión. El imperio planteó casi tantos problemas como beneficios a la misión, ya que los funcionarios podían ser inútiles o incluso hostiles al mismo tiempo que la orden impuesta por las autoridades era sin duda ventajosa. La Segunda Guerra Mundial sacudió los cimientos del imperio, y la independencia india en 1947 planteó la cuestión de si los nagas debían unirse al nuevo estado o asegurar una existencia nacional distinta. Surgió un movimiento separatista con muchas de las características de una empresa cristiana. La fe avanzaba rápidamente durante los años de la posguerra, pero los conflictos endémicos estropearon la vida del pueblo naga. El acuerdo sobre un estado Naga dentro de la India se logró en 1963 con la ayuda de los bautistas, pero resultó inaceptable para muchos de los nacionalistas militantes. Nuevamente, un acuerdo de paz ideado por Longri Ao en 1975 no logró satisfacer a los nacionalistas más radicales influenciados por el comunismo chino, por lo que se formó un nuevo movimiento clandestino, pero aún mostraba características bautistas. Otro alto el fuego en 1997, en gran parte diseñado por Wati Aier, condujo a una búsqueda sostenida de una paz más permanente. Parecía haberse logrado en 2015. Por lo tanto, los bautistas se destacaron en la búsqueda de la reconciliación, lo cual fue posible debido a la notable medida en que los nagas habían abrazado una forma distintiva de la fe cristiana. Un pueblo mayoritariamente bautista que originalmente había sido belicoso en sus costumbres y que había sufrido mucho por los conflictos civiles se convirtió en un ejemplo en la exigente tarea de hacer la paz.

LECTURA ADICIONAL

Downs, Frederick S. *Christianity in North-East India*. New Delhi: Indian Society for Promoting Christian Knowledge, 1983.

Downs, Frederick S. *The Mighty Works of God: A Brief History of the Council of Baptist Churches of North-East India: The Mission Period, 1836–1950*. Guwahati, Assam: Christian Literature Centre, 1971.

Frykenberg, Robert Eric. "Naga Baptists: A Brief Narrative of Their Genesis." In *Baptist Identities: International Studies from the Seventeenth to the Twentieth Centuries*, edited by Ian M. Randall, Toivo Pilli, and Anthony R. Cross, 213–40. Milton Keynes: Paternoster, 2006.

Philip, Puthuvail Thomas. *The Growth of Baptist Churches in Nagaland*. 2nd ed. Guwahati, Assam: Christian Literature Centre, 1983.

Sangma, Milton S. *History of American Baptist Mission in North-East India (1836–1950)*. Delhi: Mittal Publications, 1987.

Thomas, John. *Evangelising the Nation: Religion and the Formation of Naga Political Identity*. New Delhi: Routledge, 2016.

Capítulo 18

La identidad bautista

La identidad de los bautistas llegó a ser un tema mayor de discusión en el último cuarto del siglo veinte. El asunto de cuáles características fueron distintivas para los miembros de la denominación, y por lo tanto dignas de encomio, se convirtieron en un asunto vivo, por dos razones. Por una parte, la expansión global de la denominación que ha sido la materia de los cinco últimos capítulos crearon un escenario fresco. Cuando en los primeros años, las voces de los británicos y los estadounidenses dominaron la conversación sobre los principios bautistas, tenían sus propias y largas tradiciones para guiarlos. Aunque hubo ocasiones que había una medida de discrepancia entre los puntos de vista tomados en los dos lados del Atlántico, hubo suficiente base en común para la cuestión de la identidad bautista para ser un asunto de consenso. Cuando las voces desde otras naciones se unieron a la discusión, sin embargo, hubo un mayor espacio para desacuerdo. La diversidad internacional significó que la Comisión de Herencia Bautista de la Alianza Mundial Bautista tuvo que dar atención al asunto. En 1989 produjo un documento, tentativamente titulado "Hacia una identidad bautista", que explicaba el corazón de las creencias distintivas de la denominación, incluyendo, por ejemplo, la autoridad de la Escritura y la libertad religiosa. Por otra parte, una controversia que, desde 1979, dividió a la Convención Bautista del

Sur, en mucho el más grande de los cuerpos dentro de los bautistas, levantó el interrogante de cuál de los dos lados había mantenido las auténticas convicciones bautistas. Los conservadores clamaban representar la herencia de la convención del punto de vista de la Biblia; los moderados insistieron que ellos representaban la prioridad tradicional de los bautistas de la libertad. La identidad de los bautistas era el asunto. Este capítulo revisará los orígenes y el curso del debate de los Bautistas del Sur, considerando las principales variaciones entre los bautistas durante y después de ese tumultuoso tiempo, y notar el significado de las divergencias nacionales de las normas bautistas. ¿A qué identidad bautista se aferraron?

Los bautistas a menudo habían tratado de explicar a los de afuera lo que ellos eran. Deseaban explicar su identidad de manera que no fuese representada inadecuadamente. Esta fue la meta primaria de la Confesión de los Bautistas Particulares en 1644: "para aclarar la verdad que profesamos".[1] En muchas ocasiones, también, debatieron entre ellos lo que son las opiniones apropiadas de los bautistas —un asunto de contención porque no existe una obvia corte de apelaciones. Para los metodistas, la enseñanza de John Wesley puede ayudar a determinar la auténtica posición denominacional; para los presbiterianos, la Confesión de Westminster se puede usar como guía de lo que los miembros deben creer y practicar. No hay un equivalente en el cual los bautistas estén de acuerdo. Su tratamiento normal de la Biblia como la única autoridad en religión significa que a menudo rehusaron aceptar otros documentos que tengan suficiente peso. En cualquier caso, han estado divididos. Los Bautistas Particulares algunas veces vieron la Confesión de Londres de 1689 como el equivalente de la Confesión de Westminster, pero los Bautistas Generales auto-conscientemente difirieron. Durante los siglos diecisiete y dieciocho, a pesar de uno o dos intentos, fue imposible formular una declaración de fe que satisficiera los dos lados. La independencia de cada congregación ha complicado más los asuntos. Cada iglesia local tenía la capacidad para determinar como cuerpo sus creencias o falta de ellas. Algunas veces las asociaciones adoptaron confesiones de fe, como muchas asociaciones de los Bautistas Americanos aceptaron la Nueva Confesión de New Hampshire de 1833, pero, en el avance del siglo diecinueve, muchas iglesias individuales más o menos conscientemente se alejaron de la práctica. Resultó grande y creciente espacio para la diversidad. Los apologistas bautistas tuvieron una tarea cada vez más difícil.

Hubo, en efecto, un cambio significativo en la expresión de los principios bautistas poco después de la entrada del siglo veinte. El método estándar para defender los rasgos distintivos de la identidad bautista durante el siglo diecinueve había sido la apelación a la Biblia. Ese tratamiento no había sido universal en Estados Unidos. El ampliamente respetado Francis Wayland había argüido en 1859 que el Nuevo Testamento no daba instrucciones duraderas sobre la forma de gobierno de la iglesia, por lo tanto, las comunidades cristianas estaban libres para ser guiadas por lo que era conveniente. Wayland, sin embargo, no había sido ampliamente oído sobre este tema. Mucho más influyente fue Edward T. Hiscox, quien en el mismo año, publicó *The Baptist Directory*, en el que él se propuso probar la práctica denominacional con las pruebas de la Escritura para cada punto. La posición normal fue la de Quincy Adams (no el ex-presidente), quien en 1876, escribió lleno de confianza sobre la posición de los bautistas. "Siguen el modelo de la iglesia del Nuevo Testamento", él declaró, "e invitan a todos a ponerlos a prueba por medio de éste".[2] Esta convicción era tan común en Bretaña como en Estados Unidos. Apareció, por ejemplo, en *The Principles and Practices of the Baptists* (1903) de Charles Williams, un manual oficial publicado con la autoridad de la Unión Bautista, que todavía contiene una página de lista de pasajes de la Escritura citados como textos de prueba. En 1908, sin embargo, un libro que adoptaba un método revolucionario apareció: Edgar Y. Mullins, presidente del Seminario Teológico Bautista del Sur, publicó *Axiomas de la religión*. Mullins no deseaba abandonar la Biblia como la autoridad para asuntos eclesiásticos. "Las Escrituras", él escribió, "son la regla de fe y práctica". Pero estaba tomando una base fresca. Él concluyó la misma oración al añadir "y el Espíritu omnipresente el intérprete".[3] El Espíritu Santo, él creía, guió al entendimiento de la iglesia de la Biblia por medio de la experiencia cristiana. La categoría de experiencia fue elevada a un lugar más alto que el que hasta entonces había ocupado. La autoridad para la fe y la práctica bautistas se movió significativamente del texto escrito de la Biblia a la experiencia personal de los cristianos.

Parece evidente que Mullins, aunque elaborando un nuevo método, no estaba intentando abandonar las posiciones antiguas. Su libro era un texto sofisticado, no simplemente presentado para restablecer los puntos de vista bautistas sino en un intento de demostrar que eran filosóficamente defendibles. Mullins, quien había estudiado

Edgar Young Mullins (1860–1928)
Teólogo y estadista bautista

en la Universidad Johns Hopkins, uno de los prestigiosos centros de la erudición estadounidense, estaba ajustándose a las corrientes intelectuales de su día. El alto prestigio de Emanuel Kant en ese tiempo significó que su evaluación suprema del individuo humano estaba en Boga. Parece ofrecer una defensa contra las contenciones contemporáneas que los seres humanos eran simplemente parte del orden material. Como Borden Parker Bowne, el teólogo líder metodista en la Universidad de Boston, Mullins adoptó una forma de personalismo, elevando el significado de la persona que experimenta el mundo. Diferente a Bowne, sin embargo, Mullins no estuvo dispuesto a sacrificar nada de la herencia evangélica que había recibido. Por lo tanto trató de combinar el énfasis de la personalidad sobre la experiencia con el énfasis evangélico de conocer a Cristo por uno mismo. Los dos parecen mezclarse íntimamente: el corazón de la auténtica experiencia evangélica, él creía, exaltaba la dignidad de cada persona humana a la vista de Dios. El resultado fue el caso postulado en *Axiomas de la religión*. El primer axioma de la fe y práctica bautistas es "la competencia del alma", el principio que la religión es "un asunto personal entre el alma y Dios".[4] De eso fluye todo lo demás —el derecho de un Dios santo y amante a ser soberano, el igual derecho de los seres humanos de acceso a Dios, el derecho de los creyentes a iguales privilegios en la iglesia, etcétera. En vez de apelar a la Biblia para cada principio bautista por separado, Mullins sugiere con gran ingenuidad que todos se pueden derivar de ese solo axioma. Los bautistas, por lo tanto, poseen una posición intelectual coherente. Al establecer este punto de vista, Mullins no estaba abandonando la posibilidad de referirse a la Biblia a fin de vindicar las creencias de la denominación. En lugar de eso, estaba restableciendo las convicciones bautistas en una forma que esperaba fueran más convincentes desde un punto de vista filosófico.

El libro probó ser extraordinariamente influyente. Otros bautistas empezaron a ver la competencia del alma como su más apreciada posesión. Mullins, como presidente del Seminario del Sur, ejerció una predominante influencia sobre generaciones de pastores que se preparaban para el ministerio de la Convención Bautista del Sur. También fue la figura central de las estructuras denominacionales, el hombre detrás del primer *Fe y Mensaje Bautistas* (1925), un documento que sienta las creencias de la convención. Esta declaración niega ser un credo, pero estuvo basada en la Confesión de New Hampshire y posteriormente formó un ancla en la identidad de la Convención Bautista del Sur. La postura de Mullins, sin embargo, fue adoptada mucho más allá de su propia denominación. Su *Axiomas de la religión* fue publicada por Judson Press, la publicadora oficial de la Convención Bautista del Norte, y por eso ejerció influencia entre sus correligionarios del norte. Mullins también fue conferenciante en el Congreso Mundial Bautista en 1905 que inauguró la Alianza Mundial Bautista, e inmediatamente ganó reputación mundial por la exposición de los seis axiomas que iba a presentar en su libro tres años más tarde. Él llegó a servir como presidente de la Alianza desde 1923 hasta 1928, y vino a ser sin lugar a dudas el abanderado de la identidad bautista en un nivel global. James H. Rushbrooke, el ministro inglés quien fue otra de las figuras directivas en la Alianza en los años 1920, hace eco de Mullins cuando, en un discurso a la Unión Bautista de Bretaña e Irlanda en 1926, llamó a la competencia del alma el "principio unificador" para todo lo que era distintivo en cuanto a la teología bautista.[5] Aunque la frase estadounidense nunca ganó amplia circulación en las Islas Británicas, hizo su impacto en los líderes bautistas por allá. Los puntos de vista de Mullins fueron responsables, como lo hemos visto, de confirmar la baja estima de la doctrina de la iglesia, y fueron igualmente poderosos en proveer una razón para el principio de una iglesia libre en un estado libre. Aunque la Biblia de ninguna manera se olvidó, la competencia del alma vino a ser el valor supremo de los bautistas. Mullins drásticamente reorientó el sendero en que los principios bautistas se tenían que presentar.

La síntesis forjada por Mullins permaneció como una manera satisfactoria de su identidad para los Bautista del Sur durante mucho del siglo veinte. Era el equivalente intelectual del arreglo práctico por el cual el vasto cuerpo denominacional se mantuvo unido. A las élites de mente alerta de la burocracia y a los miembros de la facultad se les permitió dirigir los negocios de la convención al precio de limitar sus puntos de vista por temor de provocar ansiedades entre los de raíces más conservadoras teológicamente hablando. Hubo expresiones ocasionales de sospecha en cuanto a la disposición de las instituciones educativas de la convención para enseñar crítica bíblica, pero el claro éxito de la denominación al lograr crecimiento masivo contuvo el descontento. En 1935 la membresía total rondaba los 4.480.000; para 1965 era cerca de 10.780.000. En la década de 1960, sin embargo, las preocupaciones soterradas sobre los puntos de vista críticos de la Biblia salieron a la superficie. En 1961 hubo una alarma sobre la publicación de Ralph Elliott, del Seminario Teológico Bautista del Medio Oeste en Kansas, de *The Message of Genesis*, que argüía que mucho del Antiguo Testamento no tenía que ser tomado literalmente sino simbólicamente. Las ansiedades se fortalecieron porque las autoridades rehusaron instruir a la casa publicadora Broadman para retirar el libro, aunque la casa publicadora lo retiró del mercado y Elliot fue despedido por su seminario. El remedio adoptado por la convención fue la revisión de la *Fe y el Mensaje Bautistas* para fortalecer la obligación de los profesores denominacionales de ser leales a la autoridad de la Escritura. Una segunda controversia que estalló en 1970 por la aparición del primer volumen de una nueva serie del Comentario Bíblico Broadman, sobre Génesis, por G. Henton Davies, un bautista galés quien era el rector de Regent's Park College, Oxford. De nuevo la ofensa fue el método histórico-crítico, y de nuevo el libro fue retirado de la imprenta. Otras dos publicaciones prepararon el camino para una más seria conflagración. El libro de Harold Lindsell *The Battle for the Bible* (1976) advertía que los Bautistas del Sur estaban en peligro de soltarse de su ancla bíblica, y dos años más tarde la Declaración de Chicago sobre la inerrancia de la Biblia proveyó un grito que llamaba a la contención de que la Biblia era un libro libre de error. En 1979 la controversia estalló en llamas.

La chispa inicial fue la consternación de Paul Pressler, un juez de la corte de apelaciones de Texas, cuando se dio cuenta de que a los ex miembros del club de muchachos que dirigía en Houston se les estaba enseñando a dudar de la Biblia una vez que empezaban a asistir a la Universidad de Baylor, una institución bautista. Pressler compartió esta preocupación con su amigo Paige Patterson, entonces presidente de Criswell Bible College en Dallas. Juntos planearon demandar que las instituciones de enseñanza superior de la Convención Bautista del Sur se les debiera mantener en línea sobre la inerrancia de la Biblia. Al principio las autoridades en la denominación juzgaron que, como en ocasiones previas, el asunto se podía contener, pero ese fue un serio error. El presidente de la convención, elegido anualmente por los representantes de las iglesias, nominaba los miembros del comité que nombra los comités, que a su vez selecciona reclutando para las juntas que administran las instituciones de la vida Bautista del Sur. Al asegurarse que el presidente escogiera solamente los que estuvieran dispuestos a nombrar inerrantistas, era crítico porque podría cambiar toda la dirección de la denominación. Pressler y Patterson siguieron esta política con absoluta eficiencia, animando a las iglesias conservadoras a que estuvieran seguras que sus mensajeros votaran solamente por los conservadores. Desde la elección de Adrian Rogers en 1979 en adelante, solamente los que estuvieran dispuesto a implementar esta estrategia fueron escogidos como presidentes de la convención. Para 1984 la aparente búsqueda del poder por los conservadores estaba alarmando a los moderados que previamente habían controlado los negocios de la convención. Roy L. Honeycutt, presidente del Seminario del Sur, declaró una "guerra santa" contra los conservadores.

En 1985 el candidato moderado para la presidencia, Winfred Moore, era indistinguible de los conservadores en opiniones teológicas, y con todo fue derrotado porque se opuso a limitar el liderazgo bautista a los inerrantes. Después de eso el asunto estuvo virtualmente decidido. En 1986 la primera agencia de la denominación, la Junta de Misiones Domésticas, cayó en manos de los conservadores, y gradualmente el resto de las agencias siguió el mismo camino. Para 1990 únicamente quedaba ajustarse a las consecuencias de la victoria conservadora.

En esta fiera lucha sobre la identidad bautista, la síntesis creada por Mullins se derrumbó por completo. Los conservadores ("Fundamentalistas" para sus oponentes) insistieron sobre la posición que los bautistas en la era de Mullins habían enfatizado; los moderados ("liberales" para sus oponentes) insistieron en la otra. La Biblia fue enfrentada contra la libertad. Con esto no se quiere decir que había sólo dos partidos, porque sería más verdadero describir la serie de opiniones como un continuo, yendo desde los verdaderos fundamentalistas a la derecha hasta los verdaderos liberales a la izquierda. La mayoría estuvo más cerca del centro, siendo conservadores en sus puntos de vista teológicos pero moderados en la lealtad denominacional. Pero, en el fuego de la batalla, existió una verdadera polarización que significó que los dos lados creían que los diferentes asuntos eran críticos. Los conservadores, por una parte, sostuvieron que el único asunto fundamental era la Biblia. Podían citar la primera cláusula de la *Fe y Mensaje Bautistas* de 1925, compuesto por Mullins, afirmando que la Escritura "tiene la verdad, sin ninguna mezcla de error, como su asunto".[6] Por tanto, argüían, la denominación está comprometida a la inerrancia bíblica. De acuerdo con Pressler, la palabra "conservador" se aplicaba "a una creencia que el texto original de la Biblia fue escrito por Dios de tal manera que está libre de error o equivocaciones".[7] Que el principio fuera reafirmado, decían ellos, era el único asunto ante ellos, aunque fluyen implicaciones de éste. Por una parte, la denominación se puede llamar "evangélica". Los líderes conservadores fueron muy influenciados por los evangélicos conservadores, particularmente por Carl Henry y Francis Schaeffer, quienes afirmaron lo crucial de insistir en un texto inerrable de la Escritura como dado originalmente. Los Bautistas del Sur, de acuerdo con los conservadores se deben alinear con este punto de vista. Otra implicación fue que las posturas morales aparentemente validadas por la Biblia son obligatorias. Así, en 1986, Patterson advirtió que la convención, en el futuro, no emplearía a personas que fallaran en oponerse al aborto o la eutanasia. Los moderados pudieron ver esta norma como haber caído bajo la influencia de la Nueva Derecha Cristiana, pero para los conservadores el asunto era defender los principios bíblicos. A sus ojos, el único y final asunto en debate era la naturaleza de la Biblia.

Para los moderados, por otra parte, la prioridad era el compromiso bautista a favor de la libertad. Alan Neely, lo puso como el título de su libro, "ser bautista significa libertad".[8] Seguía que los creyentes poseían la libertad para interpretar la Biblia por sí mismos. Contra los conservadores, los moderados sostuvieron que diferentes maneras de entender la Escritura, sin las esposas de la inerrancia, eran permisibles. No descartaban su lealtad a la autoridad de la Escritura. En verdad, en un celebrado sumario de los principios moderados, primero elaborados en 1985 pero luego publicados en forma revisada ocho años más tarde como *La identidad bautista: Cuatro frágiles libertades*, Walter B. Shurden colocó la "libertad bíblica" antes que la "libertad del alma". El último principio, sin embargo, muestra la fuerza de la deuda con Mullins: la libertad del alma es tratada como equivalente a "la competencia del alma ante Dios".[9] El lado de la experiencia de la síntesis de Mullins maduró, validando la consciencia individual. Los que enfatizaban la libertad de esta manera se horrorizaron por la manera en que los conservadores estaban dispuestos a enfatizar la autoridad, al afirmar, por ejemplo, la obligación de los miembros de la iglesia de obedecer a sus pastores. Toda la empresa conservadora era, en la estimación de los moderados, indeciblemente anti bautista, una expresión de una "ansia por el poder".[10] Una implicación de la afirmación por mantener la herencia bautista de la libertad era el común repudio de la etiqueta "evangélico". Los bautistas, se enfatizaba, eran diferentes de los evangélicos del norte precisamente porque, a diferencia de ellos, evaluaban muy alto la libertad. También existían implicaciones que tocaban en la política nacional. Como la libertad era la prioridad, argüían los moderados, los bautistas deben insistir sobre la libertad de consciencia para todos y así adherirse a la estricta separación de la iglesia y el estado. No se debe jugar de ninguna manera con la oración en las escuelas o con conceder dinero público para propósitos religiosos. La consecuencia era que los moderados a menudo se sintieron distantes del coqueteo del partido Republicano con la Derecha Religiosa en tales asuntos, encontrando más afinidad con el partido Demócrata, que muchos habían, en cualquier caso, apoyado desde su juventud. Para la lucha eclesiástica, por lo tanto, se le añadió la dimensión partidista política. El filo partidista ayuda a explicar la naturaleza vitriólica del combate.

Las actividades de las batallas de los Bautistas del Sur continuaron mucho más allá de la década de 1980. Dentro de la denominación, el proceso de determinar la suerte de las instituciones procedió firmemente. Los que eran presidentes de la Junta de Escuelas Dominicales y de la Junta de Misiones Foráneas dejaron sus puestos en 1991 y 1992, respectivamente, y fueron reemplazados por conservadores. Algunas de las universidades asociadas con la denominación, como gozaban un más alto grado de autonomía que sus agencias, fueron capaces de terminar su control por las convenciones de su respectivo estado: Baylor en 1990, Mercer en 2005. Los seminarios, cayeron bajo la tutela de los nombrados por la convención, tornándose en instituciones conservadoras. El Seminario del Sur, por ejemplo, nombró a R. Albert Mohler Jr., como su presidente en 1993, y, en los dos años siguientes, animó a muchos miembros del profesorado a renunciar, incluyendo Molly T. Marshall, quien criticaba el lenguaje masculino acerca de Dios, y Diana Garland, decana de trabajo social de la iglesia, en una disputa sobre qué tan estrictos serían los criterios para la nueva facultad. Secciones de la denominación se dividieron. La Alianza de los Bautistas y el Compañerismo Cooperativo Bautista, representando dos diferentes matices de la opinión moderada, llegaron a ser cuerpos más o menos independientes. En Virginia, el estado donde los moderados habían mostrado la mayor fortaleza, un grupo llamado los Bautistas del Sur Conservadores se salieron de la convención del estado en 1996, la primera división visible que resultó de la disputa. Texas y Carolina del Norte lograron un compromiso permitiendo que las iglesias de afinidad conservadora y moderada coexistieran, pero esta medida no previno la fundación de una Convención Bautistas del Sur de Texas con los leales al cuerpo nacional. Quizá mas crucial fue que la división se esparció al resto del mundo. Cuando en el 2003, la Alianza Mundial Bautista decidió aceptar el Compañerismo Bautista Cooperativo como uno de los miembros del cuerpo, la Convención Bautista del Sur decidió romper sus vínculos con la organización mundial. Pronto, en medio de cargos que la alianza era liberal, la convención tomó pasos para auspiciar bautistas conservadores de la misma tendencia a través del mundo. El resultado fue el cisma en una escala mundial.

En los años alrededor de la controversia, se pueden identificar siete más o menos distintos movimientos de la vida bautista. Las tendencias en Estados Unidos, que normalmente tenían equivalencias en otras partes, habían existido antes de la lucha de la década de 1980, pero fueron, en parte, acentuadas por las disputas. En primer lugar estaban los que no se avergonzaban de llamarse liberales. En 1985 en una encuesta representativa de los Bautistas del Sur, sólo un 1 por ciento escogieron liberal para auto-describirse, pero había una más alta proporción entre los Bautistas Americanos del Norte y de los miembros de la denominación en Bretaña. La Alianza de los Bautistas, iniciada entre los Bautistas del Sur en 1987, servía a iglesias de lealtades liberales. Entre los Bautistas Americanos del Norte había eminentes figuras que podían etiquetarse liberales o aún radicales. El teólogo Harvey Cox, ministro Bautista Americano que enseñó en Harvard desde 1965 hasta 2009, fue el autor de *La ciudad secular* (1965), una declaración clásica del punto de vista que Dios está tan presente en los desarrollos seculares como en la religión. En Bretaña, Michael Taylor, rector del Northern Baptist College, presentó un discurso a la Unión Bautista en 1971 en el que declaró que él tenía que parar de decir que Jesús es Dios. Este drástico abandono de la creencia cristológica aceptada creó una aguda controversia en la que las iglesias conservadoras abandonaron la Unión. Aunque la denominación resolvió su compromiso con la ortodoxia al año siguiente, era evidente que la teología radical existía en sus filas. En otros cuerpos mundiales, y más obviamente en la comunión Anglicana, los debates más agudos de la primera parte del siglo veintiuno se enfocaron sobre la aceptabilidad de la conducta homosexual. ¿Era un compromiso entre dos personas de orientación homosexual legítimo para los cristianos? Unos pocos bautistas contestaron que sí. En 1992 se organizó la Asociación de Bautistas Afirmantes y Acogedores, que instaba por la completa inclusión de personas lesbianas, homosexuales, bisexuales y transexuales en la vida de la iglesia. El Compañerismo Bautista de Paz, formada en el Norte en 1940 pero reconstruida como cuerpo a nivel nacional en 1984, amplió su postura para abrazar asuntos del medio ambiente y de género tanto como hacer la paz. La mayoría de sus miembros probablemente se identificarían con una posición teológicamente liberal.

Segundo, estaban los evangélicos clásicos. Estos eran los bautistas que respaldaban el énfasis en la Biblia, la cruz, la conversión y el activismo que se había desplegado a través de los siglos por evangélicos, pero sin ninguna alianza adicional a la renovación carismática o a la teología calvinista. Había cierta amplitud con este método, porque normalmente estaban dispuestos a tolerar la diversidad dentro de sus iglesias. Aunque el término "evangélico" a menudo se entendió para implicar un compromiso con la inerrancia, este no era el caso frecuente, especialmente fuera de Estados Unidos. Paradójicamente, los que abrigaban esta tendencia, especialmente en Sur América, no confesaban el nombre "evangélico", pero era el término que mejor los describía. El Compañerismo Bautista Cooperativo, fundado en 1991 para servir a los Bautistas del Sur moderados, incluía a muchos de esta designación. Generalmente tenían una alta consideración por la evangelización, aunque típicamente en el espíritu de Samuel Escobar y René Padilla, no lo separarían de la acción social y llamarían a esta combinación "misiones". Así, en el 2005, el ministro de formación espiritual en la Primera Iglesia Bautista de Winston-Salem, en Carolina del Norte, una congregación del Compañerismo Bautista Cooperativo, podía elogiar la idea de una iglesia misionera que "estaba haciendo misiones 24/7".[11] Muchos de los que permanecieron dentro de la Convención Bautista del Sur no hubieran diferido. Uno de los textos más influyentes sobre la misión en la evangelización global al final del siglo veinte, *La iglesia con propósito* (1995), fue escrito por Rick Warren, el pastor de la Iglsia Bautista Saddleback Valley Community en el Condado Orange en California, una mega iglesia que también era una congregación Bautista del Sur. Los Bautistas Americanos, las denominaciones afroamericanas, y los bautistas de Australia, Bretaña y Canadá todos tenían muchas iglesias que apoyaban puntos de vista similares. Raramente restringidos en sus compañerismos como bautistas, sus miembros a menudo ejercieron una parte prominente en las iniciativas interconfesionales, tales como las misiones locales o la obra estudiantil. Aunque eran evangélicos también tenían una pizca de catolicidad.

Una tercera manifestación era el punto de vista pre milenario. Estos bautistas eran evangélicos que añadieron a las características que compartían con otros en este campo de su propia creencia en el inminente segundo adviento. Favorecían, algunas veces se decía, "el Libro, la Sangre, y la Bendita Esperanza". La Convención General de Bautistas Regulares, una denominación formada en 1932 como resultado de la controversia modernista en la Convención Bautista del Norte, tenía artículos de fe que la comprometía con la postura pre milenaria, pero la creencia estaba mucho más extendida. En 1985, hasta el 59 por ciento de los Bautistas del Sur, al responder a la encuesta, respondieron que estaban de acuerdo con el punto de vista pre milenario de la historia y del futuro. En Oklahoma durante la década de 1970 hubo un compañerismo pre milenario, firmemente fiel a la Convención Bautista del Sur. La norma de lealtad tenía que mantenerse porque el adventismo estaba comúnmente asociado con la separación de afiliaciones denominacionales. Esta fue una de las marcas del mundo de pensamiento independiente. En 1971 en Australia, había veintiuna de tales iglesias, todas militantemente fundamentalistas. Similares congregaciones, especialmente en Estados Unidos, crecieron en enormes proporciones, atrayendo a diez miles de adoradores cada domingo. Estas mega iglesias a menudo funcionaban como denominaciones en sí mismas, con elaboradas facilidades educacionales, escuelas de capacitación y operaciones comerciales. La mayoría de los tele evangelistas tales como Pat Robertson también pertenecían a esta escuela de pensamiento, y fueron en parte responsables de su vigor. En Bretaña, donde la obra radial estaba cerrada a los predicadores de esta clase, la enseñanza pre milenaria se fue desapareciendo en la última parte del siglo veinte. El mayor refuerzo de la enseñanza adventista en los Estados Unidos y en otras partes, sin embargo, vino de la inmensamente popular serie de novelas "Dejados atrás" por el bautista Tim LaHaye y su coautor Jerry Jenkins. Para el 2006 habían vendido no menos de 63 millones de copias a nivel mundial; el juego asociado para computadora: *Dejados atrás: Fuerzas eternas*, fue promocionado aludiendo a que los jugadores se iban a unir en "la última batalla entre el bien y el mal, comandando las Fuerzas de la Tribulación o la Comunidad Global de Pacificadores".[12] La corriente pre milenaria aun fluía fuerte donde quiera que estas novelas eran leídas.

En el cuarto lugar, hubo una renovación carismática. Desde la década de 1960, la experiencia pentecostal de hablar en lenguas se derramó a otras iglesias protestantes en todo el mundo de habla inglesa y más allá. Brotó un estilo de vida cristiana totalmente nuevo, abierto a señales y maravillas, deseoso de ver la sanidad divina, y dedicado a la adoración en expresiones contemporáneas. Hubo mucha resistencia inicial entre los bautistas, quienes a menudo vieron el desarrollo como la inmersión en una experiencia no saludable que tendía al olvido de la palabra. Pero, en la manera en que pastores sucesivos y las congregaciones fueron afectadas en las primeras manifestaciones, la renovación vino a ser una fuerza creciente en muchas tierras. Los bautistas en Nueva Zelanda fueron particularmente afectados en los primeros años. En 1971 se formó un Compañerismo Bautista Carismático. Para ese mismo año, los Bautistas del Sur, aunque normalmente rechazaban lo que estaba pasando, incluidos entre sus filas estaban algunos que celebraban Conferencias de Renovación Pastoral. Un pastor bautista australiano que asistió a tales conferencias en Lake Windermere, Missouri, recibió una experiencia que lo libró de su anterior hostilidad fundamentalista. "Me mataron", dijo él, "y me llenaron".[13] En la década de 1970 el avivamiento "Effataa" en una iglesia bautista en Tallinn, la capital de Estonia se distinguió por servicios de sanidad y señales carismáticas. Tan populares eran los servicios del idioma ruso que fueron prohibidos en 1981, a causa de la presión de las autoridades soviéticas. Gradualmente, el nuevo *ethos* se extendió a las iglesias que no aprobaban totalmente sus premisas teológicas. Los jóvenes fueron atraídos por su música, que típicamente descartaban los órganos y los himnarios a favor de las guitarras, los teclados y la batería. Cantos contemporáneos y levantamiento de brazos, una característica carismática, vigorizaba la experiencia de la adoración. Hacia el final del siglo veinte, más de la mitad de las iglesias de la Unión Bautista de Bretaña habían sido más o menos drásticamente alteradas por la renovación. Algunas iglesias fueron tan transformadas que se salieron de la Unión a fin de formar vínculos con nuevas conexiones de congregaciones carismáticas. En Francia, aunque los más conservadores de los dos cuerpos principales (y los bautistas independientes) se encararon en contra del estilo carismático, la más grande de las dos denominaciones, la Federación Bautista, estuvo abierta a su influencia. Al comienzo del siglo veintiuno casi la mitad de los bautistas en Francia estuvieron sintetizando maneras bautistas con las prácticas carismáticas y unos pocos ya no enfatizaban los distintivos bautistas en absoluto. El nuevo movimiento, como hemos visto, se extendió por muchas de las iglesias de Brasil y Nigeria. La renovación carismática fue un vasto y creciente fenómeno global.

Hubo un quinto elemento, la postura calvinista. La expresión reformada de la fe jamás ha desaparecido de la vida bautista. Los Bautistas

Primitivos en Estados Unidos y los Bautistas Estrictos en Inglaterra existieron para dar testimonio del calvinismo en una forma robusta. Las iglesias afroamericanas también fueron predominantemente calvinistas, aunque adoptaron un tipo de calvinismo más moderado y algunas veces desplegaron una versión de la Confesión de New Hampshire en sus edificios. Una encuesta de las iglesias bautistas negras en Oklahoma hecha en 1989 muestran que solamente una congregación rechazaba el calvinismo. Pero entre la mayoría de iglesias blancas de los Bautistas del Norte y en otras partes la tradición reformada iba en decadencia al rededor de la mitad del siglo veinte. En los años posteriores, sin embargo, el calvinismo ha gozado un avivamiento. Martyn Lloyd-Jones, un ministro galés de la Capilla Congregacional Westminster en el corazón de Londres, promovió la enseñanza calvinista en sus influyentes sermones, y desde 1957 el Fideicomiso Banner of Truth, asociado con Lloyd-Jones, re publicó los libros clásicos reformados que gozaron una circulación a nivel mundial. Ya en 1960, bajo la influencia de las publicaciones de Banner of Truth, se formó la Alianza de la Reforma Bautista en Tasmania, y el calvinismo, una fuerza poderosa entre los anglicanos de Sidney, se esparció por Australia. Los predicadores bautistas en Estados Unidos, tal como John Piper de Minneapolis, tomó la causa de las doctrinas de la gracia, como los calvinistas se deleitan en llamar su posición distintiva. Entre los Bautistas del Sur, se estableció anualmente la Conferencia de los Fundadores con el fin de propagar, como su título lo indicaba, los puntos de vista de los líderes originales de la denominación en 1845. Solamente una pequeña minoría de los conservadores victoriosos de la lucha de la década de 1980 afirmaban el calvinismo, y a menudo sus sucesores fueron ambivalentes sobre el asunto. Russell D. Moore, decano de teología en el Seminario Teológico Bautista del Sur, por ejemplo, se confesó a sí mismo en 2009 ser "un raro híbrido", quien creía con los calvinistas en la elección personal pero con los arminianos en la redención universal.[14] Pero muchos en el Seminario del Sur, incluyendo al presidente, R. Albert Mohler Jr., fueron exponentes de la enseñanza reformada. El calvinismo, como la renovación carismática pero rara vez en combinación con ésta, estaba logrando marcados avances en los primeros años del siglo veintiuno.

En sexto lugar, estaba la afinidad con los anabautistas. A través de los siglos, los bautistas algunas veces han deseado cerrar la brecha entre ellos y el cuerpo que los había precedido en la adopción del bautismo de creyentes. En la década de 1790 John Rippon en su *Registro anual bautista*, trató a los menonitas como la rama continental de los bautistas. En Estados Unidos el testimonio de paz de los menonitas fue atractivo para los Bautistas Americanos que defendieron el pacifismo durante y después de la Segunda Guerra Mundial. En los años medios del siglo veinte, Ernest Payne, secretario general de la Unión Bautista de Bretaña e Irlanda, continuó haciendo estudios avanzados de los Anabautistas, enfatizando su interacción con los bautistas a través de los años. Pero el préstamo más activo de los ideales bautistas en Inglaterra fue auspiciado por Alan y Ellie Kreider, representantes menonitas establecidos en Londres en las décadas de 1970 y 1980. La renovación carismática generó interés en el cristianismo radical, y un líder bautista carismático, Nigel Wright, cooperó con Alan Kreider en el lanzamiento de una red de grupos de estudios anabautistas. Wright, quien publicó *The Radical Kingdom* (1986) como nueva declaración de las ideas anabautistas para el consumo moderno, fue a servir como el rector de la Universidad Spurgeon, que vino a ser el centro de diseminación. En una era cuando el cristianismo era el pasado, los puntos de vista de sus primeros críticos parecieron especialmente relevantes a su misión. El Seminario Teológico Bautista de Praga, establecido en las tierras donde habían florecido los anabautistas, promovió un estudio de su legado junto con el de los bautistas. En Estados Unidos, como hemos visto, los anabautistas fueron tratados como los progenitores de los bautistas por William R. Estep. Su institución, el Seminario Teológico Bautista del Suroeste, vino a ser aun más el centro para el recobro de la herencia anabautista bajo la presidencia de Paige Patterson desde 2003. Aunque Patterson concede que no existe una conexión indisputable entre los bautistas y los anabautistas continentales, él sostenía que había mucho que aprender de ellos, por lo menos su claro valor en encarar el martirio. Los anabautistas eran alternativas para los calvinistas como ejemplos de la fe.

El séptimo hilo de la vida bautista fue la orientación de la alta iglesia. Su más elocuente expresión fue un manifiesto llamado "Re-visionar la identidad bautista" lanzado en 1997 por un grupo de bautistas incluyendo a Curtis W. Freeman, posteriormente director de la Casa de Estudios Bautistas de la facultad de divinidades de la Universidad Duke. Freeman explicó el manifiesto como una crítica a la cautividad de la teología bautista por el iluminismo. El individualismo del iluminismo fue el blanco central porque como Freeman lo argüía, fue últimamente el responsable de las luchas bautistas de la década de 1980 ya que en última instancia servía de base para las posiciones de los dos lados. Contra el individualismo el manifiesto sienta el principio de comunidad. El manifiesto urge a los bautistas a ver la libertad que apreciaban como un regalo recibido "por medio de la comunidad divina del Dios Triuno y con el compañerismo cristiano que comparte en esta santa comunión". Aunque parte de la inspiración para el ideal comunitario vino de los anabautistas, el documento también celebraba "la iglesia católica [universal]", y recobraba, creían los autores, la primera doctrina exaltada de la iglesia de los primeros bautistas. Hubo afinidades, como hemos visto en el capítulo 11, con el avivamiento sacramental como "señales poderosas" en vez de "meros símbolos".[15] En Bretaña, Paul Fiddes, rector de Regent's Park College, Oxford, urgió a los bautistas a pensar de sí mismos como en un compañerismo, unidos por un pacto, un concepto derivado de las primeras fuentes bautistas. Fiddes, como los autores del manifiesto, toma de la tradición de la denominación y llega a normas de la alta iglesia más allá de lo que se había tenido por costumbre. El mismo impulso hacia una más exaltada expresión de la iglesia se vio en el creciente número de congregaciones en que la liturgia era elaborada. Ninguna fue más extraordinaria que la Iglesia Bautista South Yarra Community en Melbourne, Australia, donde, para 2009, los arreglos, profundamente influenciados por la práctica de la Iglesia ortodoxa oriental, incluían el uso de un incensario para dispersar las gotas de agua sobre la congregación y el despliegue de una viga de madera —un iconostasio— con los retratos de santos seleccionados, incluyendo a John Bunyan. Había sorprendentes elementos de la alta iglesia en la vida bautista.

Los siete hilos de la vida bautista todos aparecen en muchas partes del mundo. Sin embargo, a menudo estuvieron drásticamente modificados por las condiciones locales. Como han sugerido los capítulos 14 a 17, hubo innumerables variaciones nacionales que desafían el análisis. Pero algo del carácter se puede ilustrar con un caso de estudio de Letonia una de las pequeñas repúblicas sobre el mar Báltico que antes formaba parte de la Unión Soviética. Como la ley soviética solamente permitía el canto como actividad congregacional, los coros tuvieron una parte significativa en los servicios. Las tradiciones luteranas del país hicieron aceptables las "pinturas de altar" y la opinión que se tenía de los bautistas como una secta, llevaron a algunas iglesias a no dar tanta importancia a su identidad distintiva al grado de evadir en sus nombres la designación bautista. La denominación bautista, sin embargo, fue una de ocho que fueron oficialmente reconocidas por el estado y de esa manera podían proveer instrucción religiosa en las escuelas del estado. Los líderes de la denominación, como había sido la costumbre para los clérigos mayores luteranos, católicos y ortodoxos, eran consultados por el gobierno y tenían parte en las ceremonias del Día de Independencia. Había aquí un grado de involucramiento del estado que sería visto con malos ojos por muchos bautistas en otras partes. Más notable, los bautistas tenían un obispo. Su líder alrededor de 1870 usaba el título sin reparos, y después de la Segunda Guerra Mundial, cuando los rusos tomaron el control del país, el liderazgo por un obispo letonio era conveniente para los bautistas para asegurar el control sobre sus propios negocios. El obispo firmaba todos los documentos oficiales primero, representaba la Unión Bautista en discusiones con los obispos de otras iglesias, y, después de la caída del sistema soviético, aun usaba una camisa púrpura, el signo internacional de dignidad episcopal. La postura de los obispos bautistas, sin embargo, estaba circunscrita porque eran elegidos por solamente un término de años y normalmente continuaban actuando como pastores locales. No fue Letonia la única en tener obispos bautistas. Moldavia y Georgia en el Cáucaso también los tenían; este último hasta tenía un arzobispo. La práctica bautista en Letonia, al igual que en estos otros países, fue construida como producto de su propia experiencia. "La fe bautista", declaró uno de sus pastores en 1912, "es la fe encontrada por los letones mismos".[16] El pequeño papel representado por Letonia ilustra la extensión a la cual las circunstancias específicas nacionales pueden afectar los patrones de la vida de la denominación.

La actitud de los bautistas hacia su identidad vino a ser un asunto altamente contencioso en la última parte del siglo veinte. En tiempos anteriores había habido divergencia entre los diferentes grupos bautistas, pero al inicio del siglo veinte el axioma unificador fue propuesto por Edgar Y. Mullins. La idea de la competencia del alma vino a ser la clave para los principios bautistas, abriendo la puerta a un entendimiento que combina convicciones derivadas de la Biblia con una razón formada en términos de la experiencia cristiana. Los bautistas en Estados Unidos habían descubierto una bandera bajo la cual marchar. En la Convención Bautista del Sur hubo rumores cuando la Biblia parecía cuestionarse, y desde 1979 se tornaron en una cacofonía de conflicto. Los conservadores proclamaron la inerrancia de la Escritura como la cosa necesaria; los moderados insistieron, al contrario, que la libertad era el derecho de nacimiento de los bautistas. La continua lucha ideológica terminó con los conservadores en control de la denominación, pero a expensas de perder a los moderados y a otros grupos y de crear una división entre los bautistas alrededor del mundo. Al comienzo de la controversia había siete hilos o bandas principales en la vida bautista. Una sección liberal de opinión sostuvo la libertad en la teología y la tolerancia en la práctica como las virtudes cardinales. Los evangélicos clásicos siguieron una misión holística sin recelo de la cooperación con otras denominaciones. Los pre milenarios, por otra parte, objetaron a cualquier cosa que tuviera sabor a transigir en el error, a menudo hasta el punto de separarse de las organizaciones de la denominación. El avivamiento carismático, donde fue tolerado, indujo a una revolución en la adoración que ofrecía poderosos atractivos para la juventud. Aunque establecido por mucho tiempo, el calvinismo fue otra fuerza con un atractivo marcadamente creciente, y los anabautistas formaron un patrón más para imitar desde el pasado. Finalmente, los puntos de vista de la alta iglesia empezaron a esparcirse, en unas pocas iglesias locales tanto como entre los intelectuales. No fueron todas las variaciones creadas por escuelas teológicas. Los factores que surgieron de las condiciones locales afectaban sobre la práctica nacional, llevando al fenómeno inusual tal como de obispos bautistas. Así la identidad en los primeros albores del siglo veintiuno fue diversa. Aunque las agudas batallas se terminaron, el consenso de la época de Mullins había pasado.

Lectura adicional

Ammerman, Nancy Tatom. *Baptist Battles: Social Change and Religious Conflict in the Southern Baptist Convention*. New Brunswick, N.J.: Rutgers University Press, 1990.

Dockery, David S., ed. *Southern Baptist Identity: An Evangelical Denomination Faces the Future*. Wheaton, Ill.: Crossway Books, 2009.

Ellis, William E. *A Man of Books and a Man of the People: E. Y. Mullins and the Crisis of Moderate Southern Baptist Leadership*. Macon, Ga.: Mercer University Press, 2003.

Hankins, Barry. *Uneasy in Babylon: Southern Baptist Conservatives and American Culture*. Tuscaloosa: University of Alabama Press, 2002.

Harper, Keith, ed. *Through a Glass Darkly: Contested Notions of Baptist Identity*. Tuscaloosa: University of Alabama Press, 2012.

Mullins, Edgar Y. *The Axioms of Religion*. Philadelphia: Judson Press, 1908.

Shurden, Walter B. *The Baptist Identity: Four Fragile Freedoms*. Macon, Ga.: Smyth & Helwys, 1993.

Capítulo 19

Conclusión

Los asuntos examinados en este libro han dado un número de conclusiones que se pueden extraer en conjunto de manera útil. El tratamiento de los diversos tópicos ha sido largo y amplio, cubriendo cuatro siglos y tocando en muchas partes del mundo. Ha habido discusión amplia en alcance de temas que los historiadores han explorado suficientemente y han hecho análisis valiosos. Es cierto que existen un gran número de otros temas, incluyendo varios cerca del corazón de la vida bautista, que han sufrido un descuido relativo por los historiadores, y por lo tanto, no se han tratado aquí. Hasta ahora, por ejemplo, se ha escrito muy poco en aspectos de la espiritualidad bautista tales como la conversión y los avivamientos. Aún la conducción de los servicio de adoración es un tema muy opaco, y todavía espera sus cronistas. Pero varias cuestiones de gran momento para entender a los bautistas se han considerado. Se ha dado atención a un número de temas políticos, que van desde la reprimenda administrada por uno de los primeros bautistas a su rey, hasta la cercana identificación de los bautistas del siglo veinte con la religión civil estadounidense. Los asuntos sociales se han presentado, porque ha habido escrutinio del involucramiento bautista en el movimiento del evangelio social, de sus varias actitudes hacia los problemas raciales, y del lugar que le han dado a las mujeres. Y los desarrollos culturales no se han ignorado, porque el iluminismo y el romanticismo han emergido como fuerzas cruciales reformadoras que han afectado la vida bautista. El enfoque principal, sin embargo, normalmente ha sido sobre asuntos esencialmente religiosos tales como teología y misiones. Las divisiones teológicas de diferentes clases fueron salientes en cada uno de los siglos, y la expansión del evangelio vino a ser la preocupación central de la mayoría de los bautistas desde la última parte del siglo dieciocho en adelante. En esta compleja historia, ¿qué ha sido lo más obvio que ha surgido?

LOS DESCUBRIMIENTOS DEL LIBRO

El capítulo sobre la Reforma muestra que los bautistas buscaron sus principios principales con gran minuciosidad. Fueron los herederos de las protestas continentales contra el desarrollo del cristianismo medieval y del puritanismo inglés que objetaba a las medias reformas de la Iglesia de Inglaterra. Los separatistas determinaron deshacerse de toda conexión con la práctica católica y la transigencia anglicana, y fue de sus filas que los bautistas emergieron. John Smyth, como el siguiente capítulo lo mencionó, estaba tan interesado en huir de toda idolatría que rehusó tener una Biblia en el servicio de adoración. El caso para ver la continuidad entre los anabautistas continentales y los bautistas ingleses estuvo cuidadosamente evaluado. Aunque hubo anabautistas en Amsterdam cuando Smyth se auto-bautizó en 1609, y aunque parecen haber transmitido la enseñanza arminiana a Smyth y sus amigos, los anabautistas parecen no haber tenido influencia directa en su decisión para realizar el acto del bautismo. No obstante, en un capítulo más adelante se mostró la inspiración del ejemplo de los anabautistas que permaneció como potente fuerza en el siglo veintiuno. En el siglo diecisiete en Inglaterra y en las otras tierras a las cuales se esparcieron, los bautistas estaban unidos por su creencia en la iglesia congregada, su respaldo del reinado de todos los creyentes, y su práctica del bautismo de creyentes. Pero una vez que el período confuso de la primera parte de la década de 1640 terminó, se cristalizaron en Bautistas Particulares, que eran calvinistas y cercanos a los independientes, y los Bautistas Generales, que eran arminianos y cercanos a los cuáqueros. Aunque ambos cuerpos eran secciones del disentimiento protestante, sufriendo juntos la persecución en la última parte del siglo diecisiete, eran dos denominaciones distintas.

El siglo dieciocho fue testigo de una transformación en la vida bautista. La tolerancia hizo las condiciones más fáciles y el iluminismo inicialmente hizo más racional la teología, pero el mayor cambio fue efectuado por el Despertamiento Evangélico. Al principio los bautistas miraban con interrogantes el movimiento que ignoraba los asuntos del orden de la iglesia que ellos atesoraban, pero posteriormente fueron infiltrados por los convertidos y la teología del avivamiento. El efecto fue inmenso. La mayoría de los bautistas cesó de ser introspectiva, sus números explotaron y se lanzaron en iniciativas misioneras en casa y en el exterior. En el siglo diecinueve permanecieron, en mucho, como fervientes evangélicos, y organizaron una hueste de agencias para la expansión del evangelio. Algunos objetaban a las innovaciones, pero muchos, especialmente en Inglaterra, se convencieron de la prioridad del compañerismo con otros evangélicos hasta el punto que cesaron de hacer el bautismo una condición de participación en la Cena del Señor. Los Bautistas Americanos se hallaban divididos por lealtades seccionalistas, las propuestas de reforma de Alexander Campbell, y, en alguna medida, por el landmarkismo. El idioma y la raza fueron líneas duraderas de separación, pero el antiguo contraste entre calvinistas y arminianos se deshizo. Una nueva tendencia hacia la polarización teológica, sin embargo, se levantó entre los bautistas, como entre todos los evangélicos, hacia el final del siglo. Amplios puntos de vista teológicos modelados por los senderos románticos de pensamiento junto con la crítica bíblica entró en boga. Charles Haddon Spurgeon protestó en la Controversia del Declive, y al comienzo de la Primera Guerra Mundial, el conflicto reventó entre fundamentalistas y moderados. La mayoría de los bautistas, sin embargo, permaneció moderadamente evangélica, abrazando con cuidado las nuevas perspectivas y a la vez manteniendo las prioridades evangelizadoras. En el siglo veinte el legado del Despertamiento Evangélico todavía era el factor más potente que formaba la vida bautista.

Los amplios asuntos que encaraban los bautistas incluían la actitud hacia los males de la sociedad moderna. En la mitad del siglo diecinueve habían sentido inhibiciones en cuanto a dar atención a cuestiones que requerían cambio social, pero tenían grandes esperanzas de mejoras por medio de la esperanza milenaria y la filantropía práctica. Su propia temperancia y el activismo de pureza social, junto con un alcance de influencias externas, los empujaron hacia una participación corporal mayor en los problemas sociales. El evangelio social, especialmente como lo promovía Walter Rauschenbusch y John Clifford, fue el resultado, aunque desde la década de 1920 vino a ser el blanco de severa crítica por los conservadores teológicos. Quizá el más serio problema social fue el de la cuestión racial. Aunque los bautistas se unieron a la presión contra la trata de esclavos y muchos de ellos posteriormente denunciaron la esclavitud en Estados Unidos, incluían dentro de sus filas a muchos dueños de esclavos tanto como a muchos esclavos. Los nativos americanos y otros pueblos indígenas a menudo fueron tratados vergonzosamente. Aún después de la liberación de los esclavos, continuó la opresión racial en el sur de los Estados Unidos. Los afroamericanos encontraron en sus iglesias un puerto seguro para los males de una sociedad segregada y en sus ministros sus campeones que los dirigían. Después de la Segunda Guerra Mundial las iglesias proveyeron el ímpetu para el movimiento de los derechos civiles que eventualmente cambiaron las actitudes de los bautistas blancos y rechazaron los aspectos más detestables de la discrepancia social. El lugar de las mujeres en la iglesia y en la sociedad ha conformado otro asunto entre los bautistas. Usualmente ha existido una mayoría de mujeres en sus iglesias, pero los primeros bautistas insistieron en continuar las limitaciones en cuanto a la voz de la mujer que encontraron en la Biblia. No obstante, la mujer jugó el papel de una parte mucho mayor en la vida bautista que lo que generalmente se ha reconocido —por medio de su espiritualidad, literatura, cuidado de niños, obra caritativa y apoyo misionero. Su presión por reformas las llevó en verdad a los asuntos públicos, pero rara vez se encontraba a las mujeres dentro del liderazgo de la iglesia hasta el siglo veinte. El surgimiento del feminismo llevó a las mujeres a entrar en el ministerio, pero tal desarrollo fue resistido por los que lo vieron como una transgresión a las claras enseñanzas de la Escritura. Así el papel de las mujeres, como el evangelio social y la cuestión racial, algunas veces fueron tópicos ardientemente desafiados dentro de los bautistas.

Los bautistas estuvieron preocupados por mucho tiempo con la libertad religiosa. En sus orígenes hicieron una ruptura decisiva con la tradición largamente establecida de esperar que el estado promoviera los intereses de la iglesia, y argüían por algo que se aproximara a la total libertad de consciencia. Más tarde normalmente se contentaron con defender la tolerancia que las autoridades inglesas ejercían con los que disentían, pero en el fermento de la creación de la república estadounidense, los bautistas arguyeron por la separación de la iglesia y el estado. Una ardiente defensa de la libertad de consciencia para todos, sin embargo, fue mitigada por mucho del siglo diecinueve y del siglo veinte por el deseo de mantener los valores protestantes del mundo de habla inglesa. En el pasado más reciente los bautistas se han dividido sobre el significado de su histórica defensa de la libertad, algunos favoreciendo la estricta separación de la iglesia y el estado pero otros creyendo que una pública preferencia por la religión es legítima. También ha habido diferencias sobre la postura apropiada de la denominación hacia la iglesia, el ministerio y los sacramentos. Es claro que los bautistas consistentemente han defendido los principios de la congregación reunida y del bautismo de los creyentes pero han rechazado el entendimiento del ministerio sacerdotal y cualquier presencia física de Cristo en la Cena del Señor. Pero con el tiempo ha habido cambios en su entendimiento de estos asuntos eclesiológicos. En sus primeros años profesaron una eclesiología alta con una continua declinación durante los debates de los siglos dieciocho y diecinueve. Para el siglo veinte estaban bajos en su eclesiología, a menudo considerando esa posición como esencial para su identidad. Sin embargo un avivamiento sacramental desafió esa asunción en la última parte del siglo veinte, y afirmó en particular que el bautismo es un medio distintivo de gracia. Sería un error, por lo tanto, sostener que ha habido una sola actitud bautista sobre asuntos alrededor de la naturaleza de la iglesia como también lo sería afirmar unanimidad sobre los asuntos de la iglesia y el estado.

La expansión de los bautistas en la escala global es un fenómeno del siglo diecinueve y de los siglos subsecuentes. El proceso fue logrado por dos medios, el movimiento misionero a las tierras no cristianas y la emigración menos formal a tierras frescas del mundo cristiano. Aunque otros cuerpos de la iglesia ya habían promovido el trabajo misionero, la creación de la Sociedad Bautista Misionera en 1792 fue un punto de referencia en la historia de las misiones. Ésta inauguró la era de las organizaciones anglo-estadounidenses para la expansión de la fe fuera de las tierras cristianas. Los imperios coloniales hicieron menos por las misiones que lo que los historiadores algunas veces suponen, pero los misioneros llevaron rasgos de la civilización occidental que fueron muy apreciados. Las misiones también recibieron ayuda por la experiencia en el campo, por trabajadores indígenas y mujeres activistas, y por las escuelas, universidades, hospitales y dispensarios que ellos proveyeron.

Sociedades sin afiliación con una denominación complementaron las organizaciones bautistas y los líderes nacionales gradualmente tomaron el mando de manos de los misioneros. El efecto fue la plantación de iglesias bautistas en muchas regiones nuevas. El mismo resultado vino de la transferencia del personal a regiones del mundo, que, aunque predominantemente cristianas, les había faltado la presencia bautistas. El Reino Unido, Estados Unidos, y Alemania fueron los países más responsables de su expansión. Grupos e individuos, literatura y otros cuerpos cristianos, todos tuvieron su parte en el proceso. Algunas veces la represión pudo ayudar la causa, pero los bautistas bajo la persecución también recibieron ayuda de sus correligionarios y de la intervención del gobierno. Como una consecuencia del proceso de expansión, los bautistas llegaron a ser un rasgo de la mayoría de las tierras bajo el sol, y el resultado ha sido una mayor variedad en la vida bautista. El crecimiento de los bautistas acentuaron su diversidad.

La implantación de bautistas en otras tierras se ilustró a partir de tres casos de éxito. En los vastos territorios de América Latina, la mezcla de creencias tradicionales y el catolicismo romano presentó inicialmente una barrera de gran resistencia. Sin embargo, después de que las naciones de la región se independizaran de España y Portugal, la tolerancia religiosa introducida durante los períodos de gobierno liberal permitió a los protestantes establecer una presencia a través de las misiones y la migración. Las dificultades que encontraron los bautistas incluyeron tensiones entre las misiones y los líderes locales, la feroz oposición de los católicos romanos y la divergencia interna sobre qué postura sociopolítica adoptar. Sin embargo, la gran contribución de los bautistas latinoamericanos al resto del evangelicalismo global fue el concepto de misión holística que surgió de las circunstancias específicas de la región. Las tierras africanas que se convirtieron en Nigeria también presentaron desafíos después de la llegada de una misión Bautista del Sur en 1850. Las condiciones no eran saludables para los misioneros, los conversos podían sufrir persecución y el estado del país estaba muy perturbado. Una iglesia bautista nativa mostró el potencial del liderazgo indígena y desde principios del siglo veinte los bautistas se expandieron desde su base original en Yorubaland para cubrir gran parte del país. El problema de aceptar o no a los polígamos como miembros preocupó a la denominación, pero la transferencia de la responsabilidad de los misioneros a los nigerianos se logró satisfactoriamente. Hubo otros problemas importantes que surgieron del rápido crecimiento del cristianismo carismático y el peso político del islam dentro de la nación independiente después de 1960. Los nagas del noreste de la India eran un pueblo remoto y temido cuando los bautistas establecieron la primera iglesia entre ellos en 1872. Los misioneros de la Sociedad de Misiones Foráneas de los Bautistas Americanos coordinaron la operación, pero la evangelización fue principalmente obra de los indígenas. La educación y la cultura de la imprenta ayudaron al avance del evangelio, aunque las políticas y los funcionarios del Imperio Británico fueron un activo mucho más ambiguo. En la independencia india en 1947, muchos nagas prefirieron un estado separado. El conflicto entre los nacionalistas naga y el gobierno indio se volvió endémico, pero los líderes bautistas buscaron la paz con tenacidad. Mientras tanto, la evangelización cristiana persistente aseguró que las colinas de Naga se convirtieran en el área bautista más sólida de la tierra.

Las implicaciones de este estudio

¿Qué inferencias se pueden extraer de este análisis? En primer lugar, es evidente que la historia bautista se puede entender mejor internacionalmente. No sólo había movimientos de misioneros y grupos de una tierra a otra, sino que los principales temas de la historia de la denominación se desenvolvieron en aproximadamente similares circunstancias en los dos lados del Atlántico. Los bautistas que empezaron las iglesias en Norte América originalmente vinieron de Bretaña, pero los vínculos, las influencias y las interrelaciones también continuaron por un largo tiempo. El avivamiento del siglo dieciocho afectó a los bautistas en Inglaterra y en Norte América de la misma manera; había en ambos lados del Atlántico en el siglo diecinueve un cisma entre los calvinistas sobre si la fe era una obligación; y el evangelio social era abogado en términos similares por Clifford y Rauschenbusch al comienzo del siglo veinte. Algunas veces se ha supuesto que los bautistas en Norte América estaban de alguna manera separados de sus correligionarios en Bretaña. "El movimiento bautista en Nueva Inglaterra", de acuerdo a su distinguido historiador William G. McLoughlin, "era esencialmente un movimiento indígena, paralelo al de Inglaterra, y no un retoño o extensión de éste".[1] La evidencia, sin embargo, no apoya la noción que los bautistas en Norte América fueran gente diferente. William H. Brackney ha

334 / *Los bautistas a través de los siglos*

Billy Graham (1918–2018)
Evangelista bautista

mostrado que las primeras iglesias del Antiguo y Nuevo Mundo, se relacionaban extensamente las unas con las otras.[2] Es verdad que los Bautistas Separados fueron un producto distintivo de Norte América, pero los Bautistas Regulares con quienes ellos se unieron no lo eran. Representantes de la Asociación de Philadelphia escribieron en 1792 a la Junta Bautista de Ministros en Londres que deseaban correspondencia porque eran parte de la comunidad bautista en los dominios británicos "en los cuales en alguna medida ustedes tienen superintendencia".[3] Ni la independencia terminó el préstamo de ideas. Cuando un trío de ministros innovadores de Nueva York reimprimieron las obras estándares bautistas en 1846, la colección estaba llena de autores ingleses: John Bunyan, Andrew Fuller, Robert Hall, y otros.[4] Los sermones de Spurgeon eran devorados en Estados

Unidos por lo menos tanto como los escritos de Charles Dickens. Los Bautistas Americanos desde mucho antes eran conscientes de que su comunidad era esencialmente trasatlántica.

Posteriormente hubo un número de alteraciones en el patrón de relaciones bautistas, pero la dimensión internacional persistía. Un cambio fue que la dirección del flujo dominante de influencia fue al revés. Mientras que en los siglos hasta el diecinueve, la contribución británica de personal, ideas, y prácticas a Norte América fue preponderante, en los siglos veinte y veintiuno la influencia de Norte América sobre Bretaña fue en aumento. El impacto de Billy Graham, el evangelista americano internacional, en Bretaña desde la década de 1950 en adelante no tuvo equivalente en la dirección opuesta. Un segundo desarrollo nuevo fue la extensión durante los siglos diecinueve y veinte en un conjunto de países afectados por los bautistas británicos y americanos. En los años después de la Segunda Guerra Mundial la influencia llegó a ser permanente. Aún en Rumania bajo el comunismo, la teología sistemática enseñada en el Seminario Bautista de Bucarest se inspiró en Augustus H. Strong and Edgar Y. Mullins. Un tercer desarrollo fue la creación de una organización para auspiciar y coordinar los vínculos entre los bautistas a nivel global. La Alianza Mundial Bautista (BWA) empezó en Londres en 1905, estuvo tarde en su comienzo, porque los anglicanos, luteranos, presbiterianos, metodistas y congregacionalistas todos habían empezado sus cuerpos confesionales mundialmente durante el siglo previo. Pero la BWA posteriormente actuó como un vehículo significativo para el apoyo mutuo y el intercambio de ideas. Inicialmente estuvo dominada por Bretaña y Estados Unidos, pero el tema principal de su historia fue el ampliar la participación internacional. Su tercer congreso, en 1923, fue en Estocolmo, señalando una consciencia de la creciente fortaleza de la vida bautista en el continente europeo; su décimo, en 1960, se reunió fuera de Norte América o Europa por primera vez, en Rio de Janeiro, simbolizando el crecimiento de las denominaciones en el hemisferio sur. Organizaciones regionales gradualmente se establecieron y el personal se internacionalizó desde la década de 1980. Las voces de nuevas tierras bautistas se escucharon con mayor frecuencia en los congresos, concilios y comisiones, y la asistencia creció de esas regiones. Para el décimo octavo congreso en Melbourne en el 2000, había tantos como 452 delegados de la

India, antes el primer campo de las misiones de la denominación. La BWA formó un expresión institucional del internacionalismo de la vida bautista.

La segunda implicación del estudio concierne las relaciones entre el evangelio y la cultura. Este repaso ha demostrado que repetidamente los bautistas, al desear esparcir el mensaje cristiano han sido moldeados por los contextos en los que han operado. Ha habido un constante ajuste con las fuerzas políticas. Así los bautistas llegaron a estar mucho menos preocupados en afirmar que la libertad religiosa se le debe conceder a todos cuando han ganado tolerancia. Igualmente se han acomodado a sus condiciones sociales. El evangelio social, aunque teológicamente inspirado, fue también una respuesta a las nuevas circunstancias lanzadas por el crecimiento de la industrialización. Quizá más poderosos como influencias modeladoras en el Occidente han sido los amplios movimientos de gusto e intelecto. Las maneras de pensar del iluminismo tuvieron un efecto decisivo en la manera en que los bautistas formularon su versión del calvinismo, su actitud de libertad religiosa y aun su doctrina de la iglesia. El romanticismo, a su vez, reformó su teología y práctica en maneras drásticas. Tanto dentro como fuera del Occidente, las características nacionales también se han afirmado. Los estadounidenses formularon la apologética en términos aceptables a la religión civil de la nación, y los australianos desarrollaron distintos balances teológicos en diferentes estados. En Rusia y Ucrania había una fricción entre los bautistas a causa de sentimientos de que las preferencias indígenas estaban siendo desdeñadas. Las circunstancias de América Latina generaron un evangelio holístico, la fuerza del islam creó problemas políticos para los bautistas nigerianos, y los bautistas de Naga se vieron profundamente afectados por la lucha por la independencia nacional. En Letonia los bautistas tenían obispos. Así las costumbres nacionales y subnacionales han afectado drásticamente la manera en que los bautistas expresan su fe. El evangelio ha sido adaptado a las fuerzas que afectan su vida.

Pero el evangelio que creen los bautistas también ha sido un forjador de la cultura. Como el enfoque de este libro ha sido en los bautistas mismos, este aspecto de su papel ha recibido menos atención de la que se le debe. Ha habido destellos del impacto bautista en sus más amplias sociedades en tales asuntos como la traducción del evangelio social en leyes a favor del bienestar y la demanda de los miembros de la iglesia afroamericana por sus derechos civiles. Su influencia en el estilo de vida alrededor de ellos algunas veces a sido altamente significativa. En muchos países su papel ha sido esencialmente al contrario de la cultura. En Italia después de la Segunda Guerra Mundial, los bautistas a menudo estuvieron activos en los partidos socialistas y comunistas porque formaron la oposición efectiva a los Cristianos Demócratas que representaban el tradicional dominio católico en el país. En Rusia durante las décadas de 1960 y 1970 los bautistas estuvieron dispuestos a exponerse a morir de hambre para así extraer Biblias y papel de las autoridades soviéticas. A menudo en el Occidente, donde un papel contra la cultura era menos natural, se ejerció una influencia por medio de la creatividad artística. Thomas A. Dorsey, el hijo de un predicador rural afroamericano de Georgia, compuso cantos evangélicos mientras que residía en Chicago. Trayendo elementos de la tradición de los cantos de negros a su repertorio, desde la década de 1920 en adelante Dorsey formó un nuevo estilo y se convirtió en "El padre del canto evangélico [Gospel music]". En la década de 1950 el cantante de rock-and-roll Buddy Holly, de Lubbock, Texas, fue el pionero de los efectos musicales que inspiraron a los Beatles. Aunque a Holly no se le piensa normalmente como bautista, una carta de su familia después de la temprana muerte del cantante en 1959 reveló su lealtad: "El nuestro fue un hogar cristiano y Buddy sabía que él era cristiano pues tomó cuidado de las cosas importantes temprano en su vida".[5] Los cantos evangélicos de la congregación bautista de Holly ayudaron a formar su estilo como compositor, que a su vez remodeló la cultura popular del día. El fenomenal éxito del novelista John Grisham, quien durante la década de 1990 vendió 60 millones de copias de sus libros, es otro ejemplo de un bautista creativo artísticamente cuya obra fue distinguiblemente afectada por su formación religiosa. En muchas y varias maneras, tanto abierta como sin expresión, tanto deliberada como sin intención, miembros de la denominación han transmitido la influencia del evangelio a su cultura.

Consecuentemente, los bautistas tienen una identidad multifacética. Se originaron como radicales que repudiaban la idolatría medieval pero pasaron por muchas subsecuentes convulsiones. Se volvieron evangélicos y permanecieron abrumadoramente así. Sostuvieron —en contraste y a menudo conflictivos— puntos de vista sobre asuntos sociales. Desarrollaron diversos entendimientos de la iglesia y de las relaciones ideales de la iglesia y el estado. Su expansión global generó mayor variedad. Por lo tanto, no sorprende que su herencia se haya convertido en un punto de contienda en el siglo veinte, como mostró el capítulo 18, en la más grande de las denominaciones nacionales, los Bautistas del Sur. No debe ser insospechado que hubo por lo menos siete hilos identificables de corrientes de vida a nivel mundial de la comunidad bautista al comienzo del siglo veintiuno. En esta multiplicidad de identidades, el bautismo de creyentes continua siendo el vínculo de compañerismo entre los varios grupos bautistas, y con todo ese modo de iniciación es ahora la posesión de millones de congregaciones con rasgos bautistas más allá del redil bautista. La práctica de la inmersión con la profesión de fe ya no es la marca que distingue a los bautistas de otros cristianos. La creencia que todos los miembros de la iglesia deben ser creyentes conscientes también ha sido visto como un principio básico bautista, pero de nuevo no los distingue de otros evangélicos. La tercer convicción, la responsabilidad de que los miembros compartan el gobierno de su propia iglesia, fue memorablemente expresado por los primeros bautistas en el principio del reinado de todos los creyentes. Una vez más, sin embargo, esta creencia fue históricamente compartida con los congregacionalistas. Tomadas juntas, estas tres convicciones —bautismo de creyentes, una membresía regenerada de la iglesia, y el reinado de todos los creyentes— parecen fundamentales para la vida bautista, pero aún tomadas juntas no forman la caracterización que incluya a todos los bautistas mientras que excluye a todos los demás. Algunos de los bautistas de mente más abierta pueden estar tristes con el requerimiento de evidencia de la conversión como requisito para la membresía, mientras que muchos pentecostales estarían felices de abrazar todas las tres convicciones. Al fin de cuentas, por lo tanto, la identidad bautista, un fenómeno del flujo de la historia, puede eludir definición. Es quizá suficiente que a través de las generaciones, los bautistas hayan conscientemente intentado, con varios grados de éxito, encarnar el evangelio en sus culturas.

NOTAS

Capítulo 1

1   Castle Donington [deletreo equivocado "Donnington"] Baptist Church Book 6, 17 November 1864; citado por Frank W. Rinaldi, *The Tribe of Dan: The New Connexion of General Baptists, 1770–1891: A Study in the Transition from Revival Movement to Established Denomination* (Milton Keynes: Paternoster, 2008), 85–86.

Capítulo 2

1   Eamon Duffy, *The Voices of Morebath: Reformation and Rebellion in an English Village* (New Haven, Conn.: Yale University Press, 2001).
2   J. Ayre, ed., *The Works of John Jewel*, 4 vols. (Cambridge: Parker Society, 1845–1849), 3:106; citado por Felicity Heal, *Reformation in Britain and Ireland* (Oxford: Oxford University Press, 2003), 387.
3   Patrick Collinson, *The Elizabethan Puritan Movement* (London: Cape, 1967); and idem, *The Religion of Protestants: The Church in English Society, 1559–1625* (Oxford: Clarendon, 1982).
4   Commonplace book of Abdias Ashton, MSS Mun. A/2/78, p. 87, Chetham Library, Manchester; citado por Peter Lake, *Moderate Puritans and the Elizabethan Church* (Cambridge: Cambridge University Press, 1982), 147–48.

5   "The Separatist Covenant of Richard Fitz's Congregation," en *The Early English Dissenters in the Light of Recent Research (1550–1641)*, ed. Champlin Burrage (Cambridge: Cambridge University Press, 1912), 2:15.
6   Peter Marshall, *Reformation England, 1480–1642* (London: Arnold, 2003), 121.
7   Henry Jacob, *A Defence of the Churches and Ministery of Englande* (Middelburg, 1599), 11; citado por Stephen Brachlow, *The Communion of Saints: Radical Puritan and Separatist Ecclesiology, 1570–1625* (Oxford: Oxford University Press, 1988), 56.
8   Roger Hayden, ed., *The Records of a Church of Christ in Bristol, 1640–1687* (Bristol: Bristol Record Society, 1974), 92.
9   Hayden, *Church of Christ in Bristol*, 93.

Capítulo 3

1   Ernest A. Payne, "Contacts between Mennonites and Baptists," *Foundations* 4 (1961): 39–55; William R. Estep, *The Anabaptist Story* (Nashville: Broadman, 1963).
2   Barrington R. White, *The English Separatist Tradition: From the Marian Martyrs to the Pilgrim Fathers* (London: Oxford University Press, 1971); Winthrop S. Hudson, "Baptists were not Anabaptists," *Chronicle* 16 (1953): 171-79.
3   Estep, *Anabaptist Story*, 202–9, following Irvin B. Horst, *The Radical Brethren: Anabaptism and the English Reformation to 1588* (Nieuwkoop: De Graaf, 1972).
4   Glen H. Stassen, "Anabaptist Influence in the Origin of the Particular Baptists," *Mennonite Quarterly Review* 36 (1962): 322–48. El argumento se reafirma en Glen H. Stassen, "Opening Menno Simons' *Foundation-Book* and Finding the Father of Baptist Origins alongside the Mother—Calvinist Congregationalism"; y en "Revisioning Baptist Identity by Naming our Origin and Character Rightly," *Baptist History and Heritage* 33 (1998): 34-44, 45-54.
5   Stanley A. Nelson, "Reflecting on Baptist Origins: The London Confession of Faith of 1644," *Baptist History and Heritage* 29 (1994): 34–35.
6   "The First London Confession, 1644," Artículo XL, en H. Leon McBeth, *A Sourcebook for Baptist Heritage* (Nashville: Broadman, 1990), 50.
7   Stephen Wright, *The Early English Baptists, 1603–1649* (Woodbridge, Suffolk: Boydell, 2006), 13.
8   John Smyth, "The Differences of the Churches of the Seperation" (1608), en *The Works of John Smyth*, ed. William T. Whitley, 2 vols. (Cambridge: Cambridge University Press, 1915), 1:282.

9   Smyth, "Differences of the Churches," 1:273, 274.
10 *The Works of John Robinson, Pastor of the Pilgrim Fathers*, 3 vols. (Boston: Doctrinal Tract and Book Society, 1851), 3:168.
11 Wright, *Early English Baptists*, 33 n. 92, muestra que la fecha tradicional (que había sido cuestionada por Stephen Brachlow, *The Communion of Saints: Radical Puritans and Separatist Ecclesiology, 1570–1625* [Oxford: Oxford University Press, 1988], 150 n. 1) es la correcta.
12 Albert H. Newman, *A History of Anti-Pedobaptism* (Philadelphia: American Baptist Publication Society, 1902), 387.
13 *Corde Credimus*, Artículo 2; citado por Benjamin Evans, *The Early English Baptists*, 2 vols. (London: J. Heaton, 1862–1864), 1:253.
14 Jason K. Lee, "Smyth's View of Christ," en *The Theology of John Smyth: Puritan, Separatist, Baptist, Mennonite* (Macon, Ga.: Mercer University Press, 2003), 209–43.
15 Champlin Burrage, *The Early English Dissenters in the Light of Recent Research (1550–1641)* (Cambridge: Cambridge University Press, 1912), 1:230.
16 John Smyth, "The Character of the Beast" (1609), en *Works of John Smyth*, ed. Whitley, 2:757.
17 Wright, *Early English Baptists*, 99–102.

Capítulo 4

1   Henry Jacob, *A Declaration and Plainer Opening of Certain Points* (Middelburg, 1612), 5–6; citado por Patrick Collinson, "Sects and the Evolution of Protestantism," en *Puritanism: Transatlantic Perspectives on a Seventeenth-Century Anglo-American Faith*, ed. Francis J. Bremer (Boston: Massachusetts Historical Society, 1993), 162.
2   Esto es para darle seguimiento al caso hecho por Stephen Wright, *The Early English Baptists, 1603–1649* (Woodbridge, Suffolk: Boydell, 2006), 75–89.
3   "The First London Confession, 1644," Artículo XXI, en H. Leon McBeth, *A Sourcebook for Baptist Heritage* (Nashville: Broadman, 1990), 48.
4   Benjamin Coxe, *An Appendix to a Confession of Faith* (London, 1646), 11; citado por Barrington R. White, "The Frontiers of Fellowship between British Baptists, 1609–1660," *Foundations* 11 (1968): 253.
5   Thomas Edwards, *Gangraena*, pt. 1 (London, 1646), 55 (bis); citado por Murray Tolmie, *The Triumph of the Saints: The Separate Churches of London, 1616–1649* (Cambridge: Cambridge University Press, 1977), 133.
6   Citado por D. Mervyn Himbury, *British Baptists: A Short History* (London: Carey Kingsgate, 1962), 61.
7   Citado por H. Leon McBeth, *The Baptist Heritage* (Nashville: Broadman, 1987), 82.

8 Barrington R. White, *Association Records of the Particular Baptists of England, Wales and Ireland to 1660*, pt. 3 (London: Baptist Historical Society, n.d.), 176.
9 J[ames] O[ckford], *The Doctrine of the Fourth Commandment, Deformed by Popery, Reformed & Restored to its Primitive Purity* (London, 1650), 58; citado por Don A. Sandford, *A Choosing People: The History of the Seventh Day Baptists* (Nashville: Broadman, 1992), 59.
10 "The First London Confession, 1644," Artículos XXIV y XXIII, en McBeth, *Sourcebook*, 49.
11 "First London Confession," en McBeth, *Sourcebook*, 46.
12 "A Brief Confession or Declaration of Faith," Artículo IV, en William L. Lumpkin, *Baptist Confessions of Faith*, ed. rev. (Valley Forge, Pa.: Judson Press, 1969), 225–26.
13 Benjamin Coxe, "To the Reader," en *God's Ordinance, the Saints Priviledge*, por John Spilsbury (London, 1646); rev. Tolmie, *Triumph of the Saints*, 72.
14 Luke Howard, *A Looking Glass for Baptists* ([London], 1672), 5; citado por White, "Frontiers of Fellowship," 250; énfasis en el original.
15 John Griffiths, *God's Oracle and Christ's Doctrine* (1655), 92; citado por White, "Frontiers of Fellowship," 254.
16 "The First London Confession, 1644," Artículo XLVII, en McBeth, *Sourcebook*, 51.
17 "Orthodox Creed," Artículo XXXIX, en Lumpkin, *Baptist Confessions*, 327.
18 Edward Barber, *A True Discovery of the Ministry of the Gospell* (London, 1645), 1; citado por Barrington R. White, *The English Baptists of the Seventeenth Century* (London: Baptist Historical Society, 1983), 35.
19 Edward B. Underhill, *Records of the Churches of Christ Gathered at Fenstanton, Warboys and Hexham, 1644–1720* (London, 1854), 5–6; citado por White, *Baptists of the Seventeenth Century*, 46.
20 "Brief Confession," Artículo XXIV, en Lumpkin, *Baptist Confessions*, 233.
21 *A Declaration by Congregational Societies in and about the City of London, as well as Those Commonly Called Anabaptists, as Others* (1647), 9; citado por Tolmie, *Triumph of the Saints*, 170.
22 White, *Association Records*, pt. 2, 61.
23 White, *Association Records*, pt. 2, 56.
24 Thomas Grantham, *Christianismus Primitivus* (London, 1678); citado por Ted L. Underwood, *Primitivism, Radicalism and the Lamb's War: The Baptist-Quaker Conflict in Seventeenth-Century England* (New York: Oxford University Press, 1997), 84.
25 Christopher Blackwood, *The Storming of Antichrist*, part 2; citado por McBeth, *Sourcebook*, 43.

26 William Kiffin, preface to Thomas Goodwin, *A Glimpse of Syons Glory* (London, 1641); citado por Tolmie, *Triumph of the Saints*, 85.
27 Thomas Collier, *The Exaltation of Christ in the Dayes of the Gospel* (London: Giles Calvert, 1646), 234; citado por Barrington R. White, "Thomas Collier and Gangraena Edwards," *Baptist Quarterly* 24 (1971): 106.

Capítulo 5

1 James Foster, *An Essay on Fundamentals with a Particular Regard to the Doctrine of the Ever-Blessed Trinity* (London: For J. Clarke, 1720), 4; citado por Stephen Copson, "Stogdon, Foster, and Bulkeley: Variations on an Eighteenth-Century Theme," en *Pulpit and People: Studies in Eighteenth Century Baptist Life and Thought*, ed. John H. Y. Briggs (Milton Keynes: Paternoster, 2009), 50.
2 John Gill, *The Watchman's Answer to the Question, "What of the Night?"* (1750), 25; citado por Timothy George, "Controversy and Communion: The Limits of Baptist Fellowship from Bunyan to Spurgeon," en *The Gospel in the World: International Baptist Studies*, ed. David W. Bebbington (Carlisle: Paternoster, 2002), 48.
3 Abram D. Gillette, ed., *Minutes of the Philadelphia Baptist Association, 1707 to 1807* (1851; repr., Springfield, Mo.: Particular Baptist Press, 2002), 47.
4 *Christian History*, 27 August 1743; citado por Thomas S. Kidd, *The Great Awakening: The Roots of Evangelical Christianity in Colonial America* (New Haven, Conn.: Yale University Press, 2007), 111.
5 Raymond Brown, *The English Baptists of the Eighteenth Century* (London: Baptist Historical Society, 1986), 78.
6 Thomas S. Kidd, "'Do the Holy Scriptures Countenance Such Wild Disorder?': Baptist Growth in the Eighteenth-Century American South," en *Baptists and Mission: Papers from the Fourth International Conference on Baptist Studies*, ed. Ian M. Randall and Anthony R. Cross (Milton Keynes: Paternoster, 2007), 109.
7 Minutes, 27 de mayo 1792; citado por Damon C. Dodd, *The Free Will Baptist Story* (Nashville: Executive Department of the National Association of Free Will Baptists, 1956), 84.
8 Dan Taylor, *A Dissertation on Singing in the Worship of God* (London, 1786); citado por H. Leon McBeth, *A Sourcebook for Baptist Heritage* (Nashville: Broadman, 1990), 110.

Capítulo 6

1 William M. Tryon al editor, *Baptist Banner*, October 14, 1841.

2   Nathan O. Hatch, *The Democratization of American Religion* (New Haven, Conn.: Yale University Press, 1989).
3   W. J. Berry, comp., *The Kehukee Declaration and Black Rock Address* (n.p., n.d.), 25.
4   Joshua Lawrence, "Declaration of the Reformed Baptist Churches in the State of North Carolina [1827]," *Primitive Baptist* 7 (14 May 1842), 130; citado por John G. Crowley, *Primitive Baptists of the Wiregrass South: 1815 to the Present* (Gainesville: University Press of Florida, 1998), 60.
5   John Taylor, *Thoughts on Missions* (n.p., 1819), 22; citado por William W. Sweet, *Religion on the American Frontier: The Baptists, 1780–1830* (New York: Henry Holt, 1931), 72.
6   William P. Throgmorton and Lemuel Potter, *Who Are the Primitive Baptists? The Throgmorton-Potter Debate* (St. Louis, Mo.: Nixon-Jones, 1888), 2; citado por Howard Dorgan, *In the Hands of a Happy God: The "No-Hellers" of Central Appalachia* (Knoxville: University of Tennessee Press, 1997), 24.
7   Lawrence, "Declaration," 130; citado por Crowley, *Primitive Baptists*, 60.
8   "Constitution of the Apple Creek Association," Artículo 19, en Sweet, *Religion on the American Frontier: The Baptists*, 64.
9   Citado por Robert W. Oliver, "John Collett Ryland, Daniel Turner and Robert Robinson and the Communion Controversy, 1772–1781," *Baptist Quarterly* 29 (1981–1982): 78.
10 Olinthus Gregory, ed., *The Works of Robert Hall, A. M.*, 6 vols. (London, 1832), 2:14; citado por Michael Walker, *Baptists at the Table: The Theology of the Lord's Supper amongst English Baptists in the Nineteenth Century* (Didcot, Oxfordshire: Baptist Historical Society, 1992), 46.
11 Thomas Edwards, "Our Privileges and Duties," *Circular Letter to the Churches of the Radnorshire and Montgomery Baptist Association* (1897). Agradezco al Rev. Dr. Michael Collis por esta referencia.
12 Citado por John McCardell, *The Idea of a Southern Nation: Southern Nationalists and Southern Nationalism, 1830–1860* (New York: Norton, 1979), 183.
13 *Proceedings of the Fifth Annual Meeting of the Baptist State Convention of North Carolina* (Newborn, N.C.: Recorder Office, 1835), 8; citado por Mitchell Snay, *Gospel of Disunion: Religion and Separatism in the Antebellum South* (Cambridge: Cambridge University Press, 1993), 31.
14 Alexander Campbell en *Christian Baptist* 1 (1823): 21–22; citado por Robert F. West, *Alexander Campbell and Natural Religion* (New Haven, Conn.: Yale University Press, 1948), 31.
15 *Tennessee Baptist*, 6 de octubre 1857; citado por H. Leon McBeth, *A Sourcebook for Baptist Heritage* (Nashville: Broadman, 1990), 318, 319.

Capítulo 7

1. William Medley, *Rawdon Baptist College: Centenary Memorial* (London: Kingsgate, 1904), 26.
2. *General Baptist Magazine*, February 1859, 46–49; citado por John H. Y. Briggs, *The English Baptists of the Nineteenth Century* (Didcot, Oxfordshire: Baptist Historical Society, 1994), 109–10.
3. John Howard Hinton, "Strictures on Some Passages in the Rev. J. B. Brown's 'Divine Life in Man,'" *Baptist Magazine*, abril 1860, 226.
4. Crawford H. Toy, *Quotations in the New Testament* (New York: Scribner's, 1884), xxix; citado por Gregory A. Wills, *Seminario Teológico Bautista del Sur, 1859–2009* (New York: Oxford University Press, 2009), 147.
5. Archibald Fergusson en *Annual Paper concerning the Lord's Work in Connection with the Pastors' College, Newington, London, 1881–82* (London: Alabaster, Passmore & Sons, 1882), 17.
6. C. H. Spurgeon en *Outline of the Lord's Work by the Pastor's College and its Kindred Organisations at the Metropolitan Tabernacle* (London: Passmore & Alabaster, 1867), 14.
7. Patricia S. Kruppa, *Charles Haddon Spurgeon: A Preacher's Progress* (New York: Garland, 1982), 424.
8. William Newton Clarke, *An Outline of Christian Theology* (New York: Scribner's, 1898), 1.
9. Shailer Mathews, *The Gospel and the Modern Man* (New York: Macmillan, 1910), 235.
10. Edgar Y. Mullins, "Southern Baptists and the Changing Viewpoint," *Biblical Reporter* 22 (Abril 1903): 2; citado por, *Seminario Teológico Bautista del Sur*, 237.
11. William B. Riley, *The Menace of Modernism* (New York: Christian Alliance, 1917); citado por William Vance Trollinger Jr., *God's Empire: William Bell Riley and Midwestern Fundamentalism* (Madison: University of Wisconsin Press, 1990), 34.
12. *Watchman-Examiner*, 1 July 1920; citado por George M. Marsden, *Fundamentalism and American Culture: The Shaping of Twentieth-Century Evangelicalism, 1870–1925* (New York: Oxford University Press, 1980), 159.
13. William B. Riley, "Modernism in Baptist Schools," *School and Church* (October–December 1920): 407–22; citado por Trollinger, *God's Empire*, 54.
14. *Watchman-Examiner*, 29 June 1922; citado por Trollinger, *God's Empire*, 56.
15. B. I. Greenwood reportado en *Record*, 14 June 1923.

Capítulo 8

1. Walter Rauschenbusch, *Christianity and the Social Crisis* (New York: Macmillan, 1907), 65.
2. Russell H. Conwell, *Acres of Diamonds* (1890; repr., New York, 1915); citado por Henry F. May, *Protestant Churches and Industrial America* (New York: Harper & Brothers, 1949), 199.
3. *The Church* (1854), 308; citado por David W. Bebbington, "The Baptist Conscience in the Nineteenth Century," *Baptist Quarterly* 24 (1991): 17.
4. [No author] "The Millennium: Its Nature and Blessings," *General Baptist Magazine*, July 1854, 308.
5. *Watchman and Reflector*, 26 de marzo 1857; citado por Timothy L. Smith, *Revivalism and Social Reform: American Protestantism on the Eve of the Civil War* (Nashville: Abingdon, 1957), 152–53.
6. Walter Rauschenbusch, *A Theology for the Social Gospel* (1917; repr., Nashville: Abingdon, 1945), 131.
7. Ronald C. White Jr. and C. Howard Hopkins, *The Social Gospel: Religion and Reform in Changing America* (Philadelphia: Temple University Press, 1976), 73.
8. Shailer Mathews, *The Social Gospel* (Philadelphia: Griffith & Rowland, 1910), 107.
9. Charles F. Aked, *Calvin and Calvinism* (London: James Clarke, [1891]), 7.
10. Mathews, *Social Gospel*, 11.
11. Mathews, *Social Gospel*, 151.
12. Augustus H. Strong to Walter Rauschenbusch, 28 de diciembre 1917; citado por Christopher H. Evans, *The Kingdom Is Always but Coming: A Life of Walter Rauschenbusch* (Grand Rapids: Eerdmans, 2004; repr., Waco, Tex.: Baylor University Press, 2010), 299.
13. Walter Rauschenbusch, "The New Evangelism," *Independent*, 12 de mayo 1904; citado por Evans, *Kingdom Is Always but Coming*, 168.
14. Mathews, *Social Gospel*, 107.
15. John Clifford, *The Effect of Socialism on Personal Character* (n.p., 1893), 2.
16. John Clifford en *Christian World*, 20 de enero 1898.
17. Walter Rauschenbusch, "The Welsh Revival and Primitive Christianity," en *Walter Rauschenbusch: Selected Writings*, ed. Winthrop S. Hudson (New York: Paulist Press, 1984), 111. (Publicado originalmente en *The Watchman*, 15 June 1905.)
18. Isaac M. Haldeman, *Professor Rauschenbusch's "Christianity and the Social Crisis"* (New York: Charles C. Cook, 1911), 42, 40; citado por Evans, *Kingdom Is Always but Coming*, 225.

Capítulo 9

1. Randy J. Sparks, "Religion in Amite County, Mississippi, 1800-1861," en *Masters and Slaves in the House of the Lord: Race and Religion in the American South, 1740-1870*, ed. John B. Boles (Lexington: University Press of Kentucky, 1988), 63.
2. Richard Furman, *Exposition of the Views of the Baptists relative to the Coloured Population of the United States* (Charleston, S.C.: A. E. Miller, 1823); citado por H. Leon McBeth, *A Sourcebook for Baptist Heritage* (Nashville: Broadman, 1990), 253.
3. William McLoughlin, *Cherokees and Missionaries, 1789-1839* (New Haven, Conn.: Yale University Press, 1984), 155.
4. *Records of the Academy Baptist Church, Mississippi* (n.d.); citado por Randy J. Sparks, *On Jordan's Stormy Banks: Evangelicalism in Mississippi, 1773-1876* (Athens: University of Georgia Press, 1994), 198.
5. Tishomingo Baptist Association, *Proceedings of the Ninth Annual Session* (1869), Memphis, 8; citado por Sparks, *Jordan's Stormy Banks*, 192.
6. *Christian Index*, 22 March 1883; citado por McBeth, *Sourcebook*, 282.
7. Southern Baptist Convention, "Report of the Home Mission Board," *Annual* (1891): xxxvi; citado por McBeth, *Sourcebook*, 287.
8. Paul Harvey, *Freedom's Coming: Religious Culture and the Shaping of the American South from the Civil War through the Civil Rights Era* (Chapel Hill: University of North Carolina Press, 2005), 39.
9. Paul Harvey, *Redeeming the South: Religious Cultures and Racial Identities among Southern Baptists, 1865-1925* (Chapel Hill: University of North Carolina Press, 1997), 231 (no se ha identificado la fuente original).
10. Elias Camp Morris, *Sermons, Addresses, Reminiscences and Important Correspondence* (Nashville: National Baptist Publishing Board, 1901); citado por Harvey, *Redeeming the South*, 189.
11. Sutton E. Griggs, *Imperium in Imperio* (Cincinnati: Editor Publishing, 1899); citado por Harvey, *Redeeming the South*, 234.
12. George D. Kelsey, undated MS, Drew University Library, Madison, N.J.; citado por Dennis C. Dickerson, "African American Religious Intellectuals and the Theological Foundations of the Civil Rights Movement, 1930-55," *Church History* 74 (2005): 227.
13. Citado sin fuente por Harvey, *Freedom's Coming*, 94.
14. Andrew M. Manis, "'Dying from the Neck Up': Southern Baptist Resistance to the Civil Rights Movement," *Baptist History and Heritage* 34 (1999): 33.
15. Billy G. Pierce en *Arkansas Baptist Newsmagazine*, 8 de agosto 1963, citado por Mark Newman, *Getting Right with God: Southern Baptists and Desegregation, 1945-1995* (Tuscaloosa: University of Alabama Press, 2001), 61.

16 Thomas B. Maston, *Segregation and Desegregation: A Christian Approach* (New York: Macmillan, 1959), 163; citado por Newman, *Getting Right with God*, 67.
17 Southern Baptist Convention, *Annual* (1960); 273; citado por Newman, *Getting Right with God*, 81.
18 Fannie Lou Hamer, "Sick and Tired of Being Sick and Tired," *Katallagete* (Fall 1968): 26; citado por Harvey, *Freedom's Coming*, 198.
19 Citado por Leroy Fitts, *A History of Black Baptists* (Nashville: Broadman, 1985), 287.
20 *Baptist Times*, 28 June 1956, 9; citado por by Ian M. Randall, *The English Baptists of the Twentieth Century* (Didcot, Oxfordshire: Baptist Historical Society, 2005), 306-7.
21 Southern Baptist Convention, *Annual* (1995): 81; citado por Newman, *Getting Right with God*, 202.

Capítulo 10

1 John Smyth, "Paralleles, Censures, Observations" (1609), en *The Works of John Smyth*, ed. William T. Whitley, 2 vols. (Cambridge: Cambridge University Press, 1915), 2:430.
2 Maze Pond Baptist Church Book (1691-1745), 109; citado por Michael R. Watts, *The Dissenters: From the Reformation to the French Revolution* (Oxford: Clarendon, 1978), 320.
3 Abram D. Gillette, ed., *Minutes of the Philadelphia Baptist Association, 1707 to 1807* (1851; repr., Springfield, Mo.: Particular Baptist Press, 2002), 53.
4 *General Baptist Repository* (April 1850): 188-89; citado por David W. Bebbington, Kenneth Dix, and Alan Ruston, eds., *Protestant Nonconformist Texts, vol. 3: The Nineteenth Century* (Aldershot, Hampshire: Ashgate, 2006), 249-50.
5 Abigail Harris Papers, 1801-1827, Cumberland County Historical Society, Greenwich, N.J.; citado por Janet Moore Lindman, "Beyond the Meetinghouse: Women and Protestant Spirituality in Early America," en *The Religious History of American Women: Reimagining the Past*, ed. Catherine A. Brekus (Chapel Hill: University of North Carolina Press, 2007), 151.
6 *Baptist Magazine*, 1852, 698; citado por Linda Wilson, *Constrained by Zeal: Female Spirituality amongst Nonconformists, 1825-75* (Carlisle: Paternoster, 2000), 109.
7 Abigail Harris Papers, Miscellaneous Items, 24 May 1808; citado por Lindman, "Beyond the Meetinghouse," 151.
8 [E. Macpherson], *A Mother's Legacy to her Children* (Bristol, n.d.), 57; citado por Bebbington, Dix, and Ruston, *Protestant Nonconformist Texts*, 245.

9 Frank K. Prochaska, *Women and Philanthropy in Victorian England* (Oxford: Clarendon, 1980), 147.
10 *Baptist Magazine*, 1852, 698; citado por Wilson, *Constrained by Zeal*, 57.
11 Alma Hunt, *History of Woman's Missionary Union* (Nashville: Convention Press, [1964]), 49.
12 Southern Baptist Convention, *Annual* (1917): 90; citado por Paul Harvey, "Saints but Not Subordinates: The Woman's Missionary Union of the Southern Baptist Convention," en *Women and Twentieth-Century Protestantism*, ed. Margaret Lamberts Bendroth and Virginia Lieson Brereton (Urbana: University of Illinois Press, 2002), 15.
13 William T. Whitley, ed., *Third Baptist World Congress, Stockholm, July 21-27, 1923* (London: Kingsgate, 1923), 99; citado por Kendal P. Mobley, *Helen Barrett Montgomery: The Global Mission of Domestic Feminism* (Waco, Tex.: Baylor University Press, 2009), 1.
14 National Baptist Convention, *Journal of the Twentieth Annual Session of the National Baptist Convention, Se llevo a cabo en Richmond, Virginia, septiembre 12-17, 1900* (Nashville: National Baptist Publishing Board, 1900), 68; citado por Evelyn Brooks Higginbotham, *Righteous Discontent: The Women's Movement in the Black Baptist Church, 1880-1920* (Cambridge, Mass.: Harvard University Press, 1993), 150.
15 *Royal Service*, December 1958, 87, citado por Melody Maxwell, *The Woman I Am: Southern Baptist Women's Writings, 1906-2006* (Tuscaloosa: University of Alabama Press, 2014), 109-10.
16 *Baptist Faith and Message*, 2000, citado por Maxwell, *The Woman I Am*, 2.
17 "Women and Men as Partners in Church and Society" (diciembre 1985); citado por "American Baptist Policy Statements," *American Baptist Quarterly* 5 (1986): 160.
18 "Resolution on the Place of Women in Christian Service" (June 1973); citado por Bill J. Leonard, *Baptists in America* (New York: Columbia University Press, 2005), 217.
19 Citado por S. Ademola Ajayi, *Baptist Work in Nigeria, 1850-2005: A Comprehensive History* (Ibadan: Book Wright Publishers, 2010), 147.

Capítulo 11

1 John Smyth, "The Differences of the Churches of the Seperation" (1608), en *The Works of John Smyth*, ed. William T. Whitley, 2 vols. (Cambridge: Cambridge University Press, 1915), 1:269.
2 Edward Barber, *A Small Treatise on Baptisme, or Dipping* (n.p., 1641); citado por H. Leon McBeth, *A Sourcebook for Baptist Heritage* (Nashville: Broadman, 1990), 42.

3   John Fawcett, *Christ Precious to Those That Believe* (1799; repr., Minneapolis: Klock & Klock Christian Publishers, 1979), 230; citado por Michael A. G. Haykin, "'His Soul-Refreshing Presence': The Lord's Supper in Calvinistic Baptist Thought and Experience in the 'Long' Eighteenth Century," en *Baptist Sacramentalism*, ed. Anthony R. Cross and Philip E. Thompson (Carlisle: Paternoster, 2003), 188.
4   Charles H. Spurgeon, *Till He Come* (London: Passmore & Alabaster, 1894), 7.
5   "Orthodox Creed," Artículo XXX, en W. L. Lumpkin, *Baptist Confessions of Faith*, rev. ed. (Valley Forge, Pa.: Judson Press, 1969), 319.
6   Morgan Edwards, *The Customs of Primitive Churches* (Philadelphia, 1774), 9–10; citado por Philip E. Thompson, "Re-Envisioning Baptist Identity: Historical, Theological and Liturgical Analysis," *Perspectives in Religious Studies* 27 (2000): 294 n. 33.
7   Henry Lawrence, *Of Baptism*, 3rd ed. (London: F. Macock, 1659), 10; citado por Stanley K. Fowler, *More Than a Symbol: The British Baptist Recovery of Baptismal Sacramentalism* (Carlisle: Paternoster, 2002), 25.
8   "Orthodox Creed," Artículo XXVII, en Lumpkin, *Baptist Confessions*, 317.
9   Hercules Collins, *An Orthodox Catechism* (London, 1680), 41–42; citado por E. P. Winter, "Calvinist and Zwinglian Views of the Lord's Supper among the Baptists of the Seventeenth Century," *Baptist Quarterly* 15 (1954): 327.
10 Spurgeon, *Till He Come*, 69.
11 Andrew Fuller, "The Practical Uses of Christian Baptism," en *The Works of Andrew Fuller*, ed. Thomas Belcher (Philadelphia, 1845), 3:341; citado por Barry Vaughn, "The Transition from the Sacramental to the Ordinal View of Baptism in Baptist Historical Documents," *Oklahoma Baptist Chronicle* 29 (1986): 60.
12 Francis Wayland, *Salvation by Christ* (Boston, 1859), 321; citado por Norman H. Waring, "The Individualism of Francis Wayland," en *Baptist Concepts of the Church*, ed. Winthrop S. Hudson (Philadelphia: Judson Press, 1959), 152.
13 John Clifford, *The Ordinances of Jesus and the Sacraments of the Church* (London, 1888), 4; citado por Anthony R. Cross, *Baptism and the Baptists: Theology and Practice in Twentieth-Century Britain* (Carlisle: Paternoster, 2000), 13.
14 L. F. Greene, ed., *The Writings of John Leland* (1845; repr., New York: Arno, 1969), 58; citado por Edwin S. Gaustad, "The Backus-Leland Tradition," en Hudson, *Baptist Concepts*, 119.
15 Francis Wayland, *Notes on the Principles and Practices of Baptist Churches* (New York: Sheldon, Blakeman, 1857), 132.

16 Charles Stovel, *The Baptismal Regeneration Controversy Considered* (London, 1843), 141; citado por John H. Y. Briggs, *The English Baptists of the Nineteenth Century* (Didcot, Oxfordshire: Baptist Historical Society, 1994), 46.
17 Edgar Y. Mullins, *The Axioms of Religion* (Philadelphia: Judson Press, 1908), 53.
18 William R. McNutt, *Polity and Practice in Baptist Churches* (Philadelphia: Judson Press, 1935), 22.
19 Herschel H. Hobbs, *The Baptist Faith and Message* (Nashville: Convention Press, 1971), 83.
20 Augustus H. Strong, *Systematic Theology* (Philadelphia: Judson Press, 1907), 964.
21 H. Wheeler Robinson, "The Place of Baptism in Baptist Churches To-Day," *Baptist Quarterly* 1 (1922–1923): 210.
22 Curtis W. Freeman, "Can Baptist Theology Be Re-envisioned?" *Perspectives in Religious Studies* 26 (1999): 306.

Capítulo 12

1 George Truett, "Baptists and Religious Liberty"; citado por H. Leon McBeth, *A Sourcebook for Baptist Heritage* (Nashville: Broadman, 1990), 469.
2 John Smyth, "A Paterne of true Prayer" (1605), en *The Works of John Smyth*, ed. William T. Whitley, 2 vols. (Cambridge: Cambridge University Press, 1915), 1:166.
3 Thomas Helwys, *A Short Declaration of the Mistery of Iniquity* (1612; repr., London: Kingsgate Press for the Baptist Historical Society, 1935), 69.
4 Helwys, *Mistery of Iniquity*, 46.
5 John Murton, *Persecution for Religion Judged and Condemned (1620); en Tracts on Liberty of Conscience and Persecution, 1614–1661*, ed. Edward B. Underhill (London: J. Haddon, 1846), 192.
6 Edward Barber, *To the Kings Most Excellent Majesty* (1641); citado por John Coffey, "From Helwys to Leland: Baptists and Religious Toleration in England and America, 1612–1791," en *The Gospel in the World: International Baptist Studies*, ed. David W. Bebbington (Carlisle: Paternoster, 2002), 16–17.
7 Samuel Richardson, *The Necessity of Toleration in Matters of Religion* (1647), en Underhill, *Tracts*, 274.
8 Roger Williams, *The Bloudy Tenent of Persecution* [1644], ed. Edward B. Underhill (London: J. Haddon, 1848), 193–94.
9 Alvah Hovey, *A Memoir of the Life and Times of the Rev. Isaac Backus* (Boston: Gould & Lincoln, 1859), 210.
10 John Williams, *Journal*, 12 May 1771, Virginia Baptist Historical Society, Richmond, Va.; citado por Rhys Isaac, "'The Rage and Malice of the Old

Serpent Devil': The Dissenters and the Making and Remaking of the Virginia Statute for Religious Freedom," en *The Virginia Statute for Religious Freedom: Its Evolution and Consequences in American History*, ed. Merrill D. Peterson and Robert C. Vaughan (Cambridge: Cambridge University Press, 1988), 142.
11 John Leland, "The Rights of Conscience Inalienable" [1791], en *The Writings of John Leland*, ed. L. F. Greene (1845; repr., New York: Arno, 1969), 188.
12 Minutes of the Baptist Union of Great Britain and Ireland (1833–1842), 3 May 1838, 147, Angus Library, Regent's Park College, Oxford.
13 Minutes of the Philadelphia Baptist Association (1815), p. 7, Philadelphia Baptist Association, Philadelphia, Pa.
14 *Proceedings of the Baptist General Convention of Texas* (1912): 133; citado por C. C. Goen, "Baptists and Church-State Issues in the Twentieth Century," *American Baptist Quarterly* 6 (1987): 228.
15 *Proceedings of the Baptist General Convention of Texas* (1905): 82; citado por Goen, "Baptists and Church-State Issues," 228 n. 3.
16 *New York Baptist Annual* (1921): 29; citado por Goen, "Baptists and Church-State Issues," 229.
17 Truett, "Baptists and Religious Liberty," en McBeth, *Sourcebook*, 469.
18 Joseph M. Dawson, "The Church and Religious Liberty," *Review and Expositor* 50 (1953): 156–58; citado por Goen, "Baptists and Church-State Issues," 241.
19 W. A. Criswell reportado en *Church and State* 37 (1984): 23.

Capítulo 13

1 William Carey, *An Enquiry into the Obligations of Christians to Use Means for the Conversion of the Heathens*, ed. Ernest A. Payne (1792; repr., London: Carey Kingsgate, 1961), 37.
2 Carey, *Enquiry*, 62.
3 Carey, *Enquiry*, 68.
4 Brian Stanley, *The History of the Baptist Missionary Society, 1792–1992* (Edimburgo: T&T Clark, 1992), 14.
5 William Carey to John Sutcliffe, 29 December 1800, Baptist Missionary Society MSS, Angus Library, Regent's Park College, Oxford; citado por E. Daniel Potts, *British Baptist Missionaries in India, 1793–1837* (Cambridge: Cambridge University Press, 1967), 35.
6 "The Relation of Various Missionary Methods to Carrying the Gospel to All the Non-Christian World," en *World Missionary Conference, 1910: Report of Commission I: Carrying the Gospel to the Non-Christian World* (Edimburg: Oliphant, Anderson & Ferrier, [1910]), 315.

7   William Carey to John Ryland, 12 June 1806, College Street Baptist Church, Northampton, MSS; citado por Potts, *British Baptist Missionaries*, 19.
8   Calista V. Luther, *The Vintons and the Karens* (Boston: W. G. Corthell, 1880), 25; citado por Aileen Sutherland Collins, "Calista Holman Vinton: Not Just a Missionary's Wife," *American Baptist Quarterly* 12 (1993): 213.
9   Dr. M. B. Anderson's resolution to the Executive Committee, citado por Robert G. Torbet, *The Story of the American Baptist Foreign Mission Society and the Woman's American Baptist Foreign Mission Society, 1814–1954* (Philadelphia: Judson Press, 1955), 152.
10 Wesley W. Lawton, *Diary*, 18 November 1923; citado por Paul Harvey, "The Politicization of White and Black Southern Baptist Missionaries, 1880–1930," *American Baptist Quarterly* 13 (1994): 213.
11 "The African Inland Mission," *Hearing and Doing* 1 (1896): 4; citado por Dana L. Robert, *American Women in Mission: A Social History of Their Thought and Practice* (Macon, Ga.: Mercer University Press, 1996), 208.
12 Henry R. Williamson, *Fresh Ventures in Fellowship* (London: Baptist Missionary Society, 1944), 32; citado por Stanley, *Baptist Missionary Society*, 364.
13 Henry Mugabe, "Theological Education and the Quest for Identity in the Baptist Convention of Zimbabwe," en *Baptist Identities: International Studies from the Seventeenth to the Twentieth Centuries*, ed. Ian M. Randall, Toivo Pilli, and Anthony R. Cross (Milton Keynes: Paternoster, 2006), 304.

Capítulo 14

1   Citado por Ian M. Randall, *Communities of Conviction: Baptist Beginnings in Europe* (Schwarzenfeld, Germany: Neufeld, 2009), 51.
2   Citado por Randall, *Communities of Conviction*, 45.
3   "Verhandlungen," *First Conference* (1851), 8; citado por Ernest K. Pasiciel, "The Sociocultural Transformation of the North American Baptist Conference," en *Memory and Hope: Strands of Canadian Baptist History*, ed. David T. Priestley (Waterloo, Ontario: Wilfrid Laurier University Press, 1996), 72–73.
4   Citado por George W. Sadler et al., *Europe—Whither Bound?* (Nashville: Broadman, 1951), 80.
5   Robert F. Byrnes, *Pobedonostsev: His Life and Thought* (Bloomington: Indiana University Press, 1968), 182; citado por Heather J. Coleman, "Baptist Beginnings in Russia and Ukraine," *Baptist History and Heritage* 42 (2007): 29.
6   H. Estcourt Hughes en *Australian Baptist*, 24 September 1918, 2; citado por Ken R. Manley, "'Our own Church in our own Land': The Shaping of Baptist Identity in Australia," en *Baptist Identities: International Studies from*

the Seventeenth to the Twentieth Centuries, ed. Ian M. Randall, Toivo Pilli, and Anthony R. Cross (Milton Keynes: Paternoster, 2006), 276.
7   J. H. Sexton en *Australian Baptist* (3 July 1901): 170; citado por Manley, "'Our Own Church,'" 291.
8   Vasilii Ivanov, citado por Coleman, "Baptist Beginnings in Russia and Ukraine," 32.
9   Citado por Coleman, "Baptist Beginnings in Russia and Ukraine," 31.

Capítulo 15

1   Citado por William H. Brackney, "Baptists, Religious Liberty and Evangelization: Nineteenth-Century Challenges," en *Baptist Identities: International Studies from the Seventeenth to the Twentieth Centuries*, ed. Ian M. Randall, Toivo Pilli, and Anthony R. Cross (Milton Keynes: Paternoster, 2006), 333.
2   Valdis Teraudkalns, "Latvian Baptist Missionary Work in the Twentieth Century," en *Baptists and Mission: Papers from the Fourth International Conference on Baptist Studies*, ed. Ian M. Randall and Anthony R. Cross (Milton Keynes: Paternoster, 2007), 291–92.
3   Dr. Feland Meadows Jr., citado por Frank W. Patterson, *A Century of Baptist Work in Mexico* (El Paso, Tex.: Baptist Spanish Publishing House, 1979), 191.
4   Citado por A[sa] R. Crabtree, *Baptists in Brazil* (Rio de Janeiro: Baptist Publishing House of Brazil, 1953), 148.
5   Citado por Patterson, *Baptist Work in Mexico*, 150.
6   Citado por Patterson, *Baptist Work in Mexico*, 210.
7   Citado por *The Kidds of Brazil: Autobiographies of Jesse L. and Wilma Alice Kidd* (San Angelo, Tex.: Jesse L. and Wilma Alice Kidd, 1999), 141.
8   Citado por Patterson, *Baptist Work in Mexico*, 35.
9   Quoted from Norman H. Dabbs, *Dawn over the Bolivian Hills* (Toronto: Canadian Baptist Foreign Mission Board, 1952), 188.
10 Citado por Joe T. Poe, *A House for All Nations: A Centennial History of the Baptist Publishing House* (El Paso: Baptist Spanish Publishing House, 2004), 19.
11 Citado por Paul Freston, *Evangelicals and Politics in Asia, Africa and Latin America* (Cambridge: Cambridge University Press, 2001), 220, 221.
12 Citado por Elizabeth Conde-Frazier, "Orlando E. Costas," 3, http://tmcdaniel.palmerseminary.edu/archives/OrlandoCostas.pdf (accesado el 8 de noviembre 2017).
13 Orlando E. Costas, *The Church and Its Mission: A Shattering Critique from the Third World* (Wheaton, Ill.: Tyndale House Publishers, 1974), 13, 15.

14 Samuel Escobar, "Evangelism and Man's Search for Freedom, Justice and Fulfillment," en *Let the Earth Hear His Voice*, ed. J. D. Douglas (Minneapolis: World Wide, 1975), 311.
15 C. René Padilla, "Evangelism and the World," en Douglas, *Let the Earth Hear His Voice*, 126.

Capítulo 16

1 T[homas] J. Bowen, *Central Africa: Adventures and Missionary Labors in Several Countries in the Interior of Africa from 1849 to 1856* (Charleston: Southern Baptist Publication Society, 1857), 322.
2 David Vincent, *Africa and the Gospel: Sermon, Debates and Lecture* (Lagos: T. A. King, 1909); citado por Ayodeji Abodunde, *A Heritage of Faith: A History of Christianity in Nigeria* (Lagos: Pierce Watershed, 2017), 226.
3 David Vincent, 2 November 1888, en *Africa and the Gospel*, 19; citado por S. Ademola Ajayi, *Baptist Work in Nigeria, 1850–2005: A Comprehensive History* (Ibadan: Book Wright Publishers, 2010), 93.
4 Oyo West Baptist Conference, *Baptist Beliefs and Practices* (c. 1992); citado por Matthews A. Ojo, "Baptists and New Christian Movements in West Africa," en *Interfaces: Baptists and Others: International Baptist Studies*, ed. David Bebbington and Martin Sutherland (Milton Keynes: Paternoster, 2013), 380, 383.
5 S. A. Esuola, 1990; citado por Ajayi, *Baptist Work in Nigeria*, 165.
6 A. O. Ilupeju, *Reactions to the Proposed Plan for the Restructuring of the Nigerian Baptist Convention* (Lagos: n.p., 2006), 1–2; citado por Ojo, "Baptists and New Christian Movements," 385.
7 Samson Olasupo Adeniyi Ayokunle, "A Century of Nigerian Baptist Convention Life: A Call for Celebration and Renewal," en *A Century of Nigerian Baptist Convention: A Call for Celebration and Renewal* (Ogbomoso: Nigerian Baptist Theological Seminary, 2014), 27.
8 Kehinde Olabimtan, "Centenary History and Development of the Nigerian Baptist Convention: Dead Ends and Ways Forward," en *Century of Nigerian Baptist Convention*, 104.
9 *The Guardian Online*, 24 February 2000; citado por Paul Freston, *Evangelicals and Politics in Asia, Africa and Latin America* (Cambridge: Cambridge University Press, 2001), 189.
10 Olabimtan, "Centenary History," 104, 108.

Capítulo 17

1 J. H. Hutton, *The Sema Nagas* (1921; repr., Bombay: Oxford University Press, 1968), 177.

2   F. P. Haggard, *Molung Field Report*, BMM LXXV:7 (1895), 308; citado por John Thomas, *Evangelising the Nation: Religion and the Formation of Naga Political Identity* (New Delhi: Routledge, 2016), 55.
3   S. A. Perrine, *Field Report*, 1904, 60; citado por Victor H. Sword, *Baptists in Assam: A Century of Missionary Service* (Chicago: Conference Press, 1935), 110.
4   J. P. Mills, "The Lessons of the Red Man," *Man in India* 3:3-4 (1925): 217-23; citado por Arkotong Longkumer, "'Along Kingdom's Highway': The Proliferation of Christianity, Education, and Print amongst the Nagas in Northeast India, 1871-1955," 19, artículo inédito, con la amable autorización del autor.
5   Memorandum to Simon Commission, 10 January 1929, *The Naga National Rights and Movement* (Publicity and Information Department, Naga National Council, 1993), 11; citado por Thomas, *Evangelising the Nation*, 78.
6   Robert Delano, *Field Report*, 1953; citado por Arkotong Longkumer, "Bible, Guns, and Land Sovereignty amongst the Nagas of India," 9, artículo inédito, con la amable autorización del autor.
7   Citado por Thomas, *Evangelising the Nation*, 89.
8   Citado por Longkumer, "Bible, Guns, and Land Sovereignty," 12.
9   Citado por Thomas, *Evangelising the Nation*, 115.
10 Longri Ao, "Headhunters Make Good Soul Winners," *Baptist World* (October-December 1970): 16; citado por Thomas, *Evangelising the Nation*, 155.
11 O. M. Rao, *Longri Ao: A Biography* (Guwahati, Assam: Christian Literature Centre, 1986), 79; citado por Thomas, *Evangelising the Nation*, 135.
12 Longri Ao, "To My Own People," 26 June 1965, en Rao, *Longri Ao*; citado por Thomas, *Evangelising the Nation*, 144.
13 In Jonathan Glancey, *Nagaland: A Journey to India's Forgotten Frontier* (London: Faber & Faber, 2011), 188; citado por Longkumer, "Bible, Guns, and Land Sovereignty," 13.
14 *International Work Group for Indigenous Affairs, The Naga Nation and Its Struggle against Genocide* (Copenhagen: International Work Group for Indigenous Affairs, 1986), 107; citado por Robert Eric Frykenberg, "Naga Baptists: A Brief Narrative of Their Genesis," en *Baptist Identities: International Studies from the Seventeenth to the Twentieth Centuries*, ed. Ian M. Randall, Toivo Pilli, and Anthony R. Cross (Milton Keynes: Paternoster, 2006), 236.

Capítulo 18

1   "The First London Confession, 1644," citado por H. Leon McBeth, *A Sourcebook for Baptist Heritage* (Nashville: Broadman, 1990), 44.

2   John Quincy Adams, *Baptists the Only Thorough Religious Reformers*, rev. ed. (New York: Sheldon, 1876), 176.
3   Edgar Y. Mullins, *The Axioms of Religion* (Philadelphia: Judson Press, 1908), 131.
4   Mullins, *Axioms*, 54.
5   James H. Rushbrooke, *Protestant of the Protestants: The Baptist Churches, Their Progress, and Their Spiritual Principle* (London: Kingsgate, 1926), 70.
6   *Baptist Faith and Message* (1925), http://www.sbc.net/bfm2000/bfmcomparison.asp (accesado el 22 de abril 2018).
7   Paul Pressler, *A Hill on Which to Die* (Nashville, Tenn.: Broadman & Holman, 1999), x.
8   Alan Neely, ed., *Being Baptist Means Freedom* (Atlanta: Southern Baptist Alliance, 1988).
9   Walter B. Shurden, *The Baptist Identity: Four Fragile Freedoms* (Macon, Ga.: Smyth & Helwys, 1993), 23.
10 Charles W. Deweese, ed., *Defining Baptist Convictions: Guidelines for the Twenty-First Century* (Franklin, Tenn.: Providence House, 1996), 32.
11 Brent Greene, en "Moderates Asked to Embrace 'Missional Church' Movement," *The Biblical Recorder*, March 2005; citado por Ed Stetzer, "Toward a Missional Convention," en *Southern Baptist Identity: An Evangelical Denomination Faces the Future*, ed. David S. Dockery (Wheaton, Ill.: Crossway Books, 2009), 179.
12 Left Behind website, http://www.leftbehind.com/ (accesado el 29 de noviembre 2006).
13 Robert Payne MSS, *Baptist Union of Victoria Archives*; citado por Ken R. Manley, *From Woolloomooloo to "Eternity": A History of Australian Baptists*, 2 vols. (Milton Keynes: Paternoster, 2006), 2:712.
14 Russell D. Moore, "Learning from Nineteenth-Century Baptists," en Dockery, *Southern Baptist Identity*, 112.
15 "Re-Envisioning Baptist Identity: A Manifesto for Baptist Communities in North America," en Curtis W. Freeman, "Can Baptist Theology Be Re-Envisioned?" *Perspectives in Religious Studies* 26 (1999): 303, 306.
16 Janis Inkis, "Jubilejas vienpadsmita diena—Puraciema," *Avots* 30 (1912): 353; citado por Valdis Teraudkalns, "Leaving Behind Imagined Uniformity: Changing Identities of Latvian Baptist Churches," en *Baptist Identities: International Studies from the Seventeenth to the Twentieth Centuries*, ed. Ian M. Randall, Toivo Pilli, and Anthony R. Cross (Milton Keynes: Paternoster, 2006), 112.

Capítulo 19

1   William G. McLoughlin, *New England Dissent, 1603–1833: The Baptists and the Separation of Church and State*, 2 vols. (Cambridge, Mass.: Harvard University Press, 1971), 1:6.
2   William H. Brackney, "Transatlantic Relationships: The Making of an International Baptist Community," en *The Gospel in the World: International Baptist Studies*, ed. David W. Bebbington (Carlisle: Paternoster, 2002), 59–79.
3   Abram D. Gillette, ed., *Minutes of the Philadelphia Baptist Association, 1701 to 1807* (1851; repr., Springfield, Mo.: Particular Baptist Press, 2002), 84.
4   Charles G. Sommers, William R. Williams, and Levi L. Hill, eds., *The Baptist Library: A Republication of Standard Baptist Works*, 3 vols. (New York: Lewis Colby, 1846).
5   The Family of Buddy Holly a Andy Gray, 2 April 1960, Buddy Holly Center, Lubbock, Texas.

ÍNDICE

Abbot, George, 21
Abeokuta, 273–75, 286
Abyssinia, 274
Acomodadiza, 213
Actividad paraeclesiástica, 86, 118
Acworth, James, 105
Adventista, movimiento, 112
África, misiones a, 83, 140, 143, 145, 215–16, 221, 224, 226–30, 234, 239
Africomericanos, 98–99, 139, 142, 144–51, 154, 169, 226, 228, 255, 318, 321, 330, 336
Agbebi, Mojola, 276–77
Agustín, 10
Aier, Wati, 302, 304
Ainsworth, Henry, 32
Aked, Charles, 131, 133
Alemania, 8, 10–11, 27, 98, 106–8, 114–15, 129–30, 193, 221, 229, 234, 238–39, 242, 248, 256, 332
Alf, Gottfried Fryderic, 236
Allen, Maria, 163
Alianza Bautista de la Reforma, 321
Alianza Cristiana y Misionera, 237
Alianza de los Bautistas, 316–17
Alianza Mundial Bautista, 4, 154, 169, 209, 245, 247, 249, 307, 311, 316, 335
Alline, Henry, 79

Amazonas, valle, 251–52, 267
América Latina, 234, 242, 251–69
Amerindios, 251, 261
Ames, William, 31
Amsterdam, 19, 32, 34–37, 39–40, 328
Amyraldianismo, 53
Anabautistas, 5, 8, 25–40, 47–48, 58, 133, 178, 201, 321–23, 325, 328
Anderson, Rufus, 224
Andrewes, Lancelot, 21
Angami: pueblo, 293–96, 299; territorio, 293–96; guerra (1878-80) 296
Anti Catolicismo, 188, 193–94
Antinomianismo, 70
Antigua Luz, 74, 203
Ao, Longri, 299, 301, 304
Ao: pueblo, 292–97, 304; territorio, 293–94
Arabia Saudí, 244
Araromi, 276
Arrianismo, 68
Arminio, Jacobus, 35–36, 40, 52
Ashton, Abdias, 17
Asociación Bautista de Abstinencia Total, 127
Asociación Bautista de Londres, 127
Asociación Conservadora Bautista de América, 118

360 / Índice

Asociación Cristiana de Nigeria (CAN), 285–86
Asociación de Bautistas Acogedores y Alentadores, 317
Asociación de Philadelphia, 69, 71, 78–80, 86, 161, 182–84, 219, 257, 334
Asociación Nacional para el Avance del Pueblo de Color (NAACP), 147, 149
Asociación de West Country, 59–60, 159
Assam, 220, 289–92, 294–95, 297–300, 302, 304
Asuntos raciales, 139–55, 158, 328, 330
Avivamiento Evangélico, 71, 85, 92, 99; *ver también* Despertamiento evangélico; Gran Avivamiento Australia, 4, 83, 129, 143, 171–73, 208, 229, 234–35, 246, 248–49, 318–21, 323, 336
Avivamiento Gales de 1904–1905, 113, 116
Avivamientos y despertamientos, 2, 71–81, 84–85, 89, 100, 113, 116, 160–61, 171, 175, 187, 194, 203, 243, 293, 299, 320, 327, 329, 331, 333
Awolowo, Obafemi, 271
Aymara, pueblo, 261

Backus, Isaac, 76–77, 79, 141, 204–5, 213
Bacone, Almon C., 144
Baeyertz, Emilia, 171
Bagby, William B., 255
Bahia, 255
Baker, Harriet, 224
Barber, Edward, 45, 53, 179, 200,
Barran, John, 126
Barrow, Henry, 19
Batte, Timothy, 47
Batten, Samuel Z., 127, 134
Bautista, Josué G., 258
Bautismo: como base para la membresía de la iglesia, 2, 22, 33–36, 91–92, 159–61, 182–84; del creyente, 2, 20–40, 46–49, 55, 61–62, 68, 74, 76–80, 92, 95–97, 100, 159, 161, 179, 184–86, 191–94, 201–2, 236, 247, 321, 328, 331, 338; por inmersión, 1, 31, 46–47, 52, 54, 61, 76–77, 97–98, 179, 184, 186, 194; de bebés, 1, 11–12, 20–23, 29, 33, 46–49, 61, 71, 76, 80, 179, 186, 188, 206, 219; perspectiva sacramental, 95, 179, 183–86, 189, 192–93, 331; auto bautismo de John Smyth, 32–38, 177, 328
Bautistas Americanos: Carta de Derechos, 210; Compañerismo Carismático,, 320; Convención del Norte, 99; Sociedad de Misiones Foráneas,215, 229, 237, 295, 333; Sociedad de Misiones Domésticas, 84; Unión Missionera, 226–27, 255; Sociedad de Publicaciones, 135, 242
Bautistas del Norte: universidad (RU), 317; Convención, 114, 118, 169, 228, 311, 319
Bautistas de la Voluntad Libre: iglesia 79–81, 99, 160, 167, 171, 220, 287; Sociedad Femenil Misionera, 167
Bautistas del Séptimo Día, 8, 51, 62, 139, 160, 163, 171
Bautistas Estrictos y Particulares, 90–91, 100
Bautistas Generales, 1–2, 5, 8, 13, 30–31, 36, 38–40, 43–62, 65, 68–70, 73, 78–81, 85, 99, 105, 125, 127, 159–60, 163, 178, 183–85, 199–200, 202, 212, 308, 328; comparados a los Bautistas Particulares, 52–62; comparados a los Cuáqueros, 56 Bautistas Particulares, 5, 8, 30–31, 40, 45–57, 60–62, 68–70, 73–75, 80–81, 85, 87, 89–92, 99, 105, 159, 161, 177–78, 183–85, 200, 202, 212–13, 218, 228, 308, 328; comparados a los anabautistas, 58; comparados a los Bautistas General, 52–62; comparados a los Independientes, 53–56, 58, 60–62
Bautistas Primitivos, 87–88, 90, 100, 144, 320–21; Bautistas de Coraza Dura, 87
Bautistas Regulares, 69, 77–78, 117, 160, 204, 319, 334
Bautistas Separados, 76–78, 81, 160, 204, 334
Baylor: universidad, 313, 316
Beasley-Murray, George, 192
Bello, Ahmadu, 284
Bengal, 291; bahía de, 289
Benín (antes Dahomey), 277, 278, 287

Benín, Unión Bautista de Misiones de, 278
Besson, Paul, 242
Birmania (*ver* Myanmar), 289, 291, 297
Birrell, C. M., 128
Blackwood, Christopher, 61
Blakelocke, Samuel, 47
Blunt, Richard, 46
Boardman, W. E., 113
Bocher, Joan, 29
Boko Haram, 286
Boleyn, Anne, 14–15
Bolívar, Simón, 253
Booth, Abraham, 91–92
Bourne, Hugh, 85
Bowen, Thomas Jefferson, 274–75, 287
Brackney, William H., 333
Bradlaugh, Charles, 207–8
Brahmaputra; río, 289–92
Brasil, 3, 174, 231–33, 251, 253, 255–62, 267–69
Bretaña e Irlanda, 86–87, 91, 99–100, 104–5, 109, 116, 128, 133, 153–54, 191, 207, 209, 245, 309, 312, 317, 320–24; de Italia, 238; de Escocia, 169; de Sudáfrica, 234, 239
Bristol: academia bautista de, 74; universidad, 191
Bristol, Inglaterra, 21, 45, 49, 60, 72, 74–75, 133, 159
Broadman, casa publicadora, 312
Bronson, Miles, 292
Brown, James Baldwin, 107
Brown, universidad, 124, 186, 219
Brown v. Board of Education, 149–50
Browne, Robert, 19, 29
Bruce, A. C., 291
Bucharest, Seminario Bautista, 335
Buguma, 276
Bunyan, John, 8, 50–51, 91, 183, 323, 334
Burroughs, Nannie Helen, 158, 169, 175
Busher, Leonard, 199
Bushnell, Horace, 107, 132
Butler, Josephine, 128

Caffyn, Matthew, 40, 68
Calabar: universidad, 223
Calvino, Juan, 8, 11–13, 16, 23, 26, 33, 35, 111, 181
Calvinismo, 2, 38, 47, 53–54, 71, 73, 74, 78–79, 81, 89–90, 104–5, 115, 118, 131, 321, 325, 336
Cambridge, universidad, 18–19, 32, 75, 116, 206
Camerún, 276
Campbell, Alexander, 95–96, 100, 329
Canadá, 79, 83, 93, 98–100, 105, 117–118, 135, 143, 167, 172, 234, 236, 238, 246, 265, 318
Cann, John, 22
Canto congregacional, 56, 80, 164, 187, 292; composición de himnos, 164
Carey, Lott, 228, 239, 255
Carey, William, 81, 217–19, 223, 231
Carismática, renovación, 193, 260, 268, 281–83, 286–87, 318, 320–21, 325, 333
Carlos I, 21, 43, 51
Carlos II, 44, 51, 57
Carroll, Benjah H., 98
Carroll, James M., 98
Carter, Jimmy, 212, 263
Cartwright, Thomas, 18–19
Carver, William O., 110
Catalina de Aragón, 13
Católica, iglesia, 7–11, 14–16, 19, 21, 23, 27–28, 44, 134, 177–78, 181, 188–89, 193–94, 207, 211, 213, 216, 224, 231, 235, 244, 324, 328, 337
Chakhesang, 295, 299
Chamberlen, Peter, 51
Chicago, Declaración de Inerrancia Bíblica de, 313
Chicago, Facultad de Divinidad de, 110, 114, 131
Chicago: Universidad de, 110
Chile, 251, 254, 256, 262
Chilembwe, John, 221
China, 220, 222, 224–27, 229, 232, 241, 244, 301
Clark, Edward Winter and Mary, 293
Clarke, John, 49
Clarke, William Newton, 110–11
Clifford, Hettie Rowntree, 172–73
Clifford, John, 108–9, 133–34, 137, 148, 187, 330, 333
Clowes, William, 85

Coleridge, Samuel Taylor, 106-7
Collier, Thomas, 58-62, 200, 202
Collins, Hercules, 185
Collins, Travis, 283
Collinson, Patrick, 16
Colombia, 253, 254, 260, 264-65
Colportores, 223, 236, 242
Comité Unido Bautista sobre Asuntos Públicos, 210-212
Compañerismo Bautista Cooperativo, 174, 316-18
Compañerismo Bautista de la Paz, p, 302, 317
Compañerismo Bautista Pre Milenario, 319
Compañerismo Bíblico Bautista (de Springfield, Missouri), 257
Compañerismo Internacional de Estudiantes Evangélicos (IFES), 264
Compañía de las Indias Orientales, 291
Competencia del alma, 311-12, 324
Comunión, controversias, 11, 21, 48, 50-51, 56, 62, 91-96, 180-91, 194, 246-47, 317
Comunismo, 129, 150, 229, 247, 335, 337
Concilio de las Iglesias Bautistas Naga, 302
Concilio de Dort, 52
Concilio de la Iglesia Bautista Naga, 299, 301
Concilio de Servicio Social, 135
Concilio Nacional Naga (NNC), 297-98, 300
Concilio Nacional Cristiano de India, 299
Concilio Unido de Todos los Cristianos Evangélicos-Bautistas, 247-48
Confesión Corta (1660), 53
Confesión de Londres, (1644), 30, 52, 59, 67, 69, 80, 184, 308
Confesión de New Hampshire (1833), 104, 115-17, 308, 311, 321
Confesión de Westminster (1648), 53, 67, 184, 308
Confesión Verdadera (1596), 30
Conferencia Mundial sobre los Fundamentos Cristianos (1919), 114-15
Conferencia Sureña de Líderes Cristianos, 149

Congo, 3, 222, 229-30, 232, 276
Congregacionalistas, 22, 71, 75, 81, 103, 107, 116, 123, 129, 133, 177, 192, 203-4, 216, 219, 221, 224, 257, 263, 283, 321, 323, 335, 338
Congreso Internacional de Evangelización Mundial, 265
Congreso Latinoamericano de Evangelizacíon (CLADE), 264, 266-67
Congreso Sociológico Sureño, 146
Convención Bautista de Brasil, 257,, 259-60, 268
Convención Bautista: de Ontario y Quebec, 117; de Perú, 266; de Sudáfrica 153-54
Convención Bautista del Estado de Carolina del Norte, 94, 149
Convención Bautista del Sur, 3, 93, 98, 101, 116-17, 145, 147, 150, 152, 154-55, 167, 173, 197, 212, 224, 231, 255, 274, 308, 311, 313, 316, 318-19, 324; Comisión de la Vida Cristiana, 150-51; Junta de Misiones Foráneas, 224-25, 231, 255, 258-59, 274-75, 278-79, 316; Junta de Misiones Domésticas, 135, 145, 299, 314; Junta Internacional de Misiones, 231; Junta de Escuelas Dominicales, 316
Convención Nacional Bautista: de EE.UU. 99, 146-47, 151, 169, 228, 255-56, 258, 260, 268; de Brasil, 268;Convención de Educación, 99; de México, 256, 258
Convención Nacional Bautista Americana, 99
Convención Nacional Bautista Progresiva, 151
Convención Cristiana Bautista de Assam, 294
Convención Misionera Foránea Bautista Lott Carey, 228, 239, 255
Convención Trienal, 87, 93, 100, 143, 219
Constitución de los Estados Unidos, 134, 206, 213; Enmienda decimoctava, 134; Primer Enmienda, 206, 212
Contempo, 171
Contra Reforma, 252
Controversia Seccional, 93-100, 329

Conwell, Russell H., 124
Costa de Oro (más tarde Ghana), 277
Costa Rica, 245
Costas, Orlando, 263–64, 266, 268
Côte d'Ivoire, 287
Cotton, John, 201
Collegiants, 47
Covault, O.R., 237
Cox, Harvey, 317
Cox, Samuel, 107
Coxe, Benjamin, 48
Cranmer, Thomas, 14, 29
Credo Ortodoxo, 1678, 59, 182, 184, 202
Creencias bautistas distintivas, 307–20
Criswell Bible College, 313
Criswell, W. A., 150–51, 212
Crítica bíblica, 114, 117–18, 129, 312, 329
Cromwell, Oliver, 44, 57–58
Cromwell, Thomas, 14
Crowe, Frederick, 241, 243
Crowther, Samuel, 274
Cuáqueros (Sociedad Religiosa de Amigos), 8, 44, 56, 62, 160, 328
Cuba, 261
Cuff, William, 135
Cuidado infantil, 165, 330

Dahomey (anteriormente Benín), 275, 277
Dakin, Arthur, 191
Dale, R. W., 129
Daniel, Carey, 150
Darby, John Nelson, 112
Darwin, Charles, 108–9, 117; Evolución Darwiniana, 108–9, 117–18
Darwinismo social, 145
Davenport, James, 72, 76
David, William J., 276
Davies, G. Henton, 313
Davis, Addie, 173
Davis, Elnathan, 78
Dawson, Joseph M., 133, 210
Debman, Andrew, 57
Declive, controversia del 1887–1888, 109–110, 116, 118, 329
"Dejados atrás", serie, 319
Delhi, 298
Democratización de la religión, 85, 266

Denne, Henry, 58
Despertamiento Evangélico, 5, 71, 187, 194, 329; *ver también* Avivamiento Evangélico; Gran Avivamiento
Día Mundial de la Oración de las Mujeres, 169
Discípulos de Cristo, 96
Disidentes, 44, 59–60, 65–67, 70, 83, 160, 202–3, 206, 218
Dispensacionalismo, 112–18, 135
Dorsey, Thomas A., 337
Du Bois, W. E. B., 147
Duke: universidad, escuela de divinidades, 271
Dunster, Henry, 49
Duppa, John, 46
Dutton, Anne, 164, 183

Eaton, Samuel, 46
Ecuador, 253–54, 265
Ecumenismo, 26, 192, 267
Eduardo VI, 14, 23
Educación, 87–88, 99, 122, 127, 134–35, 143, 147–50, 165–68, 175, 208, 211, 225–27, 253, 280; Ley de Educación (1902), 134, 148; educación superior, 87, 109, 113–15, 124, 135, 143, 149, 168, 186–87, 190, 192, 206, 219, 223–26, 232, 234–36, 252, 280, 316; *McCollum v. Board of Education*, 211; seminarios y niveles de educación ministerial, 49, 57, 62, 85, 87–88, 97–98, 108, 111–12, 115, 118, 132, 149, 187, 190, 221, 227, 231, 313–16, 321–22, 335
Edwards, Jonathan, 71–72, 75, 81, 104, 218
Edwards, Morgan, 182
Edwards, Thomas, 48
El Salvador, 255
Elliott, Ralph, 312
Emigración, inmigración, y migración, 38, 98, 136–37, 154, 201, 207, 215, 235–52, 255–56, 331–32
England, Martin, 150
Enrique VIII, 13, 23
Ensayos y reseñas (1860), 107
Erasmo, Desiderio, 10, 201
Escatología, 117, 136; *ver también* dispensacionalismo, pos milenarismo, y pre

milenarismo
Escobar, Samuel, 230, 264-68, 318
Escocia y los escoceses, 8, 18, 43, 48, 83, 93, 96, 104, 168, 183, 233, 236-37, 248
Escuela de Capacitación Bíblica y Misionera, 118
Escuelas dominicales, 86, 90, 97, 100, 142, 165, 167-68
Esclavitud, 94, 100, 125, 139-45, 154-55, 168-69, 216, 221, 239-40, 330
España, 244, 251-53, 268, 332
Espiritualistas, 26
Estep, William R., 26, 322
Estundistas, 243
Evangelio social, 121-37, 146, 328, 330, 333, 336
Evangélicos incorformistas, 129
Evangelicalismo, 100, 106, 125, 246, 266, 269; evangélicos, 2, 73, 80, 83, 103, 111, 117-18, 121-22, 125-27, 135, 137, 141, 175, 216, 227, 257, 262, 264-66, 269, 314, 318, 325, 337-38
Evangelización, 48, 70, 75-76, 100, 105, 118, 126, 132, 141, 151, 160, 167, 171-73, 187-88, 199, 217, 222-30, 236-37, 241-43, 247, 318, 329, 335

Fabianos, 133
Fall, Phillip S., 95
Falwell, Jerry, 212
Farningham, Marianne (Hearne), 165
Fe y Mensaje Bautistas de la Convención Bautista, 117, 259-62; *ver también* Mullins, Edgar Y.
Featley, Daniel, 48
Federación Bautista (Francia), 320
Federico IV de Dinamarca, 216
Fiddes, Paul, 323
Filantropía, 126, 136-37, 166, 175, 329-30
Fitz, Richard, 18, 29
Fodio, Usman dan, 272
Fook, Lough, 241
Ford, Sallie Rochester, 165
Foster, James, 68-69
Fowler, Mary, 160
Fowler, William, 160
Fraternidad Teológica Latinoamericana, 266-67
Freeman, Curtis, 322-23

Freire, Paulo, 264
Fujimori, Alberto, 266-67
Fuller, Andrew, 75, 81, 88-90, 95, 104, 107, 109, 186, 334
Fuller, Charles E., 118
Fundamentalismo, 33, 103, 113-18, 136, 169, 173, 228, 314, 319-20, 329
Furman, Richard, 78, 142

Galés y los galeses, 44, 48-49, 65-66, 72, 74, 83, 93, 98, 113, 136, 207, 213, 233, 235-36, 238, 246, 248, 276
Gandhi, Mahatma, 148
García, Carlos, 266-67
Garos, 292
Ginebra, 8, 11; Biblia de Ginebra, 15; Movimiento de Ginebra, 192
George, David, 239-40
George, Henry, 129
Ghana (Anteriormente Costa de Oro), 277
Gifford, Andrew, 74
Gill, John, 69-70, 75, 183
Glasitas (Sandemanianos), 96
Glover, T.R., 116
Godhula, 292-93
Goodwin, John, 201
Goodwin, Thomas, 55
Graham, Billy, 118-19, 151, 230, 263-64, 299, 335
Grantham, Thomas, 60, 184
Graves, James R., 96-97
Gran Avivamiento, 71-72, 139, 141, 160, 203, 213; *ver también* Avivamiento Evangélico; Despertamiento Evangélico
Gran Depresión, 136, 229
Green, George, 278-79
Greenhough, J. G., 109
Greenwood, John, 19
Griggs, Sutton E., 147
Grisham, John, 337
Guayana, 252, 255
Guerra Civil (EE.UU.), 99, 123, 144-46, 154, 256, 258, 276
Guerra Indo-Birmana (1826), 291
Guerras Civiles (RU), 16, 21, 43, 59; Estado Libre Asociado, 44, 59; Revolución Gloriosa, 44
Gutiérrez, Gustavo, 261
Guy, Thomas, 65-66

Haldane, Robert, 236, 254
Haldeman, Isaac, 136
Hall, Robert, 92, 187, 334
Hamer, Fannie Lou, 152
Harden, Sarah, 174
Harding, Warren G., 210
Harnack, Adolf, 130
Harris, Abigail, 163–66
Harris, Howel, 72
Hart, Oliver, 75, 78, 80
Hausa, 271–72, 277, 284
Hawks, Annie S., 164
Hazzard, Dorothy, 159
Hazzard, Matthew, 21–22
Hearne, Marianne: *ver* Farningham, Marianne
Heath, Richard, 133
Helwys, Thomas, 38–40, 44–45, 198–99
Henry, Carl, 314
Hermandad del Reino, 130, 134
Hermanos de Plymouth, 103, 179, 243
Himalayas, 289
Hinduismo, 298
Hinton, John Howard, 107, 245
Hiscox, Edward T., 309
Hoffmann, Melchior, 27, 36
Holly, Buddy, 337
Homosexualidad, 317
Honeycutt, Roy L., 313
"Hora del antiguo avivamiento", la, 118
Howard, Fred D., 193
Howard: universidad, 148
Hudson, Winthrop S., 26
Hughes, Charles E., 210
Hughes, H. Estcourt, 246
Hughes, William, 276
Huntington, William, 90
Hus, Jan, 8, 216

Ibadan, 273, 275, 282
Idolatría, 16–18, 23, 51, 149, 293, 328, 337
Igbo, 271
Igboland, 277, 279
Iglesia, la doctrina de, 6, 185, 312, 323, 336; eclesiología, 181, 188–90, 194, 331
Iglesia Bautista Africana Unida, 278
Iglesia Bautista Aposento Alto, 282
Iglesia Bautista Broadmead, 22–23, 45, 49, 60, 74, 159

Iglesia Bautista de Extranjeros, 18
Iglesia Bautista Ebenezer, Nigeria (iglesia bautista indígena), 276
Iglesia Bautista Evangélica, (Nigeria), 282
Iglesia Bautista del Séptimo Día Mill Yard, 163
Iglesia Bautista Franklin Avenue, Nueva Orleans, 155
Iglesia Bautista Nativa, Nigeria, 276
Iglesia Bautista Queen's Road, 136
Iglesias de Cristo, 96, 179
Iglesia de Dios Cristiana Redimida, 283
Iglesia de Inglaterra, 8, 15–23, 29, 32–33, 37, 40, 43–48, 56–57, 60, 65–67, 72–73, 122, 160, 178, 188, 192, 202–3, 206, 208, 328; anglicanos, 16, 80, 83, 106–7, 113, 121–22, 128, 134, 191, 200, 204, 216, 218, 224, 303, 317, 321, 328, 335; Sociedad Misionera de la Iglesia, 218
Iglesia ortodoxa oriental, 8, 177–78, 243–45, 323–24
Iglesias Institucionales, 136–37
Ijaye, 273–75
Iluminismo, 65–69, 75, 80, 92, 95, 104–8, 118, 124–25, 186–87, 194, 221, 322, 328–29, 336
Illingworth, Alfred, 123
Imperialismo y colonialismo, 134, 220–22, 227, 229, 231–32, 252, 268, 271, 279–80, 284, 287, 294, 296–97, 331
Impur, 293, 295
Incas, 251, 261
Inconformistas, 83, 109, 129, 134, 148, 207, 236
Independentista (*ver* congregacionalistas), 8, 22–23, 43, 53–56, 58, 60–62, 65, 177–78, 184–85, 201, 203, 235, 328
India, 3, 148, 167, 216, 218–20, 224–26, 228, 232, 289, 291, 293–94, 297–304, 333; Assam, 220, 289–92, 294–95, 297–300, 302, 304; Calcuta, 218–19, 223–24; Serampore, 167, 218–20, 225, 231
Industrialización y conflictos laborales, 122–25, 129, 131, 133–34, 137, 146, 226, 234, 336
Indígenas en EE.UU., 139, 143–44, 154, 216, 330

Inerrancia bíblica, 117, 313-14, 318, 325
Instituto Africano de Capacitación, 276
Institucionalización de la religión, 86
Irlanda, 43, 48-49, 83, 95, 116, 207, 215
Irving, Edward, 106
Isabel I, 15-23
Ishola, Ademola, 283
Islam, 272, 282, 280, 284-87
Ivanov, Vasilii, 247

Jackson, Joseph H., 151
Jacob, Henry, 20, 45-46
Jacobo I, 20-21, 45
Jacobo II, 44
Jaipur, 292
Jamaica, 141-42, 154, 220, 223, 240, 255; Sociedad Misionera Bautista, 223-24
James, H. Ingli, 136
Jan of Leiden, 27
Jefferson, Thomas, 205
Jenkins, Francis, 291
Jessey, Henry, 45-47, 49-51
Jewel, John, 15
Jim Crow, leyes, 145
Johns Hopkins: universidad, 310
Johnson, Francis, 19, 29-30, 32, 34, 158
Johnson, Mordecai W., 148
Johnson, Torrey, 118
Jones, May C., 171
Jorge I, 202
Judson, Adoniram, 219-20
Judson, Ann, 167, 219-20, 224
Junta Americana de Comisionados para Misiones Foráneas, (Congregacionalistas) 219
Junta de Misiones Domésticas (Nagaland), 299
Junta General de las Iglesias Bautistas Americanas del Norte, 173
Junta Misionera Global, 287
Juventud para Cristo, 118
Justificación, 10, 13, 69-74

Kaduna, 277, 285
Kalweit, Martin, 241
Kano, 272
Kargel, Ivan, 247
Kelsey, George D., 149
Keswick, Movimiento de, 113, 116

Kiffin, William, 47-48, 50, 57-58, 59, 61
Kimbangu, Simon, 229
King, C. D., 296
King, Martin Luther, Jr., 148-53, 155
Kinghorn, Joseph, 92
Kingsley, Charles, 121
Kirkpatrick, Mary, 282
Knibb, William, 141
Knollys, Hanserd, 47, 57
Kohima, 294-97, 299
Kreider, Alan and Ellie, 322
Ku Klux Klan, 145
Kuenen, Abraham, 108
Kuki, 295

La Paz, 261
Lagos, 175, 273-74, 276, 280, 282
Land, Richard, 212
Landels, William, 162
Landmarquista, movimiento, 96-98
Lathrop, John, 46
Latourette, Kenneth Scott, 215
Laud, William, 21-22
Lausana, 265-67, 269
Lausana, pacto, 266
Lawrence, Henry, 183
Lawton, Wesley W., 226
Lehmann, Gottfried Wilhelm, 243
Leland, John, 187, 205-6, 213
Letonia, 238, 256, 323-24, 336
Ley Contra las Enfermedades Contagiosas, 128
Ley de Derechos Civiles de 1964, 153
Ley de Derecho del Voto de 1965, 153
Ley de Tolerancia (1689), 44, 65, 202
Lewis, Marianne, 224
Liberia, 220, 239, 273, 286
Libertad religiosa, 6, 187, 197-214, 237, 244-45, 253, 262, 299, 307, 330, 336
Libro de Oración Común, 14, 17, 22-23, 44, 60
Liele, George, 240
Liga de la Biblia, 108, 116
Liga de Mujeres Bautistas (Reino Unido), 172
Liga de Mujeres Jóvenes (Nigeria), 174
Lindsell, Harold, 313
Litúrgico, movimiento, 192-93

Livingstone, David, 221
Lloyd-Jones, Martyn, 321
Locke, John, 66–67
Lolardos, 13, 23
Lota: pueblo, 294–95, 299; territorio, 295
Lotze, Rudolf Herman, 131
Ludlow, J. M., 121
Lugard, Frederick, 284
Luter, Fred, 155
Lutero, Martín, 10–13, 17, 23, 26

MacDonald, William Daniel Thomson, 236-37
Malcolm X, 153
Malley, Charles E., 278
Manley, Ken R., 4
Manning, James, 79
María I, 14–15
Marshall, Daniel, 77
Marshall, Martha Stearns, 160
Marshall, Molly T., 316
Marshman, Hannah, 167
Marshman, Joshua, 218–19
Marx, Karl, 129
Marxismo, 129, 262
Masonería, 259
Massachusetts, 47, 49, 71, 76, 81, 187, 200–201, 203, 206
Masters, Victor, 135
Maston, T. B., 151
Mathews, Shailer, 110, 114, 131–32, 146
Maurice, F. D., 121
Mayoría Moral, 212
Mays, Benjamin E., 148–49
McCoy, Isaac, 143
McCrimmon, A. L., 135
McLean, Archibald, 96, 183
McLoughlin, William G., 333
McNutt, William R., 190
M'Cree, George, 126, 128
Megaiglesias, 192, 318–19
Menonitas, 8, 26, 29–31, 34–40, 198, 243, 322
Mercer: universidad, 316
Merrick, Earl, 261
México, 174, 251–62, 262, 268
Meyer, F. B., 113, 126, 128, 136
Mikir hills, 295
Miles, John, 48

Millard, Edward, 241
Miller, William, 112
Mills, J. P., 296, 303
Ministerio, 13, 33, 55, 177–79, 182–83, 185–86, 189–92, 330–31; doctrina del, 6, 192-94; autoridad ministerial, 179
Misión Bautista Bohemia, 236
Misión Central de West Ham, 172
Misión Indígena Boliviana, 264
Misión por la Paz de los Ministros Naga (1957), 300
Misiones médicas, 226–27, 232, 278
Mississippi, asociación bautista, 141
Mohler, R. Albert, Jr., 316, 321
Molokanos, 243, 247
Molung, 293, 295
Molung-kimong, 292
Molung-yimsen, 292
Monarquistas de la quinta columna, 58
Monck, Thomas, 59–60
Montgomery, Helen Barrett, 157–58, 168–70, 172, 175
Moody: instituto bíblico, 117
Moody, D. L., 105, 126, 132
Moon, Charlotte (Lottie), 225
Moore, Russell D., 321
Moore, Winfred, 314
Moralidad sexual, 128, 168, 182
Moravos, 71, 216–17, 243
Morehouse College, 149
Moreno, Gabriel García, 253
Morris, Elias Camp (E. C.), 99, 146
Movimiento de derechos civiles, 148–55, 330
Movimiento Mundial Intereclesiástico, 114
Movimiento progresivo evangélico, 267
Mujeres en la vida de la iglesia, 157–76, 219, 223–26, 231, 290, 295, 327–28, 330–31
Müller, George, 227
Mullins, Edgar Y., 111, 116, 190, 309–12, 314–15, 324–25, 335; *Axiomas de la religión*, 111, 309, 311, 325; *ver también* Fe y Mensaje Bautistas de la Convención Bautista
Münster, 27–28, 39, 48
Munter, Jan, 37
Murton, John, 39, 199

Música e himnología de la iglesia, 13, 80, 132, 164, 175, 188, 246, 282, 320, 337;
Myanmar (Birmania), 4, 167, 220, 222, 224, 229, 232, 289, 301-3

Naga, las colinas de, 5, 220, 289-305
Nagaland, 289, 292, 294, 296, 298-303
Nagaland, movimiento misionero, 299
Nagaland, Concilio de Paz, 301
Nagaland, Concilio Nacional Socialista de, 301-3
Nagas, 289-305, 333; Chang Nagas, 296; Konyak Nagas, 300
Namsang, 292
Nazismo, 149
Niveladores, 58, 200
Nueva Derecha Cristiana, 211-12, 315
Nueva Conexión de los Bautistas Generales, 1-2, 73, 79-81, 85, 99, 160, 164
Nueva Luz, 74, 76, 79
New Oyo, 273
Newman, John Henry, 188
Newton, Isaac, 66-67
Niágara, movimiento de, 147
Nicaragua, 255, 263
Niebuhr, Reinhold, 136
Níger, Delta de, 276
Nigeria, 3, 174-75, 220-21, 232, 271-305; Convención Bautista, 174, 277 seminario, 280-82; Junta de Misiones Domésticas y Foráneas, 279
Nocte, tribu, 292
Norris, J. Frank, 117
Northamptonshire, Asociación de Bautistas Particulares, 75, 218
Noruega, 229, 242
Novotny, Henry, 236
Nueva España, 252
Nueva Zelanda, 83, 229, 234, 242, 320
Nyasaland, 221

Obasanjo, Olusegun, 285-86, 288
Observación del Día de Reposo, 38, 51, 168, 182, 207-8, 293
Ockford, James, 51
Ogbomoso, 274, 276-77, 280, 286-87
Olorun, 272
Oncken, Johann Gerhard, 98, 234-38, 242-43, 245
Ordenación, 85, 96, 118, 178-79, 182, 192, 237, 247; de mujeres, 171-76
Organización de la Conferencia Islámica, 285
Orisas, 272
Overton, Richard, 57-58, 200
Oxford: universidad, 13-14, 72, 91, 206, 313, 323
Oyo West Baptist, conferencia, 282

Pablo II, papa, 261
Pacifismo, 25, 322
Padilla, Carlos René, 265-66, 268
Pal, Krishna, 218, 223
Parks, Rosa, 149
Patterson, Paige, 313-15, 322
Payne, Ernest, 26, 191, 322
Pendleton, James M., 97
Penry, John, 19
Pentecostalismo, 113, 179, 267-68, 281-83, 287, 299, 319, 338; Compañerismo Pentecostal de Nigeria, 281
Perú, 253-55, 261, 264, 266
Pietistas, 71, 216
Pinochet, Augusto, 262
Piper, John, 321
Plumbers' Hall, 18
Pole, William, 242
Poligamía, 277, 287
Porras, Roberto, 260
Pos milenarismo, 112, 125, 135, 137, 218, 329
Pound, Thomas, 48
Powell, Adam Clayton, Jr., 148
Pradesh, Arunachal, 289, 302
Pre milenarismo, 112-14, 117, 136, 227, 318-19, 325
Presbiterianos, 8, 18-20, 43-44, 48, 53-54, 60, 65, 67, 72, 80, 83, 95, 103-6, 165, 178, 184, 200, 203, 208, 216, 236, 303, 308, 335
Pressler, Paul, 313-14
Primera Guerra Mundial, 104, 114, 116, 118, 134-35, 168-69, 187, 221, 227, 239, 297, 329
Primera Iglesia Bautista: Dallas, TX, 98, 150, 197, 212; Iree, 278; Philadelphia, 162; Waco, TX, 98, 133; West Dallas, 150
Prohibición del alcohol, 127, 134-35, 168-69
Prokhanov, Ivan, 247

Prostitución, 128, 168
Puerto Rico, 263
puritanismo, 16–23, 30, 32, 43–52, 56, 67, 71, 104, 198, 201, 216, 328

Rebelión de la India (1857-58), 291
Racionalistas evangélicos, 26
Randall, Benjamin, 79, 99
Rauschenbusch, Walter, 121–22, 129–33, 135–37, 146, 172, 330, 333
Reekie, Archibald, 255
"Re-envisionando la identidad bautista," 193, 322
Reforma Protestante, 2, 5, 7–23, 26, 33, 74, 178, 181, 194, 321, 328
Refugio Nacional para Niños sin Techo y Desamparados, 126
Reina Ana, 202
Reinado de todos los creyentes, 33, 61–62, 158, 328, 338
Relaciones entre la iglesia y el estado, 197, 201, 203–9, 211–13, 243, 248, 316, 331, 338
Relativismo cultural, 106
Religión civil, 210, 327, 336
Revolución Estadounidense, 85, 204, 240
Revolución Mexicana, 258, 262
Rhode Island, 49, 139, 159, 186, 201, 203, 206; Universidad, 79
Rice, John R., 173
Rice, Luther, 87, 219
Richard, Timothy, 222–23
Richardson, Samuel, 200
Ries, Hans de, 34–37
Riley, Benjamin, 228
Riley, William Bell, 114–118, 228
Río de Janeiro, 255, 257–58
Rippon, John, 321
Ritschl, Albrecht, 130–31
Rivadavia, Bernardino, 254
Robertson, Pat, 319
Robinson, Edward, 133
Robinson, Henry Wheeler, 192
Robinson, Robert, 75
Rochester, Unión Industrial y Educativa Femenil, 168
Rockefeller, John D., 110, 132–33
Roe v. Wade, 212
Roma, 22, 188, 211, 243, 259–60
Romanticismo, 106–9, 112–13, 118, 328–29, 336

Roosevelt, Franklin Delano, 209
Rowland, Daniel, 72
Rumania, 209, 242, 245, 335
Rushbrooke, James Henry, 209, 245, 312
Rusia, 209, 241, 243–44, 247–48, 256, 320, 324, 336–37

Sabatismo, 208–10
Sacerdocio, 95, 178–79, 188, 194, 331; de todos los creyentes, 17, 33, 61, 178–79
Sacheverell, disturbio en, 65
Sacramentos, 8, 11, 13, 22, 177–95, 202, 243, 259, 323, 331; doctrina de los, 5, 179, 181, 185, 192–93; ordenanzas, 48, 51, 56, 96, 179–81, 184, 187–89, 191, 193; avivamiento sacramental, 192–94, 323, 331; *ver también* bautismo, comunión
Sadiya, 291–92
Saffery, Maria, 164
Sahara, desierto, 271
Salters' Hall, 67–68, 81
Sandinistas, 263
Sankey, Ira D., 132
Sao Paulo, 255–56
Savoy, Declaración de, (1658), 53, 184
Schaeffer, Francis, 314
Scharschmidt, Karl Johann, 242
Schleiermacher, Friedrich, 110–11
Schneider, Johannes, 193
Scofield, Biblia, 112
Scott, Anna Kay, 227
Scott, Catherine, 159
Scott, Edward Payson, 292
Secularidad o laicismo, 205–14
Segundo Concilio del Vaticano, 260, 268
Segunda Guerra Mundial, 118, 149, 153, 155, 170, 192, 229, 239, 246, 279, 297, 304, 322, 324, 330, 335, 337
Selma, universidad, 166
Sema, Hokishe, 300
Semas (*ver también* Sumis), 294
Seminario Teológico Andover Newton, 263
Seminario Teológico de Rochester, 111, 131–32, 135
Seminario Teológico Bautista Internacional (Praga), 322
Seminario Teológico Bautista del Medioriente, Kansas, 312

Seminario Teológico Bautista de
  México, 257
Seminario Teológico Bautista del Sur,
  97, 108, 110, 151, 259, 309, 311,
  313, 316, 321
Seminario Teológico Bautista del
  Suroeste, 151, 322
Seminario Teológico Bautista de
  Zimbabwe, 230
Separados (congregacionales),
  76-79, 160, 203
Serampore, universidad, 225
Shanghái, universidad bautista de, 225
Sharia, ley, 272, 285-86
Sharman, Charlotte, 166
Shedd, William G. T., 106
Shields, T.T., 117
Shillong Accord, 301
Shurden, Walter B., 315
Sibsagar, 292
Sierra Leona, 239, 273-74, 279, 286-87
Simon, comisión, 297
Simons, Menno, 28, 30, 36, 40, 201
Smith, Adam, 124
Smyth, John, 20, 31-40, 44-46, 61,
  158-59, 177, 183, 198, 328
Socialismo, 121, 129, 132-34, 137,
  301, 336-37
Sociedad Bíblica Americana, 237, 241-42
Sociedad Bíblica de Edimburg, 236
Sociedad Bíblica Británica y Foránea
  (BFBS), 241, 254
Sociedad Bíblica Nacional de
  Escocia, 236
Sociedad Educativa Británica y
  Foránea, 254
Sociedad Femenil Caritativa de
  Newark, 166
Sociedad Femenil Misionera para
  los Pobres de la ciudad de
  Nueva York, 166
Sociedad Misionera de la Iglesia
  (CMS), 274
Sociedad para la Difusión del Conocimiento Cristiano y General, 223
Sociedad para la Propagación del
  Evangelio, 216
Sociedad Misionera Bautista (BMS), 4,
  86, 92, 99, 141, 167, 218-231, 235,
  276, 291, 331

Sociedad Misionera de Londres, 218
Sociedades misioneras, 4, 86, 90, 92-94,
  99, 141, 166-67, 218, 223-24, 229,
  231, 235, 274, 276, 291, 331; *ver
  también* nombres de sociedades en
  particular, 4-6, 86-88, 93, 98, 110,
  114, 167, 169-70, 172, 174-75, 216,
  219-22, 224-234, 242-45, 248, 252,
  257, 275, 286-87, 295-97, 318, 328,
  331-32, 336
Socinianismo, 68
Sokoto, 272-73, 284; Califato, 272;
  Yihad, 272
Sola scriptura, 11
Somerset, confesión (1656), 59
Songulashvili, Malkhaz, 4
Soren, Francisco F., 258
Spilsbury, John, 46-47
Spurgeon, Charles Haddon, 105, 109-
  10, 116, 118, 126, 135, 181, 185, 207,
  234, 236, 246, 329, 335; Universidad
  de Spurgeon, 109, 192, 322
Stanley, Brian, 4
Stassen, Glen, 30-31
Stead, W. T., 123, 128
Steane, Edward, 104, 209, 245
Stearns, Sarah Johnston, 160
Stearns, Shubal, 77-78
Steele, Anne, 164
Stone, Moses Ladejo, 276
Stott, John, 266
Stranger Church, 18
Strong, Augustus H., 111, 114,
  131, 191, 335
Subongmeren, 292
Sudáfrica, 83, 153, 229, 234, 239
Sudan, Misión al Interior de, 227, 278
Suecia, 229, 241-245, 267
Sufragio de las mujeres, 134,
  168-69, 172
Sumi: pueblo (anteriormente pueblo
  Sema), 294-95; territorio, 294

Tabernáculo Metropolitano, 109, 126
Tailandia (Siam), 220
Tanzania, 3
Taylor, Dan, 79-80, 85
Taylor, Gardner C., 151
Taylor, James Hudson, 227
Taylor, John, 88

Taylor, Michael, 317
Televangelistas, 319
Temperancia, movimiento de, 127–28, 135, 137, 168–69, 329
Tendencias de la alta iglesia, 97, 185, 322–23, 325, 331
Tennessee Baptist, 96
Teología de la liberación, 263
Thomson, James (Diego), 254, 268
Thurman, Howard, 148
Tierra del Fuego, 251
Tillotson, John, 66
Togoland, 277
Tombes, John, 202
Toy, Crawford H., 108
Tractarianismo (Movimiento de Oxford), 188–89
Tradición reformada, 8, 11–12, 15–19, 30, 35–36, 40, 43, 52–53, 59, 69, 75, 104–5, 111, 181–86, 194, 236, 320–21
Traducción de la Biblia, 11–15, 20, 169, 216, 220, 223, 241, 243, 296
Trestrail, Elizabeth, 164
Trimestral Femenil (Nigeria), 174
Truett, George, 197–98, 210, 213
Tryon, William, 84
Tunnicliff, Jabez, 127
Turner, Nat, 142
Tuskegee, Instituto, 146, 226

Ucrania, 243, 247–48, 336
Uganda, 3
Underhill, Edward Bean, 224
Unión Bautista: Concilio, 172; de Alemania, 242; de Australia, 246; de Chile, 237
Unión Bautista Bíblica, 116–17
Unión Bautista Estudiantil, Nigeria (también bajo el nombre Compañerismo Bautista Estudiantil), 282
Uniones cristianas evangélicas, 281
Unión de Evangélicos Cristianos-Bautistas, 247
Unión de la Escritura, 281
Unión de Temperancia de Mujeres Cristianas, 128, 168
Unión Femenil Misionera: de los Bautistas del Sur, 167–68, 171, 257; de México, 174; de Nigeria, 174
Unión Femenil Misionera Nacional (Brasil), 257
Unión Latinoamericana por los Derechos Civiles, 263
Unión Misionera a las Regiones Lejanas, 227
Unitarios, 8, 81, 99

Venezuela, 253–54
Venn, Henry, 224
Version del Rey Jacobo, 20
Vestiduras, 17
Vincent, David Brown (también llamado Mojola Agbebi), 276
Vinton, Calista, 224
Vinton, Justus, 222, 224
Virgen de Guadalupe, 252
Virginia, 46, 77, 139, 142, 144, 160, 169, 203–6, 213, 225, 239, 316
Virginia, Estatuto para la Libertad Religiosa de, 205
Voltaire, 66
Voronin, Nikita I., 241

Wagner, Peter, 264
Waldron, John Milton, 136
Ward, William, 218, 219
Wardin, Albert W., 4
Warren, Rick, 318
Washington, Booker T., 146–47, 226
Waterlanders, 34–40
Wayland, Francis, 124, 186–88, 309
Weaver, Rufus W., 210
Wesley, John, 67, 73–74, 112, 226, 274, 308
White, Barrie, 26
Whitefield, George, 72–75, 77, 79
Whitsitt, William T., 97–98
Wilberforce, William, 141
Willard, Frances, 128
Guillermo y María, 44
Williams, C. O., 285
Williams, Charles, 309
Williams, Roger, 49, 159, 200–201, 203–4, 213
Williamson, H.R., 229

Wright, Nigel, 322
Wright, Stephen, 39
Wyclif, John, 13

Yoruba, 271–77
Yorubaland, 277, 280, 286–87
Yuille, Jessie, 168

Zenanas, 224–25
Zinzendorf, Nicholas von, 71, 216
Zwingli, Ulrico, 11–13, 23, 26–27, 181, 185